# Auf den Spuren
# der Konquistadoren

# Auf den Spuren der Konquistadoren

## Michael Wood

Aus dem Englischen übersetzt von
Ursula Blank-Sangmeister
unter Mitarbeit von Helga Biem

Philipp Reclam jun. Stuttgart

Titel der englischen Originalausgabe:

Conquistadors. By Michael Wood. London:
BBC Worldwide Limited, 2000.

*Für*
*Joaquín García Sánchez*
*und*
*David Wallace*

*Alvarado und seine Gefährten werden von
aztekischen Kriegern belagert*

(aus dem Durán-Codex, um 1521)

[…] Es wird kommen die Zeit,
wenn die Jahre vergehn, wo des Oceans Strom
den Erdenring sprengt und ein riesiges Land
sich weithin erstreckt, wo Thetis enthüllt,
was an Räumen sie barg – das Ende der Welt
ist Thule nicht mehr.

SENECA, *Medea* 374–379 (dt. Bruno W. Häuptli),
zitiert von Augustín de Zárate in
*Historia del descubrimiento y conquista del Peru*, 1555

# Inhalt

◂◂ Büste von Cortés
(Hospital de Jesús, Mexico City)

▸ *Francisco Pizarro*,
Gemälde von Daniel Díaz Vazquez,
1948 (Detail)

*Die Spanier verschiffen Gold
nach Spanien*

Stich von Théodor de Bry (1528–1598)

# PROLOG
## »DER HERR DES SCHNEESTERNS«

Schon vor drei Uhr morgens sind wir auf den Beinen; wir trinken hastig mehrere Tassen heißen Koka-Tee, und jeder von uns stopft sich vorsorglich einen Klumpen Koka-Blätter in den Mund. Der Boden draußen ist weiß vor Frost. Es ist bitterkalt, und wir ziehen uns Schicht um Schicht alles über, was wir an Kleidung haben. Ein tiefer Atemzug, dann den Rucksack auf. Hieronymo, der muntere Pferdeführer, hat vier Tragegehilfen für die schwere Ausrüstung, das Stativ und die Kisten – und dabei haben wir die Filmausrüstung schon auf das Notwendigste beschränkt. Für meine Kameras nehme ich den Rucksack, was ich aber sehr schnell bereue. Jedes zusätzliche Gewicht belastet schwer.

Wir starten auf einer Höhe von 5000 Metern, müssen ein tückisches, von Bächen durchzogenes Geröllfeld überqueren und auf steilen Felsen bis auf fast 5700 Meter hinaufklettern. Auf den ersten 100 Metern, nachdem wir das Camp verlassen haben, zerreißt es uns fast die Lungen: Alle paar Sekunden schnappst du nach der eiskalten Nachtluft und scheinst nicht genug zu bekommen, man ertrinkt fast in der Luft. Der Nachthimmel ist bewölkt, doch der gerade abnehmende Vollmond, wässrig hinter einem dünnen Wolkenvorhang, beleuchtet uns den Weg. Alle 10 Minuten bleiben wir stehen, um zu verschnaufen, und nach etwa einer Stunde erreichen wir den Fuß des Gletschers, das heilige Eis, das die Pilger auf Ketschua, der Sprache der Inkas, Quoyllur Riti nennen, den »Herrn des Schneesterns«.

Beim Aufstieg auf den Gletscher erhebt sich unter dem nachtblauen Himmel, eingerahmt von schwarzen Felsen, plötzlich das riesige weiße Eismassiv gleich einem reglosen, bleichen Ungeheuer. Die letzten paar Meter stolpern wir über steinige Stufen hinunter bis an den äußersten Rand des Eises. Es glitzert, tropft leicht vor sich hin, scheint fast lebendig zu sein. Reihen von Wachskerzen stehen unter seinem Rand, und Menschen sitzen in kleinen Gruppen schweigend da, manche beten, manche halten sich an den Händen. Zwei Frauen in traditioneller Landestracht, mit runden Fransen-Hüten und *huipils* (Kitteln) sitzen bei ihren Kerzen und murmeln friedlich vor sich hin.

Unser Führer steigt sofort in die Spalte am Eisrand, berührt das Eis mit seiner Stirn, grüßt und umarmt es und bestreut es mit Koka-Blättern. Dann schwingt er seinen federgeschmückten

*Alles, was sich seit der wunderbaren Entdeckung der amerikanischen Kontinente ereignet hat, ist so außergewöhnlich, dass die ganze Geschichte für jemanden, der sie nicht selbst miterlebt hat, völlig unglaubwürdig ist. Sie scheint fürwahr alle Taten, von denen wir je gehört haben – mögen sie auch noch so rühmenswert gewesen sein –, in den Schatten zu stellen und dem Vergessen zu überantworten.*

BARTOLOMÉ DE LAS CASAS, *Sehr kurzer Bericht über die Verwüstung Westindiens*, 1542

◀◀ Die Pilgerprozession auf den Gletscher Quoyllur Riti, den »Herrn des Schneesterns«.

Spazierstock und streicht noch einmal über das Eis, wobei er ein stummes Gebet in Ketschua an den *apu*, den Geist des Berges, richtet. Es ist ein magischer Augenblick, der durch den klagenden Ton von Pfeife, Ziehharmonika und Trommel irgendwo draußen in der Dunkelheit noch sehr viel ergreifender wird.

Weiter oben auf dem Gletscher bietet sich im frühmorgendlichen Dämmerlicht ein herrlicher Blick: schwarze zerklüftete Gipfel, die Spitzen von Schneestreifen betont, während die ersten Vorboten des Morgengrauens das dunkle Blau des Nacht-himmels weicher machen. Auf den verschneiten Hängen führen Gruppen von Tän-zern mit in Tierfelle gehüllten Bärenmenschen und mit Peitschen ihre Rituale auf. Es ist die älteste Form des Kults, den es schon vor den Spaniern, ja vor den Inkas gab.

Es wird allmählich heller, die Gipfel sind in Gold getaucht; leuchtende Licht-strahlen ziehen über den Schnee in den hoch gelegenen Schluchten. Es gibt Szenen ausgelassener Fröhlichkeit – Blaskapellen und heitere Lieder. An einer steilen Stelle des Gletschers ist eine Rutschbahn im Schnee; dort haben sich Trauben von Men-schen versammelt, um unter lautem Gejohle und Jubel hinunterzusausen; ein Mann wiegt sein Euphonium. Der Himmel strahlt jetzt in einem kräftigen Blau, und gegen acht Uhr blitzt unter dem Beifall der Menge die Sonne über die Bergspitze.

Oben auf dem Gletscher sind Hunderte winziger Punkte zu sehen: Leute, die als wichtigstes Souvenir Eis mit nach Hause nehmen, das sie aus den Schollen heraus-gehackt haben. An einer Seite sind einzelne Pilger dabei, sich Eisblöcke auf den Rücken zu laden, genau so, wie sie auf den alten Trinkbechern des Andenvolks ab-gebildet und von Guaman Poma, dem aus den Anden stammenden Chronisten des 16. Jahrhunderts, beschrieben sind. Einer von ihnen bleibt stehen, und während er auf die umliegenden Gipfel weist, sagt er zu uns:

»Diese Berge sind unsere apus, unsere Geister. Wir sind eine Gemeinschaft aus Paucartombo im Heiligen Tal. Wir kommen jedes Jahr hierher. Wenn wir oben auf dem Eis gewesen sind, gehen wir zu Fuß auf jenem Pfad dort weiter bis nach Tayankani zu einem heiligen Felsen, *huaca*, oben westlich des Tals. Wir marschieren bis morgen Mittag. Das haben auch unsere Vorfahren immer getan. Diese Zeremonien haben mit der Kirche nichts zu tun.«

Mehrere Leute waren jetzt zu uns gestoßen, und ein alter Mann mischte sich auf Spanisch ein: »Was wir machen, ist ein richtiger Gottesdienst, obwohl er nichts mit der Kirche zu tun hat.« Ein dritter, gebildeter Mann sprach:

»Wie wir aus Erzählungen wissen, sagte der Manco Inka, als er beim Eintreffen der Weißen gegen die Spanier kämpfte, zu den Einheimischen: ›Vergesst nicht die Rituale eurer Vorfahren … Verhaltet euch in der Öffentlichkeit, so wie es von euch erwartet wird, doch haltet zu Hause an unseren alten Sitten und Zeremonien fest, die euch ans Herz gewachsen sind.‹ Und genau das tun wir noch immer.«

Dies war ein Thema, das uns, als wir auf den Spuren der Konquistadoren die amerikanischen Kontinente bereisten, immer wieder begegnen sollte.

Dieses Buch handelt von Begebenheiten, die vor rund 500 Jahren stattgefunden haben. Innerhalb weniger Generationen wurden die letzten Hochkulturen, die sich unabhängig voneinander auf der Erde entwickelt hatten, ausgelöscht. Während dieser Eroberung nahmen spanische Expeditionscorps unglaubliche Entbehrungen auf sich, um Gebiete von Feuerland bis nach North und South Carolina zu erschließen. Wenn überhaupt, gab es nur wenige historische Ereignisse, die sich mit diesen Unternehmungen, was Dramatik, Durchhaltevermögen und die Überwindung unvorstellbar riesiger Entfernungen anlangt, messen können.

Hier in Peru machten die spanischen Konquistadoren, wie schon in Mexiko, den einheimischen Staat, das Reich der Inkas, und seine Staatsreligion zunichte, doch unterhalb der Ebene der Herrscher sucht sich die Geschichte geheimnisvolle Wege, und viele Glaubensüberzeugungen und Bräuche werden von der einfachen Andenbevölkerung hartnäckig beibehalten. Die Zeremonie auf den wilden, bedrohlichen Hängen des heiligen Berges war ein Beispiel dafür.

Nachdem die Pilger mit ihrem Abstieg begonnen hatten, blieb ich noch eine Weile auf dem Eis; ich konnte mich von dem herrlichen Anblick dieser eindrucksvollen Landschaft noch nicht losreißen. Die Geschichte hinterlässt viele Wunden – manche heilen nie, manche mit der Zeit. Die *Conquista* war eines der bedeutendsten Ereignisse in der Geschichte und zugleich eines der grausamsten und verheerendsten. Aber in der Geschichte gibt es kein Zurück – und Schuldzuweisungen und Bedauern sind sinnlos. Wir können nur versuchen zu verstehen. Die Vergangenheit der Inkas wurde bereits in der unmittelbar auf die Eroberung folgenden Generation idealisiert, von peruanischen Historikern wie Guaman Poma und Garcilaso Inca. Das ist auch heute noch so. Doch diese Vergangenheit ist heute unwiederbringlich verloren. Was wir aber heute sehen, sind die Folgen der Eroberung und dessen, was sich in fast 500 Jahren danach ereignete.

Auf unseren Reisen habe ich oft das Schicksal all dieser traditionellen Kulturen beklagt, die gegen die Ausbreitung einer globalen Kultur ankämpfen, und den Verlust jener über Jahrtausende aufgebauten Identitäten, die innerhalb von einer oder zwei Generationen so schnell hinweggefegt wurden. Doch Traditionen wie die Wallfahrt zum Quoyllur Riti sind aufregende Mischungen aus Vergangenheit und Gegenwart, aus der Kultur Spaniens und der der Inkas, und sie zeigen, dass aus dem, was aus den Trümmern der Geschichte noch übrig ist, neue Identitäten erwachsen; auf magische Weise halten sich diese kodierten Erinnerungen in den Gesellschaften und Kulturen ebenso wie im Volk am Leben. Etwas wird weitervererbt, fast wie in der Genetik. Zu Beginn des dritten Jahrtausends bleibt die Vergangenheit in uns lebendig; sie erschafft neue Welten aus den Trümmern der alten und aus dem unbarmherzigen, zerstörerischen Gang der Geschichte.

Als wir uns zum Aufbruch bereitmachten, war das Tal sonnenüberflutet, der Klang von Blasmusik brach sich an den umliegenden Gipfeln. Schneegischt trieb am Gletscher über unseren Köpfen, Koka-Blätter wirbelten im Wind und etwas, das aussah wie funkelnde Splitter von Gold. Wenn ich jetzt zurückschaue, war dies ein passender Beginn für eine Reihe von Reisen, die uns auf den Spuren der Konquistadoren von Miami Beach bis zum Titicaca-See führen sollten, von den Wüsten des nördlichen Mexiko bis zu den schneebedeckten Gipfeln der Anden und von den Urwäldern des Amazonas bis zu den Höhen des Machu Picchu.

*Michael Wood*

# 1
# CORTÉS UND MONTEZUMA

In den letzten heißen Augusttagen des Jahres 1520 – Montag, den 27., um genau zu sein – stattete in Brüssel der Künstler Albrecht Dürer der königlichen Residenz des spanischen Königs und Kaisers des Heiligen Römischen Reiches, Karls V., einen Besuch ab. Dürer, der damals 50 Jahre alt und ein berühmter Maler war, schlenderte durch den entzückenden Garten hinter dem Palast, bewunderte die Brunnen, das Labyrinth und den Tiergarten und freute sich an den Schöpfungen der humanistischen Kultur Europas. Zufälligerweise war an eben diesem Tag und tatsächlich zur selben Stunde Hernán Cortés im fernen Mexiko gerade dabei, im Namen König Karls die mexikanische Stadt Tepeaca anzugreifen, ihre Krieger niederzumetzeln, ihre Frauen zu brandmarken und zu versklaven, Menschen aufzuschlitzen, zu verbrennen und sogar lebendigen Leibes den Hunden zum Fraß vorzuwerfen.

Mittlerweile führte Cortés in Mexiko seit 18 Monaten Krieg. Er hatte bereits die ersten Berichte über die aztekischen Wunder nach Europa geschickt. Ihnen beigefügt war auch eine Karte der großartigen Hauptstadt Tenochtitlán mit ihren unzähligen Wasserwegen und Kanälen – gleichsam ein zweites Venedig, aber größer und spektakulärer (nach Cortés »das Schönste, was es auf der Welt gibt«). Cortés hatte ebenfalls Schätze und Kunstwerke der bislang unbekannten Kultur nach Europa gesandt. Diese waren nun in Brüssel angekommen und im Hause des Königs eingetroffen. Man forderte Dürer auf, einzutreten und die in den Gemächern ausgestellten Stücke anzuschauen. Er hielt seine Eindrücke in seinem Tagebuch fest:

»Auch sah ich die Dinge, die man dem König aus dem neuen Goldland gebracht hat: Eine ganz goldene Sonne, eine ganze Klafter breit, desgleichen einen ganz silbernen Mond, eben so groß, desgleichen zwei Kammern voll Rüstungen der Leute dort, desgleichen allerlei Wunderliches von ihren Waffen, Harnischen und Geschossen; gar seltsame Kleidung, Bettgewand und allerlei wundersame Gegenstände zu menschlichem Gebrauch, was da viel schöner zu sehen ist, als Wunderdinge. Diese Sachen sind alle so kostbar gewesen, dass man sie hundert-

*Als wir all jene ins Wasser gebauten Städte und Dörfer und die anderen großen, auf festem Grund errichteten Orte sahen, dazu den nach Mexiko führenden geraden, ebenen Damm, konnten wir nur noch staunen. Diese riesigen Städte, Heiligtümer und Bauwerke – allesamt aus Stein –, die sich aus dem Wasser erhoben, erschienen uns wie eine Phantasmagorie aus dem Amadisroman. In der Tat fragten einige unserer Soldaten, ob dies alles nicht nur ein Traum sei. Deswegen kann es nicht verwundern, wenn ich in diesem Ton davon berichte. Es war alles so phantastisch, dass ich nicht weiß, wie ich den ersten Eindruck wiedergeben soll, den nie zuvor gehörte, nie zuvor gesehene, nie zuvor erdachte Dinge auf mich gemacht haben.*

BERNAL DÍAZ DEL CASTILLO,
*Die Eroberung des neuen Spaniens*, um 1565

---

tausend Gulden wert schätzt. Ich aber habe all mein Lebtag nichts gesehen, das mein Herz so sehr erfreut hätte, wie diese Dinge. Denn ich sah darunter wunderbare, kunstvolle Sachen und verwunderte mich über die subtilen Ingenia der Menschen in fremden Landen. Ja ich kann gar nicht genug erzählen von den Dingen, die ich da vor mir gehabt habe.« (Ausg. von Moriz Thausing, Wien 1872, S. 90.)

Die goldene Scheibe (ein aztekischer Kalender?) und die anderen wertvollen Metalle sind schon seit langem eingeschmolzen. Doch einige wenige Stücke, die Dürer an jenem Tag sah, sind erhalten geblieben: reich verzierte kultische Speerwerfer, mit Gold überzogen, ein kleiner Jade-Frosch, eine Obsidian-Klinge. Das Bemerkenswerteste von allem, die an König Karl gesandten Federarbeiten, sind noch heute zu sehen: Schilde, Fächer, Standarten und Mäntel, ein Mosaik, das den Dämonen Ahuitzotl darstellt; und selbst jetzt noch, fast 500 Jahre, nachdem diese Kunstwerke hergestellt wurden und wenngleich ihre Farbe etwas verblasst ist, plustern sich die grünen Quetzal- und die blauen Ara-Federn auf, wenn man sie anhaucht oder sanft über sie streicht. In ihrer Lebendigkeit und Fremdheit beschwören sie den Schock des Neuen herauf, den so viele Menschen in dieser Zeit verspürt haben, als die Schätze der Azteken und der Mayas oder das Gold der Inkas in Europa ankamen.

»Es war ein Wunder«, sagte der Konquistador Cieza de León, »dass diese wundervollen Länder durch die ganze Geschichte hindurch dem Rest der Welt unbekannt geblieben waren und von Gott beschützt wurden, um in unserer Zeit entdeckt zu werden«.

## DER SCHOCK DES NEUEN

Die Entdeckung der Neuen Welt wird als das bedeutendste Ereignis in der Geschichte bezeichnet. Sie hatte einen starken Einfluss auf die Phantasie ebenso wie auf die Wirtschaft und Kulturen der Welt. Die von Dürer beschriebene Szene wirft ein Schlaglicht auf den Zusammenprall dieser Welten. Es war dies ein ganz besonderer Augenblick, in dem Dinge, die einem unbekannten Kontinent entstammten, in die Gesellschaft der europäischen Renaissance eingeführt wurden.

Die Konquistadoren brachten exotische Früchte mit nach Hause, die die Ernährung, wie sie die Europäer seit der Steinzeit kannten, verändern sollte: Kartoffeln, Tomaten, Paprika, Mais, Süßkartoffeln, Avocados, Guajaven, Ananas, Tabak und Schokolade (ein gutes aztekisches Wort), um nur ein paar Neuerungen zu nennen. Desgleichen hatten sie Musterexemplare der Flora und Fauna der Neuen Welt in ihrem Gepäck: Magnolien aus Mittelamerika, Lupinen aus den Anden und Dahlien, deren röhrenförmige Blütenblätter durch Kreuzung in aztekischen Gärten entstanden waren. Um die Neugier der Reichen zu befriedigen, brachten sie auch Papageien, Aras und Tukane mit in die Alte Welt.

Es gab auch Menschenfracht. Kolumbus hatte bereits fassungslose karibische Indianer nach Europa befördert; jetzt transportierte Cortés mexikanische Ballspieler und Jongleure, die dem König in Sevilla ihre Kunst vorführen sollten. Später fuhren sie nach Rom und »ließen einen Holzklotz auf ihren Füßen tanzen … vor einem entzückten Papst«. In Paris führten Amazonas-Indianer in Zirkusvorstellungen Szenen aus ihrem Urwald-Leben vor; ein brasilianischer Häuptling wurde Heinrich VIII. vor-

gestellt, und ein Eskimo-Paar von der Baffin-Insel beeindruckte die Londoner mit seinem würdevollen Auftreten und seiner Bescheidenheit.

Die von diesen Völkern hergestellten Artefakte wurden von Sammlern begehrt, so wie es auch heute noch der Fall ist. Jade-Figuren, Masken aus Türkis, aztekische Opfermesser – alles fand seinen Platz in den Vitrinen der Antiquare, gleich neben altgriechischen Votivphalli und römischen Münzen. Der Astrologe Elisabeths I., John Dee, besaß eine aztekische Scheibe aus Obsidian und beschwor durch seinen »Teufelsspiegel« die Geister. Solche Dinge zogen den Betrachter in ihren Bann, informierten ihn, evozierten ein Gefühl für das Wunderbare – und machten Menschen verrückt. Bilder von Indianern der Neuen Welt schmücken Mausoleen der Renaissance und Kirchengestühl, Skulpturen von Bernini und Gemälde von Velázquez. Und die Idee der Neuen Welt durchdringt Gedichte, Theaterstücke und literarische Werke wie Thomas Morus' *Utopia*, Montaignes Essays und Shakespeares *Sturm* mit seinem kritisch-ironischen Kommentar über die »Schöne neue Welt«.

Andere Aspekte dessen, was man den »kolumbischen Austausch« zwischen der Alten und Neuen Welt nennt, waren so destruktiv, dass man es kaum fassen kann. Die *Conquista* entfesselte Gewalt, Tod und Vernichtung in einem bis dahin ungeahnten Ausmaß. Pocken, Malaria, Masern und viele sexuell übertragene Krankheiten gehörten zu den Vermächtnissen, welche die Alte Welt der Neuen hinterließ. Die Syphilis nahm vielleicht (das bleibt allerdings umstritten) den umgekehrten Weg – den aus der Neuen Welt in die Alte.

Die Auswirkungen der Krankheiten waren, wie wir noch sehen werden, verheerend – ein in der Geschichte einmaliger Holocaust (wie man sagen könnte). Mehrere 10 Millionen Menschen starben im Laufe des 16. Jahrhunderts. Eine gleichfalls gravierende Folge der Eroberung und ihrer Epidemien war der Sklavenhandel mit Afrika, den die europäischen Kolonialmächte nutzten, um sich in beiden amerikanischen Kontinenten Ersatz für den Ausfall ihrer Arbeitskräfte zu beschaffen. Man schätzt ihre Zahl auf eine Million im ersten Jahrhundert, aber die Zahl stieg ständig; im 18. Jahrhundert, so glaubt man, gab es die ungeheure Menge von 7 Millionen Sklaven in der Neuen Welt, wobei während des gesamten Zeitraums elf Millionen Menschen gewaltsam aus Afrika wegtransportiert wurden. Es handelte sich um die größte Völkerbewegung in der Geschichte. Im Lichte dieser entsetzlichen Statistik kann es nicht verwundern, dass im 16. Jahrhundert, und zwar in Spanien, der Kampf um die Anerkennung der allgemeinen Menschenrechte und um eine gerechte Weltordnung begann (vgl. S. 267) – ein Kampf, der noch immer nicht zu Ende ist.

Die Wurzel dieser erstaunlichen Expansion war die Verlockung des Goldes. Das Zeitalter der Entdeckungen war auch das erste Zeitalter des Kapitals. Die Bankiers Europas halfen, die Expeditionen der Konquistadoren zu finanzieren. Als er zum ersten Mal die Neue Welt betrat, verlangte Kolumbus Gold: »Denn wenn man Gold hat, kann man in der Welt machen, was man will.«

In Mexiko erzählte Cortés den Azteken mit der ihm eigenen feinen Ironie, er und seine Männer »litten an einer Herzkrankheit, die sich nur mit Gold heilen lasse«. Cieza de León kam auf die Idee, nach Peru zu segeln, nachdem er gesehen hatte, wie das Gold der Inkas in Sevilla gelöscht wurde. »Solange ich lebe, kann ich das nicht

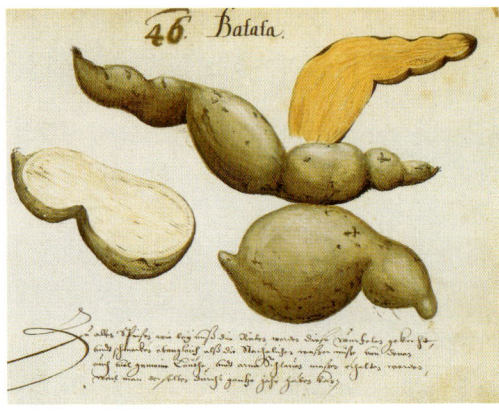

vergessen.« All dies verblüffte die Eingeborenen – und zum Schluss widerte es sie an. Der Historiker Guaman Poma, ein Halbblut-Inka, schilderte einen Indianer, der einen Spanier fragte: »Esst ihr wirklich dieses Gold?« Und der Spanier erwiderte: »Ja, natürlich machen wir das!« Der letzte der großen Inkas, Manco persönlich, bemerkte bitter: »Selbst wenn sich der Schnee der Anden in Gold verwandeln sollte, wären sie noch immer nicht zufrieden.«

Beim Zusammentreffen dieser beiden Welten prallten sowohl Körper als auch innere Einstellungen aufeinander. Und deshalb sind dies nicht nur Geschichten von Eroberung und Entdeckung, Heldentum und Habgier, sondern auch Geschichten über Veränderungen unserer Weltsicht; Veränderungen in unserer Auffassung von Geschichte und Kultur und in unserem Verständnis vom Wesen des Menschen und dem der Natur.

Die Eroberung der Neuen Welt hatte zudem einen ungeheuren Einfluss auf die Wirtschaft der Welt, mit Auswirkungen, die weit über die Grenzen Europas und der beiden amerikanischen Kontinente hinausgingen; sie beschleunigte eine Schwerpunktverlagerung von der alten eurasischen Landmasse hin zu den Ländern der atlantischen Küste; sie ergriff die traditionellen Kulturen Chinas, Indiens, Persiens und der arabischen Welt. Während der Eroberung nahmen europäische Länder Besitz von einem ganzen Kontinent mit seiner Bevölkerung und seinen natürlichen Ressourcen: der Beginn der modernen Globalisierung von Politik und Wirtschaft, von Informationstechnologie und Kultur. Und in diesem Licht bekommt die Geschichte der Eroberung heute eine schmerzliche Brisanz, da sich ihre Auswirkungen überall auf der Welt verfolgen lassen. Aus eben diesem Grund bezeichnen Karl Marx und andere diese Eroberung als »das folgenreichste Ereignis in der Geschichte der Welt«.

## WAS CORTÉS NICHT WUSSTE

Nach Kolumbus überschlugen sich die Ereignisse so sehr, dass es für uns leicht ist, die Eroberung fast als *fait accompli* zu betrachten: Ein Kontinent wartete nur darauf, von den Gewinnern des historischen Wettkampfs in Besitz genommen zu werden. Aber für die damals lebenden Menschen – die Spanier oder die amerikanischen Eingeboren – hatte die Sache ein ganz anderes Gesicht.

Die Entdeckung der Neuen Welt – wie wir aus europäischer Perspektive sagen – beanspruchte einen ziemlich langen Zeitraum und dauerte eher Jahrhunderte als Jahre. Sie entfaltete sich in den Köpfen der Menschen genauso wie im physischen Raum, und es wäre ein Fehler, anzunehmen, die Europäer hätten zu Beginn dieses Unternehmens auch nur geahnt, dass ein riesiger und bevölkerungsreicher Kontinent auf seine Entdeckung wartete.

Trotz ihrer hoch entwickelten Kultur waren die Menschen der Renaissance noch leichtgläubig und hatten nur rudimentäre Vor-

▲ Die Flora und Fauna der Neuen Welt faszinierten die reichen Europäer und weckten in ihnen den Wunsch, sie zu besitzen; Papageien und andere exotische Tiere waren heiß begehrt, und die in den Anden heimische Kartoffel wurde ein Hauptnahrungsmittel der Europäer.

stellungen von Geographie und vergleichender Ethno-
logie. Nichts in ihrer geschichtlichen Vergangenheit hatte
sie auch nur im Entferntesten auf die kommenden Ereignisse vorbereitet. Ihr Verständnis von der Schöpfung
beruhte noch auf der Bibel. Und wie wir den Karten, die

▲ Diese 1489, drei Jahre vor Kolumbus' erster Reise
gedruckte Karte zeigt die Welt noch so, wie die
klassischen Griechen sie sich vorstellten. Sie legt nahe,
dass man auf dem Seeweg nach Westen nach
China kommt.

vor den Reisen des Kolumbus angefertigt wurden (s. Abb.), entnehmen können, war
ihr Konzept der materiellen Welt noch immer das der klassischen Geographen, für die
Europa, Afrika und Asien die »dreigeteilte Welt« darstellten. Sie hatten keine guten
Instrumente oder Landkarten, und sogar noch 20 oder 30 Jahre nach Kolumbus hielt
man die neu entdeckten Gebiete lediglich für zwischen Europa und Asien gelegene Inseln. Als der Papst die Neue Welt im Vertrag von Tordesillas 1494 in eine
spanische und portugiesische Einflusszone aufteilte, zeichnete er daher in Wahrheit
einen willkürlich gewählten Längengrad in einen leeren Raum – ohne Bezug zur
Realität.

Wenn wir in die Welt von Cortés und seinen Zeitgenossen eindringen wollen,
müssen wir uns klar machen, dass ihre Vorstellung von der Welt verschiedene Stufen
durchlief, wobei sich ihr Wissensstand langsam erweiterte; es war eine Welt, in der
die jetzt von den amerikanischen Kontinenten eingenommene Fläche weitgehend aus
offenem Meer bestand, in dem eine Handvoll Inseln von seltsamen primitiven Völ-

kern bewohnt wurden, Menschen, die nicht waren »wie wir«; vielleicht entstammten sie nicht einmal dem in der Bibel beschriebenen selben Schöpfungsakt.

Nach Meinung mancher Leute konnten die amerikanischen Einheimischen mit dem Wort »Gott« nichts anfangen und waren durch den Teufel verdorben worden; nach anderen fiel ihr Ursprung in die Zeit vor dem Sündenfall, und sie lebten in einer Unschuld, die der korrupte Westen schon lange verloren hatte. Wie dem auch sei, während dieser ganzen Zeit wurden die Eingeborenen fast gar nicht als autonome menschliche Wesen angesehen. Die Europäer führten in ihrem Gepäck einen jahrhundertealten Eurozentrismus mit sich und dazu den christlichen Monotheismus; für sie gab es nur *eine* Wahrheit, *eine* Zeit und *eine* Version der Wirklichkeit.

Künstler wie Dürer mögen von den Kunstwerken der Primitiven beeindruckt gewesen sein; Akteure wie Las Casas von ihrer Menschlichkeit; Konquistadoren wie Cieza de León und Mansio Serra de Leguizamon von ihrem angeborenen Sinn für Gerechtigkeit, von ihrem geordneten Staatswesen, von der »Rationalität« ihrer Gesellschaften – doch die meisten betrachteten sie als Lebewesen zweiter Klasse.

Die Europäer debattierten endlos darüber, ob sie überhaupt eine Seele hätten. Oder waren sie doch Menschen ihresgleichen? Sie waren politisch organisiert: Hieß das auch, sie waren – im christlich verstandenen Sinne – zivilisiert? War ihre Religion das unmittelbare Werk des Teufels? Diskussionen dieser Art erbrachten eine Menge Verlautbarungen: Gesetze für die Indianer, Unterwerfungsrituale, utopische Texte, Predigten, Vorträge, päpstliche Bullen; und während Männer wie Las Casas behaupteten, die Indianer besäßen die vollen Menschenrechte, waren sie in den Augen des Humanisten Juan Gines de Sepulveda Barbaren, deren wunderschöne Kunst »kein Beweis einer höheren Intelligenz« war: »Denn erschaffen nicht auch Bienen und Spinnen herrliche Dinge, welche die Menschen so nicht zustande bringen können?« Wie »der Andere« zu sehen ist – darum geht es in unserer Geschichte.

## WAS CORTÉS WUSSTE

In der Geschichte kommt alles auf den richtigen Zeitpunkt an. 1504 kehrte Kolumbus von der letzten seiner vier Reisen zurück. Zu dieser Zeit hatten die Portugiesen bereits Brasilien erreicht und – in anderer Richtung – eine Handelsroute nach Indien erschlossen. Im Indischen Ozean waren die Portugiesen mit chinesischen Seefahrern in Kontakt gekommen, die im frühen 15. Jahrhundert das Kap der Guten Hoffnung umsegelt hatten. Die chinesischen Schiffe waren vier- oder fünfmal länger als die des Kolumbus; riesige Schiffe, welche über die Technologie verfügten, die später vom Westen genutzt wurde, um den Erdball zu beherrschen: Schießpulver, Heckruder, wasserdichte Schotten, Kompasse. Ihre Seefahrtsverzeichnisse enthielten die Namen der Zwischenstationen von China bis Madagaskar; ihre Flotten transportierten bis zu 27000 Passagiere und hatten Schiffsgärten, in denen frisches Gemüse angebaut wurde. In den 20er-Jahren des 15. Jahrhunderts war eine chinesische Dschunke innerhalb von vierzig Tagen in den südlichen Atlantik gesegelt; und chinesische Seefahrer befuhren die Straßen von Dschidda am Roten Meer.

Die in diesem Buch erzählte Geschichte wirft immer wieder die Frage auf »Wie wäre die Historie verlaufen, wenn?« Die Chinesen hätten ohne weiteres die Neue

Welt erreichen können. Und was wäre das für eine interessante Begegnung geworden, wenn Seefahrer der Ming-Dynastie in die Inkastadt Cuzco gekommen und dabei auf Menschen getroffen wären, die ebenso wie sie ursprünglich aus Asien stammten und deren Kultur in mancherlei Hinsicht noch immer geheimnisvolle, intensive Verbindungen mit ihren asiatischen Wurzeln aufwies? Zweifellos hätten sie einander besser verstanden, und vielleicht hätten sie sich auf irgendeine entfernte Weise wieder erkannt. Doch statt der Chinesen waren es die Spanier und Portugiesen und später die Franzosen und Engländer, die sich die Neue Welt zu Eigen machen sollten.

Nach Kolumbus' ersten Entdeckungsreisen wuchsen die geographischen Kenntnisse der Europäer sehr schnell an. Im Januar 1500 stieß ein spanischer Seefahrer, Vincente Pizon, auf die brasilianische Küste bei Pernambuco und erreichte die Mündung eines Flusses; fast 100 Meilen segelten sie durch ein Gewirr von Inseln. Der Strom war unendlich lang und breit, und sie nannten ihn Santa Maria de la Mar Dulce (Heilige Maria des Süßen Meeres). Es war der Amazonas.

Einige Monate später »entdeckte« der portugiesische Seefahrer Pedro Alvarez Cabral zufällig – auf seinem Weg nach Indien war er zu weit nach Westen abgetrieben – den südlichen Teil Brasiliens. Im Norden hatten Nordeuropäer, Bretonen und Seeleute aus Bristol lange vor den Neufundland-Bänken gefischt; die skandinavischen Expeditionen nach Neufundland und Kanada waren nicht ganz in Vergessenheit geraten, aber da man die Informationen nicht weitergegeben hatte, waren Form und Ausdehnung des Kontinents, wenn es denn einer war, noch immer unbekannt.

Obwohl man die brasilianische Küste 1500 gesehen hatte, geschah 30 Jahre lang nichts mehr. In den ersten Dekaden des 16. Jahrhunderts verzichtete man auf eine weitere Erforschung der Amazonas-Küste Brasiliens – vielleicht waren die frühen Berichte über die Rauheit des Geländes und des Klimas zu abschreckend ausgefallen; eine Besiedelung schien unmöglich. Die eigentliche Erforschung Mittelamerikas erfolgte von der Karibik aus und führte entlang der Südostküste der heutigen USA. Die ersten Landkarten (vgl. S. 110) zeigen eine Gruppe von Inseln in der Karibik und dahinter einen langen, unzusammenhängenden Küstenstreifen.

Im Jahre 1508/09 setzten die Spanier über nach Yucatán, das sie für eine weitere Insel hielten; 1510 erreichten sie die Küste Floridas. Nach Ponce de Leóns Reise im Jahre 1513 stand fest, dass es nördlich von Kuba und westlich der Bahamas eine große Landmasse gab. Doch wie weit sie sich erstreckte, war noch bis in die 20er-Jahre des 16. Jahrhunderts unklar. Man glaubte, dies alles seien vor Asien gelegene Inseln oder Halbinseln, die zu Asien gehörten; man war der Meinung, es müsste möglich sein, eine Durchfahrt zu finden und so nach China zu gelangen. In diesem Augenblick führten einige Aufsehen erregende Reisen zu einem neuen Weltbild.

Im September 1513 schlug sich der Konquistador Vasco Núñez de Balboa einen Weg durch die Tropenwälder auf dem Isthmus von Panama und erblickte den Pazifik (die »Südsee«). Im selben Jahr erreichten die Portugiesen den Río de la Plata. In atemberaubendem Tempo vermehrten sich die Kenntnisse, bis sie in der ersten Weltumsegelung durch den portugiesischen Seefahrer Magellan ihren Höhepunkt erreichten. 1517 erforschte der spanische Abenteurer Grijalva Yucatán und entdeckte zum ersten Mal keine »primitiven« Volksstämme, sondern eine unbekannte Kultur.

Beim Lesen dieser Geschichte müssen wir also daran denken, dass man erst nach Cortés' Eroberung von Mexiko erkannte, dass sich von Panama bis Florida eine einzige Landmasse erstreckte. Hätte man dieses Wissen mit Kolumbus' letzter Reise und Cabrals Entdeckungszügen in Brasilien in Zusammenhang gebracht, hätte man gesehen, dass dieses Land weit über den Äquator hinausreichte. Doch wie weit erstreckte es sich in nördlicher Richtung? Und war es dieselbe Landmasse wie die, die etwas mit den Kabeljau-Fischzügen im hohen Norden zu tun hatte und die den Bretonen, Engländern und Skandinaviern schon so lange bekannt war? Oder gab es irgendwo offenes Gewässer, so dass man weiter bis nach Asien segeln konnte?

In den 20er-Jahren des 16. Jahrhunderts begann man Antworten auf diese Fragen zu finden. 1521 gingen spanische Kapitäne, die von Santo Domingo (Haiti) kamen, am Fluss Santee im heutigen South Carolina an Land. Anschließend erkundeten sie die Küste etwa von der Delaware Bay bis nach Saint Simon's Sound, ohne eine Passage zu entdecken. Mittlerweile war noch ein spanischer Lotse, von Norden kommend, an der Küste von Neu-England bis nach Long Island und an den Hudson gesegelt, hatte die Halbinsel von Manhattan erblickt, aber wiederum keine Durchfahrtsmöglichkeit ausfindig gemacht.

So erkannten die Spanier am Ende des Jahres 1525, dass sich zwischen Europa und Asien eine riesige Landmasse befand; sie wussten – Magellans Reise hatte den jetzt allseits bekannten Beweis erbracht –, dass es einen jenseitigen Ozean gab, der sogar noch größer war als der Atlantik. Obwohl die Pazifik-Küste von Südamerika und die Welt der Inkas noch unbekannt waren, nahm die Erde allmählich ihre moderne Gestalt an. »Indien«, wie die Spanier es nannten, war wirklich eine Neue Welt.

## ERSTER KONTAKT: YUCATÁN, 1517

Dics führt uns in die Zeit, in der sich Cortés auf Kuba aufhielt und sein geistiger Horizont noch begrenzt war. Gerüchteweise hörte man, jenseits, d. h. im Westen, gebe es noch andere Inseln. Doch der entscheidende Augenblick kam mit den beiden Forschungsexpeditionen nach Yucatán.

1517 ließ der spanische Kapitän Córdoba 110 Männer auf vier Schiffen an Bord gehen und erblickte am Kap Catoche zum ersten Mal die urbane Kultur der Mayas. Indianer paddelten in Kanus hinaus zu seinen Schiffen, stiegen an Bord, um Perlen und Kleidung auszutauschen, und die Spanier waren von ihrer hohen Kultur beeindruckt. Damals befand sich die Maya-Kultur nach ihrer Blütezeit im 9. Jahrhundert in einem stetigen Niedergang. Sogar die Stadtstaaten der späteren Epoche, wie z. B. Chichén Itzá in Yucatán, waren verlassen und überwuchert. Allerdings gab es noch immer organisierte Stadtstaaten, die an der Küste Handel trieben und der Schrift mächtig waren.

Córdoba ging an Land und wurde von den Eingeborenen – Inselbewohnern, wie er glaubte – begrüßt. Er blieb dort einige Tage als Gast des Maya-Oberhaupts eines Ortes, den seine Männer wegen der sich dort erhebenden Pyramiden »El Gran Cairo« nannten. Doch die Nachrichten von den schrecklichen Ereignissen der letzten zwanzig Jahre, als in der Karibik fast die gesamte Bevölkerung durch die Gewalt und Krankheiten der Spanier umgekommen war, müssen auch das Festland erreicht ha-

ben. An einer anderen Stelle der Küste, in der Nähe von Campeche, sahen sich die Spanier plötzlich den wilden Angriffen eines örtlichen Häuptlings ausgesetzt; er war zu der Einsicht gekommen, dass die Spanier keine Götter wa-

▲ Die Küstenpyramiden von Tulum, Yucatán, die Grivalja 1518 und Cortés ein Jahr später zu Gesicht bekamen. Vielleicht war dies die große Stadt, von der es hieß, sie sei »so herrlich wie Sevilla«.

ren, sondern nichts als beutegierige Barbaren, die man schleunigst vertreiben sollte.

Von Córdobas Spaniern wurden mehr als zwanzig getötet, die meisten Soldaten trugen Verwundungen davon und konnten nur mit Mühe evakuiert werden. Ein Schiff musste man aufgeben, und als Córdoba nach Kuba zurückkam, war die Hälfte seiner Mannschaft tot. Die erste Begegnung verlief nicht verheißungsvoll, aber Córdoba hatte Goldstücke mitgebracht, welche die Inkas in einem Land im Norden einge-tauscht hatten, einem Land namens Mexiko. Jetzt kam eine Kettenreaktion in Gang, die die Geschichte der Welt umgestalten sollte.

Der spanische Gouverneur von Kuba, Diego Velásquez, verstand sofort die Be-deutung dieser Entdeckung. »Bessere Länder wurden noch nie entdeckt«, verkünde-te er. Man organisierte eine neue Expedition unter der Führung seines Neffen, Juan de Grivalja, und im April 1518 landete dieser auf Swallow Island: Cozumel. Hier sa-hen die Spanier eindeutige Zeichen einer Hochkultur: »ein turmbewehrtes Land« mit Pyramiden und mächtigen Gebäuden. Als sie an den Küsten Yucatáns entlangfuhren, bekamen sie weitere eindrucksvolle Städte zu Gesicht, eine von ihnen mit Säulen tra-genden Bauwerken, »so groß wie die Stadt Sevilla«.

Dort, wo Córdoba im Jahr zuvor gelandet war, machte Grijalva Halt und erlebte dasselbe. Die Mayas teilten den Spaniern mit, sie seien als Gäste unerwünscht; sie sollten abreisen, andernfalls werde man sie bekämpfen. In der Nacht zerrte ein Furcht erregender Trommelwirbel an den Nerven der Spanier, und in einem erbittert geführ-

ten Gefecht wurden viele verwundet, 13 von ihnen erlagen später ihren Verletzungen. Schließlich erreichte Grijalva nach einer mehrere hundert Meilen langen Seereise die Küste des heutigen Veracruz und ging auf einer kleinen, von einem Riff umgebenen Insel an Land, wo ihm die Existenz der aztekischen Menschenopfer zur grauenhaften Gewissheit wurde. Er nannte diesen Ort »Insel der Opfer«.

Auf der gegenüberliegenden Küste verständigte er sich so gut er konnte mit der einheimischen Bevölkerung, den Totonaken. (Zwei seiner Maya-Gefangenen sprachen etwas Spanisch und Totonakisch.) Die Totonaken begrüßten ihn ohne jede Scheu und waren sehr daran interessiert, sich mit ihm zu unterhalten. Wiederholt erwähnten sie eine große Stadt hinter der verschneiten Bergkette im Osten. Sie erzählten ihm, dass sie unter der Herrschaft dieser Stadt lebten und darüber verbittert seien. Das Reich hatte eine politische Ordnung, »Gesetze, Verordnungen und Gerichtshöfe für die Rechtsprechung«. Angesichts der Größe der Flüsse, der Höhe der schneebedeckten Berge in der Ferne und angesichts der verschiedenen, reichhaltigen Kulturen und Sprachen wurde Grijalva und seinen Leuten bewusst, dass sie sich auf dem Teil eines Kontinents befanden, nicht auf einer Insel. Das Reich hieß Mexiko.

»EIN FEINER PIRAT«          Die Berichte von Grijalvas Begegnungen und Entdeckungen versetzten die spanischen Siedler auf Kuba in Erregung. Einer von ihnen war Hernán Cortés. Cortés' Leben ist schon oft dargestellt worden, doch wie alle bedeutenden historischen Geschichten lässt sich auch diese immer wieder erzählen, ohne dass sie ihren Reiz verliert.

Cortés war schon seit 1506 in Westindien. Er entstammte einer rastlosen Familie, die in der befestigten Kleinstadt Medellín beheimatet war, in der Estremadura, dem wildesten Teil Kastiliens. Viele der Konquistadoren kamen aus dieser Gegend. Es war ein raues Land, das im Sommer oft ganz verdorrt und im Winter mit seinen Korkbäumen, Eichen und Bruchsteinmauern einen trostlosen Anblick bietet. Die alten Städte – wie Trujilo – ähneln mit ihren mächtigen Wällen und Bastionen noch immer mittelalterlichen Festungen.

Familien wie der Cortés-Clan waren an den Krieg gewöhnt: Sie waren aus hartem Holz geschnitzt und zäh, niedere Adelsgeschlechter, die sich während der Eroberung des muslimischen Spaniens ihren Weg in den Süden erkämpft hatten. Zu Lebzeiten hatten sie in Spanien das Ende der muslimischen Kultur und die Vertreibung der Juden miterlebt, und später hatten viele als Söldner an den Kriegen in Italien teilgenommen. Cortés' Vater war ein solcher Mann, ein unbedeutender Edelmann, der sein Schwert auf fremden Schlachtfeldern geführt hatte.

Cortés, geboren 1484, war ein kränkliches Kind. Mit 12 Jahren verbrachte er mit der Familie seines Vaters zwei Jahre in der Universitätsstadt Salamanca und scheint dort, als Vorbereitung auf eine juristische Karriere, Latein- und Grammatikunterricht erhalten zu haben. Ob er auch die Universität selbst besucht hat, ist nicht sicher. Sein Zeitgenosse Bartolomé de Las Casas – der bedeutende Dominikaner, Menschenrechtskämpfer und Autor eines Berichts über die Zerstörung Westindiens – sagt, er sei Baccalaureatus der juristischen Fakultät und ein guter Lateiner gewesen, der sich auf Latein habe unterhalten können – doch fehlt dafür noch der Nachweis.

Mit 17 Jahren kehrte Cortés nach Medellin zurück und entschied sich, zur Enttäuschung seiner Familie, nicht für eine juristische, sondern für eine militärische Laufbahn. Wie viele andere junge Männer träumte er anscheinend davon, in Italien zu kämpfen, wo man angeblich sein Vermögen machen konnte, doch aus irgendeinem Grund trat er die Reise niemals an. In den nächsten Jahren wanderte er eine Zeit lang durch Spanien, und für eine Weile verliert sich für uns seine Spur zwischen der Königsstadt Valladolid, seinen alten Lieblingsplätzen in Salamanca und den farbenprächtigen Märkten von Granada im Süden. Vielleicht finanzierte er seine Reise durch die Übernahme von Notariatsarbeiten. Über diese Zeit schrieb später sein Sekretär Gomara voller Missbilligung, Cortés sei »ein richtiger Wandervogel und Herumtreiber« gewesen. Danach ging er – noch immer bestrebt, sich einen Namen zu machen – nach Westindien, wohin viele seiner Zeitgenossen reisten, um sich Land zu beschaffen und ein Leben zu führen, von dem sie im alten Kastilien nicht einmal geträumt hatten.

So wuchs Cortés auf als ein typischer Vertreter der spanischen Renaissance, voller Sehnsucht nach Waffen und Bildung, auf der Suche nach Ruhm und Anerkennung – denn das waren die Ideale, die in den berühmten literarischen Werken seiner Zeit verkündet wurden. Schon als junger Mann war er ein Meister im Diskutieren, ein Individualist in einem Zeitalter des Individualismus, einem Jahrhundert, das mit *Hamlet* und *Don Quichote* sein Ende fand. Im Sommer des Jahres 1506 verließ er Spanien und ging nach Westindien; er war 22. Zuerst lebte er in Hispaniola, wo er rasch einen Ruf als Spieler und Frauenheld erhielt. Beides kann einen Mann in Schwierigkeiten bringen, woran eine Narbe an seinem Kinn erinnerte.

Krankheiten und Gier hatten Hispaniola zugrunde gerichtet – und die einheimische Bevölkerung war durch raffsüchtige Siedler dezimiert worden. Auf Kuba konnte man bessere Beute machen, und so zog Cortés 1509 dorthin. Auf Kuba probte man die Zerstörung der Neuen Welt: Sklaverei, Bergwerke, Zwangsbekehrungen, Ausrottung. »In den drei bis vier Monaten, die ich dort war, verhungerten 7000 Menschen«, schreibt Las Casas in seinem *Kurzen Bericht*. Solche Grausamkeiten brachten Cortés anscheinend nicht übermäßig aus der Ruhe. Er ließ sich in Baracoa nieder, einer malerischen Kleinstadt am östlichen Ende Kubas. Als erster Notar am Platze importierte er Vieh und wurde der erste Viehbesitzer auf der Insel. Doch sein größtes Interesse galt dem Gold.

Etwa im Jahre 1512 begannen er und seine indianischen Sklaven in Cuvanacan Gold zu waschen und Gold abzubauen, er wurde reich. In Duaban baute er sich eine *hacienda* (Landgut) – »die beste auf der ganzen Insel«, sagte er später mit der Überheblichkeit eines Selfmademan. Wie alle spanischen Siedler verkehrte er mit indianischen Frauen und hatte von einer jungen Indianerin eine Tochter – das erste Kind, dem noch viele andere von vielen verschiedenen Frauen folgen sollten (später war von »zahllosen Mätressen« die Rede). Ungefähr zu dieser Zeit verführte er auch Catalina Suárez, die Schwester eines anderen Siedlers. Ihre Familie übte Druck aus und gewann die Unterstützung des Gouverneurs Diego Velásquez (vielleicht rührte daher die anhaltende Feindschaft zwischen den beiden Männern); so musste Cortés die Frau gegen seinen Willen heiraten. Bei jemandem, der in der Geschichte eine so

bedeutende Rolle spielt, nehmen wir sein früheres Leben unter die Lupe und suchen nach Charakterzügen, die auf die späteren Taten hindeuten. Bei Cortés führt dies allerdings nicht sehr weit. Mit fast 30 galt er als ein gerissener, knallharter Mann, dem es gefiel, sich als großer Fisch in einem kleinen Becken zu tummeln. Außerdem war er einfallsreich, zäh und beharrlich – ein Mann, der wusste, wann man auf Zeit zu spielen hatte und wann rasches Handeln angesagt war.

Doch möglicherweise erklärt eine Bemerkung aus seiner ersten Zeit in der Karibik seinen Charakter: Er sei ein notorischer Spieler und ein »weibstoller« Mann. Wir müssen zwar vorsichtig sein, wenn wir die Erkenntnisse der modernen Psychologie auf Menschen der Vergangenheit übertragen, doch die »Qualitäten« dieser beiden männlichen Typen – Spieler und Verführer – gehen ineinander über. Ein Spieler ist ein Meister im Abwägen von Situationen, im Ausrechnen von Chancen, ein Mann mit Risikobereitschaft, der es aber auch meisterhaft versteht, seine wahren Absichten zu verbergen. Ein Frauenheld muss verführen, überzeugen, bezaubern, seine echten Gefühle verbergen und es schaffen, dass sich die Frau begehrt und respektiert, ja als Juwel fühlt.

Beide haben das Bedürfnis nach Kontrolle. Von Cortés heißt es, er habe niemals die Beherrschung verloren – was auf eine gewisse Eiseskälte in seinem Wesen hindeutet. Vor seinem Auftritt auf der Bühne der Geschichte ist aber noch immer vieles bei ihm unerforscht und geheimnisvoll. Es gibt eine Anekdote aus diesem Abschnitt seines Lebens: Er drehte an einem Glücksrad und sagte zu Freunden, sterben werde er »entweder unter Trompetenklang oder auf dem Schafott«. Dies zeigt, dass er bereits einen Mythos von sich entworfen hatte, an den er glaubte und den er, wenn sich die Gelegenheit böte, zu verwirklichen hoffte.

## DIE EXPEDITION NACH MEXIKO

So führte Cortés während jener Jahre auf Kuba ein großes Haus; er arbeitete hart. 1517 war er von Baracoa nach Santiago gezogen. Santiago war das Regierungszentrum der Insel, und Cortés war nun Alkalde (Bürgermeister) und seine Erfolge so bedeutend, dass er gebeten wurde, Geldgeber für Grijalvas Expedition nach Yucatán zu finden. Jetzt, bei Grijalvas Rückkehr, sprach man nur noch über Yucatán – und Mexiko. Es war »das schönste Land unter der Sonne … Wir wollten alle dorthin … Wir glaubten, jeder von uns könne mehr als 1000 Pesos in Gold von dort mitbringen … Wir halten dieses Land für das reichste der Welt, gemessen am Wert seiner Edelsteine«.

Der Gouverneur Velásquez sprach nun mit Cortés. Die Inseln Yucatáns waren reich und ihre Bewohner zivilisierte Leute, bei denen Recht und Ordnung herrschten.

▸ Auf einem anonymen Porträt (oben) ist der ältere Hernán Cortés als Denker und Tatmensch dargestellt – nicht mehr in der Blüte seines Lebens, doch mit den Zügen seines stählernen Willens, der ihn befähigte, Mexiko zu erobern.
Das aus dem 19. Jahrhundert stammende Gemälde (unten) zeigt Cortés als einen modernen hl. Jakob, der die Azteken vom Menschenopfer befreit. Diesen Mythos förderte Cortés selbst nach Kräften.

Das Land versprach offensichtlich großen Reichtum. Grijalvas Scheitern war, wie manche zu Unrecht behaupteten, seiner Feigheit zuzuschreiben. Hier nun kam Cortés als einer der reichsten Männer Kubas mit ins Spiel. Eine neue Expedition würde ihn noch reicher und berühmt machen. Der Gouverneur wollte zwei, drei Schiffe zur Verfügung stellen, falls Cortés das restliche Geld auftriebe und die Führung der Armee übernähme. Cortés erkannte seine

Chance und stimmte zu. Er würde den Hauptteil der Kosten tragen. Am 23. Oktober 1518 ernannte Velásquez ihn zum Kapitängeneral der neuen Expedition.

Man erwartete von Cortés, dass er sich an die Gesetze hielt. Die Expedition sollte eine Entdeckungsreise sein, auf der man – in bescheidenem Rahmen – auch Handel trieb; jeder Indianer, den man traf, sollte fair behandelt, die Frauen nicht missbraucht werden. Seine Anweisungen enthalten keinen Hinweis darauf, dass man damit rechnete, ein mächtiges Reich vorzufinden. Doch Cortés wusste, dass er Länder betreten würde, die von zivilisierten Völkern mit organisierten Staatswesen bewohnt waren, und wir müssen annehmen, dass in seinen Anweisungen vieles ungesagt bleibt: Vermutlich hatten sich Cortés und der Gouverneur darüber verständigt, dass er die von ihnen gezogenen Grenzen überschreiten könnte, falls und wenn sich die Gelegenheit böte.

Velásquez betrachtete die Expedition vielleicht als Sicherheitsmaßnahme, um angesichts rivalisierender Spe-

kulanten seine Ansprüche geltend zu machen. Cortés jedoch mag damals bereits Größeres im Sinn gehabt haben. Möglicherweise plante er eine ehrgeizigere Unternehmung und wollte die westliche Route ausfindig machen. Wir wissen, dass er von der Möglichkeit einer Überfahrt nach Japan fasziniert war, sogar noch nach seiner Eroberung Mexikos. Letztlich können wir uns aber über seine Vorstellungen kein Bild machen. Doch muss er bestimmt über das geheimnisvolle Reich Mexiko geredet haben, das von der »Insel der Opfer« landeinwärts zu liegen schien. Er mag sogar den Plan ins Auge gefasst haben, sich dorthin zu begeben, ohne den Gouverneur in Kenntnis zu setzen; er duldete ihn zwar, doch mochte er ihn vermutlich nicht und misstraute ihm. Wie dem auch sei, er stellte seine eigene Mannschaft sehr sorgfältig zusammen; zu ihr gehörte auch der charismatische Pedro de Alvarado, der bereits in Yucatán gewesen war; ein impulsiver und grausamer Mann, doch einer, zu dem Cortés Vertrauen hatte.

Dies könnte erklären, warum Cortés all sein Hab und Gut in diese Expedition investierte. Der Einsatz war hoch, und er handelte so, als spürte er Fortuna an seiner Seite. Er organisierte hastig die Expedition, lieh von Freunden Geld, kaufte Schiffe, Ausrüstungsgegenstände, erwarb Lebensmittel und heuerte ungebundene junge Soldaten an, denen er eine Gewinnbeteiligung in Aussicht stellte. Die Stimmung in diesen Tagen erinnerte an einen Goldrausch, und innerhalb von knapp zwei Wochen hatte Cortés zwei Schiffe, eine Brigantine und 300 Mann beisammen.

Dies ließ bei Velásquez, seiner Familie und seinen Geldgebern die Alarmglocken läuten: Der Umfang und die erfolgreiche Durchführung von Cortés' Vorbereitungen versetzten sie in Unruhe. Als finanzielle Teilhaber an der Unternehmung bedauerten sie es nun, Cortés die Kontrolle zu überlassen. Cortés seinerseits begann sich zu sorgen, ob Velásquez seinen Teil des Geschäfts, die Gewinnbeteiligung, einhalten würde. Schließlich beschloss Velásquez, Cortés als Kapitängeneral abzusetzen, und verbot ihm, weitere Lebensmittel und Vorräte zu kaufen. Doch Cortés setzte sich darüber hinweg, woraufhin Velásquez den Befehl erließ, ihn seines Kommandos zu entheben. Cortés Schwager jedoch brachte den Boten um und übergab die Papiere des Gouverneurs an Cortés persönlich.

Als er von Velásquez' Plänen erfuhr, reagierte Cortés schnell. Nachdem er in Santiago alle Fleischvorräte beschlagnahmt hatte, beschloss er, am frühen Morgen des 18. Februar 1519 die Segel zu setzen. In letzter Minute eilte Velásquez hinunter zum Kai, wo es zu einem fast komischen letzten Gespräch mit Cortés kam, der sich gerade in einem kleinen Boot absetzen wollte: »Komm, komm, mein lieber Kamerad, warum machst du dich auf diese Weise davon? Ist es gut, mir so ›Auf Wiedersehen‹ zu sagen?« Cortés rief zurück: »Vergib mir, doch alle diese Dinge wurden lange bedacht, bevor sie angeordnet wurden. Wie lauten jetzt deine Befehle?« Dem verblüfften Velásquez fehlten die Worte; Cortés gab den Befehl, die Segel zu hissen.

## CORTÉS' FLOTTE SETZT DIE SEGEL

Es war der Wurf eines Spielers. In Cortés' Geschichte gibt es eine Reihe unglaublich riskanter Aktionen, die sich nicht nur gegen die Königreiche der amerikanischen Eingeborenen richteten, sondern auch gegen die Repräsentanten des spanischen Königs. Genau genommen, lehnte sich

Cortés von Anfang an gegen seinen eigenen Herrscher auf. Die Geschichte wird anhand einer unübertroffenen Vielzahl von Dokumenten und Augenzeugenberichten erzählt; dazu gehören auch die Briefe, die Cortés damals aus der Neuen Welt selber schrieb – auch wenn sie natürlich extrem parteiisch sind.

Bemerkenswerterweise steht uns auch Material der aztekischen Seite zur Verfügung. Am ausführlichsten und faszinierendsten ist der Bericht, den der Franziskaner Bernardino de Sahagún auf Náhuatl verfasste und der sich auf Interviews mit aztekischen Augenzeugen stützte. Doch es gibt daneben gleichfalls aztekische Lieder und Gedichte und eine kurze Annalen-Ausgabe. Obwohl die meisten dieser Zeugnisse 20 oder 30 Jahre später niedergeschrieben wurden und unvermeidlich unter dem Eindruck der Niederlage stehen, bieten sie einen erstaunlichen Einblick in außergewöhnliche Geschehnisse, deren Tragik uns noch immer anzurühren vermag.

Die Flotte, die Kuba verließ, bestand aus elf Schiffen; vier hatten eine angemessene Größe (das Größte von 100 Tonnen), bei den anderen handelte es sich um kleinere offene Boote oder Brigantinen. Cortés hatte 530 Europäer an Bord, 30 von ihnen waren mit Armbrüsten, zwölf mit Hakenbüchsen, Handfeuerwaffen mit Vorderladung, ausgerüstet – Waffen, die sich für die Azteken als tödlich und entmutigend erweisen sollten. Er hatte außerdem 14 kleinere Artilleriegeschütze und einige tragbare Kanonen mit Hinterladung auf den Schiffen.

Neben etwa 100 Matrosen gab es auch noch einen Arzt, mehrere Zimmerleute und wenigstens acht Frauen; eine von ihnen sollte sich später selbst voller Stolz als *conquistadora* bezeichnen. Dabei waren viele Nicht-Europäer, darunter mehrere hundert kubanische Indianer und einige Afrikaner, sowohl Freie als auch Sklaven. Cortés nahm auch einen Maya sprechenden indianischen Fischer mit, der auf einer früheren Expedition in Yucatán gefangen genommen worden war. Sein dringendstes Problem war natürlich die Verständigung mit den Eingeborenen.

Seine Geheimwaffe bildeten 16 Pferde, Tiere, die die amerikanischen Eingeborenen noch nie zu Gesicht bekommen hatten. Es gab auch zahlreiche Hunde, Wolfshunde oder Doggen. In Europa war der Einsatz von Hunden im Krieg üblich, und sie wurden mit schrecklicher Wirkung auch in der Neuen Welt eingesetzt; solche Tiere hatten die Indianer ebenfalls noch nie gesehen. Wie viele seiner Zeitgenossen hatte Cortés keine Skrupel, die Hunde auf wehrlose Menschen zu hetzen.

Die Entfernung zwischen Kuba und Yucatán beträgt nur 120 Meilen, und Cortés steuerte die Küste hinunter bis nach Cozumel; dort sah er zum ersten Mal die Maya-Pyramiden mit ihren strohgedeckten Tempeln auf der Spitze. Zugleich hatte er unglaubliches Glück. Die Leute der Insel erzählten ihm, dass es im Nachbarland, bekannt als Yucatán, zwei Christen gebe, die vor langer Zeit in einem Boot dorthin gebracht worden seien und als Gefangene gehalten würden.

Man verschickte eine Nachricht, und ein paar Tage später kam in einem Kanu ein bärtiger, sonnengebräunter Spanier, wie ein Eingeborener gekleidet. Gerónimo de Aguilar war 1511 auf einem der Schiffe gewesen, als der Konquistador Valdivia bei Jamaika Schiffbruch erlitt. Die Mannschaft war an Land gespült worden, und nach zahlreichen schrecklichen Abenteuern waren alle getötet oder geopfert worden, außer zwei Männern – Gerónimo de Aguilar und Gonzalo Guerrero.

In Aguilar besaß Cortés nun einen Übersetzer, der das einheimische Maya sprach – die erste Voraussetzung, falls er in das Landesinnere eindringen wollte. Aguilar war überglücklich, sich ihm anschließen zu können, und erzählte ihm auch, dass sein Freund Guerrero zu einem Eingeborenen geworden sei. Er habe eine Maya zur Frau, er habe Kinder von ihr und sich als Maya-Krieger tätowieren lassen. Er kämpfe in Chactemal mit den Mayas gegen die Spanier und werde sich allen Aufforderungen, in die »Zivilisation« zurückzukehren, widersetzen.

Guerrero hatte wohl den Mayas erzählt, dass die Neuankömmlinge – die Spanier – »ebenso sterblich seien wie andere Menschen«, und vielleicht wussten die Mayas deshalb gleich Bescheid, dass die Spanier keine Götter waren, sondern einfach nur »ein mächtiger, grausamer Feind«: eine neue Schar von Invasoren, die gekommen waren, um das Land zu erobern und auszurauben. Guerreros geheimnisvolle Gegenwärtigkeit war beunruhigend: Die Vorstellung, dass ein guter spanischer Christ die Seite wechseln konnte, war bedrohlich und warf einen Schatten über Cortés und seine Männer, als sie ihre Reise an der flachen, von der Brandung bespülten Küste mit ihren Palmen und ihren strahlend weißen Pyramiden fortsetzten.

Cortés segelte um die Spitze Yucatáns. Es waren etwa 400 Seemeilen entlang der Küste Yucatáns; er fuhr zunächst in südwestlicher Richtung und drehte dann nordwärts zur Bucht von Mexiko. Im hitzedampfenden Dschungel an der Mündung des Rio Tabasco machte er Halt und ging in Potonchan, einer kleinen Eingeborenensiedlung (heute die Stadt Frontera), an Land. Die Eingeborenen waren nervös. Sie schenkten ihm ein paar Lebensmittel und eine goldene Maske, baten aber die Spanier, wieder abzureisen: »Wir wollen weder Krieg noch Handel«, sagten sie zu Cortés. Offensichtlich war man in Yucatán über die Neuankömm-

◂◂ Der Río Tabasco, den Cortés 1519 flussaufwärts segelte.

◂ Diese Illustration aus dem Codex Durán des 16. Jahrhunderts zeigt, dass der aztekische Herrscher Montezuma durch seine Kundschafter über die spanischen Erkundungsreisen an der Küste Bescheid wusste.

linge informiert. »Wir haben kein Gold mehr – wir werden euch töten, wenn ihr nicht geht.«

Während die Eingeborenen ihre Frauen und Kinder aus der Stadt brachten, vergingen mehrere Tage mit Stellungskämpfen. Diese Unruhen endeten in einer Schlacht, in der 20 Spanier verwundet wurden, doch dank ihrer Pistolen und Armbrüste errangen sie einen leichten Sieg. 400 indianische Kämpfer wurden – unter hohen Verlusten in ihren Reihen – in die Flucht geschlagen. Dies war eine weitere wichtige Lektion für den unerfahrenen Cortés: die Überlegenheit der Artillerie gegenüber bronzezeitlichen Kriegern und ihre schockartige Wirkung auf Leute, die noch nie Kanonen gesehen hatten. Die spanische Bewaffnung bedeutete: Selbst wenn der Gegner zehnmal stärker war, konnten sie damit rechnen, unter geringen eigenen Verlusten den Sieg davonzutragen

## SCHÖN WIE EINE GÖTTIN: MALINCHE

▲ Malinche dolmetscht zwischen den Spaniern und Azteken. Diese Illustration (aus einem Florentinischen Codex, Mitte 16. Jahrhundert, von aztekischen Augenzeugen auf Nahuatl verfasst und von einheimischen Künstlern ausgestaltet) zeigt eine Art Sprechblasen, die aus den Mündern der Protagonisten kommen.

Cortés hielt sich drei Wochen am Río Tabasco auf. Die Indianer unterwarfen sich und machten den Spaniern Geschenke, darunter 20 Frauen, die Tortillas zubereiteten und sie bedienten. Cortés gab diese Frauen seinen Kommandanten – eine von ihnen, namens Malinali, fiel an Portocarrero, einen Freund aus seiner Heimatstadt. Malinali, besser bekannt unter dem Namen Malinche, sprach Maya, doch später hörte Cortés zufällig, wie sie sich weiter oben an der Küste mit Frauen auf Náhuatl, der Sprache der Azteken, unterhielt. Dies war ein entscheidender Augenblick: Cortés war der Schlüssel in die Hände gefallen, mit dem sich seine ehrgeizigen Pläne verwirklichen ließen – dank Gerónimo de Aguilar wäre es möglich, sich mit Malinche auf Maya zu verständigen und dann mittels ihrer Hilfe mit den Mexikanern auf Náhuatl.

Cortés nahm sie also Portocarrero wieder weg und machte sie zu seiner Mätresse. Von diesem Zeitpunkt an, bis zum Fall von Mexiko, traten die beiden stets gemeinsam auf, manchmal schienen sie wie aus einem Munde zu sprechen – besonders in der aztekischen Darstellung, in der voller Entrüstung beklagt wird, dass eine Frau der eigenen Rasse die Spanier nach Mexiko führe.

Malinches Vater war bei den Einheimischen in Painala – das Dorf lag vom Rio Tabasco aus landeinwärts – ein sehr angesehener Mann. Doch nach dessen Tod verheiratete sich ihre Mutter erneut, Malinche wurde enterbt und schließlich an Händler verkauft. Manche sagen, sie sei »schön wie eine Göttin« gewesen – und auf der anschaulichsten unserer bebilderten Quellen lässt sich das auch noch schwach erahnen: Der *Lienzo von Tlaxcala* zeigt sie mit ovalem Gesicht und langem Haar; sie steht in

ihrem typischen schachbrettgemusterten Gewand neben Cortés und hat offenbar alles im Griff.

Sie ist bis heute eine umstrittene Gestalt geblieben: Sie wird als Mutter, Hure, Verräterin und Todesgöttin dargestellt, und in der Geschichte gibt es nur wenige Persönlichkeiten, deren Nachleben mit so vielen Anachronismen belastet ist. In Mexiko kennt man sie als La Malinche – und als *Malinchista* wird jemand bezeichnet, der sich der weltbeherrschenden amerikanischen Kultur kritiklos unterwirft, ein Volksverräter, der Mexiko an die Ausländer verkauft. Natürlich ist die Wahrheit komplexer – vor allem, wenn man sie im Lichte der politischen Veränderungen sieht, die im Mexiko des 16. Jahrhunderts stattfanden.

Mit Sicherheit aber wissen wir, dass Cortés eng mit ihr zusammenarbeitete und dass sie schnell Spanisch lernte. Als Duo verbanden sie Wortgewandtheit, Feinsinnigkeit und Frömmigkeit mit Drohungen, Raffinesse und Brutalität. Alle wichtigen Kontakte liefen über Malinche, und in gewisser Hinsicht bestimmte sie den Gang der Ereignisse. Offensichtlich hatte sie mehr Freiheit und Macht als sonst eine Eingeborene oder Spanierin ihrer Zeit. Sie bleibt einer der rätselhaftesten und faszinierendsten Charaktere in der Geschichte. Cortés gegenüber scheint sie jedenfalls von unerschütterlicher Loyalität gewesen zu sein. Die Sprache ist ein entscheidendes Instrument für die Eroberung eines Landes, sie geht Hand in Hand mit der Herrschaft, und in Malinche fand Cortés seine Gefährtin.

Die Flotte fuhr weiter und erreichte am Gründonnerstag, dem 20. April 1519, die »Insel der Opfer« (dort war ein Jahr zuvor Grijalva an Land gegangen). Es handelt sich um eine kleine, durch

## ERSTER KONTAKT MIT DEN AZTEKEN

ein Riff geschützte Insel, umtost von der Brandung. Auf der zum Land gelegenen Seite gibt es einen Sandstrand und am palmengesäumten Ufer einen von der Flut zurückgelassenen hellen Streifen mit weißen Korallen und Treibholz. Heute ist die Insel militärisches Gelände, und die ganze Nacht über sendet der Leuchtturm seine sich langsam bewegenden unheimlichen Lichtsignale, die das Meer erleuchten. Im Westen erhebt sich die flache, rote Küste des Festlands aus der Brandung, von hohen Palmen gekrönt. An einem klaren Tag reicht die Sicht, wenn man aus dem Mastkorb eines Schiffes über das Land blickt, bis zu den majestätischen schneebedeckten Gipfeln der über 6000 Meter hohen Vulkane des Orizaba-Massivs. Was lag dahinter? Cortés sollte es bald herausfinden.

Vom Ufer aus kamen Kanus mit Boten des ortsansässigen Gouverneurs. Die Leute waren Totonaken, die sich an ihre früheren spanischen Besucher gerne erinnerten. Grijalva hatte darauf geachtet, die Eingeborenen freundlich zu behandeln; diese hatten sogar geglaubt, sich in ihrem Freiheitskrieg gegen die Mexikaner mit den Spaniern verbünden zu können. Die Einheimischen machten Cortés Geschenke: Fleisch, Fisch, Tortillas, Truthähne, Mäntel und Schmuckstücke. Sie erkundigten sich auch nach einigen Männern, die sie bei Grijalva kennen gelernt hatten: »Wie geht es Benito, dem Tamburin-Schläger?« (Er hatte im vergangenen Jahr mit ihnen getanzt und tat es, unter großem Gelächter, auch diesmal wieder.) Cortés überreichte ihnen einige Geschenke für ihre Häuptlinge: Stoffhemden und Jacken.

Die fröhliche Stimmung schlug zwei Tage später um: Vom mexikanischen Groß-
könig persönlich traf ein Bote ein, begleitet von einem riesigen Zug von Trägern, die
Cortés Lebensmittelvorräte brachten.

Am nächsten Tag, Ostersonntag, fand sich der Bevollmächtigte der Azteken
höchstpersönlich ein. Sie trafen sich an der Küste in der Nähe einer kleinen, von weißen Mauern umgebenen totonakischen Stadt, dort, wo heute Veracruz liegt. Der
Bevollmächtigte hieß Teudile und war sich, wie alle Beamten großer Könige, seiner
hohen Stellung bewusst, prächtig ausstaffiert in einem Mantel aus Papageienfedern.

Der Kaiser von Mexiko (falls wir so den *tlatoani*, den »großen Sprecher« der
Azteken, nennen dürfen) war Montezuma II. Er hatte, wie Teudile sagte, von den
Neuankömmlingen gehört; er wusste über die Expedition Grijalvas Bescheid und war
über die Schlacht am Río Tabasco unterrichtet. Er hatte seinen Bevollmächtigten
angewiesen, seine Gäste zu versorgen und zu verpflegen und ihnen wertvolle Steine
und Federarbeiten zum Geschenk zu machen. Teudile berührte mit einem feuchten
Finger die Erde und führte ihn an seine Lippen (»Schmutz zu essen« war in der aztekischen Diplomatie ein Zeichen des Respekts), dann verbrannte er Weihrauch, fügte
sich, zur großen Verwunderung der Spanier, eine Wunde zu und überreichte ihnen
etwas Stroh, das mit seinem Blut benetzt war.

Dies war der offizielle Beginn der Bekanntschaft der Spanier mit den komplizierten Bräuchen der aztekischen Welt – und ein erster Einblick in den Symbolwert
des Blutes innerhalb der aztekischen Kultur. Teudile überreichte ihnen auch mit Blut
besprengte Lebensmittel – ein paar Spanier mussten sich beinahe übergeben. Aber er
hatte auch Sinn für das Praktische, und so stellte er Cortés außerdem 2000 Diener zur
Verfügung, damit er sich, »da sich die Regenzeit nähert«, aus Holz und Palmenblät-
tern Hütten bauen könne.

Die Azteken beobachteten verblüfft, wie die Spanier eines ihrer charakteristischen eigenen Rituale durchführten: Sie knieten nieder und sprachen vor einem einfachen, im Sand stehenden hölzernen Kreuz ihre Ostergebete. Danach aßen sie
zusammen, wobei Aguilar und Malinche stockend übersetzten.

Cortés stellte sich vor als Botschafter eines Königs, der »den größeren Teil der
Welt« regierte. Der König habe von Mexiko gehört und Cortés als seinen Repräsentanten geschickt. Cortés fragte nach Montezuma: »Wo ist er? Wir würden ihn
gerne treffen.« Teudile erwiderte, Montezuma sei ebenfalls ein bedeutender König,
dem kleinere Herrscher untertan seien. Er werde dem König natürlich über Cortés'
Ankunft Bescheid geben und seine Wünsche erkunden. Zunächst einmal überreiche
er ihnen in Montezumas Namen eine Kiste mit Goldarbeiten und Baumwollkleidern.
Bei den Gegengeschenken musste Cortés improvisieren: unterschiedliche Perlen, ein
verzierter Stuhl und ein purpurfarbener Hut. Teudile nahm die Geschenke an, gab
dabei jedoch zu erkennen (wie einer der Spanier beobachtete), dass er sie für »den
letzten Dreck« hielt.

Dann nahm Cortés die Gelegenheit wahr, den Azteken seine Schusswaffen und
Pferde vorzuführen. Mit blitzenden Schwertern und klingenden Glocken stürmte
seine Kavallerie im gestreckten Galopp über den Strand. Als wäre dies noch nicht
einschüchternd genug, wurden auch die dicken Kanonen abgefeuert – und Teudile

◀ Weitere zwei Szenen aus dem Florentinischen Codex, unserer wertvollsten Quelle der aztekischen Sicht der Geschichte. Abgesandte von Montezuma treffen unterwegs auf Cortés (oben). Sie kehren zu dem verzweifelten Montezuma zurück (unten): »Mein Herz brennt, als hätte es in Chili gebadet.«

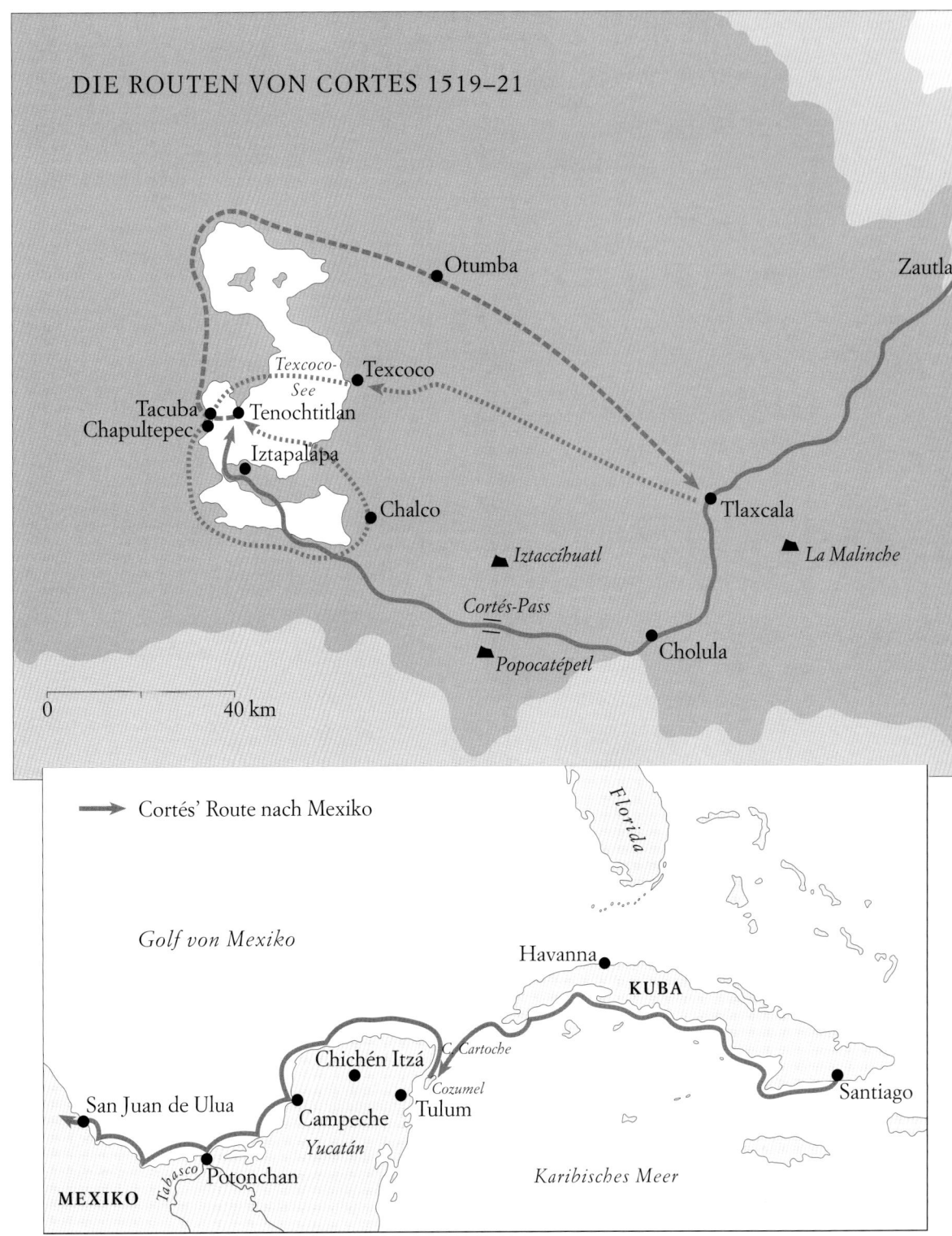

DIE ROUTEN VON CORTES 1519–21

Otumba

Zautla

*Texcoco-See*

Texcoco

Tacuba
Chapultepec

Tenochtitlan

Iztapalapa

Chalco

Tlaxcala

*Iztaccíhuatl*

*La Malinche*

*Cortés-Pass*

*Popocatépetl*

Cholula

0          40 km

→ Cortés' Route nach Mexiko

*Florida*

*Golf von Mexiko*

Havanna

**KUBA**

Chichén Itzá

*C. Cartoche*

*Cozumel*

San Juan de Ulua

Tulum

Campeche

*Yucatán*

Santiago

**MEXIKO**

*Tabasco*

Potonchan

*Karibisches Meer*

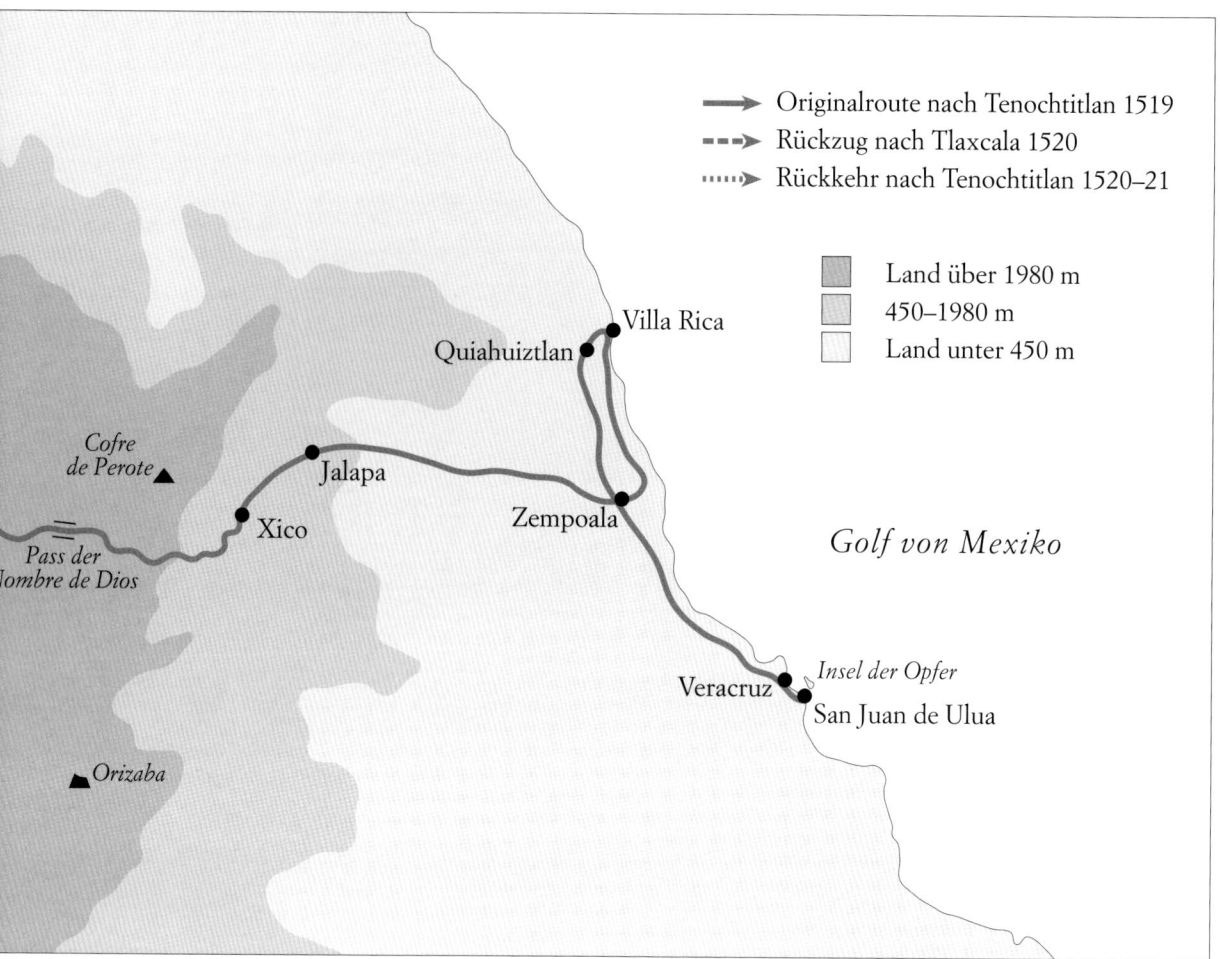

und seine Männer gingen vor Angst buchstäblich zu Boden. Da wurde es Cortés natürlich klar, dass die Mexikaner keine Kanonen besaßen, und er wollte sie mit der tödlichen Macht seiner Waffen beeindrucken.

Die Männer, die Montezuma Bericht erstatteten, erzählten von dem Donnerlärm,
dem Rauch, dem Feuerstrahl, dem üblen Geruch; sie beschrieben, wie die abgefeuer-
te Kanonenkugel einen Hügel »aufgelöst« und einen Baum »zu Kleinholz gemacht«
hatte. Doch war den Azteken wirklich klar, dass dies eine Waffe war, die gegen Menschen eingesetzt werden sollte?

Obwohl die Spanier in der Welt nach außen die »brutale und unmenschliche
Grausamkeit« der Azteken anprangerten, wussten sie auch, dass die Azteken keine
Kanonen, keinen Stahl, kein Schießpulver und keine Pferde hatten. Noch wichtiger
ist vielleicht, dass die Azteken im Unterschied zu den Spaniern nicht das Selbstvertrauen besaßen, die Welt zu gestalten und zu verändern. Cortés wusste, dass die
aztekische Kultur in vielerlei Hinsicht herrlich und außergewöhnlich war, er war empfänglich für ihre Künste und ihr handwerkliches Geschick; ihre Leistungen auf bei-

den Gebieten hielt er für »unerreicht auf der Welt«. Doch ihre Kultur befand sich noch auf der Stufe der Bronzezeit, und obwohl er nur wenige Männer zur Verfügung hatte, war die technische Überlegenheit der Spanier überwältigend. Dasselbe dachte er auch von seiner mentalen Zähigkeit und Flexibilität.

Bevor Teudile wieder abreiste, kam es zu einem letzten vielsagenden Wortwechsel. Cortés konnte eine solch bedeutsame Begegnung natürlich nicht beenden, ohne nachzufragen, ob sie noch mehr Gold hätten. »Gold ist gut für ein krankes Herz«, sagte der feinsinnige Ironiker. »Wisst ihr, meine Männer haben ein Herzleiden, das sich nur mit Gold lindern lässt.« Teudile erwiderte, sie hätten noch mehr – viel mehr. Dies war, vorsichtig ausgedrückt, ein gefährliches Eingeständnis.

## AM HOFE MONTEZUMAS

»O Meister, unser Herr, o Herr der Nähe und des Nahen, / O Nacht, o Wind, wahrhaft erscheine ich jetzt vor deinem Angesicht … / Verschone mich vor deinem Zorn, o Barmherziger … / Mäßige deinen Groll … deine Stadt ist wie ein kleines Kind. / Ich werfe mich dir zu Füßen.«

Der *tlatoani*, der »große Sprecher« der Azteken, sitzt auf einem mit Schnitzwerk reich verzierten Schemel; schwarz gekleidete Priester schreiten durch den Raum, die Rastalocken blutverschmiert, die Fingernägel schmutzig und nicht geschnitten, die Ohrläppchen vom täglichen Aderlass ganz zerrissen. Aus einem glühenden Kohlenbecken lodern Weihrauchflammen, die aromatische Baumrinde mildert den süßlichen Todesgeruch im Haus der Schlangen.

Fünf Boten treten vor, schmutzig von der Reise. Sie sind von der Küste hierher geeilt und bringen die Nachricht von Ankömmlingen aus Übersee. Doch bevor sie sprechen dürfen, müssen sie mit Opferblut gereinigt werden: »Sie befanden sich nämlich in großer Gefahr … Sie haben direkt ins Antlitz von Göttern geschaut.« Deshalb werden zunächst nackte Gefangene aus ihren Käfigen herbeigebracht, bereits benommen von halluzinogenen Pilzen, die den Schmerz des »süßen Todes durch den Feuerstein« betäuben werden. Sie sind von Kopf bis Fuß mit Kreide bemalt. Dann legt man sie nacheinander mit dem Rücken auf den Altar, schneidet ihnen mit Obsidian-Klingen die Herzen heraus. Die Boten werden mit ihrem Blut besprengt; erst jetzt dürfen sie von den Wundern berichten, deren Zeuge sie waren.

Montezuma (d. i. Motecuhozuma) ist etwa 50 Jahre alt, obwohl er zehn Jahre jünger aussieht. Er ist groß, wohlproportioniert und schlank, sein Haar genau über den Ohren abgeschnitten. Er trägt einen kurzen, dünnen schwarzen Bart und sein ziemlich längliches Gesicht wirkt heiter. Er hat schöne gefühlvolle Augen und konnte sich (wie jemand sagte, der ihn kannte) »sehr freundlich geben, aber, wenn nötig, auch ganz ernst«. Er kann herzlich lachen und ausgelassen kichern, etwa wenn er – außer Dienst – von seinen Hofnarren und Zwergen oder von seinen Jongleuren unterhalten wird, die Holzklötze mit ihren Füßen balancieren. Doch bei seinen offiziellen Pflichten ist er stets beherrscht, gebildet, scharfsinnig und kritisch.

Wenn *wir* ihm ins Gesicht schauen könnten (und man bedenke, bei solchen Begegnungen durfte ihn niemand ansehen), würden wir ihn wohl für äußerst reserviert halten, vielleicht gar für verklemmt; denn wenn Kläger zu ihm sprechen, blickt er zu Boden und antwortet mit so leiser Stimme, dass »er kaum die Lippen zu be-

◀ Montezuma, porträtiert von einem unbekannten spanischen Künstler des 17. Jahrhunderts. Obwohl es sich vermutlich um ein Phantasiegemälde handelt, sind einige Details überzeugend (vgl. Abb. S. 94), vor allem der federgeschmückte Mantel und der federgeschmückte Schild. Aufgrund seines Gesichtes können wir ihn uns zumindest vorstellen als einen, wie es in der spanischen Beschreibung heißt, »scharfsinnigen und gebildeten« Mann mit »schönen gefühlvollen Augen«.

wegen scheint«. Doch dies war die Hofetikette der damaligen Zeit. (Im Spanien des 17. Jahrhunderts war »So höflich wie ein mexikanischer Indianer« eine gängige Redeweise. Und es stimmt noch heute, dass traditionsbewusste Mexikaner eine angeborene Höflichkeit und Ehrerbietung an den Tag legen, Verhaltensweisen, die sie, wie manche meinen, von ihren Vorfahren übernommen haben.) Diese natürliche Zurückhaltung wurde in dem poetischen Rhythmus der höfischen Sprache noch betont, in den Schulen des Adels vermittelt. Solche Form der öffentlichen Rede fand höchste Bewunderung, und »wenn Montezuma sprach, gewann er durch seine gewählte Ausdrucksweise die Sympathien der anderen und überzeugte die Menschen durch seine ernsthafte Argumentation«.

Montezuma war damals ein vornehmer König und legte Wert auf eine würdevolle Hofhaltung. Er war ein erfahrener Herrscher und seit 1503, wie die Azteken sagen würden, »auf der Matte«. Er hatte zahlreiche Siege über abhängige Völker errungen, viele Adlige gefangen nehmen und opfern lassen, und er hatte die herrliche Stadt am See mit ihrem prächtigen Tempelbezirk wieder aufgebaut. Doch seine Zeit war weniger von blindem Vertrauen als von wachsender Furcht geprägt. Seit kurzem zeichneten sich militärische Fehlschläge, Wirtschaftsprobleme und sozialer Unfrieden am Horizont ab. Die alten militärischen Tugenden der Azteken schwanden, die rigide Klassenstruktur hatte sich gelockert, ihre moralischen Überzeugungen gerieten ins Wanken. Montezuma war kein Erneuerer und hatte nur versucht, die Macht zu zentralisieren und das übergroße Reich so zu bewahren, wie er es übernommen hatte. Er galt als unbeugsam, und so hatte er versucht, die Peitsche zu schwingen, indem er seine Generäle tyrannisierte und erfolglosen Heeren öffentliche Feiern versagte. Doch sein Kernproblem war die Reichsidee als solche. Das Imperium, das sich rasch über das Tal von Mexiko ausgedehnt und im 15. Jahrhundert bis nach Mittelamerika erstreckt hatte, war nur noch dazu da, Gefangene zu machen, Tribut einzutreiben und Nahrungsmittel zu requirieren. Man dachte nicht an eine Konsolidierung – und auch nicht an die Untertanen. Und noch immer verlangten die Herrscher und Priester des Reiches Menschenopfer, um den unersättlichen Appetit seiner Götter zu befriedigen, denen man, wie man glaubte, menschliche Herzen, das wertvollste Blut, darbringen musste, um sich ihrer Mithilfe bei der Aufrechterhaltung der gefährdeten und schreckensvollen Ordnung ihrer Welt zu versichern. Es war im wahrsten Sinne des Wortes eine verhängnisvolle Obsession.

Dies war nun ein gefährlicher Augenblick. In den auswärtigen Beziehungen gab es noch ungelöste Widerstände. Die unterworfenen Staaten, insbesondere die Tlaxcalteken, widersetzten sich weiterhin der aztekischen Herrschaft. Doch auch im Innern hatten sie ihr Selbstvertrauen und den Glauben an die Reichskosmologie verloren, der ihnen während ihres Aufstiegs zur Macht wohl angestanden hatte. In Zeiten der Unsicherheit nehmen alle Staaten ihre Zuflucht zu den Gewissheiten der Vergangenheit, doch für die Azteken waren diese durchaus doppeldeutig. Denn unter den Prophezeiungen, die in ihrer Ideologie eine zentrale Rolle spielten, gab es eine, welche ihre noch immer führende Rolle an ihren heimischen Gewässern in Frage stellte: Nach dieser Prophezeiung sollte der ins Exil geschickte Gott Quetzalcóatl eines Tages wiederkommen und »seine Thronmatte« zurückfordern.

So rief nun Montezuma seine Befehlshaber und Verwandten zu einer dringenden Beratung. Vielleicht trafen sie sich im heiligen Bezirk des Hauses der Adler. Dieser Bezirk, die Hauptbühne des aztekischen rituellen Dramas des kosmischen Schreckens, ist ein großer, stuckverzierter Hof von etwa 500 m². In ihrer siegreichen Blütezeit standen Tausende von Gefangenen hier Schlange, um sich opfern zu lassen; ihre verstümmelten Körper warf man die Stufen hinab. Das Haus der Adler – ein prächtig geschmücktes einstöckiges Gebäude auf einer massiven Plinthe, fast 60 Meter lang und etwa 30 Meter breit – liegt im Schatten der großen Pyramide. Vom Portikus des Hauses können wir auf mehrere kleine Schreine, Altäre und Beinhäuser schauen; hinter ihnen erhebt sich eine riesige Stuckmauer, die im grellen Licht der mexikanischen Sonne leuchtet: die große Pyramide des Wetter- und Regengottes Tlaloc, die 40 Meter hoch über uns aufragt; dahinter liegt die Pyramide des Kriegsgottes Huitzilopochtli. Auf den Pyramidenstufen können wir vom Haus der Adler aus den verkrusteten Strom getrockneten Blutes nicht sehen, doch, trotz der Schwaden von Kopal-Weihrauch, die von den Altären herüberwehen, können wir das Blut riechen.

In einem prächtigen Mantel aus schimmernden Ara-Federn steigt Montezuma zwischen Adlerköpfen in leuchtendem Orange, Braun und Gelb die Stufen hinauf. Oben geht er durch einen säulentragenden Patio in die innere Halle, vorbei an lebensgroßen Statuen der elitären Adler-Krieger. Dieser Raum gehört zu den privatesten des aztekischen Staates. Fernab vom grellen Sonnenlicht ist es hier kühl. Rings um die Wand zieht sich eine niedrige Bank mit den Skulpturen einer Kriegerprozession in strahlenden Grün-, Blau- und dunklen Rottönen. Aus dem Dunkel erscheinen unheimliche, überlebensgroße Gestalten der Todesgötter mit skelettartigen Körpern, klauenförmigen Händen und riesigen, grinsenden Fratzen; aus ihren Eingeweiden hängt die Leber wie eine strotzende Bananenstaude. Solche Bilder sollen keinen Trost bringen (aber schließlich nehmen wir alle unsere religiösen Bilder als etwas Selbstverständliches hin, und für einige Nicht-Christen ist eine gemarterte Figur am Kreuz nicht weniger irritierend).

Obwohl sie bisher mit den Neuankömmlingen noch nicht in Berührung gekommen sind, haben Montezumas Priester und Magier, die »Hüter der Bücher«, die Adlerkrieger, keinen Zweifel, dass sie sich nun in einer Krise befinden. Was sind das für Fremde? Alle Hinweise werden sorgfältig geprüft, kein Detail ist zu unbedeutend. Man wird die Nahrung der Außerirdischen analysieren, wie das Gestein von einem anderen Planeten. (Es stellt sich heraus, dass sie »weiß« ist und »süß schmeckt«.) Teudile, der aztekische Abgesandte von der Küste, hat Künstler mitgebracht, die die Ausländer mit ihren Kanonen und Pferden auf Leinwand skizziert haben, so wie wir von ihnen Fotos machen würden. Diese Gemälde werden nun Montezuma gezeigt und ihre Bedeutung beschrieben. Er ist bereits über frühere Landungen der Spanier in Yucatán unterrichtet, und gewiss hat er Geschichten über den einen wahren Gott und die bedeutenden überseeischen Könige gehört und weiß, dass die Fremden Menschenopfer entschieden ablehnen. Alles, was er hört, ist beängstigend.

Die Fremden: »Von den Gesichtern abgesehen waren ihre Körper völlig bekleidet. Ihre Gesichter waren weiß, ihre Augen wie Kreide. Ihr Haar war meist blond,

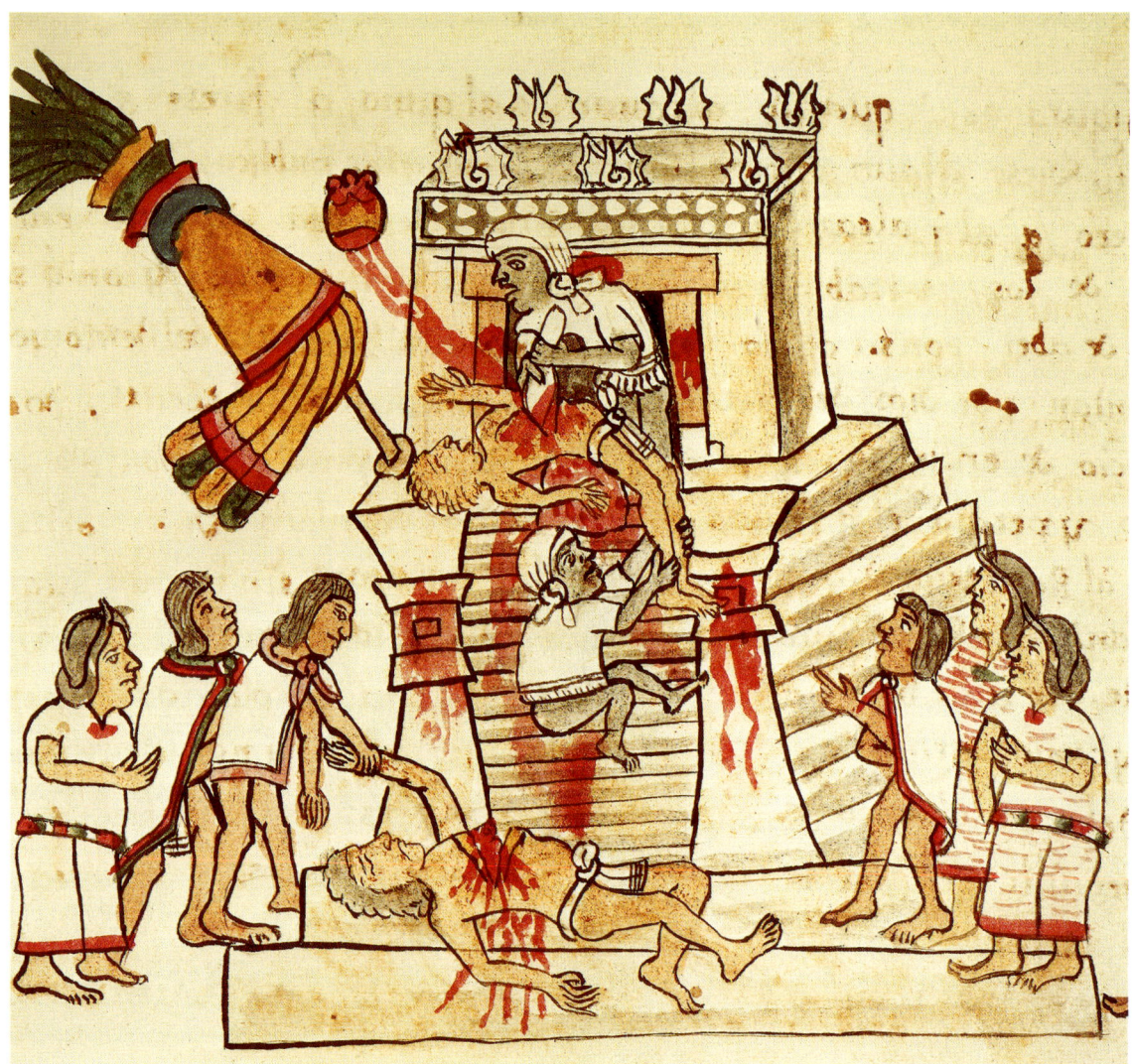

▲ »Bei ihren verruchten Opfern verehrten sie den Teufel als ihren Gott und glaubten, sie könnten ihm keine schönere Gabe darbringen als menschliche Herzen«; aus dem Codex Durán, 16. Jahrhundert. Die Spanier deuteten die Eroberung als Strafe für die Menschenopfer.

▸▸ Der Gott Quetzalcóatl entsteigt dem Rachen der Erde, rätselhaft, bleichgesichtig und bärtig. Wie die Spanier war er gegen Menschenopfer – eine für die Azteken irritierende Übereinstimmung.

manchmal auch schwarz und gelockt. Die meisten von ihnen trugen einen langen Bart. Ihre Kampfausrüstung war aus Eisen. Für den Krieg kleideten sie sich in Eisen, bedeckten ihre Köpfe mit Eisen, und aus Eisen machten sie ihre Schwerter, Schilde und Lanzen.«

Der Teufel steckt wie immer im Detail: Einer der Helme, die Cortés den Azteken geschenkt hatte, ein alter Paradehelm aus Morion mit verblasster Vergoldung, wurde Montezuma gezeigt; dieser bestätigte, dass er »dem ähnelt, was der Gott Huitzilopochtli im großen Tempel von Tenochtitlán auf dem Kopf trägt«.

Andere Phänomene waren nicht weniger beunruhigend: der Donner der Kanonen mit ihrem üblen Geruch und ihrer Macht, Bäume zu zersplittern; die schäumenden Pferde und geifernden Hunde. Und für Montezuma selbst war das arrogante Auftreten der Fremden, als sie sich nach ihm erkundigten, ebenso unheimlich wie bedrohlich: »Wie ist Montezuma? Alt? Jung? Willensstark oder schwach?« Was waren das für Wesen, die solch unverschämte Fragen stellten, jenseits aller zivilisierter diplomatischer Etikette?

Montezuma, ein ehemaliger Priester, ein Mann der Geistlichkeit, versteht es meisterhaft, die Zeichen zu lesen. Er wird bleich: »Mein Herz brennt, als habe es in Chili gebadet.« Die Deutung seiner Weisen ist trostlos: »Wir sind nicht so stark wie sie. Verglichen mit ihnen sind wir nichts.«

Von dieser Interpretation wird alles Kommende abhängen.

## MONTEZUMAS DILEMMA: GÖTTER ODER MENSCHEN?

In den Köpfen Montezumas und seiner Weisen ging es natürlich nicht nur um ein einfaches Entweder-oder – ob die Spanier Götter oder Menschen waren, so wie es die Europäer immer wieder dargestellt haben. Immerhin konnten sie Eroberer sein, die, wie man in Yucatán erzählte, »zum Sterben ebenso verurteilt sind wie andere Menschen«. Sie konnten Abgesandte eines bedeutenden, weit entfernt wohnenden Königs sein – allerdings verhielten sie sich nicht so.

Doch es gab auch andere Möglichkeiten. Könnten sie Götter oder übernatürliche Wesen sein, von denen das mexikanische Pantheon nichts wusste? Das merkwürdige Auftreten der Spanier, unmenschlich aus Sicht des gesunden Menschenverstands, mochte sogar nahelegen, dass sie ähnliche Lebewesen waren, doch einem anderen Schöpfungsakt entstammten. Oder waren sie vielleicht mit dem Göttlichen verbundene Geschöpfe? Man denke an das Heer von Buckligen, das Quetzalcóatl, als er Mexiko verließ, auf seinem Weg über die Berge begleitete … Schließlich hatten Götter, wie irdische Könige auch, ihre Gefolgsleute. Und aztekische Götter waren, anders als die christliche Gottheit, weder allmächtig noch rechtschaffen; sie ähnelten mehr den griechischen Göttern – verspielt, launisch, eigensinnig, streitsüchtig, lasterhaft, rachgierig, grausam, sogar sadistisch …

Aber eine weitere Möglichkeit war die beunruhigendste. Vielleicht waren die Spanier lang vergessene Herrscher oder Gottheiten des aztekischen Pantheons, Quetzalcóatl insbesondere, »der Federschlangengott«, der einst im rituellen Zentrum Tollan regiert hatte, im Tal von Mexiko, einem Ort, der mit dem Gründungsmythos des aztekischen Staates auf eigentümliche und mächtige Weise verbunden war. Quetzalcóatl war eine Gestalt, die in der aztekischen Gedankenwelt radikale Spannungen aufdeckte; er war nämlich vertrieben worden und über das Meer nach Osten entschwunden, in der Nähe von Veracruz (wo Cortés an Land gegangen war); dabei hatte er angekündigt, er werde eines Tages zurückkehren und sein Königreich zurückfordern.

Quetzalcóatl stand für das Sonnenlicht, den Morgenstern. Er war der Krieger der Morgendämmerung, »der weiße Held des beginnenden Tages«, der irgendwann von dort, wo die Sonne aufging, zurückkommen sollte. Manche meinten, er sei weißhäu-

tig und bärtig; er war der Quell aller Künste und allen Wissens, und er war ein Gegner der Menschenopfer. Bei all diesen beunruhigenden Übereinstimmungen gab es einen Punkt, bei dem es einem wirklich eiskalt den Rücken hinunterlief: Das Jahr nämlich, in dem Quetzalcóatl geboren und gestorben war und das Jahr, in dem die Astrologen seine Rückkehr erwarteten, war »1Rohr«, das im aztekischen Kalender nur alle 52 Jahre einmal eintrat. Wie es ein außergewöhnlicher Zufall wollte, war ausgerechnet 1519 ein solches Jahr.

Die aztekische Version der Geschichte, obwohl etwa 30 Jahre später niedergeschrieben, scheint zu bestätigen, dass dieser Gedanke die Mexikaner am meisten umtrieb: »Er ist erschienen! Er ist zurückgekommen!« sagt Montezuma. »Er wird hierher kommen, an den Ort seines Throns und Baldachins; denn genau dies kündigte er bei seiner Abreise an.« Dieses Motiv in der Erzählung wird oft für eine nachträgliche Erfindung gehalten – ein Versuch der Azteken, die Eroberung auf dem Hintergrund ihrer eigenen Glaubensüberzeugungen zu erklären –, so dass, trotz des spanischen Triumphes, *innerhalb* der Gesetze der mexikanischen Geschichte dennoch sie die Sieger waren. Doch wir wissen nicht, was die Azteken dachten, als die Ereignisse tatsächlich stattfanden – und möglicherweise wussten sie es selbst nicht.

Schließlich gab es vielleicht Männer am aztekischen Hofe, wie z. B. den jungen Cuitlahuac, Montezumas möglichen Nachfolger, und seinen Verwandten Cuauhtemoc, die die Spanier einfach für »grausame Feinde«, sozusagen internationale Terroristen hielten. Doch Montezuma war ein kluger Mann. Für ihn waren die Möglichkeiten real und die Phänomene überaus beunruhigend; sie ließen sich als etwas Übernatürliches interpretieren. Und etwas war im mexikanischen Kosmos über jeden Zweifel erhaben: Nichts von alledem war zufällig geschehen.

## CORTÉS BRICHT ALLE BRÜCKEN HINTER SICH AB

Cortés wusste jetzt, was vor ihm lag. Er hatte die magische Stadt noch nicht gesehen, doch er wusste, dass sie 200 Meilen entfernt lag, hinter Bergen, deren schimmernden Gipfel er vom Meer aus in der Ferne flüchtig gesehen hatte. Da fällt ihm etwas sehr Geschicktes ein. Er kann nicht nach Kuba zurückkehren: Weil er sich dem Gouverneur widersetzt hatte, müsste er dort mit Gefängnis oder sogar mit der Todesstrafe rechnen. So besteht seine einzige Alternative darin, einen Teil des Landes zu erobern und zu besiedeln. Dafür muss er eine legale spanische Obrigkeit ernennen und einsetzen.

Cortés ist juristisch versiert und hat alle legalistischen Tricks auf Lager. Er findet Männer, die ihn bei der Errichtung einer Stadtverwaltung unterstützen (die erste spanische Obrigkeit auf dem amerikanischen Festland), und legt das ihm von Velásquez übertragene Amt nieder, so dass der rechtmäßig konstituierte »Stadtrat von Villa Rica« ihm den Posten eines Kapitängenerals anbieten kann. Nachdem er lange beteuert hat, er könne das Amt auf keinen Fall annehmen, geruht Cortés schließlich sich überreden zu lassen und das Amt anzutreten. Er löst seine Verbindung mit Velásquez. Er ist jetzt der spanischen Krone unmittelbar unterstellt, und die ist mehrere tausend Kilometer weit entfernt. Praktisch hat er nun für absehbare Zukunft Handlungsfreiheit.

Nachdem er inmitten der unzähligen Moskitos von Ulua sein Lager aufgeschlagen hatte, nahm Cortés mit dem Königreich Zempoala weiter oben an der Küste Verbindung auf. Dessen Gebieter sah seine Chance, sich von der aztekischen Herrschaft zu befreien. Während dieser Kontakte erhielt Cortés einen Bericht seiner Kundschafter: Es gebe einen viel besseren Ankerplatz, 40 Meilen die Küste hinauf, auf der anderen Seite von Zempoala, an einem Ort namens Quiahuitzlan. Er führte sein Heer dorthin und gründete in der Nähe sein zweites Villa Rica.

Der Ort existiert noch, ein nettes kleines Fischerdorf, inmitten smaragdgrüner Palmwälder; die Hügel, die sich hinter einem Strand mit schwarzem vulkanischem Sand erheben, sehen aus wie Zuckerhüte. In Strandnähe gibt es einen kleinen steilen Hügel, dessen flaches Plateau etwa einen Durchmesser von 100 Metern hat. Zwischen den Obstbäumen hier oben finden sich die Ruinen eines kleinen Forts und die Grundmauern einer einfachen Kirche, eines Stallgebäudes, eines Gefängnisses und die Fundamente von Lagerhäusern. Dies war der erste feste Stützpunkt der Spanier auf dem Festland der Neuen Welt. Auf der kleinen Plaza dieses Ortes wurden die Schätze eingepackt, die Dürer in Brüssel zu Gesicht bekam.

Den Zempoalern hielt Cortés Vorträge über den christlichen Glauben, und sie erklärten sich damit einverstanden, auf ihrer größten Pyramide ein Bildnis der Jungfrau Maria aufzustellen. Drei zempoalanische Priester vollzogen eine erstaunliche Kehrtwendung: Sie wuschen sich das verfilzte Haar, schnitten es ab und wurden von Cortés in einige wichtige Kulthandlungen zur Verehrung der christlichen Mutter Gottes eingewiesen. Vor wenigen Stunden noch Heiden,

▼ Aztekische Handwerker bei der Herstellung eines Schildes (unten), vgl. auch S. 14. Die Spanier erkannten schnell, wie meisterlich sich die Azteken auf die Künste und das Handwerk, z. B. auf Federarbeiten, verstanden. Doch was sie wirklich wollten, war Gold. Aztekische Handwerker beim Gießen verschiedener goldener Gegenstände (unten rechts).

»Teufelsanbeter«, waren sie jetzt Männer der Kirche! Cortés war ein echter Pragmatiker.

In dieser Zeit gaben die Zempoalaner Cortés auch entscheidende Informationen über das aztekische Reich und die zahlreichen unterworfenen Volksstämme, die sich gegen Montezumas Herrschaft auflehnten. Wie er erfuhr, waren die wichtigsten die Tlaxcalteken, von jeher die Feinde Mexikos. Cortés sah nun eine mögliche Strategie: ein Waffenbündnis mit den Königreichen der amerikanischen Eingeborenen gegen die Azteken.

Als sich Cortés noch an der Küste aufhielt, kamen ganz zufällig Montezumas Steuerinspektoren in die totonakische Nachbarstadt Quiahuiztlan. Cortés ermutigte nun die Totonaken, die aztekischen Gesandten festzunehmen; diese wurden zusammengeschlagen und ins Gefängnis geworfen. In der Nacht ließ Cortés sie heimlich frei und schickte sie nach Mexiko zurück, wobei er sie glauben machte, dass ihn keine Schuld treffe, sondern dass er tatsächlich Montezumas Freund sei. Dies war die erste von vielen taktischen Finessen, mit denen er die Azteken austrickste – und selbstverständlich brachte er damit auch die Totonaken auf seine Seite.

All dies muss auf manche seiner Männer unglaublich riskant – wenn nicht verrückt – gewirkt haben, besonders auf die zu seinen Streitkräften gehörenden Anhänger des

▼ Ein anonymes spanisches Gemälde des 16. Jahrhunderts zeigt, wie Cortés in der Bucht bei Villa Rica seine Schiffe versenkt. Cortés, ein Meister des Bluffs, wog alle seine Risiken sorgfältig ab – und beinahe alle Tricks gingen auf.

Gouverneurs von Kuba. Und jetzt geriet das Unternehmen zum ersten Mal ernsthaft in Gefahr – es gab eine Rebellion der Velásquez-Fraktion, die unruhig geworden war, weil Cortés versucht hatte, sie für seine Träume einzuspannen, und zudem auch noch die genehmigte Dauer der Entdeckungsreise überschreiten wollte. Sie planten, ein Schiff zu kapern und nach Kuba zu entkommen. Cortés handelte in aller Eile: Er ließ den Rädelsführer aufhängen und einem anderen Rebellen die Füße abhacken. Er wollte vor allem verhindern, dass seine Aktionen bekannt würden. Um sicher zu stellen, dass dies nicht wieder passierte, beschloss er, unter dem Vorwand, sie seien nicht seetüchtig, seine Schiffe zu versenken.

Man schaffte alles, was sich noch gebrauchen ließ, von Bord – Metalle, Takelage, Segel, technisches Gerät, Ruder – und lagerte es in dem Fort auf dem Hügel über dem Strand ein. Dann wurden die Schiffe versenkt (nicht verbrannt, wie die Legende erzählt). Als die Schiffe auf den Meeresgrund sanken, hatte Cortés bereits einen weiteren Spielzug gemacht: Mitten auf der windgepeitschten Landspitze hatte er seine Männer zurückgelassen »mit nichts als ihren bloßen Händen – und mit der Gewissheit, dass sie entweder das Land erreichen oder unterwegs sterben müssten«.

## DER MARSCH INS LANDESINNERE

Was genau erhoffte er sich? Ein Marsch in das Landesinnere erscheint als eine fast irrationale Unternehmung – es sei denn, er hätte von Anfang an die Eroberung geplant. In seinem Brief an den König Spaniens sagt er, es sei immer seine Absicht gewesen, Montezuma an ihn auszuliefern, doch da dies nach dem Fall Mexikos niedergeschrieben wurde, würde er das freilich in jedem Fall behaupten.

Hoffte er vielleicht, mit den Azteken so zu verhandeln, dass sie sich Spanien freiwillig beugten? Wollte er sie dadurch, dass er ihnen die technische Überlegenheit der Spanier vor Augen stellte, dazu bringen, die spanische Herrschaft zu akzeptieren und den christlichen Glauben anzunehmen? Er wusste, dass die Azteken noch auf der Stufe der Bronzezeit lebten: ein Volk ohne Kanonen und Pferde, ein – in den Augen zivilisierter Europäer – archaisches, »primitives« Gemeinwesen. So wandte er sich ins Landesinnere und suchte mit dem Instinkt eines Spielers nach Wegen, wie er seine Position stärken könne – ob durch Überzeugung, Einschüchterung oder Gewalt.

Auf seinen Spuren durchquerten wir die grüne Ebene, setzten über den Río Actopan und kamen durch das reizende Städtchen Antigua mit dem verfallenen Haus von Cortés, das von uralten Kletterpflanzen überwuchert ist. Seine Route führte uns durch die malerischen Städte Xalapa und Xico; danach verstellte uns der Höhenzug des Perote und das schneebedeckte Orizaba-Massiv die Sicht. Der Pfad, den Cortés am Fuße des Perote einschlug, wird heutzutage nicht mehr begangen. Er steigt hinauf bis in die eisige Höhe von knapp 4000 Metern (die Spanier litten in ihrer baumwollenen Schutzkleidung unter der Kälte, und einige Sklaven aus der Karibik erfroren). Dies war die nördlichere der beiden nach Mexiko führenden Routen und wurde offensichtlich gewählt, um die Hauptstraße durch Cholula zu vermeiden, die möglicherweise verteidigt wurde.

Auf einem Markt unter freiem Himmel in Zautla trafen wir einen alten Bauern, der uns von einer verfallenden *hacienda* am oberen Talende erzählte; dort hatte, nach

Aussagen seines Vaters, »Cortés auf seinem Weg nach Tlaxcala die Nacht verbracht«. Dies schien völlig glaubhaft. Hier in Zautla gab ein einheimischer Häuptling Cortés eine erste detaillierte Beschreibung der großen Stadt Tenochtitlán mit ihrem See und teilte ihm mit, dass der Ort uneinnehmbar sei. Mit einer Mischung aus Furcht und Spannung setzten die Spanier ihren Weg fort.

Die Straße führte hinauf in das wunderschöne Tal von Zautla, wo eine Mauer, die den Zugang zum Tal versperrte, die Grenze des Gebietes der Tlaxcalteken anzeigte. Die Tlaxcalteken, ein altes Bündnis von vier Städten, waren entschiedene Gegner der Mexikaner. Dennoch beschlossen sie nach langer Debatte, Cortés den Kampf anzusagen.

Man kann das Schlachtfeld noch sehen, wenn man in die Ebene kommt, die sich am Ende des Tals von Zautla öffnet, direkt hinter den Resten der alten Mauer, an der Cortés in jenem Sommer entlangmarschiert war. Von hier hat man einen wunderbaren Blick auf den knapp 5000 Meter hohen Vulkan La Malinche (benannt nach Cortés' Mätresse Malinche) mit seinen wogenden Feldern, die sich bis nach Tlaxcala erstrecken. Dies war die Route der indianischen Armee. Hier findet man beim Pflügen noch immer Bruchstücke von Obsidian-Klingen und andere Spuren der Schlacht.

Cortés schätzte die Streitkräfte der Tlaxcalteken auf 150 000 Mann. Doch selbst wenn es nur ein Zehntel davon gewesen wäre, hätte sich ein Furcht erregender Anblick geboten. »Auf ihre Weise waren sie sehr gut ausgerüstet. Sie hatten Baumwolljacken, Knüppel und Schwerter und viele Bogen und Pfeile. Viele von ihnen trugen Standarten, vergoldete Schilde und andere Insignien, die sie auf den Rücken gebunden hatten. Das verlieh ihnen ein sehr wildes Aussehen, zumal sie auch noch ihre Gesichter bemalt hatten, entsetzliche Grimassen schnitten, hohe Sprünge vollführten und laut schrien. Sie flößten uns so große Furcht ein, dass viele Spanier zu beichten verlangten.«

Es war eine verzweifelt geführte Schlacht, die spanischen Kanonen fügten den Tlaxcalteken schreckliche Verluste zu, doch bei Einbruch der Nacht standen die Spanier am Rande einer Niederlage und flüchteten sich auf einen »runden Hügel, auf dessen Spitze es eine Siedlung und ein indianisches Heiligtum gab«. Hier hielten Cortés Truppen zwei Wochen aus und starteten Überfälle, um sich Lebensmittel und Trinkwasser zu beschaffen. Der Hügel ist noch heute unter seinem ursprünglichen Namen Tzompantepec bekannt; oben gibt es einen Schrein, und auf seinen tiefer gelegenen Hängen erhebt sich in leuchtendem Gelb die Kirche San Salvador, die der Überlieferung nach von Cortés nach der Schlacht gestiftet wurde. Er wollte Gott für seinen Sieg danken, denn, wie die Einheimischen sagen, »dass die Spanier überlebten, war ein Wunder«.

Doch die Tlaxcalteken konnten die Spanier nicht vertreiben. Angesichts ihrer Tag für Tag größer werdenden Verluste brachten sie den Spaniern schließlich Geschenke und baten um Frieden. Der Rat der vier Städte traf sich mit den Neuankömmlingen und erfüllte nach langwierigen Verhandlungen Cortés' größten Wunsch: Sie erklärten sich einverstanden, mit ihm nach Mexiko zu gehen.

Das Bündnis mit den Tlaxcalteken war der Wendepunkt des Krieges. Es lag sogar weniger an der Überlegenheit der europäischen Technik als vielmehr an der Un-

▲ Die Kirche Nuestra Señora de los Remedios in Cholula, die allem Anschein nach von Cortés gestiftet wurde, erhebt sich auf den Trümmern der Pyramide. Sie war, gemessen an ihrer Grundfläche, die größte der Welt und zwischen 1000 bis 1500 ein Pilgerzentrum.

➡ Bei unserer Reise auf Cortés' Spuren kamen wir über den »Cortés-Pass« (oben); der Weg führte uns entlang am Fuße des rauchenden Popocatepetl (unten), der ebenso wie damals gerade ausbrach.

terstützung durch die amerikanischen Einheimischen, dass Cortés schließlich den Sieg davontrug. Noch heute wird den Tlaxcalteken vorgeworfen, dass sie sich auf die Seite »des Feindes« geschlagen bzw. Mexiko »verraten« haben. Doch natürlich hieße dies, die Vorstellungen unserer Zeit auf die Politik des 16. Jahrhunderts zu übertragen. In den Augen der Tlaxcalteken boten ihnen diese mächtigen Leute aus Übersee die Möglichkeit, den verhassten aztekischen Staat zu Fall zu bringen. Seit dem 16. Jahrhundert hat die »überaus loyale Stadt Tlaxcala« diese Sicht der Dinge in ihren historischen Werken und auf ihren Gemälden verteidigt – und sogar auf einem Zyklus von Wandgemälden, mit denen ihre Stadthalle in unserer heutigen Zeit ausgeschmückt wurde. Andererseits gibt es in Mexico City noch immer das Sprichwort: »Die Tlaxcalteken sind schuld dran«.

## »DER TOD KAM NACH CHOLULA«

So setzte Cortés seinen Marsch fort, mit den tlaxcaltekischen Kriegern zur Seite, die ihr Kriegsgeschrei erhoben. Die nächste Etappe seiner Reise führte ihn in die etwa 30 Meilen von Tlaxcala entfernt liegende wichtige Stadt Cholula. Cholula war der bedeutendste Wallfahrtsort der beiden amerikanischen Kontinente, die Stadt Qetzalcóatls, der dort weiterhin in einem großen Tempel verehrt wurde. Nach Aussagen eines von Cortés' Männern gab es dort »50 000 oder 60 000 Häuser«, alle stabil gebaut mit soliden Dächern und Süßwasser-Brunnen. »Wir staunten über die Zahl und Pracht ihrer Tempel.«

»Aus der Ferne betrachtet ist es eine der schönsten Städte, die man sich vorstellen kann«, sagt Cortés' Sekretär Gómara. »In vielen Städten ragen so viele Tempel in den Himmel, wie das Jahr Tage hat … Das Land ist reich, und überall gibt es Bauernhöfe, die bewässert sind, und es ist so dicht besiedelt, dass keine Handbreit mehr frei ist.«

Niemand weiß genau, was in Cholula passiert ist. Die Azteken beschuldigten jedoch die Tlaxcalteken, die die Cholulaner »hassten und verabscheuten«, obwohl ihre Städte so dicht beieinander lagen. »Sie hetzten die Spanier auf, indem sie sagten: ›Die Cholulaner sind böse, sie sind unsere Feinde, sind so mächtig wie Mexiko … und Mexiko freundlich gesinnt.‹«

Über die Tlaxcalteken hörte Malinche von dem Gerücht, dass die Cholulaner die Absicht hätten, Cortés in der Stadt in eine Falle zu locken und dann seine Armee niederzumachen. Ob das wahr ist oder nicht, Cortés war nicht der Mann, der im Zweifelsfall abwartete. Die cholulani-

sche Führung und viele ihrer Krieger hatten sich unbewaffnet auf einem großen eingefriedeten Platz bei der Tempel-Pyramide Quetzalcóatls versammelt. Dort steht jetzt San Gabriel, eine aus den Steinblöcken des alten Tempels errichtete riesige Kirche.

Auf diesem Platz wurden sie von den Spaniern und Tlaxcalteken abgeschlachtet. »Sie wurden ohne Vorwarnung hinterhältig erschlagen«, sagen die Mexikaner. Manche behaupten, dabei habe es sich um einen absichtlichen Terrorakt gehandelt. Nach Las Casas (der Cortés kannte) war das Ziel eine »Strafmaßnahme …, um alle Leute der Gegend in Angst und Schrecken zu versetzen«. Cortés behauptete, er habe 3000 Mann getötet; nach anderen Quellen waren es fast doppelt so viele. Malinches Rolle ist besonders umstritten, denn nach Aussagen der Spanier wusste sie als erste von dem angeblich geplanten Attentat auf die Spanier. Die aztekische Version ist jedoch sehr einfach: »Es waren die Tlaxcalteken, die die Spanier dazu brachten.«

So gab es in Cholula, der wohlhabendsten Handelsstadt an den Haupthandelsstraßen nach Mexiko, keine Möglichkeit mehr zum Widerstand. Und eine Nachricht wurde vorausgeschickt. »Sie zeigte sofort Wirkung. Die Mexikaner strömten in Massen aus ihren Häusern, wie wenn sie von einem Erdbeben erschreckt worden wären, wie wenn die Erde ständig bebte. Sie waren in Panik.«

Cortés marschierte weiter. Von Cholula aus windet sich die alte Königsstraße, jetzt nur noch ein Trampelpfad, durch bestellte Felder, während der Vulkan Popocatepetl uns immer mehr ins Blickfeld gerät. Dann biegt man ab und kommt durch mit Asche überzogene Pinienwälder hinauf zum »Cortés-Pass«, der in über 4000 Metern Höhe auf einer großen Bergschulter gelegen ist. Im Süden raucht heute wie damals bedrohlich der Krater des »Popo« und spuckt in Abständen Feuer und glühende Lava.

Hier trafen Montezumas Abgesandte Cortés, beschenkten ihn mit goldenen Halsketten und wertvollen Federn – und beobachteten die Spanier, von deren Reaktionen sie fasziniert waren: »Die Spanier schienen ganz entzückt … Mit hochroten Gesichtern stürzten sie sich auf das Gold, wie Affen. Wie man deutlich sehen konnte, war ihr Verlangen nach Gold unersättlich; sie hungerten nach ihm; sie gierten nach ihm; sie wollten es in sich hineinstopfen, als wären sie Schweine. Sie liefen herum, befingerten die goldenen Halsbänder, reichten sie hin und her, entrissen sie sich gegenseitig und redeten unverständliches Zeug.«

Noch während er ins Tal hinunterstieg, die indianischen Verbündeten in Kolonne hinter ihm, schickte Cortés Gesandte zu den kleineren Herrschern am See. Sie unterwarfen sich. Das Bündnis aus Königshäusern und Städten, das Montezumas Reich bildete, begann sich aufzulösen. Die Herrscher von Tenochtitlán ernteten nun ihren Lohn für jahrzehntelange Grausamkeit und Überheblichkeit. Bei ihrem Abstieg von den Bergen erblickten die Spanier das mächtige Becken des Tals von Mexiko und ahnten in der Ferne zum ersten Mal den riesigen See, der unter einem Dunstschleier blassblau schimmerte. Noch waren sie jedoch zu weit entfernt, um die Stadt und ihre Dämme zu sehen. »Und noch immer tat Montezuma nichts. Er gab nicht den Befehl, sie anzugreifen«, sagt die aztekische Quelle. »Niemand sollte sich ihnen gewaltsam widersetzen. Er befahl lediglich, für sie zu sorgen, alles für sie zu tun. Und während-

dessen lag Mexiko wie betäubt da. Niemand trat vor die Tür. Mütter behielten ihre Kinder im Haus. Schließlich erreichte die spanische Kolonne das Seeufer, und selbst die erfahrensten Konquistadoren konnten kaum fassen, was sie da sahen:

»Als wir all jene ins Wasser gebauten Städte und Dörfer und die anderen großen, auf festem Grund errichteten Orte sahen, dazu den nach Mexiko führenden geraden, ebenen Damm, konnten wir nur noch staunen. Die Steinbauten in diesen riesigen Städten und Tempelanlagen erhoben sich aus dem Wasser, [und sie] erschienen uns wie eine Phantasmagorie … In der Tat fragten einige unserer Soldaten, ob dies alles nicht nur ein Traum sei. Deswegen kann es nicht verwundern, wenn ich in diesem Ton davon berichte. Es war alles so fantastisch, dass ich nicht weiß, wie ich den ersten Eindruck wiedergeben soll, den nie zuvor gehörte, nie zuvor gesehene, nie zuvor erdachte Dinge auf mich gemacht haben.«

Tenochtitlán war tatsächlich eine traumhafte Stadt: »die schönste Stadt der Welt«, wie Cortés sagen sollte. Er hatte auf seine Männer eingeredet und sie unter Druck gesetzt, so weit zu gehen; dadurch, dass er sie immer wieder an seinen Träumen teilhaben ließ, hatte er sie dazu gebracht, sein Spiel mitzuspielen; hatte sie dazu verleitet, ihre eigenen gewagtesten Fantasien von Reichtum, Ruhm und Ehre zuzugeben; hatte sie, dank seiner Führerqualitäten, davon überzeugt, dass sich ihre Fantasien verwirklichen ließen und dass diese Stadt der Träume erobert und unversehrt dem König von Spanien übergeben werden könnte, mit Cortés selbst als Gouverneur. Am nächsten Tag, dem 8. November 1519, marschierten die Spanier in aller Frühe zum Damm.

»Er ist sieben Meter breit und führt schnurgerade, ohne Kurven, zur Stadt … Es waren so viele Leute auf ihm, dass sie kaum alle Platz hatten, und so konnten wir uns nur mit Mühe unseren Weg durch die Massen bahnen. Die Türme und Tempel waren voller Menschen, und sie kamen mit ihren Kanus von allen Seiten des Sees. Und das war kein Wunder, schließlich hatten sie noch niemals Pferde oder Leute wie uns gesehen … Angesichts all der herrlichen Sehenswürdigkeiten, die es zu bestaunen gab, fehlten uns die Worte, und wir wussten nicht, ob das, was wir sahen, wirklich vorhanden war. Am Seeufer gab es große Städte und auf dem See noch viel mehr. Der See wimmelte von Kanus. Am Damm gab es zahlreiche Brücken, und dann erhob sich vor uns die große Stadt Mexiko. Wir waren kaum 100 Mann, und wir dachten daran, dass wir immer wieder gewarnt worden waren: Wir sollten uns hüten, Mexiko zu betreten, denn sie würden uns töten, sobald sie uns in der Stadt hätten. Hat es irgendwo auf der Welt schon einmal Männer gegeben, die eine solche Kühnheit besaßen?«

Diese wunderbare Beschreibung eines Augenzeugen, des Konquistadors Bernal Díaz del Castillo, wird durch die fantastischen Bilder in dem aztekischen Bericht erweitert, der zum Ausdruck bringt, wie die Mexikaner die Neuankömmlinge sahen, als diese zum ersten Mal auf dem Damm entlangmarschierten. »Die Spanier legten ihre Kriegsrüstung an …, ihre Kampfmontur [und] sie marschierten in Reih und Glied«. Die Azteken sahen die Kavallerie der Vorhut; fast wie die Bodyguards eines Präsidenten, die ständig ihre Blicke über die Massen schweifen lassen, blickten die Reiter »hierhin und dorthin, beobachteten jede Seite, musterten sorgfältig alle Örtlichkeiten …, schauten zwischen die Häuser und hinauf zu den Dachterrassen«. Die

▸ Zwei Gemälde aus dem 17. Jahrhundert
Der spanische Künstler Miguel Gonzales (II.) zeigt, wie Cortés am Hofe Montezumas willkommen geheißen wird. Auf dem ersten Bild werden Cortés vor Eintritt in den Palast Speisen dargeboten.

▸▸ Der offizielle Empfang im Palast, dargestellt im Stile der Renaissance:
An den Wänden das Wappen Mexikos und Bilder früherer aztekischer Könige. Die beiden Thronsessel werden sowohl im spanischen als auch im aztekischen Bericht erwähnt.

Menge verfolgte gebannt, wie die Pferde hin und her schwankten und die Glocken an ihren Harnischen »gewaltig läuteten und dröhnten«. Manche Einzelheiten beeindruckten sie besonders: das Verhalten der Hunde, »die andauernd alles beschnüffelten, andauernd hechelten«; die schwitzenden Pferde, »aus deren Maul Schaumfetzen flogen wie Seifenschaum«; der Standartenträger mit seinen auf dem Exerzierplatz eingeübten Kunststücken: Er schwang die Standarte, »so dass sie sich im Wind straffte, sich aufwarf wie ein Krieger, sich drehte, sich erhob und blähte«; die Schwertkämpfer, die ihre Schwerter blitzen ließen …, die Männer mit den Armbrüsten, »die während des Marsches prüfend ihre Waffen ansetzten«; und, hinter Cortés und seinen Leibwächtern, die triumphierenden indianischen Verbündeten; »sie tänzelten, schrien und kreischten, während sie mit der flachen Hand gegen ihre Münder schlugen«.

Alles bei dieser Demonstration wirkte bedrohlich – und das war auch beabsichtigt. Cortés, der stets jedes Detail sorgsam bedachte, war ein Meister der Symbolsprache und der psychologischen Kriegsführung.

Der Damm erstreckte sich fast 5 Meilen in den See, kleinere Inseln mit Iztapalapan verbindend. Schließlich erreichten die Spanier eine mächtige Festungsanlage mit zwei Türmen. Dort warteten sie eine Stunde auf verschiedene Zeremonien, die von einem mexikanischen Begrüßungskomitee durchgeführt werden sollten; danach erhielten sie die Erlaubnis, sich über die Brücke zur Hauptinsel zu begeben; dort lag die Stadt.

## DIE BEGEGNUNG ZWISCHEN ZWEI WELTEN

Soweit uns bekannt ist, stießen jetzt zum ersten Mal in der Geschichte zwei Kulturen aufeinander, die vorher noch nie voneinander gehört hatten. Nach aztekischer Überlieferung war der Ort dieser ersten Begegnung Xoloco – heute eine Kreuzung in einem heruntergekommenen Stadtteil von Mexico City, dicht bei dem verlassenen Kloster San Antonio Abad. Damals, im Jahre 1519, durchschnitt ein Kanal die auf einem Damm angelegte Hauptstraße. Der Kanal ist inzwischen aufgeschüttet, doch die Querstraße, die an seine Stelle getreten ist, trägt weiterhin den alten Namen Chimalpopoca. Hier machten die Azteken (die ein großes Interesse daran haben, die Erinnerung an das tragische Ereignis in allen Einzelheiten zu bewahren) die Begegnung beider Welten fest.

»Auf den Hausdächern drängten sich die Menschen«, sagte einer von Cortés' Männern. Aus der Stadtmitte kamen die Menschen in zwei Prozessionen die breite Straße hinunter: »In der Mitte saß der große König Montezuma in einer Sänfte, die mit feinen Baumwolldecken drapiert war. Keiner konnte ihn sehen, und keiner seiner indianischen Begleiter wagte es, die Sänfte anzuschauen, welche die Edelleute auf ihren Schultern trugen. Dann entstieg Montezuma der Sänfte und legte Cortés goldene Ketten mit kostbaren Edelsteinen um den Hals.«

Auch Blumen wurden ihm überreicht. Dies waren die offiziellen Begrüßungsrituale für ausländische Botschafter (denn Cortés wurde von den Azteken für einen solchen gehalten). Dann »hieß ihn Montezuma mit größter Höflichkeit willkommen und sagte, der Kapitän möge sich bei ihm wie zu Hause fühlen«.

Möglicherweise ließ in eben diesem Augenblick der ewig misstrauische Cortés durch Malinche fragen: »Bist du Montezuma?« Montezuma bejahte. Die aztekischen

Quellen sagen, dass man dann die Spanier wieder die Straße hinauf und mitten in die Stadt geführt habe, zu einem Platz namens Uitzillan, »einem sehr großen und sehr schönen Bau«, wie Cortés feststellte. (Heute steht an dieser Stelle das Jesus-Krankenhaus mit seinen entzückenden säulenbestandenen Höfen voller Blumenschmuck.) Dort betraten sie einen großen Raum, der auf einen weiträumigen Hof hinausging, »groß genug, um mehr als 2000 Menschen Platz zu bieten«.

Dort sollten die Spanier beherbergt werden, und als sie dort eintrafen, gab es noch einen Vorfall, der die Azteken einschüchterte. In ihrem Bericht heißt es: »Gleich nach der Ankunft in dem ihnen zugewiesenen Palast feuerten die Spanier immer wieder Salven aus ihren Hakenbüchsen. Und jede Büchse explodierte, krachte, donnerte beim Abfeuern … Rauch breitete sich überall aus, sammelte sich über dem Boden und überzog ihn mit dunklen Schwaden. Er füllte alles aus, sein übler Geruch betäubte uns und raubte uns die Sinne.«

Montezuma bemühte sich sehr, seine Gefühle unter Kontrolle zu halten; er geleitete die spanischen Anführer in die Halle und ließ Cortés an seiner Seite Platz nehmen. Weitere wunderschöne Geschenke wurden nun herbeigebracht: Gold, Silber, prächtige Federarbeiten: »mehrere Tausend eleganter Gewänder und viele andere herrlich gewebte Stoffe«.

Diese Großzügigkeit war keinesfalls ein Zeichen der Unterwerfung, sondern eine Demonstration der Macht. Es war eine großartige Geste, die Reichtum und Freigebigkeit bezeugte und unter den begleitenden demütigen Worten der Selbstverleugnung noch glanzvoller wurde. Dies war die arrogante Bescheidenheitsgebärde eines großen Königs, der mehr Geschenke macht, als die ihm nicht ebenbürtigen Empfänger jemals zurückgeben können. Dennoch werden diese vor ihnen ausgebreiteten Kostbarkeiten in Cortés und seinen Männern eine nur noch stärkere Begehrlichkeit geweckt haben.

Dann ließ sich Montezuma auf seinem Thron nieder und sprach. Die Deutung dieser Worte liefert den Schlüssel dazu, wie wir diese Begegnung zwischen den beiden Welten verstehen. Unsere früheste Fassung der Rede stammt von Cortés persönlich, der sie knapp ein Jahr später in einem Brief an den König von Spanien zu Papier brachte. Cortés *sagt*, dass Montezuma dies gesagt habe (so wie es – wohlgemerkt – von der rätselhaften Malinche verstanden und für Cortés übersetzt wurde):

»Seit langem wissen wir aus den Schriften unserer Ahnen, dass weder ich noch irgendeiner, der in diesem Lande lebt, hier seinen Ursprung hat; vielmehr sind wir Fremde, die aus weiter Ferne gekommen sind; und ebenso wissen wir, dass ein Häuptling, dessen Vasallen sie alle waren, unser Volk in diese Gegend geführt hat. Und er kehrte in seine Heimat zurück und kam nach vielen Jahren wieder; in der Zwischenzeit hatten alle, die geblieben waren, einheimische Frauen geheiratet, Dörfer gebaut und Kinder aufgezogen. Und als er den Wunsch äußerte, sie wieder fortzuführen, wollten sie nicht gehen, wollten ihn nicht einmal mehr als ihr Oberhaupt anerkennen. Deshalb reiste er ab. Und wir waren immer der Meinung, dass eines

▸ Der große Marktplatz von Tenochtitlán, auf dem alle Klassen der aztekischen Gesellschaft vertreten sind, dargestellt von Diego Rivera (1886–1957) auf einem Wandgemälde im Nationalpalast von Mexico City.
Es ist Teil der Rückbesinnung auf das aztekische Mexiko, die seit der mexikanischen Revolution einsetzte, mit dem Ziel, sich wieder der Wurzeln zu versichern. Obwohl frei erfunden, vermittelt die Szene den Eindruck des Wunderbaren, den die Konquistadoren empfanden, als sie erstmals die Stadt sahen.

Tages seine Nachfahren kommen, dieses Land erobern und uns unterwerfen würden. Wegen des Ortes, von wo du herzukommen erklärst, nämlich von dort, wo die Sonne aufgeht, und wegen der Dinge, die du uns von dem großen König erzählst, der dich hierher entsandt hat, glauben wir und sind sicher, dass er unser natürlicher Herr ist, besonders, weil du sagst, er habe schon lange von uns gewusst. Sei also versichert, dass wir dir gehorchen werden und dich als unseren Herrn betrachten, als Stellvertreter des großen Herrschers, von dem du sprichst; und daran soll niemand Anstoß nehmen oder Verrat wittern. Und im ganzen Land, das meiner Herrschaft untersteht, magst du befehlen, wie du magst; denn man wird dir gehorchen. Und alles, was wir besitzen, steht dir zur freien Verfügung. Da du somit nun in deinem eigenen Lande bist und deinem eigenen Haus, so ruhe dich jetzt nach den Mühen deiner Reise aus.«

Interessanterweise teilt uns Cortés seine eigene Erwiderung nicht mit, sondern sagt nur: »Ich antwortete auf alle seine Worte so, wie ich es für angemessen hielt; insbesondere ließ ich ihn glauben, dass es Ihre Majestät waren, die sie erwarteten; daraufhin verabschiedete er sich.«

Wie können wir das deuten? Selbstverständlich scheint es uns ganz undenkbar, dass Montezuma willens war, auf sein Königreich zu verzichten. (Das konnte der *tlatoani* auch gar nicht, wie wir annehmen würden, obwohl wir von den Bestimmungen der aztekischen Verfassung keine Ahnung haben.) Die spanische Auffassung, dass Montezuma ein Tyrann sei, entspricht natürlich einer europäischen Sichtweise. Augenscheinlich lehnten viele Azteken seine Bereitschaft, diese »Abgesandten« aus einer anderen Welt willkommen zu heißen, entschieden ab.

Wir müssen auch bedenken, dass Cortés seinen Brief an den König im Oktober 1520 abgeschickt hatte, neun Monate nach der dramatischen Veränderung seiner Lage: Er war aus der Stadt Mexiko vertrieben und rebellierte noch immer gegen die königliche Autorität. Verzweifelt bemüht, seinen guten Ruf wiederherzustellen, porträtierte er sich in dem Brief als der Schöpfer seiner eigenen Legende: vorbildhafter Soldat, strategisch überaus wagemutig, unendlich einfallsreich, und doch dem König uneingeschränkt ergeben – und dem Buchstaben des Gesetzes verpflichtet.

Doch natürlich wird ihn das nicht reinwaschen. Der Brief ist eine geschickte Fiktion. Seine legalistische Strategie beruhte auf der Prämisse, dass Montezuma sein Reich den Spaniern freiwillig überlassen habe. Cortés verstand es meisterhaft, sich als der Mann darzustellen, der lediglich den königlichen Willen durchsetzte, doch in Wirklichkeit tat er das genaue Gegenteil. Heute kennen wir ihn als einen bedenkenlosen Manipulierer. Und dieser Eindruck verstärkt sich, wenn wir uns daran erinnern, dass er im Augenblick der Niederschrift die Wunden leckte, die ihm ein katastrophaler Rückschlag zugefügt hatte: Er musste von Montezuma sagen, er sei zu seiner ursprünglichen Lehnstreue als Vasall zurückgekehrt. So kann man den Brief nicht als verlässliche Quelle für das Geschehene bewerten, und sicherlich darf man ihm ohne zusätzliches Beweismaterial keinen Glauben schenken.

Was nun sagten die Azteken über dieses Treffen? Ihre Sicht der Dinge ist genau so faszinierend wie problematisch. Von Augenzeugen wurde ihre Version von Montezumas Rede auf Náhuatl niedergeschrieben, doch lange, nachdem die Rede gehalten worden war, erst ungefähr im Jahre 1550.

Die folgende Ansprache zeigt die formalen poetischen Eigenschaften des Náhuatls – so kennzeichnen z. B. die verschiedenen Wiederholungsfiguren die öffentliche Rede eines hochrangigen Azteken. Dies waren z. T. die üblichen Höflichkeitsformen der aztekischen Oberschicht, aber findet sich hier nicht auch ein Hinweis auf ein nervöses Staccato? Doch das ist vielleicht nur eine Einbildung, hervorgerufen durch den rhetorischen Charakter des Náhuatls, und nicht ein bewusster Versuch, Montezumas Redeweise wiederzugeben. Andererseits müssen wir uns daran erinnern, dass Montezuma in diesem Augenblick einem ganz besonderen starken Druck ausgesetzt war. Wie dem auch sei, das folgende Dokument ist eines der ergreifendsten in der Geschichte:

»O, unser Herr, an Erschöpfung habt ihr gelitten, Mattigkeit habt ihr ertragen. Ihr seid gekommen, um auf Erden zu erscheinen. Ihr seid gekommen, eure Stadt Mexiko zu regieren; ihr seid gekommen, um auf eure Matte herabzusteigen, auf euren Thron, den ich einen Augenblick lang für euch gehütet habe. Denn eure Statthalter sind gegangen – die Herrscher Itzcoatl, Montezuma der Ältere, Axayacatl, Tizoc, Ahuitzotl, die doch erst kürzlich gekommen waren, die Stadt Mexiko zu regieren … O, dass einer von ihnen Zeuge sein könnte, staunen könnte über das, was mir nun widerfahren ist, staunen über das, was ich sehe – jetzt, da sie gegangen sind. Es ist durchaus nicht so, dass ich nur träume; ich träume nicht nur, dass ich euch sehe, dass ich euer Antlitz schaue. Ich war eine Zeit lang in Bedrängnis. Ich habe zu dem unbekannten Ort geschaut, von wo ihr gekommen seid – aus den Wolken, aus den Nebeln. Und nun dieses. Als die Herrscher gingen, beteuerten sie, ihr würdet kommen, eure Stadt zu besuchen, ihr würdet herabsteigen auf eure Matte, auf euren Thron. Und nun hat es sich erfüllt. Ihr seid gekommen. An Erschöpfung habt ihr gelitten, Mattigkeit habt ihr ertragen. Friede sei mit euch. Ruht euch aus. Besucht euren Palast. Ruht euren Leib. Mein Friede sei mit unseren Herren.«

Der Text ergreift durch seine Unmittelbarkeit, er ist so atemberaubend wie eine historische Quelle überhaupt nur sein kann. Er scheint die würdevolle, poetische Sprache der aztekischen Aristokratie vollkommen zu erfassen: einen meditativen, grüblerischen Ton, der auch in der aztekischen Dichtung bezeugt ist; diese zeigt einen ausgeprägten Hang zur Melancholie, wenn sie über das Schicksal und die Vergänglichkeit des Lebens nachsinnt. Der Text zeigt eine Ausdrucksweise, die sich von den europäischen Sprachformen oder auch von Cortés' manipulativen Tricks und Mehrdeutigkeiten stark unterscheidet. Interessanterweise geben die Azteken einen ausführlicheren Bericht von Cortés' Entgegnung, als er selbst damals für angebracht hielt:

»Und als die Ansprache, die Montezuma an den Marquis gerichtet hatte, beendet war, wurde sie von Malinche übersetzt, sie dolmetschte für ihn. Und als der Marquis Montezumas Worte gehört hatte, sprach er in einer barbarischen Sprache [qujnoalpopolotz] zu ihnen; er sagte in seiner barbarischen Sprache: ›Montezumas Herz mag ruhig sein; er braucht sich nicht zu fürchten. Wir lieben ihn sehr. Jetzt sind unsere Herzen wirklich zufrieden: Wir kennen ihn, wir hören ihn. Seit langem haben wir uns gewünscht, ihn zu sehen, ihm ins Gesicht zu schauen. Und wir haben es getan. Wir sind schon in sein Haus in Mexiko gekommen. Wenn er Muße hat, wird er uns anhören‹.«

Das ist ein wunderbarer Text. Er ist nicht zu übertreffen, es sei denn, wir träfen Leute von einem anderen Stern. Doch inwieweit können wir den Text als primäre historische Quelle werten? Bei all seiner offensichtlichen Unmittelbarkeit ist er doch viel jünger als Cortés' Brief, auch wenn er von »Männern mit gutem Urteilsvermögen« verfasst wurde und möglicherweise auf frühere schriftliche Berichte zurückgeht, die bereits in den späten 20er-Jahren des 16. Jahrhunderts vorlagen.

Die für einen oralen Text charakteristischen Formelemente könnten auch dadurch bedingt sein, dass der Text für den mündlichen Vortrag gedacht war. Deshalb sollten wir mit der Annahme, dass wir Montezuma im Originalton hören, vorsichtig sein. Doch der Text stammt aus einer Gesellschaft, die die mündliche Überlieferung pflegte, von Zeugen, die darin geübt waren, sich auf ihr Gedächtnis zu verlassen, und die in den Schulen die Feinheiten der königlichen Rhetorik gelernt hatten. Man würde von ihnen erwarten, dass sie sich an die Kernpunkte dessen, was Montezuma in diesem für Mexiko entscheidenden Moment gesagt hatte, erinnern könnten. Und manche übereinstimmenden Gedanken werden klar und deutlich in beiden Reden erwähnt – vor allem die Idee von der Rückkehr der Gottheit, aber auch die denkwürdige Form des Willkommensgrußes (»Mattigkeit habt ihr ertragen. Ruht euch aus.«) erscheinen auf Spanisch und auf Náhuatl.

Doch alles in allem kann man sich schlecht vorstellen, dass, trotz all der Cortésschen Wortverdrehungen und -entstellungen, nicht doch etwas in dieser Art gesagt worden ist. Allerdings ist es eine völlig andere Frage, was Montezuma mit seinen Worten *meinte*. Cortés' persönlich gefärbte Interpretation sollte bei der Rechtfertigung seines Verhaltens eine wesentliche Rolle spielen: nämlich dass Montezuma ihm sein Königreich überlassen hatte und freiwillig ein »Vasall« des spanischen Königs geworden war. Dieses »Überlassen des Königreichs« ist jedoch leicht als eine konstruierte Erfindung, als eine von den Spaniern vorgenommene Verfälschung der Ereignisse zu entlarven – und die Wissenschaftler tun dies meistens auch; es ist eine Verzerrung, die versucht, Montezumas fatale Fehler und seine offenkundige Feigheit verständlich zu machen.

Aber ist es wirklich so einfach? Die Geschichte von der Rückkehr des Gottes findet sich in Cortés' Brief – und bei anderen spanischen Augenzeugen, wie z. B. dem Konquistador Tapia. Wie immer wir das deuten, es muss sich um eine der Fragen gehandelt haben, die zwischen Cortés und Montezuma aufgeworfen wurden.

Mehr jedoch können wir nicht sagen. Cortés erklärte, er komme als Abgesandter, und obwohl dies eine Lüge war, scheint Montezuma ihn als solchen aufgenommen zu haben. Wir sehen also einen Mann, der zwar für sich in Anspruch nahm, Botschafter zu sein, aber dennoch ständig Montezumas Würdenträgern Freundschaft schwor. Der doppelzüngigen Sprache der Diplomatie, die so modern ist, dass wir kaum einen zusätzlichen Gedanken an sie verschwenden, vollkommen mächtig, sieht er Montezumas Fehler nur darin, dass er diese Sprache nicht als solche erkannte, dass er in seinen eigenen festen Vorstellungen von Diplomatie gefangen war.

Doch Montezuma war ein bedeutender König an einem prächtigen Hof. Vielleicht war es für einen Herrscher seines Formats unmöglich, die Spanier einfach heimlich zu überfallen und zu töten, selbst wenn er sie als diejenigen erkannte, die sie

waren. Daher machte er ihnen – von oben herab – Geschenke und bedachte sie mit protokollarischen Ehren. Und die Spanier waren weder ausreichend gewitzt noch konnten sie sich entsprechend revanchieren (ein Kelch aus italienischem Glas und drei Leinenhemden gegen goldene und silberne Wagenräder!).

Seitdem scheinen sich einige Edelleute von Montezuma entfremdet zu haben. Wir wissen nicht, wie sie auf das ihnen unheimliche Drängen der Spanier reagierten, die immer wieder vorbrachten, Montezumas Gesicht sehen zu müssen. Da niemand in der aztekischen Gesellschaft das Gesicht des Königs anschauen durfte, können wir nur vermuten, dass ihnen dieses Ansinnen bedrohlich vorkommen musste. Das gilt auch für den Augenblick, als die Spanier nach den Reden Montezuma an der Hand hielten, wie Pater Sahagún berichtet: »Sie gingen bereits und führten ihn an der Hand. Sie streichelten ihn mit ihren Händen, um ihm ihre Liebe zu zeigen. Und sie schauten ihn an; jeder sah ihn durchdringend an. Sie waren ständig in Bewegung; sie sprangen immer wieder von ihren Pferden, um ihn anzuschauen.«

Die Szene ist so lebendig, finster und einschüchternd, dass ihr eine authentische Erinnerung zugrunde liegen könnte, und gewiss müssen die strengen Tabus, welche die Göttlichkeit der aztekischen Majestät schützten, verletzt worden sein. Der *tlatoani* durfte nicht berührt werden, schon gar nicht von Fremden. Dies wird vielleicht durch eine Anmerkung bestätigt, die sich in dem aztekischen Bericht am Ende dieses Abschnitts findet. Dort werden Namen und Rang der aztekischen Edelleute, die Montezuma bei diesem Treffen begleiteten, detailliert aufgelistet. Des Weiteren erfahren wir, dass sie sich, als Montezuma »gefangen genommen wurde, nicht nur versteckten und flüchteten, sondern ihn voller Zorn im Stich ließen«.

Dies mag eine nachträgliche Verdrehung sein, doch man kann vermuten, dass Montezumas Position in den Augen seiner Edelleute bereits geschwächt war, insbesondere aus der Sicht derer, die ihm geraten hatten, die Fremden nicht in die Stadt zu lassen. Unter seinen Gefolgsleuten mag man schon verstanden haben, dass der »große Sprecher« der Azteken einen fatalen Fehler begangen hatte, als er Cortés erlaubte, Tenochtitlán zu betreten, und dass er damit sowohl seinem rituellen Status als auch seiner realen Macht geschadet hatte.

An diesem Abend des 8. November war die Stimmung in der Stadt so, als seien einige mächtige Wesen aus dem Weltraum gelandet – Außerirdische, über deren Fähigkeiten man sich noch kein Bild machen konnte. Cortés war nicht nur im »1Rohr« angekommen, dem Jahr Quetzalcóatls, sondern jener Tag war auch »1Wind«, Quetzalcóatls Tag in seiner Eigenschaft als Wirbelwind. Es war der Tag, an dem Räuber und Hexenmeister ihr Unwesen trieben, raubten, vergewaltigten und brandschatzten, während ihre Opfer wie in Trance schliefen. In dieser Nacht gingen die Menschen schlafen, »wie wenn jeder betäubende Pilze gegessen hätte …, wie wenn sie etwas Unfassbares gesehen hätten. Jeder war in Panik, wie wenn die ganze Welt aus den Fugen geriete … Die Leute bekamen Alpträume«.

Selbstverständlich wussten die Azteken inzwischen, was die Spanier in Cholula getan hatten; dass sie auf irrationale und unvorhersehbare Weise (wie die Azteken es sahen) grausam sein konnten – in einer Art, wie man es vielleicht nur von den Göttern kannte. Es war, als hätten sie in ihrer Stadt einem Ungeheuer Herberge gegeben.

## DER SCHEINKRIEG BEGINNT

Die Spanier lebten in den folgenden Tagen in Staunen und ängstlicher Anspannung. In der seltsamen magischen Stadt waren die rauen Soldaten aus der Estremadura und Kastilien in märchenhaften Gemächern untergebracht; viele waren Analphabeten und hatten niemals etwas Vergleichbares zu Gesicht bekommen. Sie waren überall umgeben von »wundersamen Artefakten, herrlichen Möbeln, Betten mit Matratzen und Kissen aus Leder und Baumfasern, schönen Steppdecken«. Es gab auch merkwürdige Dinge zu essen: »Geflügel, Hahn und Pute; Wachteln, Tauben und andere Vögel; jede Art Fluss- und Seefisch, alle möglichen Sorten Obst von der Küste …, sehr viele verschiedene Sorten Brot …, geknetet und sehr schmackhaft, so dass man das kastilische Brot überhaupt nicht vermisste«. Wenn sie auf die Straßen gingen, begafften sie all die unglaublichen Sehenswürdigkeiten. Aber sie wussten auch, dass sie in einem fremden Land und isoliert waren. Und es gab eine dunklere Seite der Stadt – vor allem die blutigen Opfer, die unter den Schlägen der »düsteren Trommel von Huitzilopochtli« auf den Dächern dargebracht wurden. Überall waren sie vom Geruch des Todes umgeben.

Dennoch waren sie auch von der täglichen Routine Montezumas fasziniert: seinen Ritualen, seiner Ernährungsweise, seinen Frauen und seiner Wesensart. Aguilar war einer der Spanier, der ihn später, als er in spanischem Gewahrsam war, gut kennen lernte: »Montezuma war mittelgroß und schlank; er hatte einen großen Kopf und eine etwas platte Nase. Er war sehr scharfsinnig, kritisch und umsichtig, gebildet und kompetent, aber auch barsch und jähzornig und in seiner Rede sehr bestimmt … Er war denen gegenüber sehr aufmerksam, die ihm ihren Respekt bezeugten, ihre Hüte abnahmen und sich vor ihm verbeugten; er gab uns Geschenke, Juwelen und Schüsseln mit Gerichten, die er selbst auch aß. All das sah ich mit eigenen Augen, denn ich hatte ihn viele Tage lang zu bewachen.«

Wenn man durch die Straßen des heutigen Mexico City schlendert und an Ort und Stelle versucht, diese Ereignisse lebendig werden zu lassen, muss man seine Fantasie sehr bemühen. Montezumas Stadt ist seit langem untergegangen. Das weite filigrane Netz von Wasserwegen mit seinen Tausenden privater Kanus, die Stege für die Fischer, die unzähligen Schreine und Paläste, die großartigen Gebäude, die ausgedehnten Vororte am Stadtrand mit ihren niedrigen Häusern aus Adobe-Ziegeln, der riesige Markt mit seinen Tausenden von Besuchern täglich und die weiß gestrichenen gewaltigen Pyramiden – alles dahin. Wie Tapia sagte:

»Diese bedeutende Stadt ist in dem salzhaltigen Teil des Sees errichtet, ihr Umfang beträgt etwa zweieinhalb oder drei Wegstunden. Die meisten Leute, die sie gesehen haben, schätzen ihre Einwohnerzahl auf ungefähr 60 000 oder mehr [nach Aguilars Angaben waren es 100 000 Häuser, und die Bevölkerung belief sich schätzungsweise auf 240 000 oder 300 000 Menschen]. In der Stadt gibt es viele schöne breite Straßen … Der große Markt, etwa dreimal so groß wie der Platz in Salamanca, ist rings von Säulenhallen umgeben, und jeden Tag tätigen dort etwa 20 000 bis 25 000 Menschen ihre Einkäufe und Verkäufe. Am Markttag, der alle fünf Tage stattfindet, sind es 40 000 bis 50 000.«

Doch stellenweise ist der Grundriss der alten Stadt noch zu erkennen, z. B. in dem Straßenmuster im Norden Tenochtitláns, Richtung Tlatelólco, nicht weit von heruntergekommenen Barrios, westlich der großen modernen Schnellstraße, die zum Heiligtum von Guadelupe hinaufführt. Auf den frühesten detaillierten Stadtplänen des 18. Jahrhunderts kann man dort einen Teil des alten Kanal- und Straßennetzes finden: »Außer bei den drei Hauptstraßen ist bei allen Straßen«, wie die Spanier sagten, »auf der einen Seite Wasser, auf der anderen Seite Land.«

So machte sich Cortés mit der Stadt vertraut, und Montezuma führ-

## MEXIKANISCHE GÖTTER UND TEUFEL

te ihn auf eine der Pyramiden, um ihm einen herrlichen Blick auf den weiträumigen Marktplatz zu zeigen, wo die Erzeugnisse Mittelamerikas im Tauschhandel ihre Besitzer wechselten. Und in einer Szene, die es sonst nur in der Sciencefiction gibt, betraten sie den auf der Pyramide errichteten Schrein und blickten in die funkelnden Augen des Kriegsgotts Huitzilopochtli. Vor ihnen brannten frisch herausgeschnittene Herzen in einem Kohlebecken. Cortés war entsetzt, blieb aber gefasst: »Ich wundere mich, dass ein so intelligenter Mann wie du meinen kann, dies sei etwas Gutes. Das ist etwas sehr Böses, um nicht zu sagen, Teuflisches.«

Dann bat er um die Erlaubnis, dort einen christlichen Altar zu errichten.

Montezuma entgegnete: »Wir halten dies für etwas Gutes. Es bringt uns Fruchtbarkeit und Regen. Sprich mir nie wieder davon.«

Cortés hatte Zeit, über diese Dinge nachzudenken. Aber was sollte er als Nächstes tun? Er hatte sich in die Stadt der Träume begeben; und doch war ihm bisher nichts Schreckliches widerfahren. Er und seine Männer wurden weiterhin als Gäste behandelt, und die Azteken schienen – trotz all der Gespräche über Christentum, Vergleichbarkeit der Religionen und Menschenopfer – noch immer so zu tun, als sei alles ganz normal. Die Tage vergingen. Schließlich, am 16. November, beschloss Cortés, die Karten in seiner Hand auszuspielen. Er nahm Montezuma fest und sagte ihm, dass er in Cortés' Unterkunft zu bleiben und weiter seine Befehle zu erteilen habe, so wie wenn alles in bester Ordnung sei.

Der Rahmen für ein weiteres unglaubliches Drama war abgesteckt. Montezuma war entsetzt und zeitweise, in den Stunden, in denen sich auf keiner der beiden Seiten etwas bewegte, weinte er. Doch schließlich beugte er sich Cortés' Drohungen. Sobald Montezuma Cortés' Gefangener war, wurde ihre Beziehung psychologisch gesehen so ähnlich wie die zwischen einem Geiselnehmer und seinem Opfer. Cortés versuchte, mit Hilfe von Montezuma zu herrschen, und als jemand, dem Kontrolle überaus wichtig war, wurde er ärgerlich, wenn er nicht bekommen konnte, was er wollte. Er machte den Fehler zu denken, Montezuma habe die absolute Macht, doch das war nicht der Fall – auch wenn seine Leute erwarteten, dass er es übernähme, zu vermitteln und mit den Neuankömmlingen zu verhandeln. Tatsache war, dass in den Augen des Volkes Montezumas Macht schwand. Anders als die Spanier behaupteten, waren die Azteken vernünftige Wesen, und Montezuma konnte ihnen nicht länger unangefochten seine Befehle erteilen.

Cortés hatte seine Macht erprobt und gesehen, dass er sich durchsetzen konnte; daher machte er weiterhin von ihr Gebrauch. Einige seiner Männer waren auf dem Weg zur Küste angegriffen und getötet worden. Cortés wollte die Bestrafung der dor-

▲ Der Kriegsgott Huitzilopochtli, dem die spanischen Gefangenen geopfert wurden. Während der Belagerung war sein Bild von den Azteken entfernt und in eine Höhle in Tula gebracht worden. Es wurde niemals wieder aufgefunden; vielleicht existiert es noch.

tigen Würdenträger. Montezuma wurde aufgefordert, sie kommen zu lassen; Qualpopoca, seine Söhne und 15 andere Häuptlinge wurden nach Mexiko gebracht. Wie ein Folterknecht, der zum einen seinem Opfer schmeichelt und dann wieder Drohungen ausstößt und Zwang ausübt, sagte Cortés zu Montezuma, er denke, dass er persönlich den Befehl erteilt haben müsse, seine Männer zu töten, doch werde er ihm dennoch »um nichts in der Welt ein Leid zufügen«.

Montezuma war erst wieder beruhigt, als Cortés ihm sagte, er solle befehlen, Qualpopoca und die anderen auf dem großen Platz zu verbrennen. Um das Feuer zu entzünden, holten sie sehr viele Waffen aus dem Arsenal, und Montezuma musste, in Ketten geschlagen, alles mit ansehen. Um sie herum schauten die Mexikaner in völligem Schweigen zu. Eine so schreckliche Strafe wurde in der aztekischen Welt selten vollzogen, außer bei schwerwiegenden Fällen von Verrat, und diese Geschehnisse müssen für die Betrachter schockierend gewesen sein. Allen war nun wohl klar, dass Montezumas Herrschaft ein für alle Mal zusammengebrochen war.

In den nächsten paar Wochen gab es ein beklemmendes Interregnum: Montezuma vollzog weiterhin die Rituale – brachte sogar Menschenopfer dar –, nahm rituelle Bäder, empfing Kläger, ließ sich von seinen Jongleuren und Ballancekünstlern unterhalten. Er spielte mit Cortés auch mexikanische Glücksspiele, lernte etwas Spanisch, war freundlich zu einigen der kastilischen Wachen und beschenkte sie mit Juwelen und Mädchen.

Mittlerweile gewöhnten sich die Spanier an mexikanische Tortillas, Wasservögel und an noch merkwürdigere Speisen wie z. B. Salamanderlarven und grünen Schleim aus dem See. Sie tranken Pulque, ein Bier aus gegorenem Agavensaft, das von der mexikanischen Landbevölkerung heute noch vielerorts getrunken wird. Und ebenso wie die aztekischen Edelleute wird Cortés nach dem Essen seinen Tabak in bemalten Pfeifen aus gebranntem Ton geraucht haben. Zu anderen Formen der Unterhaltung gehörten 300 einheimische Frauen, die als »Mägde« zur Verfügung gestellt wurden. Während er einerseits Malinches Zärtlichkeiten genoss, hatte Cortés auch sexuelle Beziehungen zu anderen Frauen, darunter zu einer Tochter und einer Nichte Montezumas.

Was hatte Cortés vor? Was erhoffte er sich von der gegenwärtigen Situation? Trotz all der Vergnügungen in der Hauptstadt konnte er nicht aufhören, über seine Zwangslage nachzudenken. Militärisch betrachtet – und erfahrene Offiziere hätten das gewusst – saß er auf der Insel fest, da die Brücken am Damm jederzeit hochgezogen werden konnten.

Ende November gab er den Befehl, Schiffe zu bauen, und sandte einige seiner Männer an die Küste, um die Materialien herbeizuschaffen, die von seiner Flotte in Sicherheit gebracht worden waren – Anker, Segel, Tauwerk. Sie bauten vier Brigantinen; jede war um die zehn Meter lang und groß genug, um Kanonen aufzunehmen. Man sagte Montezuma, sie seien für Vergnügungsfahrten bestimmt, und nahm ihn mit auf einen Bootsausflug über den See, um am südlichen Ufer zu jagen. Auf den ersten Blick schien es sich wirklich um Ausflugsschiffe zu handeln – und Montezuma genoss die Spazierfahrt.

Cortés brachte der Trip wertvolle Informationen über die Anlegestellen und die Tiefe des Sees. Von da an wurden häufig Fahrten unternommen, um alle seine Teile zu erkunden. Man registrierte den lokalen Verkehr von Tausenden von Kanus, sah die Kaufleute, die weite Wege zurücklegten, und Tributpflichtige aus so weit entfernten Gegenden wie Guatemala und Oxaca. »Die aztekische Welt drehte sich noch«, sagten die Spanier; »an der Oberfläche herrschten überall Ordnung und Harmonie«.

Das konnte natürlich nicht so bleiben. Jetzt gab es häufig Streitigkeiten wegen religiöser Fragen und der an die Azteken gerichteten Forderung, die Herrschaft Spaniens anzuerkennen. Ebenso unerbittlich verlangte man nach Gold. Cortés wollte Expeditionen in die Gold verarbeitenden Gebiete des Reiches entsenden, und Monte-

▲ Als Cortés' Gefangener bat Montezuma die Azteken, die Spanier nicht anzugreifen. In diesem Augenblick wendete sich schließlich sein Volk gegen ihn und griff an; sie verwundeten ihn, vielleicht tödlich, mit Steinen und Wurfgeschossen.

zuma erklärte sich einverstanden. Am streitbarsten war Cortés, wenn er seinen noch immer bestehenden Wunsch durchsetzen wollte, ein Bild der Jungfrau Maria auf der Spitze des großen Tempels aufzustellen. Montezuma jedoch blieb weiterhin hart: »Wie kannst du erwarten, dass wir unsere ganze Stadt aufgeben …? Unsere Götter sind sehr zornig auf uns, und ich weiß nicht, ob sie uns nicht sogar sterben lassen würden, falls wir täten, was du verlangst.«

Im Neuen Jahr regte sich im Volk des mächtigen Herrschers am See, Cacama von Texcoco, Widerstand. Unter ungeklärten Umständen wurde Cacama mit mehreren anderen Edelleuten gefangen genommen und im Feuer gefoltert. Zu diesem Zeitpunkt beschloss Cortés – vielleicht wegen seines wachsenden Unbehagens angesichts seiner Lage –, Montezumas Vasallen-Status formell zu machen und die offizielle Unterwerfung feierlich zu bestätigen (als Jurist hatte es Cortés immer gern, wenn ordnungsgemäß verfahren wurde).

Cortés bestand darauf, dass Montezuma die führenden Edelleute des Reiches einbestellte. Bei einer Versammlung im Palast erzählte ihnen Montezuma den Mythos von Fremden aus dem Osten und, laut Aussagen der Spanier, erklärten er und seine Edlen sich einverstanden, sich dem König von Spanien zu unterwerfen. Der Konquistador Tapia, der etwas Náhuatl gelernt hatte, bestätigte diese Erklärung, doch ein anderer Augenzeuge sagte, er habe überhaupt nicht begriffen, was da vor sich ging, »aber es hatte den Anschein, dass sie, wie die Dolmetscher zu verstehen gaben, Montezumas Wunsch akzeptierten«.

Später hörte man von aztekischer Seite Geschichten, dass Montezuma die Zeremonie wegen der unzulänglichen Übersetzungen gar nicht verstanden habe. Angeblich hat Montezuma später bitterlich geweint, als er und andere mexikanische Edelleute Brüder, Schwestern und Kinder als Geiseln stellen mussten, um für ihren Eid zu bürgen. Cortés war dabei, die Schrauben fester anzuziehen.

Sein nächster Zug war gegen die Religion gerichtet. Auf der großen Pyramide ließ er christliche Bilder aufstellen und machte seine ersten Versuche, die mexikanischen Götzen zu zerstören. Montezuma bemühte sich noch immer, vernünftig zu sein, und schlug einen erstaunlichen Kompromiss vor: Seine Götter sollten auf der einen Seite stehen, die Götter der Christen auf der anderen. Er räumte sogar ein, dass sie in ihrem Glauben möglicherweise ein oder zwei Fehler begangen hätten. Vorgewarnt, entfernten die Azteken ihre Götterbilder von der Spitze der Pyramide, schafften sie mit Matten und Rollklötzen herunter und brachten sie in ein geheimes Versteck. Seitdem hat man nie wieder etwas von ihnen gesehen.

Während dieser geheimen Aktionen versuchten die Mexikaner, eine Widerstandsarmee aufzustellen. Die Einzelheiten sind indes unklar. Anscheinend hatten die Spanier den Eindruck, als brauchten sie sich in Mexiko keine Sorgen zu machen (»Alles war noch friedlich, und wir waren frei von Zwietracht und Sorge«, sagt Aguilar). Da kam es plötzlich zu einer dramatischen Veränderung der Lage. Anfang April 1520 traf die Nachricht ein, eine große spanische Flotte unter einem Mann, den Cortés kannte, Pánfilo de Narváez, sei an der Küste gelandet. Velásquez, der Gouverneur von Kuba, hatte eine Strafexpedition entsandt, um Cortés verhaften zu lassen: Seine Vergangenheit begann, ihn einzuholen. Die Pläne des Spielers waren fehlgeschlagen.

Dies war für Cortés ein entscheidender Augenblick. Obwohl die Lage in Mexiko-Tenochtitlán noch nicht geklärt war, musste er handeln. Er unterstellte Alvarado einen Teil seiner Armee (um die 120 Mann, darunter viele Kranke) und ein Waffenarsenal und ließ ihn im Palast zurück – mit Montezuma und vielen anderen Edelleuten, alle in Ketten. Dann führte Cortés seine Hauptarmee an die Küste, um Narváez aufzuhalten. Nur durch einen weiteren Spielzug konnte er die Chance auf einen Sieg wahren – dieses Hirngespinst hatte er seinen Leuten eingeredet –, aber in dem Fall müsste er seine eigenen Landsleute bekämpfen. Die Devise hieß: »Alles oder nichts«.

Eines Nachts startete Cortés bei strömendem Regen einen Überraschungsangriff auf das spanische Lager im Pyramidenbezirk von Zempoala; Narváez wurde an einem Auge verwundet. (Er konnte später wieder kämpfen und spielte eine wichtige Rolle bei der Expedition, die im sechsten Kapitel erzählt wird.) Für Cortés war es besser gelaufen, als er hatte hoffen können. Dank Narváez hatte er nun sein Heer durch einen starken Verband von Frontsoldaten verstärkt. Er sollte sie gut brauchen können.

Während sich Cortés an der Küste aufhielt, spitzten sich in Mexiko die Dinge zu. Wir werden niemals wissen, ob – wie die Spanier behaupteten – die Mexikaner einen bewaffneten Überfall auf die Spanier planten; doch es gibt Hinweise darauf, dass sie versuchten, eine Gegenregierung zu bilden, und dass sie eine Widerstandsarmee ausgehoben hatten. Die Spanier erwähnen keine Unruhen, doch einer der frühesten und interessantesten aztekischen Berichte – eine kurze Annalen-Ausgabe, die 1528 in Tlatelólco, nördlich von Mexico City, verfasst wurde – liefert einige wichtige Anhaltspunkte.

## MASSAKER IM TEMPEL

In der Zeit, als Cortés nicht in Mexiko war und gegen Narváez kämpfte, ließ Alvarado zwei wichtige Führer, darunter den militärischen Kommandanten von Tlatelólco, ins Gefängnis werfen. Einen anderen Häuptling ließ er aufhängen und ermordete den König von Nautla: Er beschoss ihn mit Pfeilen und ließ ihn bei lebendigem Leib verbrennen. So hatte sich die Situation zur Zeit des großen aztekischen Frühjahrsfestes verschlechtert: »Deshalb bewachten unsere Krieger das Adler-Tor …, auf der einen Seite standen Posten aus Tenochtitlán, auf der anderen Wachen aus Tlatelólco.«

Mit anderen Worten: Die Azteken rechneten mit Unruhen. Doch auf Montezumas ausdrückliche Bitten hin nahm, den Annalen zufolge, das Fest seinen Lauf. Die aztekischen Annalen unterscheiden sich, obwohl sie äußerst knapp sind, von den ausführlicheren, auf Spanisch verfassten Berichten und von den Aussagen der Augenzeugen, die später von Pater Sahagún zusammengestellt wurden. Nach den aztekischen Quellen verlief der erste Tag ganz normal: Huitzilopochtlis Götterbild wurde hergerichtet und bekleidet, und die Zelebranten sangen ungestört ihre Lieder. Am zweiten Tag schlugen die Spanier dann zu:

»Sie begannen wieder zu singen, doch ohne Vorwarnung wurden alle umgebracht. Die Tänzer und Sänger waren völlig unbewaffnet. Sie hatten lediglich ihre bestickten Mäntel, ihre Türkise, ihren Lippenschmuck, ihre Halsketten, ihre Büschel Reiher-Federn, ihre aus Hirschhufen gefertigten Schmuckstücke. Diejenigen, die die Trommeln schlugen, die alten Männer, hatten ihre Pilgerflaschen mit Schnupftabak

▲ »Die Spanier griffen die Azteken zuerst an.«
Das Massaker im Tempelbezirk, Durán-Codex.

und ihre Tamburine mitgebracht. – Zuerst griffen die Spanier die Musiker an, schlugen sie auf die Hände und Gesichter, bis sie alle getötet hatten. Die Sänger – und sogar die Zuschauer – wurden gleichfalls erschlagen. Dieses Schlachten im Heiligen Patio zog sich über drei Stunden hin. Dann brachen die Spanier ins Innere des Tempels und brachten auch die anderen um: die Wasser trugen, das Futter für die Pferde brachten, Korn mahlten oder den Boden fegten.«

Dies sind die nackten Tatsachen, die von keiner der beiden Seiten bestritten werden. Im Florentinischen Codex, der den Bericht eines aztekischen Augenzeugen enthält, der an jenem Tag dabei war, wird dieses Gemetzel in allen Einzelheiten auf entsetzliche und äußerst quälende Weise beschrieben; dieses Gemetzel löste den mexikanischen Aufstand gegen Cortés aus. In dieser Darstellung müssen wir mit ansehen, wie in dem großen stuckverzierten Hof die Kamera in Zeitlupe von einer Horrorszene zur nächsten schwenkt: die auf den Hof niederbrennende Sonne, die türkisblauen und smaragdgrünen Quetzal- und Ara-Federn, der prächtige Staat der Krieger, das Blitzen goldener Armreifen, der feuchte Glanz des aus Jade gefertigten Lippenschmucks. Plötzlich rückten die Spanier in ihrer Kampfrüstung vor, die stählernen Langschwerter aus Toledo in den Händen. Das erste mexikanische Opfer war angeblich ein Trommler. Zuerst wurden ihm die Hände abgeschlagen, dann der Kopf: »Bei manchen schlugen sie so lange auf den Rücken, bis ihre Eingeweide herausquollen. Bei manchen schlugen sie den Kopf in Stücke … Manchen hauten sie auf die Schulter; sie schlitzten sie auf …, sie schlitzten ihre Körper auf.«

◄ Ausschnitt aus
Charles Ricketts' *Der
Tod Montezumas*, um
1924. Der *tlatoani* war
vielleicht von seinen
eigenen Leuten
umgebracht worden,
doch es hielten sich
auch die Gerüchte,
er sei von Cortés
erdrosselt worden.

Die Mexikaner hatten zwar Berichte von den Vorgängen in Cholula gehört, doch hatten sie noch nie spanische Schwerter unmittelbar in Aktion gesehen. Was sollte dieses Abschlachten unbewaffneter Krieger? Bei all ihrer »brutalen und abnormalen Grausamkeit«, wie die Spanier meinten – und wie wir heute noch annehmen –, hatten die Mexikaner doch sehr genaue Regeln, wie man Krieg zu führen hatte, und was die Verletzung menschlicher Körper betraf. Wie ihre rituellen Feierlichkeiten zeigen, war ihre Grausamkeit strenger Kontrolle unterworfen und ritualisiert. Der Gedanke an einen derartigen Präventivschlag – eine Strafaktion wie das Massaker in Cholula – war für sie unvorstellbar, und der ungläubige Ton, in dem der aztekische Bericht verfasst ist, legt davon Zeugnis ab. In ihren Augen waren es die Spanier, die »abnormale Grausamkeit« an den Tag legten.

Das Massaker im Tempel ist ein entscheidender Augenblick in der Geschichte, der die Stimmung weiter aufheizte. Warum ist das passiert? War Alvarado in Panik geraten? Offensichtlich wusste Cortés, dass Alvarado impulsiv war – und wie ein berechnender Mensch von seinem Gegensatz angezogen wird, so hatte Cortés zweifellos eine Schwäche für Alvarado. Bei seiner Abreise wird Cortés Alvarado gewiss Pläne für irgendwelche Eventualitäten hinterlassen haben, einschließlich der Gewaltanwendung, wenn Alvarado die Spanier in Gefahr sah. Doch durch dieses gewaltsame Vorgehen war der Zauber gebrochen, den die bärtigen Fremden auf die Mexikaner ausgeübt hatten. Jetzt lief es auf einen Krieg hinaus: »Es war am 20. Tag nach Cortés' Aufbruch zur Küste … Wir erlaubten dem Kapitän, in Frieden in die Stadt zurückzukehren. Doch am Tag darauf griffen wir ihn mit all unseren Kräften an, und das war der Anfang des Krieges.«

Cortés war am 25. Juni 1520 zurückgekommen. Am 30. Juni war seine Lage hoffnungslos. Die Dämme waren unterbrochen worden, die Brücken weggeschafft, und das Netz hatte sich zugezogen. Den Spaniern wurden jetzt Lebensmittellieferungen verweigert, und es gab einen akuten Trinkwassermangel. Mit ständig steigender Angst merkten sie, dass sie in der Stadt der Träume gefangen waren.

Was auf der aztekischen Seite als Nächstes geschah, ist geheimnisumwittert, doch wir müssen annehmen, dass sie in geheimen Ritualen Montezuma als *tlatoani* absetzten und einen Nachfolger ernannten – das hatte es in der aztekischen Geschichte noch nie gegeben. War Cortés darüber informiert, bevor er seinen nächsten Schritt tat? Wir wissen es nicht. Aber er zwang nun Montezuma, vom Dach des Hauses zu den Leuten zu sprechen und zu versuchen, sie zu beruhigen. Da er seine Macht bereits verloren hatte, musste sich Montezuma allerdings unter einem Hagel von Wurfgeschossen wieder zurückziehen.

Später behaupteten die Spanier, Montezuma sei verwundet worden und danach seinen Verletzungen erlegen. Eines scheint immerhin klar: Als der »große Sprecher«, ob er nun getroffen war oder nicht, in den Palast zurückgebracht wurde, hatte er in den Augen Cortés' all seine Macht verloren und war deswegen für die Spanier nicht mehr von Nutzen. Die anderen vornehmen Gefangenen wurden ebenfalls als Belastung angesehen und sollten nicht davonkommen. In dieser Nacht, als die Menge draußen tobte, konferierte Cortés mit seinen Offizieren und entschied, dass Montezuma getötet werden solle. Daraufhin, wie die aztekischen Informanten des Paters Sahagún berichten, »ließ er alle Edelleute, die in seiner Gewalt waren, erdrosseln«. Ihre Leichname wurden vom Dach hinunter auf den Hof geworfen. Der Spieler hatte alles eingesetzt.

Als sich die Nachrichten von Montezumas Ermordung und der anderen Edelleute verbreitete, kam es in der Stadt zu einem Aufruhr. Die schreckliche Szene, die sich dann abspielte, trägt in der Schilderung Aguilars alptraumhafte Züge:

## DIE NACHT DER TRÄNEN

»Nach Einbruch der Nacht, gegen 10 Uhr, tauchte eine Furcht erregende Horde Frauen auf; sie trugen Fackeln und Becken mit glühender Kohle. Sie wollten zu ihren Männern und Verwandten, die tot in den Säulenhallen lagen. Und sie wollten auch zu Montezuma. Und als die Frauen ihre Männer erkannten (was wir vom Dach aus, wo wir Wache hielten, im hellen Schein des Feuers sehen konnten), warfen sie sich voller Kummer und Leid über sie und erhoben ein so lautes Jammern und Geschrei, dass einem angst und bange wurde. Ich hatte damals Wachdienst und sagte zu meinem Kameraden: ›Hast du das Inferno und die Tränenflut da drüben gesehen? Wenn nicht, kannst du es nämlich von hier aus betrachten.‹ Wahrhaftig, ich war während des ganzen Krieges und bei all den Schrecken, die ich durchgemacht habe, niemals so in Angst wie damals, als ich dieses furchtbare Wehklagen hörte.«

Cortés musste die Stadt verlassen, und zwar so schnell er konnte. Für den Aufbruch war die Nacht des 1. Juli vorgesehen, drei Tage vor Neumond. In fieberhafter Eile versuchte er, das Gold einzupacken und unter die Soldaten zu verteilen, fand aber in den Stunden vor dem Abrücken auch noch die Zeit, sich eine weitere Mätresse zu nehmen, eine Schwester Cacamas. (Er betete auch zu seiner Lieblingsheiligen, der Jungfrau von Los Remedios von Sevilla.)

Augenzeugen erinnern sich an eine helle Nacht und dass während der Vorbereitungen zu ihrem Aufbruch ein leichter Regen fiel. Die Straße, die man gewählt hatte, führte nach Westen und war die kürzeste Verbindung zum Festland. Die Mexikaner hatten die Brücken abgebrochen, daher behalfen sich die Spanier mit einer tragbaren Brücke, die sie aus den Dachbalken ihres Palastes gebaut und die von 60 indianischen Helfern getragen wurde.

Die Spanier wurden von einer riesigen Zahl von Menschen begleitet, unter denen sich auch ihre indianischen Verbündeten und Frauen befanden; Gepäck, mehrere Kanonen und ungeheure Mengen von Gold, das sie zu Barren umgeschmolzen hatten; es wurde in Kisten auf den Rücken der Pferde geladen oder von den Männern selbst getragen. Das Übrige war in Bündel geschnürt und wurde von den tlaxcaltekischen Hilfsmannschaften befördert. Um Mitternacht verließen sie einer nach dem anderen den Palast, die Hufe ihrer Pferde waren umwickelt, alle Befehle wurden im Flüsterton weitergegeben, die Trompeten mussten schweigen.

Sie zogen den Damm hinunter und überquerten auf dem Weg zum Seeufer vier der Kanäle. Dann, am »Kanal Tolteca« (heute steht dort an der Straße nach Tacuba ein Postamt), wurden sie gesichtet. Eine Frau, die noch spät auf den Beinen war, sah sie: »Komm schnell, Mexica; unsere Feinde ziehen ab. Jetzt bei Nacht machen sie sich wie Flüchtlinge aus dem Staub.«

Copolco
Zoi micca ȳ
capitan.

▲ Die spanische Niederlage in der »Nacht der Tränen«;
eine Kopie der schönsten mexikanischen Darstellung
der Eroberung, des verlorenen Lienzo von Tlaxcala.

Die Nachricht verbreitete sich wie ein Lauffeuer. Wenige Minuten später hörte man vom Tempeldach einen Ruf, Trommeln wurden geschlagen, die männliche Bevölkerung erhob sich. »Auf zu unseren Kriegskanus …«. Innerhalb von Minuten brach bei den Spaniern Panik aus, es kam zum Chaos. In der Dunkelheit war die Hölle los, als sich von allen Seiten Kanus näherten. In jener Nacht waren ihre Krieger, wie sich die Azteken erinnerten, »schnell wie Pfeile«. Noch immer versuchte die spanische Kolonne weiterzumarschieren, und in dem allgemeinen Durcheinander stürzten Hunderte von Menschen in den Kanal. Die Spanier brachten anscheinend ihre eigenen indianischen Hilfstruppen um. Sie stießen sie ins Wasser oder trampelten über ihre Körper: »Alle fielen sie dort ins Wasser, die Tlaxcalteken, die Spanier, ihre Pferde und einige Frauen wurden ins Wasser gestoßen. Der Kanal war voll von ihnen …, und die Letzten gingen einfach über die toten Körper hinüber ans andere Ufer.«

◄ Als die Spanier von den Azteken angegriffen wurden, saßen sie in der Stadt in der Falle. Ihr Fluchtversuch kam einem Alptraum gleich. Viele Männer brachen unter der Last des Goldes zusammen, und ihre militärische Überlegenheit war weitgehend aufgehoben. Möglicherweise wurden zwei Drittel der spanischen Armee getötet: die größte Katastrophe, die europäische Truppen auf den beiden amerikanischen Kontinenten je erlebten.

Die spanische Conquistadora María de Estrada schlug sich ebenso tapfer wie ein Mann und schwang das spanische Schwert. Einmal fiel Cortés selbst auch ins Wasser und wurde, als aztekische Kanus von allen Seiten auf ihn losfuhren, von zweien seiner Männer gerade noch rechtzeitig herausgezogen. »Doch bald ging es für jeden nur noch darum, seine eigene Haut zu retten.«

Über 600 spanische Konquistadoren wurden getötet (nach manchen Schätzungen über 1000), viele von ihnen wurden zweifellos von dem Gold, das sie bei sich trugen, in die Tiefe gezogen. Unter den Toten waren zahlreiche aztekische Kollaborateure, darunter nicht weniger als drei aztekische Mätressen von Cortés: »Dona Ana« und »Dona Ines«, Töchter Montezumas, und »Dona Ana«, eine Tochter Cacamas. In welcher Eile sie ihre Flucht planten, lässt sich daraus ersehen, dass sie den Zeitpunkt ihres Aufbruchs bzw. ihren vollständigen Plan den 270 Männern, die in einem anderen Teil der Stadt einquartiert waren, nicht mitteilten. Diese zogen niemals ab. Sie saßen in der Falle; ausgehungert fielen sie den wutentbrannten Azteken in die Hände und wurden dem Kriegsgott geopfert.

Der elementare Schrecken jener Nacht wurde nie vergessen. Sie heißt noch immer »La Noche Triste« (»Nacht der Tränen«). Díaz del Castillos erschütternde Beschreibung seiner Kameraden, die, wie er aus der Ferne sah, die Stufen des Tempels hinaufgeschleift wurden, um geopfert zu werden, und die man zwang, nackt zu tanzen, offenbarte schlimmste Alpträume der Spanier. Die Gefangenen erhielten keinen Kriegsgefangenenstatus – aus Sicht der Azteken hatte man sie gefangen genommen, als sie schändlicherweise wie Feiglinge davonliefen; daher hatten sie den ehrenhaften Tod eines Kriegers nicht verdient. Man nahm ihnen ihre Waffen, Rüstungen und Kleider, und erst dann, als sie nackt und zu »Sklaven« geworden waren, wurden sie zum Tempel gezerrt und auf den *chacmool* gelegt, damit die Priester ihnen die Herzen herausschneiden konnten. Und gewiss verweigerte man ihnen die halluzinogenen Pilze, die es leichter machten, dem »Tod durch den Feuerstein« ins Auge zu sehen.

Höchstens ein Viertel von Cortés' Streitmacht konnte sich bis ans andere Seeufer in Tacuba durchschlagen, wo sich der Legende nach Cortés in der Morgendämmerung unter einen Kapokbaum setzte, dessen gigantischer Stumpf noch immer am Straßenrand zu sehen ist. Der große Spieler hatte diesmal verloren, und immer wieder erzählt man, dass er in diesem Augenblick weinte (eine Szene, dargestellt auf Kalendern und Postern, die noch heute in der Umgebung der Stadt verkauft werden). Aber Cortés hatte noch seine wichtigsten Helfer, die beiden Dolmetscher, Malinche und Aguilar, und seine Freunde Alvarado, Sandoval und Tapia.

Nach den Aussagen eines Augenzeugen erkundigte sich Cortés, als er Tacuba erreichte, nur nach einer Person – dem Schiffbaumeister und Zimmermann Martín López, »einem sehr klugen und geschickten Mann«, der die Boote auf dem See gebaut hatte. Hatte er überlebt? Ja, er hatte überlebt, jedoch schwer verwundet: »In Ordnung, auf geht's, uns fehlt ja nichts«, sagte Cortés – in einem solch furchtbaren Augenblick ein unglaublicher Beweis von Unerschrockenheit und Selbstvertrauen. Cortés hatte noch nicht aufgegeben – davon war er weit entfernt. »Denn diesen Worten entnahmen wir«, sagte einer, der dabei war, »dass wir mit Hilfe dieses Martín López die Stadt, die wir verloren hatten, zurückgewinnen könnten.«

Cortés zog sich in einem weiten Bogen durch das nördliche Tal und über die Berge nach Tlaxcala zurück. Die nächsten paar Tage kämpfte man ums Überleben, und in Otumba kam es zu einer verzweifelt geführten Schlacht, in der er mit viel Glück seine Verfolger zurückschlagen konnte. Es ist noch immer ein Rätsel, wieso die Azteken nicht in der Lage waren, den geschwächten spanischen Überlebenden den Garaus zu machen, als diese ihnen fast schon völlig ausgeliefert waren. Es war eine verpasste Gelegenheit, der sie bitterlich nachtrauern sollten. Cortés hingegen konnte sich auf demselben Weg nach Tlaxcala zurückbegeben, dort seine Wunden lecken und über seine nächsten Schritte nachdenken.

## DAS RÄTSEL MONTEZUMA

Was den bedauernswerten Montezuma betrifft, so bleibt sein Verhalten geheimnisvoll. Möglicherweise war er von dem Anderen so fasziniert, dass es ihm nicht gelang, die Fremden einzuschätzen und zu bekämpfen. Sah er in die Zukunft? Versuchte er, sein Reich, seine Stadt, sein Volk und seine Position zu retten – oder ging es ihm nur um seine eigene Haut? Wir können es nicht sagen. Da wir in einem von dem Priester des Hauses der Dunkelheit verfassten Manuskript keinen Entwurf seiner berühmten Willkommensrede finden können, werden wir Montezumas Absichten niemals erfahren. Wir wissen nicht, was er sagte oder sagen wollte und welche Bedeutung der Glaube an eine Rückkehr des Gottes für all diese Geschehnisse hatte. Vielleicht glaubte er, er habe für seine Stadt und sein Volk das Beste getan.

# 2
# DER KRIEG ZWISCHEN DEN WELTEN

So hatte der erste größere militärische Überfall der Europäer auf die Neue Welt in einer Katastrophe geendet. Trotz der überlegenen europäischen Technik war Cortés einer totalen Niederlage nur knapp entkommen; man hatte dem Expeditionskorps riesige Verluste zugefügt und ihn auf demütigende Weise aus dem Tal von Mexiko vertrieben.

Da wir das Ende kennen, vergessen wir allzu leicht, dass die Niederlage im Juli 1520 nicht unvermeidlich war. Nachdem die Azteken zunächst ganz unsicher waren, wie sie diese Fremden einordnen und wie sie auf sie reagieren sollten, hatten sie begonnen, den ungeheuren Kulturschock, den die Entdeckung des »Anderen« ausgelöst hatte, zu verarbeiten – das Wissen, dass es im Osten, jenseits des Ozeans, eine Welt gab, die von Wesen bevölkert war, deren Wertesystem sich sehr von ihrem eigenen unterschied. Trotzdem handelte es sich um Menschen, die sterblich waren und besiegt werden konnten.

Wenn man jenen Sommer 1520 in der Stadt Mexiko betrachtet und die zwölf oder mehr Monate, die der endgültigen Tragödie vorausgingen, wenn man sich in Cuitlahuac und seine Edelleute hineinversetzt und den Alptraum des zurückliegenden halben Jahres nacherlebt, kommt einem immer wieder die Frage in den Sinn: »Was wäre gewesen, wenn …?« Was wäre gewesen, wenn die Azteken spanische Waffen in ihren Besitz hätten bringen können und ihre Gefangenen gezwungen hätten, ihnen zu zeigen, wie die Armbrüste und Kanonen funktionierten?

Was wäre gewesen, wenn sie die Meinungsverschiedenheiten zwischen den Kolonialmächten hätten ausnutzen können, wie es z. B. die Mayas in Yucatán im 19. Jahrhundert getan haben, als sie um ihre Unabhängigkeit von Mexiko kämpften und mit Königin Victorias britischem Empire verhandelten, das ihnen dann über Belize Kanonen zuschmuggelte?

Und was wäre gewesen, wenn die Tlaxcalteken beschlossen hätten, Cortés nicht länger zu unterstützen? Was, wenn die mexikanische Bevölkerung nicht durch Krankheit dezimiert worden wäre? Was, wenn Cortés an den Brücken eine vernichtende Niederlage erlitten hätte, die z. B. mit dem Tod aller Spanier geendet hätte?

*Als sich die Nachricht von der Zerstörung Mexikos bis in alle entlegenen Provinzen verbreitete, reagierten die dortigen Herrscher und Fürsten mit Unglauben. Dennoch sandten sie ihre Häuptlinge zu Cortés, um ihm zu seinen Siegen zu gratulieren und sich Seiner Majestät als Vasallen zu ergeben; auch wollten sie sehen, ob die Stadt Mexiko, die sie so sehr gefürchtet hatten, wirklich dem Erdboden gleichgemacht worden sei. Sie alle beschenkten Cortés mit Gold, und sie brachten sogar ihre kleinen Kinder mit, um ihnen Mexiko zu zeigen; dabei deuteten sie auf die Stadt etwa so, wie wir sagen würden: »Hier stand einmal Troja.«*

BERNAL DÍAZ DEL CASTILLO,
*Die Eroberung des neuen Spaniens*, um 1565

All dies lag gewiss im Bereich des Möglichen (Cortés selbst kam mehrfach nur knapp mit dem Leben davon). Wie anders hätte sich alles entwickeln können. Doch vielleicht waren die Zeitläufte gegen die Azteken: In eben jenem Augenblick befand sich Magellan im Pazifik, und die Welt um sie herum änderte sich, noch bevor sie dazu kamen, sie zu verstehen.

Dennoch sah für einen kurzen Augenblick die Situation für die Azteken ganz hoffnungsvoll aus. Mit ihren Worten: »Als die Spanier abzogen, dachten die Mexikaner, sie seien für immer gegangen und würden niemals zurückkehren.« Überzeugt davon, dass die Spanier nicht wieder auftauchten, reinigten sie die Tempelhöfe und feierten wie gewohnt ihre Feste. Auf der großen Pyramide von Huitzilopochtli wurden die alten Opfer wieder dargebracht wie früher.

Sie hatten jetzt auch einen neuen Herrscher. Weisheit und Besonnenheit waren die wichtigsten Eigenschaften, die ein aztekischer *tlatoani* besitzen musste, ebenso Tapferkeit und hervorragende Kenntnis der Rituale – und der Mann, den sie gewählt hatten, verfügte darüber in hohem Maße. Wie vielleicht schon vor Montezumas Tod beschlossen, wurde Cuitlahuac sein Nachfolger – einer von denen, die schon von Anfang an davor gewarnt hatten, die Spanier in Tenochtitlán aufzunehmen. Er sollte sich jedoch nicht lange des königlichen Throns erfreuen können.

## DIE SEUCHE BRICHT AUS

Zahlreiche Vorzeichen, sowohl natürliche als auch übernatürliche, prägten die letzten Monate der aztekischen Welt. Und die natürlichen, die sich heutzutage wissenschaftlich erklären lassen, schienen damals nicht weniger erstaunlich, furchterregend und unheilvoll als diejenigen, die wir nur psychologisch deuten können. Das verhängnisvollste Omen war jedoch nur allzu sicht- und spürbar.

Ende September 1520 begannen in Cuatlan im Tal von Mexiko die Menschen an einer rätselhaften fremden Krankheit zu sterben, die von entsetzlichen Symptomen begleitet war, »quälendem Husten und schmerzhaften, brennenden Wunden«. Die Seuche breitete sich weiter aus und kam bald über die Dämme nach Tenochtitlán. Sie dauerte 70 Tage, bis Ende November, und tötete Unmengen von Menschen. Es handelte sich um die Pocken.

Die Pocken, eine bis dahin in der Neuen Welt unbekannte Krankheit, waren mit den spanischen Emigranten und Konquistadoren über den Atlantik gekommen. Wir können ihre Spur so genau verfolgen wie eine Armee auf dem Vormarsch. Seit Dezember 1518 wütete die Seuche auf der Insel Hispaniola, wo ihr ein Drittel der Bevölkerung zum Opfer fiel. 1519 kam sie dann nach Puerto Rico, Jamaika und Kuba, erreichte im Frühling 1520 das Festland in Yucatán und drang weiter ins Landesinnere.

Als unsichtbarer Tod reiste sie mit in Cortés' Heer – allem Anschein nach eingeschleppt (so glaubte man) von einem Soldaten aus Narváez' Truppen, der mit Cortés von der Küste zurückgekommen war. Die Pocken werden durch Tröpfchen-Infektion übertragen und sind eine der Krankheiten, die sich in den beengten Wohnverhältnissen einer Großstadt am leichtesten verbreiten, und eine der ansteckendsten, wenn sie einmal ausgebrochen sind. Tragischerweise konnte sich das Immunsystem der

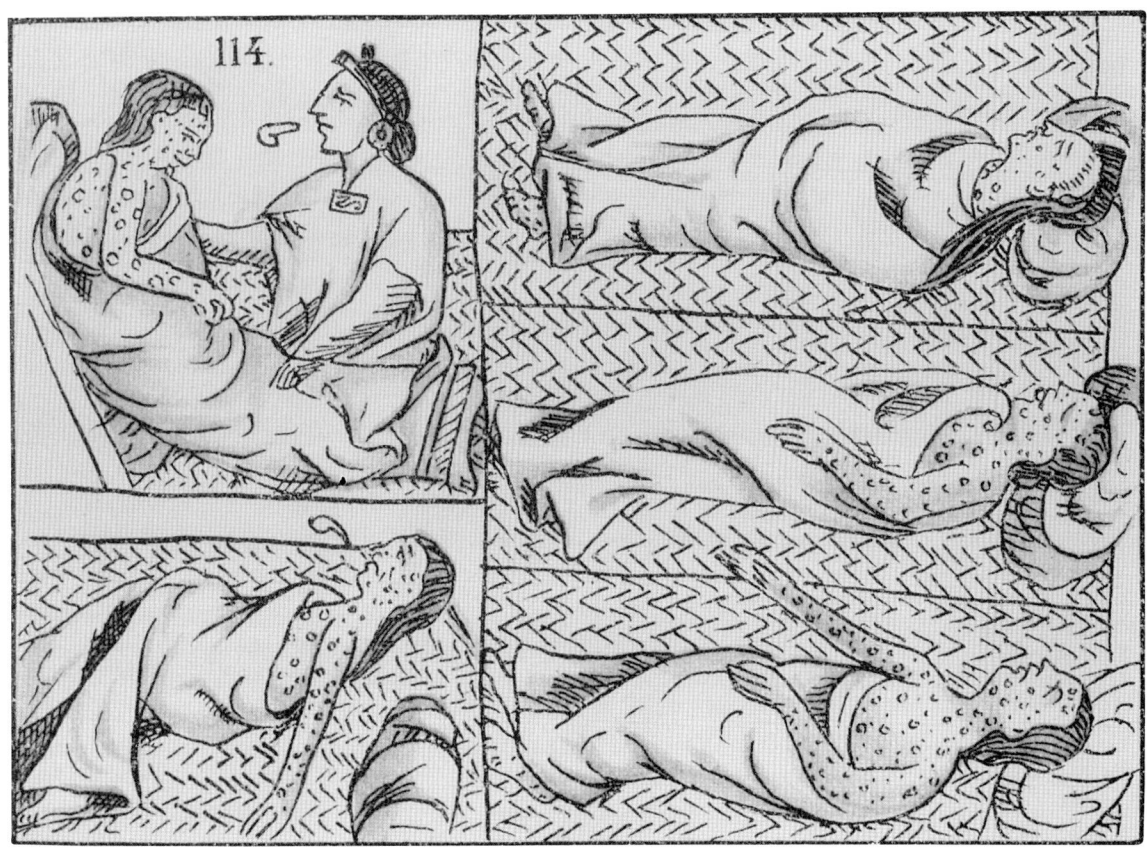

Einwohner der Neuen Welt gegen eine solche Infektion nicht wehren, und so wurde ein großer Teil der Bevölkerung dahingerafft. Es tut förmlich weh, die Beschreibung des »großen Ausschlags« (*huey zahuatl*) in dem denkwürdigen aztekischen Bericht zu lesen:

▲ Der »große Ausschlag«:
Opfer der Pockenepidemie im Herbst 1520.
Man beachte die Sprechblase unten links:
»Sie schrien vor Schmerzen«.
Aus dem Florentinischen Codex, um 1570.

»Wir bekamen Ausschlag auf dem Gesicht, der Brust, dem Bauch; wir waren von Kopf bis Fuß mit quälendem Ausschlag bedeckt ... Die Kranken waren so schrecklich hilflos, dass sie nur wie Tote auf ihren Betten liegen konnten, unfähig, ihre Glieder oder auch nur den Kopf zu bewegen. Sie konnten nicht auf dem Bauch liegen oder sich von einer Seite auf die andere drehen. Wenn sie ihre Körper bewegten, schrien sie vor Schmerzen.«

Laut Cortés' Sekretär Gómara nannten die Indianer die Krankheit »den großen Aussatz« und zählten später nach ihr die Jahre, so wie wenn sie eine neue Zeitrechnung begründet hätte, was in gewisser Weise auch zutraf. Unter den Toten waren auch der neue Herrscher und sein kleiner Sohn.

Immer wenn eine Seuche eine Bevölkerung dezimiert, können auch die Begleiterscheinungen verheerend sein. Der Glaube an soziale Normen zerbricht. Die Felder werden nicht mehr bestellt. Die Ernte verdirbt, wenn es nicht genügend gesunde

Überlebende gibt. Die Leute sind wie gelähmt und versinken in teilnahmslose Untätigkeit. Wie wir es bei anderen großen Seuchen in der Geschichte beobachten, betrifft die Katastrophe nicht nur die Physis, sondern auch die Psyche und das Sozialverhalten – der Schicksalsschlag ist so unerbittlich und unerklärlich, dass die Menschen zunächst einmal den Willen zum Neuanfang verlieren. »Viele verhungerten, weil sie niemanden mehr hatten, der nach ihnen schaute«, sagten die Azteken. »Keiner kümmerte sich mehr um den anderen.« In der Geschichte ist alles eine Frage des Zeitpunkts.

## CORTÉS STELLT EINE FLOTTE AUF

In der Zwischenzeit pflegte Cortés seine Wunden und erholte sich in Tlaxcala. Die Tatsache, dass die Verbindungswege nach Kuba und Spanien so weit waren, isolierte ihn zwar einerseits, machte es ihm andererseits aber möglich, seine Aktionen zu verschleiern, seine Niederlagen zu vertuschen, den rechten Augenblick abzuwarten und einen weiteren Schachzug vorzubereiten.

Als erstes überzeugte er die Tlaxcalteken, weiter zu ihm zu halten, und machte sich mit ihrer Hilfe unsichere indianische Verbündete gefügig, die es für unklug hielten, ein Bündnis mit den Fremden einzugehen. Dann baute er seine Streitmacht wieder auf und verstärkte sie mit Trupps, die im Laufe des Herbstes zu ihm gestoßen waren. Bis zum Winter verfügte er über 500 Infanteristen, dazu über 80 Mann mit Armbrüsten und Hakenbüchsen, 40 Pferde und acht oder neun kleine Kanonen. Sein erster Versuch, das Aztekenreich der spanischen Herrschaft zu unterwerfen, beruhte auf einer Mischung aus Schmeichelei, Erpressung und versteckter Gewalt. Jetzt, mit der Aussicht auf die Unterstützung durch 10 000 tlaxcaltekische Krieger, beschloss er, gegen das aztekische Reich Krieg zu führen.

In eben dieser Zeit schrieb er seinen langen zweiten Brief an den König von Spanien, in dem er seine Unternehmungen seit seiner Ankunft in Mexiko-Tenochtitlán skizzierte und das Ganze so darstellte, wie es in sein Konzept passte. Dabei präsentiert er sich als einfacher, loyaler und dem König ergebener Diener – eine Fiktion, wie wir sagen müssen, wenn wir dieses Selbstporträt mit dem ironischen Drahtzieher vergleichen, der in persönlichen Begegnungen, die von Leuten wie Las Casas beschrieben werden, immer wieder zum Vorschein kommt. Er erklärt jetzt seine Absicht, zurückzukehren, die Stadt einzunehmen und sie der Herrschaft des Königs zu unterstellen.

Da er alles auf diese Karte gesetzt hatte, gab es für ihn keine Alternative. Er musste gewinnen und glaubte noch an einen möglichen Erfolg. Allerdings lässt sich aus der Tatsache, dass der auf den 30. Oktober 1520 datierte Brief doch erst im März des folgenden Jahres abgeschickt wurde, entnehmen, wie nervös Cortés war. Vielleicht gab es noch zu viele Unwägbarkeiten, dass sogar der Briefschreiber von seinem Zweckoptimismus nicht überzeugt war. Möglicherweise war es daher besser, den Brief erst dann abzuschicken, als sich das Glück deutlicher zu seinen Gunsten geneigt hatte.

Die Ereignisse der Nacht der Tränen hatten Cortés gezeigt, dass der Schlüssel zum Sieg in den Händen desjenigen lag, der die Kontrolle über den See besaß. So

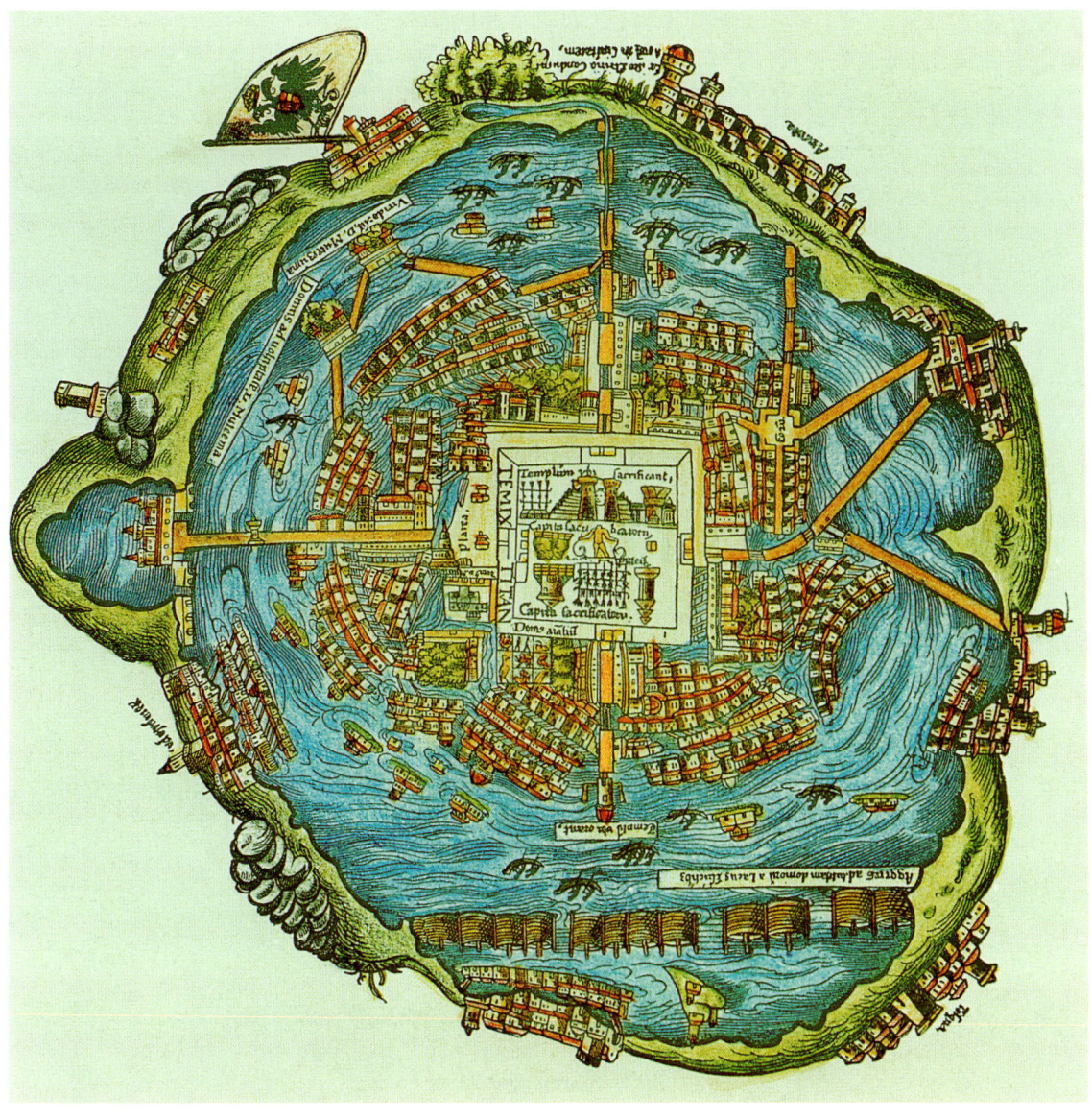

beschloss er, in Tlaxcala eine Schiffsflotte zu bauen, sie in vorgefertigten Teilen über die Berge zu transportieren und auf dem See wieder zusammenzusetzen. Dies war ein atemberaubend ehrgeiziger Plan. Die Aufstellung einer Flotte und der Zusammenschluss mit den Tlaxcalteken

▲ Aztekische Karte der Stadt Tenochtitlán, die zusammen mit Cortés' zweitem Brief an König Karl V. veröffentlicht wurde. Vorlage für den Holzschnitt aus dem Jahre 1524 ist möglicherweise ein aztekisches Gemälde.

und ihren Bündnispartnern würden es ihm ermöglichen, die Stadt Tenochtitlán zu belagern. Diese seine Fähigkeit, eine großartige Strategie zu entwerfen und gleichzeitig die praktischen Details im Auge zu behalten, erstaunt an Cortés' Persönlichkeit am meisten.

Eindrucksvoll ist vor allem seine Fähigkeit, das empfindliche Netz der politischen Allianzen, die er mit den Einheimischen eingegangen war, zu pflegen – alle seine Bündnispartner wurden durch Einschüchterung, Liebenswürdigkeit, Erpressung, die Zusage von Belohnungen und den demonstrativen Gebrauch von Strafe und Grausamkeit bei der Stange gehalten. Was sich immer wieder zeigte: Cortés besaß die außergewöhnliche Begabung, an einer komplexen Vision festzuhalten und dabei sich verändernde, unsichere Faktoren ständig im Blick zu haben. In seinem früheren Leben können wir nichts erkennen, das uns dies hätte erwarten lassen. Mag er uns auch noch so unsympathisch sein, dieser Mann vermochte sich selbst und andere zu kontrollieren.

Zunächst ging es um Pläne für die Boote. Eine Brigantine war nicht mit den anderen Booten versenkt worden; diese hatte er zerlegen und wieder zu seiner alten Basis an der Küste bei Villa Rica transportieren lassen, ebenso die Bolzen, Nägel und das gesamte Tauwerk, das von den am Strand zerstörten Schiffen übrig geblieben war. Unter der Aufsicht von Martín López, dem Schiffsbaumeister der Expedition, wurden diese Teile zurechtgelegt. In der Zwischenzeit schickten die Tlaxcalteken einige Trupps aus, die in den Wäldern auf den Hängen des Vulkans Malinche Holz schlagen sollten.

Nach ihrer Rückkehr nach Tlaxcala schnitten sie nach Lopez' Anweisungen das Holz zu und bearbeiteten es. Die Werft befand sich an den Ufern des Río Zahuapan, den sie zu einem kleinen See stauten, um die Stabilität und Solidität der Boote testen zu können. Dreizehn Brigantinen – groß genug, um im Bug Kanonen unterzubringen – wurden gebaut; jede maß um die 10 Meter.

Ende Dezember 1520 rückte das Heer gegen Tenochtitlán vor. Die Bootsteile, die von 8000 eingeborenen Lastträgern über Land transportiert wurden, folgten später nach. Eine solch unnachgiebige Entschlossenheit und ein solch meisterhafter Pragmatismus findet seine Parallele allein in den Belagerungsprojekten Alexanders des Großen auf den Bergspitzen Zentralasiens und des Hindukusch. Es gab nichts, was Cortés aufhalten konnte.

## DIE BELAGERUNG MEXIKOS

Der neue König Quauhtémoc, Mitte 20, war der Sohn von Montezumas Onkel Ahuitzotl. Die Spanier beschreiben den König als einen charmanten Mann, hellhäutiger als die meisten Mexikaner, mit »ernsten Augen, die niemals unruhig zu werden schienen«. Er war mutig und kriegserfahren. Wie jeder aztekische Herrscher war auch er erbarmungslos. Um keinen Gedanken an eine versöhnlichere Haltung aufkommen zu lassen, ließ er zwei Söhne Montezumas umbringen.

Quauhtémoc fiel die Aufgabe zu, den Widerstand des untergehenden aztekischen Reiches zu organisieren, und so lange er lebte, erfüllte er tapfer seine Pflicht. Sein Bild ist noch heute auf Postern, Kalendern und Standbildern überall in Mexiko zu finden – von Montezuma hingegen keine Spur.

Cortés hatte sein Lager am See aufgeschlagen und machte sich daran, die wieder aufgebauten Dämme zu inspizieren und geeignete Taktiken für sein Vorgehen abzuwägen. In der am See gelegenen Stadt Texcoco baute sein Schiffsbaumeister die

Boote wieder zusammen, und Cortés überwachte den Aushub eines zum See führenden Kanals, wobei er einen Teil des Seebeckens ausbaggern ließ, um einen erfolgreichen Stapellauf sicherzustellen. Die ungläubige Reaktion der Azteken wich bald der Bestürzung, als sie merkten, dass die Flotte in der Lage war, sie von der Außenwelt abzuschneiden.

Zu Beginn der Belagerung ergaben sich die Städte rund um den See, so dass die Azteken fast alle ihrer früheren Verbündeten, Vasallenstaaten und Tributpflichtigen verloren. Die Grausamkeit und Arroganz der aztekischen Herrschaft sollten nun auf die Azteken selbst zurückschlagen. Am Ende der Belagerung gehörten zehn einheimische Könige zu Cortés' Gefolgschaft.

Mit diesem Wind im Rücken hatte Cortés gehofft, die Stadt ohne ernsthafte Kampfhandlungen einnehmen zu können, und war davon ausgegangen, dass sich die Mexikaner durch den unaufhaltsamen Zusammenbruch der um den See gelegenen Stadtstaaten ebenso einschüchtern ließen wie durch die theatralischen Gewalttaten, die sein Kritiker Las Casas als »bewusste Terrorakte« bezeichnet. Indem er jeglichen Widerstand mit exemplarischer Grausamkeit bestrafte, glaubte er Quauhtémoc dazu zu bringen, Verhandlungen aufzunehmen und sich zu ergeben. Aber es kam alles ganz anders.

Anfangs war man im aztekischen Führungsstab unterschiedlicher Meinung, und in den aztekischen Annalen von Tlatelólco ist nachzulesen, dass sich die Mexikaner bereits gegenseitig bekämpften. Mehrere hochrangige Edelleute wurden umgebracht. »Sie wurden getötet, weil sie das Volk dazu überreden wollten, den Spaniern Getreide, Hühner und Eier zu bringen. Sie wurden von den Priestern, Offizieren und älteren Brüdern umgebracht ... Doch die großen Häuptlinge waren über diese Hinrichtungen empört. Sie sagten zu den Killern: ›Sind wir denn alle zu Mördern geworden? Erst vor 60 Tagen sind unsere Leute bei dem Fest von Toxcatl abgeschlachtet worden!‹«

Doch wenn wir den überlieferten aztekischen Berichten glauben dürfen, blieben diese Meinungsverschiedenheiten weiter bestehen. Einmal kam es dazu, dass die Krieger von Tenochtitlán vier ihrer eigenen Vorgesetzten töteten, weil sie ihre Führungsaufgaben nicht erfüllten. Und zwischen den verschiedenen Gruppen blieb es bei gegenseitigen Schuldzuweisungen – bis zum bitteren Ende. Die Leute von Tlatelólco, dem einst unabhängigen nördlichen Teil der Insel, betonten bis zum Schluss: »Wir waren es, die alle wichtigen Schlachten geschlagen haben. Die Krieger aus Tenochtitlán waren nirgends zu sehen ... Sie hielten sich im Hintergrund, bei uns jedoch kämpften, bevor sie fielen, selbst die gemeinsten Krieger genauso tapfer wie die Offiziere.«

Unterschiedliche Zielvorstellungen waren für den Fall von Mexiko vielleicht noch entscheidender als die Kriegstechnik.

So zog sich das Netz immer enger zusammen, und die einheimischen Königreiche im Tal von Mexiko schlossen sich alle dem großen Bündnis zwischen den Spaniern und Tlaxcalteken an. Bald war der Untergang von Tenochtitlán besiegelt. Doch die aztekische Führungsspitze wollte sich nicht ergeben, nicht einmal, als auf der Insel nur noch die Stadt übrig geblieben war. Und daher begannen die Spanier

eine echte Belagerung, wobei sie nun, wie Díaz del Castillo es ausdrückte, »zu einer neuen Art der Kriegsführung« übergingen.

Belagerung war eine fundamentale Strategie der Europäer. Cortés selbst hatte in dieser Art der Kriegskunst keine Erfahrungen, doch unter seinen Streitkräften gab es Soldaten aus Griechenland, Genua und Spanien, die im Mittelmeer das Prinzip der Belagerungstaktik kennengelernt hatten: Auf die gesamte Bevölkerung – auf alte Menschen, Frauen, Kinder – musste größtmöglicher Druck ausgeübt werden; man musste sie von der Außenwelt abschneiden, sie aushungern und ihnen jede Hoffnung nehmen.

Für die Azteken war dies, soweit wir das beurteilen können, eine neue Art des Krieges – ja, eigentlich überhaupt kein Krieg. Sie hatten gelegentlich Städte zerstört und ihre Bewohner versklavt, sie konnten eine Stadt mit ihrem Heer umstellen, um die Gegner dazu zu bringen, herauszukommen und zu kämpfen, doch das systematische Aushungern einer Bevölkerung und das bewusste Vorgehen gegen Zivilisten war ihnen fremd. Tatsächlich war es im Rahmen ihres militärischen Ehrenkodex möglich, die Feinde mit Lebensmitteln zu versorgen, um deutlich zu machen, dass der Sieg auf faire Weise zustande gekommen war.

Angesichts dieser Situation passten sie sich an: Sie änderten ihre Taktik, verwendeten z. B. eroberte spanische Schwerter, befestigten sie an langen Speeren und versuchten so den Bauch der Pferde zu treffen; sie lernten, den Bolzen der Armbrüste auszuweichen, indem sie in Deckung gingen, wenn die Waffen gespannt wurden; sie lauschten auf das Geräusch des Bolzens. Doch die Azteken verloren niemals ihre Verachtung für Feinde, die sich hinter Kanonen und Gewehren versteckten, schamlos die Flucht ergriffen und aus sicherer Entfernung tapfere Krieger auf unfaire Weise mit Gewehren und Armbrüsten töteten.

Die Schlachtenbilder der beiden Seiten vermitteln anschaulich zwei unterschiedliche Denkweisen – zwei Arten von Kampfmoral. Die Spanier waren verblüfft über die wilde Entschlossenheit zum Widerstand, selbst wenn schon alles verloren war, und waren wütend über das Unvermögen der Azteken, die spanischen Regeln zu verstehen, anzuerkennen und sich ihnen zu unterwerfen. Die Azteken andererseits waren verbittert und enttäuscht, dass die Spanier ständig ihren ritterlichen Kampfkodex missachteten. Fast ganz bis zum Schluss waren beide Seiten nicht in der Lage, sich einander verständlich zu machen.

Unser bedeutendster Bericht von der Belagerung stammt von den aztekischen Augenzeugen; er ist voller denkwürdiger Szenen und gespickt mit Erinnerungen, Gesten, Namen und Orten, dazu so lebendig in seiner Menschlichkeit und so großartig in seiner Schicksalsträchtigkeit wie Homers *Ilias*.

Im Folgenden wird z. B. mit derselben Liebe zum Detail, mit der Homer die Waffen des Achill beschreibt, der aztekische Held Tzilacatzin geschildert, ein Mann, der »seinen Feinden mit solcher Verachtung begegnete, den Spaniern ebenso wie den Indianern, dass sie alle vor Angst zitterten, wenn sie ihn nur sahen. Als die Spanier herausfanden, wie gefährlich er war, setzten sie alles daran, ihn zu töten. Deshalb wählte er verschiedene Verkleidungen, um nicht erkannt zu werden; manchmal trug er seinen Lippenpflock, goldene Ohrringe und alle königlichen Insignien …, dann

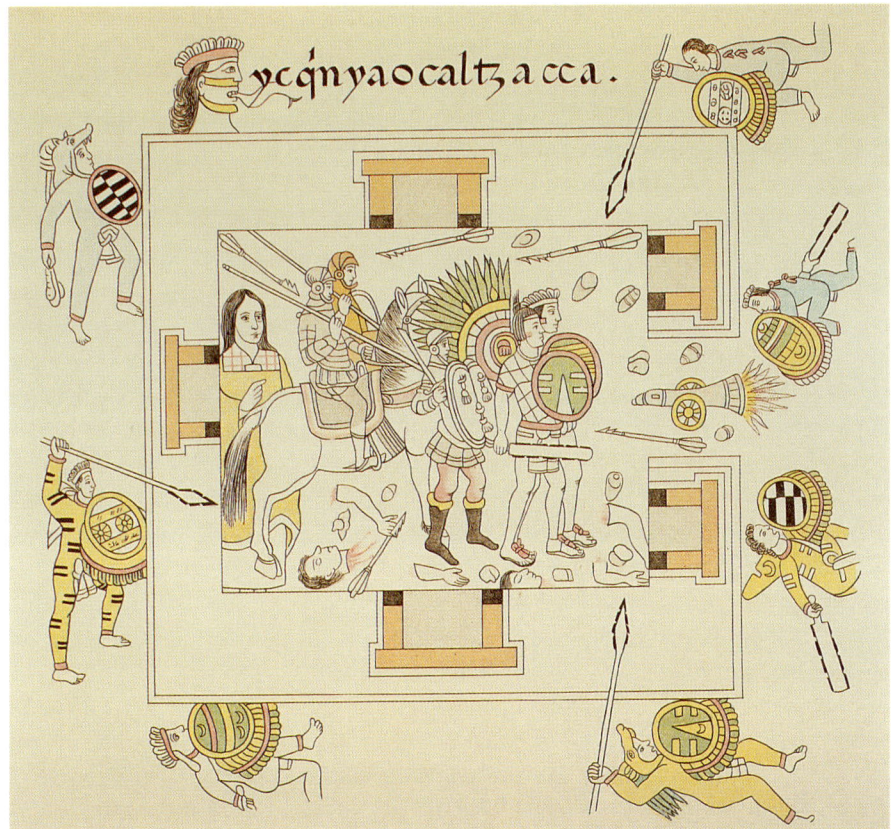

ycçnyaocaltzacca.

◄ Die Schlacht um
Tenochtitlán, eine Kopie
des verlorenen Lienzo
von Tlaxcala. Malinche
(hinter dem Reiter)
erscheint hier noch als
*dea ex machina*.

wieder ging er barhäuptig und zeigte seinen Otomi-Haarschnitt …, manchmal trug er
eine baumwollene Rüstung und ein dünnes Tuch um den Kopf …, doch bisweilen
auch die komplette Staatstracht: einen adlergekrönten Kopfschmuck aus Federn und
funkelnde Goldreifen an Armen und Fußgelenken. Er war einer von nur drei Hauptleuten, die niemals den Rückzug antraten. Sie blickten mit Verachtung auf ihre Feinde
und verschwendeten keinen Gedanken an ihre eigene Sicherheit.«

Eine solch detaillierte Darstellung versetzte eine aristokratische Kriegerkaste in
Entzücken und tröstete sie beim späteren Anhören ein wenig über die harte Realität
ihrer Niederlage hinweg. Der Text versicherte ihnen, dass sich die echten Werte der
alten mexikanischen Kultur bewährt hatten, selbst dann, als die Geschichte oder das
Fatum gegen sie gewesen waren.

Obwohl sie von den Belagerern, deren Zahl sie auf fast 250 000 Mann schätzten,
vom Festland abgeschnitten waren, verteidigten die Azteken ihre Insel, so gut sie nur
konnten. Sie entsandten einen Trupp, um den Aquädukt zu schützen – er lieferte der
Stadt das von den Hügeln bei Chapultepec kommende lebensnotwendige Trinkwasser. Sie bauten Unterwassersperren aus angespitzten Pfählen, um sich Cortés' Brigantinen vom Leib zu halten. Doch am Ende trugen in allen Kämpfen das Kanonenfeuer, die Armbrüste und die messerscharfen Klingen aus Toledo-Stahl den kla-

ren Sieg davon. Die Waffen der Azteken waren primitiv, und trotz ihres Mutes konnten die Adler- und Jaguar-Krieger die Spanier und deren Verbündete nicht in Schach halten.

Cortés und seine Verbündeten gingen mit ihren Truppen im Süden der Insel an Land und erkämpften sich ihren Weg durch die Stadt, Straße für Straße, Haus für Haus. Obwohl sie waffentechnisch überlegen waren, erlitten die Spanier noch Rückschläge.

In einer erbittert geführten Schlacht am »Haus des Arsenals« wurden 15 Spanier gefangen genommen und geopfert. Ein furchtbares Gefecht im Norden der Stadt (»dort, wo heute San Martín steht«, wie ein späterer aztekischer Zeuge sagt) endete damit, dass 2000 von Cortés' indianischen Verbündeten getötet und nicht weniger als 53 Spanier mit ihrer Standarte gefangen genommen wurden. In einem sich lange hinziehenden Zeremoniell wurden alle diese Männer ebenso wie vier Pferde auf der Tempelplattform in Tlatelólco geopfert, direkt vor den Augen ihrer Kameraden.

In dem aztekischen Bericht können wir spüren, wie sehr es die belagerten Verteidiger genossen, als die spanischen Gefangenen »trunken« umhertaumelten, schwach vor Angst, bevor sie, einer nach dem anderen, die Tempelstufen hinaufgebracht wurden, um »den süßen Tod durch das Obsidian-Messer« zu erleiden. Ihre Köpfe (und die ihrer Pferde) wurden öffentlich ausgestellt, um die Verteidiger anzuspornen und den Angreifern Angst zu machen.

Mit dem Mut der Verzweiflung leisteten die Azteken Widerstand; unter dem Schutz der Dunkelheit eilten Männer und Frauen gemeinsam aus den Häusern, um die Kanäle wieder freizuräumen, die von der spanischen Vorhut zugeschüttet worden waren. Doch sie waren chancenlos. Und als die Spanier auch die Trinkwasserversorgung unterbrachen, war die in der Stadt eingeschlossene Menge in einer verzweifelten Lage:

»Es gab kein frisches Trinkwasser, nur abgestandenes und das salzige Wasser des Sees; viele starben an Durchfall. Die einzigen Nahrungsmittel waren Eidechsen, Schwalben, Maiskolben und die Salzgräser des Sees. Die Leute aßen auch Wasserlilien und kauten Häute und Lederstücke – sie aßen die bittersten Samenkörner; sie aßen sogar Dreck.«

Nach und nach fiel der gesamte südliche Teil der Insel, die ursprüngliche Stadt Tenochtitlán, an die Spanier. Die Verteidiger, deren Zahl in einem der zeitgenössischen Berichte auf 300 000 geschätzt wurde, konzentrierten sich im nördlichen Teil der Insel, dem ehemals selbständigen Stadtstaat Tlatelólco. Dieser wurde zum Zentrum der Schlacht. Das Hauptgötterbild aus dem Tempel Huitzilopochtlis wurde hierher gebracht und im »Haus der jungen Männer« aufgestellt, d.h. in der nahe dem Tempel und großen Markt gelegenen Schule. Die meisten von Pater Sahagúns Gewährsleuten, einschließlich der Augenzeugen, kamen aus diesem Teil der Stadt, und dies verleiht der Erzählung nun die tragische Dimension einer Kriegsreportage aus erster Hand.

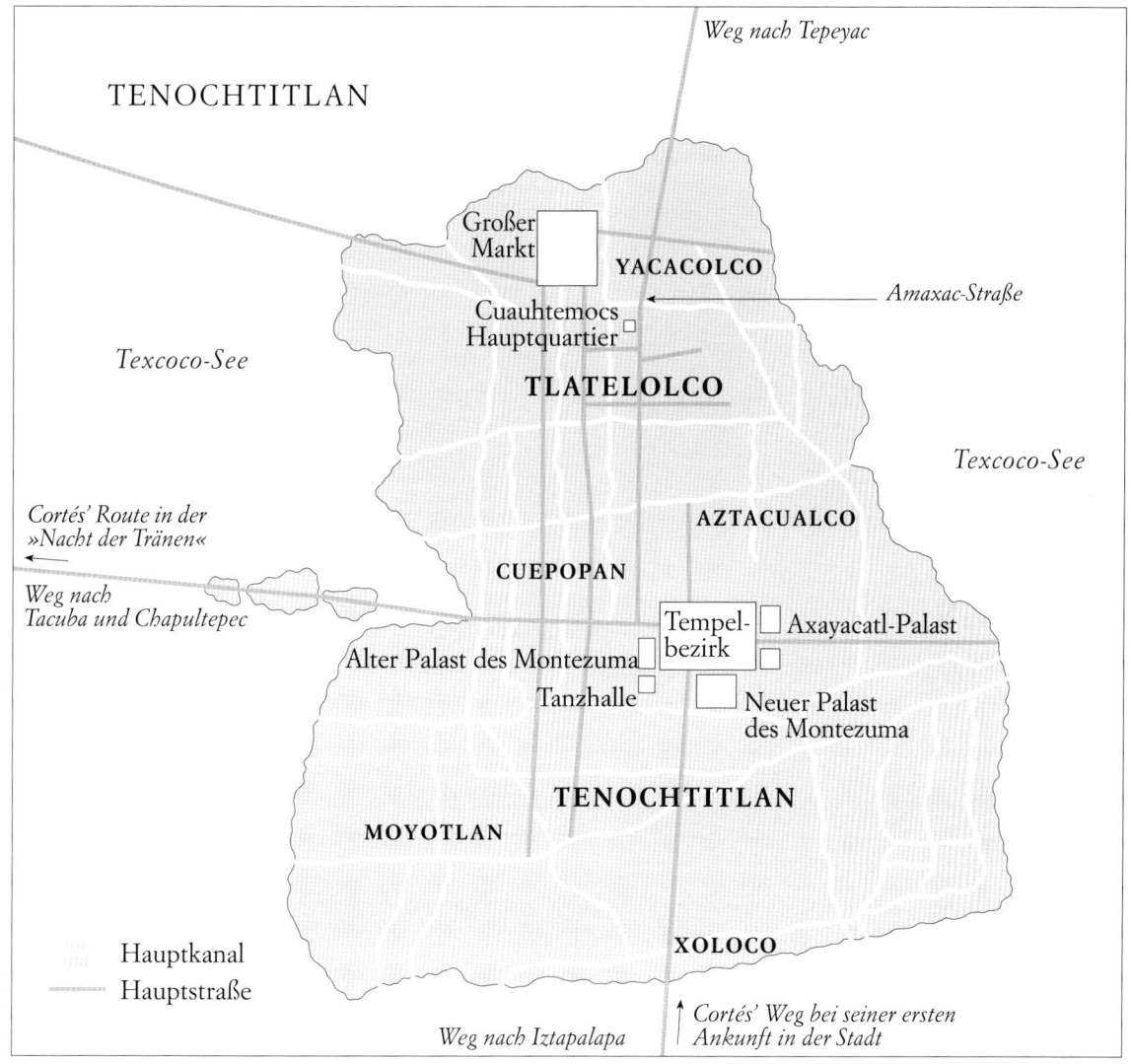

»Nichts lässt sich mit den Gräueln dieser Belagerung und den Qualen der Verhungernden vergleichen. Wir waren von Hunger so geschwächt, dass der Feind uns zwingen konnte, uns immer weiter zurückzuziehen. Er drückte uns mehr und mehr an die Wand.«

Sie kämpften 80 Tage lang. Die Spanier hatten inzwischen die totale Kontrolle über den See. Die Dämme waren unterbrochen, und die Überlebenden drängten sich im nordöstlichen Teil der Insel. Obwohl sich die Spanier jetzt ihres Sieges sicher waren, ärgerten sie sich darüber, dass sich die Azteken nicht in das Unvermeidliche fügen wollten. Doch die Regeln des Krieges waren schon so weit außer Kraft gesetzt, dass sie einander nicht mehr verstanden und auch keinerlei Gemeinsamkeiten mehr hatten. Die spanische Art der Kriegführung war für die Azteken so verabscheuungs-

# DAS LETZTE GEFECHT: EINE AZTEKISCHE ILIAS

Ein Adler-Krieger – ein Mann der aztekischen Elite:
lebensgroße Statue aus dem Haus der Adler
im Tempelbezirk.
Männer wie er führten den Kampf gegen
die Spanier an.

würdig, dass sie es vorzogen, ihre Regeln nicht zu beachten.

Dies ließ Cortés rasend werden, da er jetzt gezwungen war, die Stadt Stück für Stück in seine Gewalt zu bringen. Um in den Besitz der Stadt seiner Träume zu kommen, blieb ihm ironischerweise nichts anderes übrig, als sie dem Erdboden gleichzumachen.

In den aztekischen Annalen von Tlatelólco, die wenige Jahre nach den Ereignissen niedergeschrieben wurden, ist nachzulesen, wie die Spanier und Tlaxcalteken in einer Kampfpause auf einige an vorderster Front stehende Verteidiger zugingen und sie zu Verhandlungen aufforderten. Eine Gruppe Tlatelólcaner war einverstanden und wurde unter Geleitschutz zu Cortés gebracht (er befand sich im Haus des Nebels in Nonhualco; bei ihm waren Malinche, Alvarado, Sandoval und ein paar einheimische Häuptlinge). Im nachstehenden Text ist festgehalten, was Cortés – in Malinches Übersetzung – zu ihnen sagte. Es zeugt von arroganter Schroffheit und brutaler Gleichgültigkeit, so dass, zumindest für den Leser, die Maske fällt und Cortés' wahres Gesicht zum Vorschein kommt.

»Malinche sagte zu den Wachen: ›Tretet vor! Der Kapitän möchte wissen: Was haben die Herren von Tenochtitlán eigentlich vor? Ist Quauhtemoc ein dummes, störrisches Bübchen? Hat er kein Mitleid mit den Frauen und Kindern seiner Stadt? Müssen sogar die alten Männer umkommen? Schaut euch doch die Könige an, die bei mir sind.‹ Dabei wies sie auf die zehn Könige in seinem Gefolge. Einer von ihnen sagte: ›Glauben die Leute von Tenochtitlán, dass sie ein Spiel spielen? Im Herzen trauern sie bereits um die Stadt, in der sie geboren wurden. Falls sie sich nicht ergeben, werden wir sie ihrem Schicksal überlassen. Sollen sie doch ruhig umkommen und sich sinnlos ins Verderben stürzen.‹«

Die Spannungen und Widersprüche, die die Position der mit Cortés verbündeten einheimischen Herrscher prägen, kommen in dieser Szene in Mitleid erregender Weise zur Sprache. Die Azteken waren jedoch nicht länger bereit, die spanische Überlegenheit anzuerkennen, und die Schlacht nahm nun entsetzliche Formen an: Man kämpfte nur noch um Leben und Tod. Auch die Frauen zogen mit in den Kampf, schürzten ihre Röcke und beschossen den Feind mit Pfeil und Bogen.

Inzwischen hatten sich die Kriegshandlungen auf den nordöstlichen Teil der Insel konzentriert; dort befanden sich der große Marktplatz, der Tempelbezirk der großen nördlichen Pyramide (der von Tlatelólco), die prachtvollen Wohnsitze des Adels, die Schulen und, am weit verzweigten Kanalsystem, ein Gewirr kleinerer Häuser. Der

CONQVISTA DE MEXICO POR CORTES. N. 7.

aztekische Bericht zeigt, wie der Widerstand der Azteken Schritt für Schritt gebrochen wurde. Geschildert wird z. B. der Moment, als die spanische Kavallerie zum ersten Mal auf den Marktplatz stürmte, den Tempel in Brand steckte und eine verheerende Feuersbrunst verursachte. Und wieder besticht die Darstellung durch ihre anschauliche Unmittelbarkeit:

▲ Die Schlacht um Tenochtitlán. Cortés und sein Heer überqueren den Damm. Werk eines Malers des 16. Jahrhunderts nach Art eines europäischen heroischen Schlachtengemäldes. In Wirklichkeit bestanden Cortés' Truppen vor allem aus seinen einheimischen Verbündeten.

»Die Schlacht dauerte viele Stunden und erfasste jeden Winkel des Marktes. An der Mauer, wo die Händler Kalk verkauften, war es ruhig, doch zwischen den Blumenständen und den Ständen, an denen Schnecken angeboten wurden, tobte der Kampf, ebenso auf allen Durchgangswegen.«

Diese letzten dunklen Tage kommen auch in aztekischen Gedichten zur Sprache, die nach der Niederlage auf Náhuatl geschrieben wurden. Sie entwerfen Bilder der brennenden Stadt; die Luft schwarz von Rauch, in den Straßen der Gestank der unbestatteten Leichen, Kanonenfeuer, das die Dunkelheit zerreißt. Am schlimmsten war die Schlacht um den Kanal in Yacacolco im Nordosten der Insel. Wie sich Pater Sahagúns Augenzeugen erinnerten: »Die Tlatelólcaner … bezogen auf der gegenüberliegenden Seite des Kanals Stellung, warfen Steine und schossen mit Pfeilen. Der Feind konnte nicht vorrücken und auch keine der Brücken einnehmen.« Diese Schlacht, bei der der große Markt in die Hände der Spanier fiel, dauerte fünf Tage;

die großen Krieger der Tlatelólcaner, die Adler- und Jaguar-Krieger, wurden besiegt, und 2000 Tlatelólcaner fanden den Tod. Das Ende war jetzt nur noch eine Frage der Zeit:

»Unsere Krieger sammelten sich, um die Stadt zu verteidigen. Sie waren voller Mut und Tatendrang. Keiner von ihnen zeigte einen Anflug von Furcht … Die Krieger von Tlatelólco waren auf der Hut; sie waren sehr vorsichtig und wachsam und beobachteten aufmerksam, woher die Armbrust-Geschosse kamen. Aber die Spanier drangen ständig vorwärts und nahmen immer mehr Häuser ein. Und sie zwangen uns zum Rückzug auf der Straße nach Amaxac.«

In Amaxac spielte der letzte Akt der Tragödie. Die Augenzeugen benannten in dieser Phase ihrer Erinnerungsarbeit sehr sorgfältig jeden Schauplatz der Geschichte und vermitteln uns eine intime Vertrautheit mit diesem im Süden und Osten des großen Marktes gelegenen Teil der Aztekenstadt.

Diese Ortsnamen wurden Pater Sahagún später von seinen aztekischen Gewährsleuten erklärt. Yacacolco z. B., das große Haus, in dem die 53 Spanier geopfert worden waren, manche von Quahtémoc persönlich, stand dort, wo sich heute die Plaza Santa Ana befindet. Diesen Platz gibt es noch; eine weiß getünchte Kirche auf einer Grünfläche mit vielen Blumen und Palmen. Wenn wir den Stadtplan von Mexico City aus dem 18. Jahrhundert betrachten, können wir den heutigen Platz in dem alten aztekischen Plan mit seinen Kanälen und Wegen identifizieren.

Zu jener Zeit lag die Hauptstadt des neuen spanischen Kolonialreiches noch innerhalb der Grenzen des alten Sees. Viele der alten Kanäle existierten noch, und der See war noch nicht trockengelegt. Wenn wir uns ansehen, wie im 18. Jahrhundert die Straßen rund um Santa Ana verliefen, können wir uns noch recht gut die Anlage der Stadt Montezumas vorstellen. Und noch heute ist in diesem kleinen Teil von Mexico City, welcher der Stadtentwicklung bisher nicht zum Opfer gefallen ist, etwas von ihr zu spüren. Die Straßenbahnen rattern über die zugeschütteten Kanäle, aber man kann noch auf der Plaza Santa Ana stehen und sich inmitten des bunten Treibens von heute mit etwas Fantasie ausmalen, wo in der letzten verzweifelten Phase am erbittertsten gekämpft wurde.

Die Gebäude in diesem Teil der Stadt waren damals wie heute meist einstöckig. Die Wohnhäuser aus dem 19. Jahrhundert mit ihren verblassten Stuckmauern und kleinen Gärten haben dieselbe Höhe wie die aus dem 16. Jahrhundert. Die prächtigen vornehmen Häuser waren zweistöckig; von ihren aus dicken Balken gezimmerten Dächern konnten die Krieger mit Schleudern schießen, Speere und Steine werfen.

Man stelle sich also Tausende Frauen und Kinder vor, die um uns herum in den Straßen lagern, abseits der Hauptdurchgangsstraße. Die Straße nach Amaxac führt in nördlicher Richtung durch dieses Viertel, wo später Santa Ana stehen sollte. Zwischen uns und der Tempelpyramide verläuft ein großer Nord-Süd-Kanal, die aztekische Verteidigungslinie gegen Angriffe aus dem Osten. Direkt bei Yacacolco (der Plaza Santa Ana) gibt es einen Ost-West-Kanal, der die Straße nach Amaxac kreuzt, die wichtigste Verteidigungslinie der Azteken gegen Angriffe aus dem Süden. Sämtliche Übergänge sind unterbrochen. Auf allen Straßen hat man aus Balken, Schutt und Lehmziegeln von den zerstörten Häusern Barrikaden errichtet.

Die große Pyramide, die über die Hausdächer zu unserer Linken ragt, ist jetzt von der Feuersbrunst geschwärzt, die Schreine auf ihrer Spitze sind zerschlagen und versengt. Unterhalb der Pyramide steigen Rauchsäulen aus dem riesigen Viereck des Marktes, auf dem der Handel zum Erliegen gekommen ist. Nördlich von uns stehen die großen Schulgebäude des aztekischen Adels. In einem wird das Bild des Kriegsgottes noch immer verehrt. Von den Dächern der Häuser ringsum können wir hinter den Rauchwolken den blauen See erahnen, auf dem die Brigantinen der Verbündeten mit ihren Kanonen das Innere des großen Wehrs durchbrochen haben und ziellos über die aztekischen Verteidigungslinien hinwegfeuern; über dem Wasser hängen schwarze Rauchschwaden.

Diese nordöstliche Ecke der großen Inselstadt ist die letzte Enklave des Widerstands. Und wenn man fast 500 Jahre später zwischen den verfallenden Läden und Häusern aus dem 19. Jahrhundert umhergeht, stellt man mit Rührung fest, dass hier und nirgends sonst noch schwache Spuren dieser Vergangenheit der Stadt zu finden sind.

## DAS LETZTE OMEN

Den Berichten der Einheimischen können wir entnehmen, dass Cortés' letzter Angriff über den Kanal vorgetragen wurde, der von Osten nach Westen verlief und die Straße nach Amaxac durchschnitt; er war die letzte Verteidigungslinie der Azteken vor dem nordöstlichen Teil der Insel. Als diese Linie zusammengebrochen war, wurden sie in die Gegend um die kleine, im 16. Jahrhundert erbaute Kirche La Concepción (La Conchita) abgedrängt. Die vielbesuchte Kirche steht in Tepito, einem heutzutage geschäftigen Stadtviertel, das für seine proletarische Bevölkerung, seine Sportvereine und insbesondere für seine Boxer berühmt ist.

Die Mauern der Kirche (teilweise aus wiederverwendeten aztekischen Steinen gebaut) stoßen an Mietskasernen, bestückt mit einem Wald von Fernsehantennen. In den Straßen neben der Kirche wird unter freiem Himmel Markt gehalten. Hier kann man manchmal noch erleben, dass alte Leute, die vor dem Zweiten Weltkrieg vom Land in die Stadt zogen, Náhuatl sprechen. In unmittelbarer Nachbarschaft des weiß getünchten Kirchhofs von La Conchita erreichte die Schlacht ihren Höhepunkt.

Die Spanier als die Sieger haben die Geschichte geschrieben, und seit dem 16. Jahrhundert haben wir Europäer gehört, dass es ein Sieg gegen eine große Übermacht war – nicht nur ein Triumph der Technik, sondern auch der kulturellen, geistigen und moralischen Überlegenheit. Ein paar hundert Europäer, so sagte man uns, kämpften heldenhaft gegen riesige Heere der Azteken, deren Gesellschaftssystem irrational und deren Grausamkeit »wild und widernatürlich« war. Nicht nur die Waffen, sondern auch der Charakter und die moralische Stärke trugen demnach den Sieg davon. Und in diesem Mythos wird Cortés zum Inbegriff des europäischen Renaissance-Menschen: überaus rational in seiner manipulativen Intelligenz, strategischen Flexibilität und Improvisationsgabe. Wie wir Menschen der Postmoderne ist er ein Spezialist in zwischenmenschlicher Kommunikation.

Dieser Mythos prägte die berühmteste Darstellung der Eroberung, verfasst von William Prescott in den 40er-Jahren des 19. Jahrhunderts, und man erzählt ihn uns

▸ Dieses Abbild eines mexikanischen Edelmannes des späten 15. Jahrhunderts, elegant gekleidet und mit kunstvoll gestaltetem, vornehmem Schmuck ausgestattet, vermittelt uns eine Vorstellung von den in den Adelsschulen erzogenen aztekischen Kriegern, die sich bei der letzten Belagerung um Quauhtémoc versammelten.

▸▸ Das unversöhnlich blickende Gesicht der aztekischen Götter. Die mexikanische Niederlage wurde im Rahmen des Glaubens der Azteken und der Zeit entsprechend verstanden als »der Wille dessen, der Leben gibt«.

noch immer. Gerade diese scheinbar europäischen Fähigkeiten haben es den Europäern und ihren amerikanischen
Nachfahren überall auf der Welt ermöglicht, die traditionellen Kulturen zu bezwingen. Sie werden weiterhin als
die Merkmale der globalen Kultur hochgehalten.

Aber es wäre falsch zu sagen, die Eroberung Mexikos
sei leicht gewesen oder die Azteken seien durch die
Begegnung mit dem »Andern« bis zum Schluss gelähmt
geblieben, unfähig, auf die berechnenden und improvi-
sierfreudigen Europäer zu reagieren. Die Azteken lernten
die Zeichen zu lesen, sowohl die physikalischen, deren
Gesetzmäßigkeiten ihnen fremd waren (z. B. wie Arm-
brust-Bolzen und Gewehrkugeln flogen), als auch die kulturellen, die Regeln, nach denen sich die Spanier richteten; sie lernten auch, was deren Worte und Verhalten
tatsächlich bedeuteten. Vor allem, allerdings zu spät, erkannten die Azteken, wer die Spanier – Fremde aus einer
anderen Welt – wirklich waren.

In Krisenzeiten suchen die Menschen häufig Zuflucht
und Trost in älteren Denkweisen und alten Ritualen. Und
so ist es nicht verwunderlich, dass sich die Azteken an
übernatürliche Mächte wendeten, zumal sie im Augenblick der Niederlage nicht gleich vom Ende ihrer Existenz
als Volk und vom Ende ihrer alten Glaubensüberzeu-

gungen ausgehen mussten. Als die Niederlage schließlich unvermeidlich war (und für
den Fatalismus der Azteken hieß dies, die dann tatsächlich eingetretene Niederlage
hatte schon immer festgestanden), beriet sich Quauhtémoc mit seinen Offizieren.
Diese suchten nach einem Omen, an dem sie sich orientieren könnten – etwa so wie
Alexander der Große in Indien am Fluss Beas; sie wollten sich von den Göttern
bestätigen lassen, was ohnehin feststand:

»Sie kleideten einen mutigen Hauptmann in die Staatstracht des Quetzals …, die
königlichen Kampfinsignien des großen Ahuitzotl, der vor dem in Ungnade gefallenen Montezuma geherrscht hatte. Der König gab ihm den magischen Gegenstand in
die Hand, den wichtigsten Teil der Amtsinsignien. Es war ein Pfeil mit einer langen
Spitze und einem Schaft aus Obsidian.«

Dabei handelte es sich um den mit einer Obsidian-Spitze versehenen Pfeil des
Kriegsgottes Huitzilopochtli. Sollten die Pfeile zweimal ins Schwarze treffen, würden
die Azteken doch noch gewinnen. Herrlich anzusehen in seinem langen grünen
Gewand aus den Schwanzfedern des Quetzals, stürzte sich der Held auf den Feind
und verschwand im Rauch und allgemeinen Durcheinander. Eine Zeit lang glaubten
sie, sie könnten mitverfolgen, wie er das gestohlene Gold und die Quetzal-Federn
zurückforderte und Gefangene machte. Dann fiel er von einer Terrasse und wurde
nicht mehr gesehen. In keinem spanischen Bericht wird dieser große Krieger erwähnt,
doch damals waren die Spanier blind gegenüber den Zeichen, die die Adler-Krieger

von den Jaguar-Kriegern unterschieden, und der übernatürlichen Bedeutung des Quetzal. Das Omen hatte allerdings versagt. Eine unheimliche Ruhe trat ein.

»Plötzlich war die Schlacht zu Ende. Keine der beiden Kriegsparteien rückte gegen die andere vor, die Nacht war ruhig und still, es kam zu keinerlei Zwischenfällen. Am folgenden Tag ereignete sich überhaupt nichts, und weder die Spanier noch die Indianer sprachen ein Wort. Die Indianer warteten in ihren Verteidigungsstellungen, die Spanier in den ihren. Keine Seite ließ die andere aus den Augen, niemand machte aber Anstalten anzugreifen. Beide Parteien verbrachten den ganzen Tag auf diese Weise, beobachtend und wartend.«

In jener Nacht war dann, wie man später erzählte, das Vorzeichen zu sehen. Keine spanische Quelle erwähnt ein Zeichen, einen Kometen, Meteor oder irgendeine andere außergewöhnliche Himmelserscheinung. So geschah das, was beschrieben wurde, möglicherweise nur nachträglich in den Köpfen der Geschichtenerzähler, die sich darum bemühten, die schließlich von allen anerkannte Niederlage in eine aussagekräftige literarische Form zu bringen. Jahre später sprachen die alten Augenzeugen allerdings wieder vom letzten Omen wie von einer Tatsache:

»Bei Einbruch der Nacht begann es zu regnen, aber es war eher wie schwerer Tau als Regen. Plötzlich zeigte sich das Omen und funkelte am Himmel wie ein großes Leuchtfeuer. Es wand sich wie ein Wirbelwind in riesigen Spiralen und versprühte Funken und größere oder kleinere Stücke rot glühender Kohle. Das Zeichen machte auch lauten Lärm, es knackte und zischte wie eine metallene Röhre, die man auf ein Feuer legt. Eine Zeit lang schwebte es über Coyonacazco. Von dort aus bewegte es sich hinaus in die Mitte des Sees, wo es dann plötzlich verschwand. Niemand schrie auf, als das Omen erschien: Die Menschen beobachteten es schweigend, wussten sie doch, was es bedeutete.«

## DIE KAPITULATION DER AZTEKEN

Die aztekischen Anführer versammelten sich nun, um darüber zu diskutieren, was zu tun sei, wie man sich den Fremden am besten ergebe und »welcher Tribut wohl zu zahlen sei« (ein Satz, der zeigt, dass sie das ganze Ausmaß des Krieges noch nicht verstanden hatten: nämlich dass infolge der Niederlage ihre Kultur und Religion unwiederbringlich verloren wären). Daraufhin ließen sie Quauhtémoc – außerdem noch einen Offizier, einen Diener und »einen Bootsführer namens Cenyautl« – in ein Kriegsboot steigen. (Es ist ganz typisch für den aztekischen Bericht, dass er den Namen des Mannes festhält, der den letzten aztekischen König fuhr – Cenyautl, der Ruderer, ist ein kleiner Mann aus dem Volk, der für einen kurzen Augenblick seine Rolle in der Geschichte spielte.)

Quauhtémoc wurde zu Cortés geleitet, der gerade unter einem bunten Baldachin auf dem Dach des Hauses eines vornehmen Azteken stand – »des Edlen Atzautzims Haus in der Nähe von Amaxac«. Cortés starrte ihn einen Moment lang an, dann streichelte er ihm über den Kopf.

Die Bedeutung dieser scheinbar herablassenden Geste wird wohl in dem Bericht von Alva Ixtlilxochtli erklärt, dem Sohn eines der verbündeten Könige, die für Cortés in den Kampf zogen: »Cortés empfing ihn mit all dem einem König gebührenden Respekt. Dann richtete Quauhtémoc an Cortés die Bitte, er möge ihn töten: ›denn

du hast bereits meine Stadt zerstört und mein Volk umgebracht‹. Er sagte noch andere gramerfüllte Worte, die das Herz eines jeden rührten, der sie hörte. Cortés tröstete ihn und forderte ihn auf, seinen Kriegern den Befehl zu erteilen, sich zu ergeben.«

Alva Ixtlilxochtli sagte, sein Vater sei von der Tragödie so ergriffen gewesen, »dass es ihn verlangte, Quauhtémocs Hand zu ergreifen«. Sogar die Erbfeinde der Azteken waren von dem Ausmaß des Unglücks, das die Stadt in den Abgrund gerissen hatte, ebenso erschüttert wie von der Haltung des tapferen jungen Königs mit dem angenehmen offenen Gesicht und den fest blickenden grauen Augen.

Pater Sahagúns Augenzeugen erwähnen auch, dass das federgeschmückte Gewand des Königs nun verschmutzt war, ein an sich unbedeutendes Detail, das aber nach den früheren formelhaften Beschreibungen der prächtigen königlichen Staatstracht nun ins Auge sticht. Der König trug nicht länger ein makelloses Kleid: mit der rituellen Korrektheit war es vorbei. Was Cortés’ tröstende Geste angeht, so mag sie in jenem Moment einem echten Gefühl entsprungen sein, das ihn letztlich nicht davon abhalten sollte, Quauhtémoc zu foltern, um den Verbleib des Goldes herauszufinden, das in der Nacht der Tränen verloren gegangen war; und es sollte ihn auch nicht hindern, ihn später, als er ausgedient hatte, umzubringen.

## DIE SICHT DER BESIEGTEN

Am selben Tag, an dem sich die Azteken ergaben, plünderten die Spanier die Stadt, während ihre einheimischen Verbündeten Amok liefen und sich an ihren früheren Peinigern rächten. Die Spanier hatten es auf Gold abgesehen, ihre Bundesgenossen auf wertvolle Steine, Jade und Federn. »Jetzt starben noch mehr Menschen«, sagen unsere einheimischen Gewährsleute, und die Straßen waren voll von dem »widerlichen Gestank der verwesenden Leichen«, die nicht verbrannt werden konnten. »Und nun begann die Flucht aus der Stadt.«

Viele Menschen flohen bei Tage in Kanus zum Festland, die meisten aber bei Nacht, wobei sie in ihrer Hast ständig die anderen Kanus rammten. Auf den überfüllten Dämmen spielten sich demütigende Szenen ab; dort hatten die Spanier Straßensperren errichtet, um die fliehende Bevölkerung zu durchsuchen:

»Sie schauten nur nach Gold … Sie achteten nicht auf Jade, Türkise oder Quetzal-Federn … Viele vornehme Frauen beschmierten sich mit Schlamm, kleideten sich in Lumpen und versteckten ihre Wertgegenstände am Körper; doch die Spanier machten keine Ausnahme und durchsuchten alle Frauen.«

Die aztekischen Annalen schmücken diesen Bericht aus, indem sie von Übergriffen auf die mexikanischen Frauen berichten, wie sie in zahlreichen Quellen überall in der Neuen Welt dargestellt sind: »Die Christen durchsuchten alle Flüchtlinge. Sie öffneten sogar den Frauen die Röcke und Blusen und befühlten alles: ihre Ohren, ihre Brüste, ihr Haar …«

Und bei alledem erwähnen Pater Sahagúns Augenzeugen noch ein weiteres kleines Detail, das uns die Gefühle der besiegten Azteken nachvollziehen lässt. Als die ausgehungerten Flüchtlinge in langen Reihen auf die Dämme strömten, »trugen die Erwachsenen ihre kleinen Kinder auf den Schultern. Viele der Kinder weinten vor

▲ Das Ende der Schlacht: Quauhtémoc, dessen Boot von Cenyautl gerudert wird, ergibt sich. Ausschnitt aus einem spanischen Gemälde des 16. Jahrhunderts.

Angst, doch ein paar lachten und grinsten auch, weil sie es für einen großen Spaß hielten, auf diese Weise von ihren Eltern auf der Straße getragen zu werden.«

Dank Alva Ixlilxochitl können wir die gemischten Gefühle nachempfinden, die der Fall der Stadt sogar bei den Feinden der Azteken hervorrief:

»An dem Tag, als Tenochtitlán eingenommen wurde, begingen die Spanier einige der schlimmsten Gewaltakte, die dem unglücklichen Volk dieser Insel jemals

zugefügt wurden. Die Schreie der hilflosen Frauen und Kinder waren herzzerreißend. Die Tlaxcalteken und die anderen Feinde der Azteken rächten sich erbarmungslos für frühere Kränkungen und nahmen ihnen, was sie nur finden konnten. Bloß der Prinz Ixlilxochitl von Texcoco, ein Verbündeter von Cortés, empfand Mitleid mit den Azteken, weil sie aus seiner Heimat stammten. Er hielt seine Gefolgsleute davon ab, die Frauen und Kinder so grausam zu misshandeln, wie es Cortés und die Spanier taten … Es war zum Erbarmen, das Leid und die Verwirrung unserer Feinde mit anzusehen. Die Krieger sammelten sich auf den Dächern und starrten benommen und schweigend auf die Trümmer ihrer Stadt, und alle Frauen, Kinder und alten Männer weinten.«

Und somit war alles vorbei. Nach manchen Quellen sollen bei der Belagerung 100 000 Mexikaner ihr Leben gelassen haben: »Auf dem Weg in die Stadtmitte mussten wir über Berge von Leichen

## »UNSER ERBE IST VERLOREN«

steigen«, sagten die Spanier. »Der Tag, an dem wir unsere Schilde niederlegten und unsere Niederlage eingestanden, war der Tag ›1 Schlange‹ im Jahr ›3 Haus‹«, sagten Pater Sahagúns Gewährsleute, die sich sorgfältig an den alten Kalender hielten, selbst als ihre Zeitrechnung nicht mehr gültig war. Im christlichen Almanach wird als Datum der 13. August 1521 angegeben. Die Belagerung hatte 80 Tage gedauert – nicht die legendären zehn Jahre wie bei Troja –, doch diese Belagerung fand wirklich statt und ist in der literarischen Form, in der sie auf die Nachwelt gekommen ist, nicht weniger eindrucksvoll. Die aztekischen Berichte verdienen einen Platz neben der *Ilias* und der *Aeneis*. Mehrere andere nach der Eroberung verfasste einheimische Quellentexte enthalten Klagen und Gedichte über den Fall von Mexiko-Tenochtitlán. Bei den frühesten handelt es sich um bemerkenswerte Annalen, die vielleicht sogar schon 1528 auf Náhuatl verfasst wurden, aber sich bereits des spanischen Alphabets bedienten. Der wahrscheinlich älteste Prosabericht von der Eroberung ist ein einheimischer Text, der dieses wunderschöne Gedicht bewahrt hat:

> Und all dieses Unglück ist uns widerfahren.
> Wir sahen es und waren erstaunt:
> Wir erlitten dieses bittere Schicksal.
> Zerbrochene Speere liegen auf den Straßen;
> vor Gram haben wir uns die Haare gerauft.
> Die Häuser sind jetzt ohne Dächer, und ihre Wände
> gerötet von Blut …
>
> Mit unseren Händen haben wir verzweifelt
> gegen die Adobe-Mauern geschlagen,
> denn unser Erbe ist verloren und tot;
> Die Schilde unserer Krieger sollten es schützen,
> doch sie konnten es nicht retten …

Hier wird nicht versucht, das Rad der Geschichte zurückzudrehen: kein Selbstmitleid, keine der langatmigen Rechtfertigungen der Sieger, um ihre schrecklichen Taten zu entschuldigen. Für die Azteken war die Niederlage innerhalb der ewig wie-

derkehrenden Zeitläufte unausweichlich, und sie nahmen es schlichtweg hin, dass die Zeiten in ihrem unergründlichen Wechsel gegen sie waren. Bei all den »brutalen und widernatürlichen Grausamkeiten«, die die Spanier ihnen zum Vorwurf machten, besaß das aztekische Staatswesen fraglos eine moralische Ordnung und war von einer tiefen, wenn auch quälenden Spiritualität geprägt. Und mit spirituellem Gespür fasste ein aztekischer Dichter, der bald danach schrieb, diese schrecklichen Ereignisse zusammen: »Dies sind die Taten dessen, der Leben schenkt«.

## DIE SICHT DER SIEGER

Im Hochgefühl des Siegers konnte Cortés nun seinen dritten Brief an den König von Spanien schreiben. Der Spieler hatte gewonnen. Ruhm und Reichtum, Landgüter, Schätze und das Amt des Vizekönigs waren die Folge. Er war jetzt »Marquis des Tales«. Ein Strom von Spaniern folgte ihm nach Mexiko – Siedler, Profitjäger und Verwaltungsbeamte. Zu ihnen gehörten natürlich auch die Repräsentanten der wichtigsten Orden der katholischen Kirche, die endlich anfangen wollten, die Völker zum Christentum zu bekehren. Viele aztekische Aristokraten durften konvertieren und ihre Landgüter und ihren Status behalten; und so viele verheirateten sich mit den Neuankömmlingen, dass die Bevölkerung sehr rasch aus Mestizen bestand, vor allem in Mexico City selbst. In dieser Vermischung lagen die Anfänge eines Neuen Mexiko.

Was die anderen Personen betrifft, die in diesem Drama eine Rolle spielten: Manche wie Alvarado fanden den Tod, als sie auf anderen Schlachtfeldern der Neuen Welt kämpften; wieder andere wie Bernal Díaz erreichten ein hohes Alter und ergötzten ihre Enkel mit Erzählungen von »Dingen, die man nie zuvor gehört, gesehen oder erdacht hatte«. Malinche verschwindet bald darauf von der Bildfläche: Sie war zu umstritten, um in der Öffentlichkeit noch irgendeine Rolle spielen zu dürfen, obwohl seit jener Zeit ihr Schatten durch die mexikanische Kultur geistert.

Cortés, der größte Spieler der Geschichte, empfand in dem Leben, das ihm noch blieb, eine merkwürdige Leere, ein Gefühl der Enttäuschung, wie wenn es ihm vielleicht niemals mehr möglich wäre, so intensiv und so erfüllt zu leben wie während jener beiden herausragenden Jahre. Selbstverständlich konnte man in Spanien reichlich Ruhm erwerben. Vom König mit offenen Armen aufgenommen – obwohl er sich dessen Vertreter widersetzt hatte –, wurde er mit Ehren, Land, Gütern und Sklaven überhäuft. Doch er hatte sich auch viele Feinde gemacht; bald wandten sich einige seiner alten Kameraden verbittert und eifersüchtig gegen ihn und beschuldigten ihn, Kriegsverbrechen begangen und Montezumas Gold veruntreut zu haben. Es gab auch dunkles Gemunkel über das, was in der Nacht der Tränen wirklich geschehen war, und die Frage wurde gestellt, warum so viele gute Spanier hatten umkommen müssen. Eine unheimliche Begebenheit aus dem Jahr nach der Eroberung ist symptomatisch für Cortés' Charakter.

1522 kam seine Frau Catalina schließlich aus Kuba zu ihm nach Mexiko. Im November desselben Jahres hatten sie bei einem Bankett in aller Öffentlichkeit einen Streit. Cortés wurde wütend, als sie, ohne nachzudenken, die Mexikaner als »meine Indianer« bezeichnete. »*Deine* Indianer? Ich will nie wieder etwas von *deinen* Indianern hören«, knurrte er. Schluchzend verließ Catalina die Tafel. Später in der

Nacht wurde sie in ihrem Bett tot aufgefunden – mit blau angelaufenem Gesicht und Würgemalen am Hals.

Viele waren sich sicher, dass Cortés sie nach einem weiteren Wutausbruch umgebracht hatte. Angeblich hatte er sie oft aus dem Bett geworfen, und Catalina soll einem Freund anvertraut haben: »Eines Tages wirst du mich tot auffinden, so wie wir zusammen leben.« Cortés' Fürsprecher brachten vor, Catalina habe einen angeborenen Herzfehler und öfter kleinere Anfälle gehabt; sie habe nach einem Streit – in dem es in Wahrheit um seine »unzähligen Mätressen, sowohl Spanierinnen als auch Eingeborene« gegangen sei – eine Herzattacke bekommen.

Seine Verteidiger behaupteten, Cortés habe versucht, sie wiederzubeleben; die Würgemale rührten daher, dass er sie in seiner Panik geschüttelt habe. Allerdings hat sie vor ihrer Beerdigung keiner mehr gesehen, und seine Nachfahren zahlten ihrer Familie noch hundert Jahre später eine Entschädigung. In späteren Jahren sollen sich Cortés' Augen stets mit Tränen gefüllt haben, wenn er von seiner toten Frau sprach. Doch vergoss er diese Tränen aus Kummer oder weil er sich an den Verlust seiner Selbstkontrolle erinnerte?

Catalinas Tod war einer von mehreren Schatten, die Cortés' spätere Jahre verdüsterten. Nachdem er in Spanien gefeiert worden war, kehrte er nach Mexiko zurück. Er leitete große Expeditionen zum Pazifik; zuerst hoffte er noch, eine Passage zu finden, die die Reise zu den Molukken, den Gewürzinseln und nach Kathei abkürzen könnte. Erst nach großen Entbehrungen und dem Verlust seiner halben Mannschaft entdeckte er Kalifornien und gab dem Land seinen Namen.

Er hatte jetzt so viele Abenteuer erlebt, dass sie für mehrere Leben ausgereicht hätten. Doch um die 40er-Jahre des 16. Jahrhunderts war er zu einer Art Hintergrundfigur geworden, von vielen abgelehnt. Er zog sich nach Sevilla zurück. Dort trug er seine Abenteuer den einheimischen Adligen vor und wurde von Zeit zu Zeit bei Hofe empfangen. Unter den Leuten, die ihn damals trafen, war Las Casas, der große Kämpfer für die Rechte der Indianer; er erzählt in seinem *Kurzen Bericht* eine weitere aufschlussreiche Episode.

»Auf welcher Rechtsgrundlage hast du Montezuma gefangen genommen?« wollte Las Casas von Cortés, der von einer Schar schmeichlerischer Höflinge umgeben war, wissen. Dieser antwortete mit einer dieser lateinischen Redensarten, die ihm so leicht in den Sinn kamen und die Las Casas anscheinend von dessen guten Lateinkenntnissen überzeugten: »*Qui non intrat per ostium, fur est et latro*« (»Wer ein Haus nicht durch den Eingang betritt, ist ein Dieb und Räuber«).

Als Las Casas ihn verständnislos anschaute, fügte Cortés hinzu: »Lass die Ohren hören, was die Lippen sagen«.

»Lies mir von den Lippen.« Diejenigen, die mit im Raum waren, brachen in Gelächter aus. Nicht aber Las Casas; seine Augen füllten sich mit Tränen angesichts dieses weiteren Beweises für – wie er es sah – Cortés' seltsam gefühllose Amoralität.

Im Dezember 1547 starb Cortés im Alter von 62 Jahren im spanischen Castilleja de la Cuesta, in der Nähe Sevillas (das Haus steht noch); er hinterließ gewaltige Besitztümer, enormen Reichtum und viele Kinder. Seine größten Interessen und Fähigkeiten, die sich, schon lange bevor er berühmt geworden war, in Kuba gezeigt hat-

▲ »All dieses Unglück ist uns widerfahren, und wir betrachten es mit Erstaunen«. Abbildung aztekischer Gefangener im Florentinischen Codex (um 1570), der aus älteren Materialien zusammengestellt wurde.

▸ Cortés, porträtiert als spanischer Edelmann in Paradeausrüstung und Waffenrock und mit den Insignien eines Marquis. Ausschnitt aus dem Gemälde im Jesus-Hospital, Mexico City (vgl. S. 104).

ten – nämlich, dass er ein Spieler und Verführer war –, hatten ihm gute Dienste geleistet.

Wäre alles auch ohne ihn geschehen? Schwer zu sagen. Selbst mit ihm hätten sich die Dinge anders entwickeln können, wenn nach seiner Niederlage in der Nacht der Tränen keine Seuche ausgebrochen wäre. Und wenn sich die Tlaxcalteken gegen ihn gestellt hätten, wäre er gewiss verloren gewesen; denn ohne Zweifel war ihre Unterstützung – als Krieger, Lastträger, Nahrungslieferanten und indem sie ihm nach seiner Niederlage Asyl gewährten – für ihn äußerst wichtig.

Es ist angenehm, sich auszumalen, der aztekische Staat hätte bis ins 19. Jahrhundert überdauert und seine Auffassung von den Menschenopfern – unter dem Einfluss der europäischen Aufklärung – revidiert; das Aztekenreich hätte als wunderbares archaisches Gemeinwesen überlebt, vergleichbar dem früheren chinesischen Lehnsstaat Ts'in oder dem Staat der Meiji-Ära in Japan. Zu den orientalischen Modeströmungen in der frühen europäischen Kunst hätte sich vielleicht der starke Einfluss von Náhuatl sprechenden Dichtern und Künstlern hinzugesellt, die an den aufgeklärten Höfen in Spanien oder sonst wo in Europa gelebt hätten (und zweifellos hat uns angesichts der herausragenden Qualität der aztekischen Kunst, Skulptur und Dichtung dieser Verlust ärmer gemacht).

Doch letzten Endes müssen wir zugeben, dass es Cortés war, der den Lauf der Geschichte prägte. Seine Schnelligkeit, sein Wagemut, sein Talent, rasch und, wenn nötig, skrupellos zu handeln, seine Begabung, Risiken abzuschätzen und sich entsprechend zu verhalten, waren die Eigenschaften eines Spielers. Und noch besser ver-

stand er sich darauf, große heroische Pläne zu entwerfen. Schließlich besaß er auch das Charisma und die Fähigkeit, andere zu verführen: seine eigenen Leute, den fetten Zakiken in Zempoala, die führenden Männer in Tlaxcala, den großen Montezuma: Alle fielen sie auf ihn herein.

War es vielleicht das, was ihn bewegte? Könnte es wirklich so einfach sein? Doch die Geschichte verläuft leider niemals so geradlinig. Cortés bleibt, wie wir zugeben müssen, rätselhaft; ein Mann, dessen Vergangenheit keinen Aufschluss gibt über den außergewöhnlichen Augenblick, als er sich im Auge des Sturms der Geschichte wiederfand. Alles in allem waren in der Geschichte nur wenige Menschen imstande, eine alte Kultur auszulöschen.

In seiner frühen Zeit in Kuba brüstete sich Cortés damit, er werde am Galgen oder mit dem Schwert in der Hand sterben, und Möglichkeiten dazu gab es viele – wie bei anderen Persönlichkeiten, die bei der Eroberung dabei waren. Francisco Pizarro wurde in Peru ermordet, sein Bruder Gonzalo hingerichtet. Hernando de Solo starb an einer Krankheit an den Ufern des Mississippi. Orelláno verschwand im Amazonas. Alvarado wurde in Guatemala auf seinem Pferd getötet. Cortés jedoch starb in Spanien, im Bett, nicht so ruhmvoll, wie er es sich vielleicht gewünscht hat.

Heute finden sich in den Straßen von Mexico City keine Cortés-Statuen und Bilder; dort fiel er – nach der Revolution – in Ungnade. Sein Denkmal auf dem »Cortés-Pass« am Popocatepetl wurde zerstört. In der Öffentlichkeit überlebt er nur noch in Cartoons und Satiren und auf volkstümlichen Kalendern: ein gut aussehender dunkeläugiger Verführer mit der Filmstar-Schönheit Malinche an seiner Seite, der schlimmsten Verräterin der Nation.

Die 90-jährige Frau mit indianischen Gesichtszügen, die diese Souvenirs in der Nähe des Verteidigungsministeriums verkauft, erzählte mir: »Er war ein hübscher Kerl und die Frauen wollten ihn haben. Ich werfe ihnen das nicht vor. Es war halt so bestimmt. Es musste so enden. Wir sind ihre Kinder, ob uns das gefällt oder nicht.«

Trotzdem gibt es in Mexico City eine Cortés-Statue, die noch nicht vergessen ist. Sie steht auf keinem öffentlichen Platz, sondern versteckt in einem schönen Hof voller Rosen und Akanthus. Es handelt sich um das Jesus-Hospital, das Cortés nach dem Fall Mexikos für sein Seelenheil gestiftet hatte. Die Statue steht dort, wo er Montezuma traf. Im Sitzungssaal des Krankenhauses hat man einige Reliquien des Stifters aufbewahrt: einen alten Stuhl und ein Ölgemälde aus dem 16. Jahrhundert, unser bestes und authentischstes Porträt. Es ist das Bildnis eines älteren Mannes: das Haar ist lang, der Bart etwas ungepflegt, seine stämmige Statur vom Alter gebeugt; müde Augen und ein vor lauter Frömmigkeit ausdrucksloser Blick. Das von einem nicht besonders talentierten Maler gefertigte Bild zeigt uns, dass Cortés, trotz seiner dunklen Vergangenheit, mit Gott seinen Frieden geschlossen hatte.

Eine solch konventionelle Frömmigkeit gibt keinen Aufschluss. Kann dies *wirklich* der Mann sein, der in Zempoala die totonakischen Priester wusch, ihnen das blutverschmierte Haar abschnitt und sie dann lehrte, die Kerzen für die Jungfrau Maria zu entzünden? Ist dies der gebieterische Renaissance-Mensch, der ruhig mit ansah, wie seine Schiffe in der Bucht bei Villa Rica versanken, oder ganz unbeteiligt

danebenstand, als seine Männer die gefangen genommenen Edlen von Tenochtitlán erwürgten? Letztlich können wir den übermächtigen Willen, den wir in diesen beiden außergewöhnlichen Jahren zu sehen bekommen, nicht begreifen.

▲ Heute ist in Mexico City keine Cortés-Statue mehr öffentlich zu sehen. Doch in Filmen und Theaterstücken, in Cartoons, auf Kalendern und sogar auf Kühlerhauben geistert er noch durch das moderne Mexiko. »Sind wir Quauhtémocs Kinder? Oder die von Malinche und Cortés?«

Als einer der unergründlichsten Charaktere der Geschichte gibt uns Cortés ein dunkles und verwirrendes Rätsel auf: Wer war der Spieler, der mit vollem Einsatz spielte und gewann, in dem jedoch der Sieg eine merkwürdige Leere hinterließ? So blickt in Karl Kraus' Epos über die modernen Massenvernichtungen, *Die letzten Tage der Menschheit*, Gott auf eine vom Krieg zerstörte Welt und sagt: »Ich habe es nicht gewollt.«

# 3

# DER SIEG ÜBER
# DIE INKAS

Im September 1513 bahnten sich Vasco Núñez de Balboa und seine Gruppe von Konquistadoren den Weg durch die Wälder Panamas und standen plötzlich vor einem großen Ozean. Sie waren die ersten Europäer, die die »Südsee« erblickten, den Pazifik. Unter Balboas ranghöheren Offizieren befand sich ein Veteran namens Francisco Pizarro. Zusammen mit Hernán Cortés gehört er zu den Männern, die durch ihre Taten und ihre starke Persönlichkeit den Lauf der Geschichte veränderten.

Pizarro, damals Ende 30, war der uneheliche Sohn eines Kapitäns aus Trujillo in der Estremadura, derselben Gegend, aus der auch Cortés kam, mit dem er entfernt verwandt war. Nachdem er als Soldat in Italien gedient hatte, kam er als höchst kriegserfahrener Mann 1502 in die Neue Welt. Er wurde Bürger der neuen Kolonie Panama, als diese 1518 gegründet wurde; er besaß Farmen und indianische Sklaven und war Teilhaber einer Goldbergwerksgesellschaft. Als nicht sehr anspruchsvoller Junggeselle war er ganz anders als Cortés, doch sie beseelte derselbe Tatendrang. Wie Cortés war auch Pizarro wohlhabend. Er hätte in Panama von seinem erworbenen Vermögen leben oder in seine Heimatstadt Trujillo zurückkehren und sich dort ein schönes Haus bauen können, mit seiner Büste auf dem Fries und einem Wappen an der Tür. Doch er wollte mehr.

Als der Krieg in Mexiko seinen Höhepunkt erreichte, begannen die Spanier in Panama die Nordwestküste Südamerikas zu erkunden. 1522 begab sich von Panama aus eine Expedition unter Pascal de Andagoya auf die Suche nach einem Volksstamm oder einer Provinz in der Nähe eines Flusses namens Biru (oder Viru) und kam auf ihrer Fahrt bis zum Río San Juan im heutigen Kolumbien.

◂◂ Ein Porträt von Francisco Pizarro, gemalt von Daniel Díaz Vázquez (1882–1969):
stahlhart, kompromisslos und ohne Illusionen.

*Als ich mich daran machte, für die Menschen von heute und morgen über die Eroberungen und Entdeckungen zu schreiben, die unsere spanischen Landsleute in Peru gemacht haben, wurde mir klar, dass ich mich mit den bedeutendsten Ereignissen beschäftigte, über die man in der ganzen Schöpfung überhaupt schreiben kann, soweit es sich um Dinge von dieser Welt handelt. Damit meine ich: Wo haben Menschen je gesehen, was sie hier zu Gesicht bekamen? Wo hat es das je gegeben, dass ein Land so reich an Schätzen gewesen wäre? ... Und ein Land, das so riesig, so wohlhabend und so üppig ist, dass sich seinesgleichen nicht finden lässt. Und sich vorzustellen, dass Gott es zuließ, dass etwas so Großartiges so lange Zeit aller Welt verborgen blieb, den Menschen unbekannt, um dann ausgerechnet in unserer eigenen Zeit gefunden, entdeckt und erobert zu werden!*

Pedro de Cieza de León, *La Crónica del Perú*, 1545

Wegen einer schweren Krankheit konnte Andagoya die Reise nicht fortsetzen und so erwarben, unter der Schirmherrschaft des Gouverneurs von Panama, Pizarro und sein Geschäftspartner Diego de Almagro Andagoyas Schiffe und bereiteten eine »Forschungsreise« vor.

Bei früheren Expeditionen, wie z. B. denen von Cortés nach Mexiko, hatte man den angeworbenen Männern einen festen Lohn bezahlt. Aber da die Investoren nun erkannt hatten, welch fantastische Gewinne man in der Neuen Welt machen konnte, wurde es üblich, Kompanien von Soldaten zu bilden, Gruppen von Männern, die für ihre Ausrüstung und Waffen selbst verantwortlich waren und die keinen Lohn bekamen, sondern nur einen im Voraus vereinbarten Anteil an der Beute.

Angesichts der ungeheuren in Mexiko erzielten Gewinne gerieten solche Gesellschaften zwangsläufig in das Netz des internationalen Kapitalismus. Kaufleute und Geldgeber aus Genua, Nürnberg, Florenz, dem Hause Habsburg und ebenso aus spanischen Städten, Männer, deren Interesse früher dem Bergbau, Handel und den Plantagen galt, beteiligten sich nun direkt an der Finanzierung der Eroberungsexpeditionen – die ersten Globalisierer. Obwohl Analphabet, war Pizarro geschäftstüchtig. Er verstand, wie die kapitalistischen Unternehmer des 16. Jahrhunderts vorgingen, und von Beginn an war es sein Ziel, sich ein Königreich zu erschaffen – und das Unbekannte zu entdecken.

## ERSTER KONTAKT

Im November 1524 gingen Pizarro und sein Partner Almagro mit 80 Mann und vier Pferden auf ihre erste Reise. Sie war kein Erfolg: Sie legten nur einen kurzen Weg unterhalb des Isthmus von Panama zurück und kamen in südlicher Richtung bis zum »Hafen des Hungers«, der mit Recht diesen Namen trug. Almagro verlor in einem Scharmützel ein Auge. Man fand keine Reichtümer, und die Küstenlandschaft mit ihren undurchdringlichen Mangroven-Sümpfen voller Insekten ließ sie von allen Kolonisierungsplänen zurückschrecken. Nach ihrer Rückkehr hatten sie einige Schwierigkeiten, Geldgeber zu finden, die bereit waren, einen weiteren Versuch zu finanzieren.

Dennoch schlossen am 10. März 1526 Pizarro und Almagro in Panama einen offiziellen Geschäftsvertrag ab. Ihre zweite Reise, von November 1526 bis Ende 1527, war eine viel größere Unternehmung: zwei Schiffe, an Bord 160 Mann und mehrere Pferde. Nach einigen anfänglichen Erkundungszügen trennte man sich: Almagro kehrte nach Panama zurück, um Verstärkung und Vorräte zu beschaffen. Pizarro schlug am Rio San Juan in Kolumbien sein Lager auf. Der Steuermann Ruiz segelte weiter und überquerte zum ersten Mal den Äquator. Dann kam es plötzlich zum ersten Kontakt mit Menschen einer anderen Kultur.

Ein kräftiger Nordwind fegte die Küste entlang, als Ruiz einem großen Handelsfloß aus Balsaholz mit einem riesigen dreieckigen Segel aus Baumwolle begegnete. An Bord waren 20 Mann Besatzung und Passagiere (s. Abb. S. 111). Solche ozeantauglichen Flöße mit einer Kabine und einer Ladefläche an Deck wurden in diesen Gewässern noch bis ins 19. Jahrhundert verwendet. Das Floß befand sich auf einer Handelsreise, um Artefakte der Inkas gegen Korallen und rote Spondylus-Muscheln einzutauschen.

Die Spanier gingen an Bord und sahen zu ihrem Entzücken »viele Gegenstände aus Silber und Gold, Gürtel, Armbänder, Rüstungen, Berge von Perlen und kostbare Steine, Klappern und Schnüre …, Spiegel, verziert mit Silber, Becher und andere Gefäße; viele Umhänge und Tuniken aus Baumwolle und Wolle und andere gefärbte Kleidungsstücke …, verschiedene Arten von Stickwaren, auf denen Vögel, Tiere, Fische und Bäume dargestellt waren. Es gab kleine Steine in Perlentaschen, Smaragde, Quarze und andere Edelsteine, Kristalle und Harze.«

Einige Matrosen sprangen von dem Handelsfloß, andere durften später gehen, aber Ruiz behielt drei Männer zurück, die Spanisch lernen und als Dolmetscher ausgebildet werden sollten – für die Zeit, in der sie zum ersten Mal mit dem geheimnisvollen Anderen im Land »Biru« in Kontakt treten würden. In Zeichensprache erzählten ihm die Gefangenen, dass ihr Gold aus einem weit im Süden gelegenen Land komme, einem Land der Wunder.

Mit seinen Gefangenen und ihren Handelswaren kehrte Ruiz zu Pizarro zurück und nahm dann ihn und seine Soldaten wieder an Bord, um die Küste Ecuadors zu erkunden. Doch Mitte 1527 hatte sich das Expeditionskorps erneut geteilt, und die anfänglichen Erwartungen, geweckt durch die Schätze auf dem Floß, waren längst in Vergessenheit geraten. Jetzt hatten die Männer Pizarros genug von den Versprechungen ihres rauen Anführers, und er selbst fand sich mit seinem Heer auf einer unbewohnten Insel in einem Lager wieder, dicht vor der feuchtheißen Mangroven-Küste Kolumbiens. Meuterei lag in der Luft. Und dies war der Wendepunkt des Abenteuers und in der Tat auch ein historischer Wendepunkt. Dieser Ort hieß Isla del Gallo, »Hahneninsel«.

## »EINE LINIE IM SAND«

Heute kommt man von dem kleinen Hafen Tumaco an der Pazifik-küste Kolumbiens zu der Insel; Tumaco ist ein heruntergekommener Ort, den Fluten und Stürmen von El Niño ausgesetzt, mit vielen ungepflasterten Straßen und morschen Holzhäusern, die auf Pfählen ins Meer hinaus gebaut sind. Fast das ganze Jahr regnet es hier auf eine jetzt größtenteils schwarze Bevölkerung – Nachfahren von Sklaven, die hierher gebracht wurden, als die eingeborenen indianischen Völker von Krankheiten dahingerafft wurden. Die Insel liegt dicht vor der Küste im Norden der Bucht, umspült von der warmen braunen Dünung des Pazifiks, und ist oft in Nebel gehüllt. Fast genau am Äquator gelegen, wird die Insel nur in den Fangzeiten von Fischern bewohnt, die einen in Kuttern dorthin bringen und unter einer mit Schlingpflanzen bewachsenen Klippe an Land setzen.

An diesem grünen Ufer, geschützt vor den Brechern des Pazifik, schlug eine Schar von zerlumpten Desperados ihr Lager auf – gerade noch 80 Mann. Ihr Anführer Francisco Pizarro ging nun auf die 50 zu und hatte bessere Tage gesehen. Sein Gesicht war bärtig, von der Sonne verbrannt und ausgemergelt wie beim Rest seiner Männer. Einige empfanden ihm gegenüber eine starke Loyalität: »Der mutigste Mann, den ich je getroffen habe«, sagte einer. Er übernahm stets die Führung, fischte und jagte, um für seine Männer Nahrung zu beschaffen, und nahm dieselben Entbehrungen auf sich wie sie und noch mehr. Hinter seinen funkelnden Augen verbarg sich jedoch ein kühl berechnender Mann, der bereits die Menschen der beiden

▲ Ausschnitt aus einer Weltkarte aus dem Jahre 1526. Sie zeigt das vor Pizarros Erkundungen bekannte Südamerika. Die Karte ist ein schönes Beispiel für das Tempo, mit dem sich geistige Landschaften im Zeitalter der Konquistadoren veränderten. Magellan hatte bereits die Welt umsegelt. Pizarro war dabei, in Gebiete vorzudringen, die kartographisch zwar noch nicht erfasst, aber nicht länger unzugänglich waren.

amerikanischen Kontinente einzuschätzen gelernt und das technische und ideologische Rüstzeug erworben hatte, um als Konquistador zu bestehen.

Pizarro war in der Kunst der Täuschung geübt und zu unnachgiebiger Grausamkeit fähig. Höchstpersönlich hatte er in Panama Häuptlinge gefoltert und bei lebendigem Leibe verbrannt, um sie zur Aufgabe ihrer Besitztümer zu

bewegen. »Grausamkeiten an den Indianern zu verüben«, sagte ein zeitgenössischer Historiker, »war eine Übung, die Pizarro in- und auswendig kannte – sie war ihm seit Jahren vertraut.« Um Pizarro gibt es kein Geheimnis. Er kannte sich, und er kannte die Welt, bevor er auch nur den Fuß auf den Boden Perus setzte.

▲ Ein vor Ecuador liegendes Handelsfloß aus Balsaholz, eine aus dem frühen 19. Jahrhundert stammende Illustration des Forschers und Naturwissenschaftlers Alexander von Humboldt. Auf solche Transportfahrzeuge traf Pizarro im Frühjahr 1527.

Doch zu jener Zeit war er an seine Grenzen gestoßen. Seine ausgehungerten Männer aßen Schlangen und Schalentiere. Jede Woche erlagen zwei oder drei einer Krankheit. Andere befanden sich am Rande einer Meuterei. Er hatte ihnen eine bessere Welt versprochen – eine Welt, in der sie ihr Glück machen könnten. Doch die meisten seiner Männer, die er in Panama angeheuert hatte, glaubten nicht länger an seine Träume. Einige hatten bereits mit Ruiz' Boot, das sie hierher gebracht hatte, eine Nachricht hinausgeschmuggelt: Sie baten um Rettung. Pizarro, so behaupteten sie, sei wahnsinnig, ein »Schlächter«, der sie dazu zwinge, an diesem Höllenort auszuharren.

Die Nachricht erreichte Panama, und Ende August 1527 befahl der Gouverneur die Entlassung eines jeden, der gehen wolle. Als das Schiff eintraf, kam es zu einer denkwürdigen Szene. Pizarro nahm sein Schwert und zeichnete eine Linie in den

Sand: »Kameraden und Freunde, auf jener Seite der Linie warten Tod, Elend, Hunger, Nacktheit und Verlassenheit; diese Seite hier steht für Bequemlichkeit. Hier kehrt ihr nach Panama zurück – in die Armut. Dort könnt ihr weiter nach Peru gehen – um Reichtum zu erwerben. Ihr könnt wählen, was euch als tapferen Spaniern am besten ansteht.«

Nur 13 – die berühmten »glorreichen Dreizehn«, die alle namentlich bekannt sind – traten über die Linie. Doch der Historiker Cieza de León zeigt ein anderes Bild von dieser großartigen geschichtsträchtigen Szene am Strand. Er war damals ein junger Soldat und hat mit einigen, die dabei gewesen waren, gesprochen. Sie erzählten ihm Folgendes:

»Pizarro war niedergeschlagen, als er sah, dass sie alle gehen wollten. Doch er fasste sich und sagte, dass sie natürlich nach Panama zurückkehren könnten und die Wahl bei ihnen liege. Er habe sie nicht gehen lassen wollen, denn sie würden ihre Belohnung bekommen, wenn sie ein gutes Land entdeckten. Er persönlich glaube, es sei schlimmer, als armer Mann nach Panama zurückzukehren, als dazubleiben und hier dem Tod und dem Elend ins Auge zu sehen. Und er sagte ihnen noch etwas. Eines erfülle ihn mit Genugtuung: Er habe allen Hunger und alle Not mit ihnen geteilt. Er habe in der Tat stets als Erster alles auf sich genommen. Daher bäte er sie, ihre Entscheidung noch einmal sorgfältig zu überdenken und ihm zu folgen; sie würden übers Meer fahren, um das jenseitige Land zu erkunden. Schließlich hätten die Indianer, die der Steuermann Ruiz gefangen genommen habe, so herrliche Dinge von dem vor ihnen liegenden Land berichtet.«

Die meisten der Soldaten wollten, so Cieza de León, seine Worte nicht hören und verließen ihre Freunde; dabei weinten sie vor Freude, als sei jetzt für sie die (sprichwörtlich grausame) ägyptische Gefangenschaft zu Ende. Seiner Meinung nach blieben die Dreizehn aus Mitleid mit Pizarro oder weil sie nicht nach Panama zurückwollten. Bei seinem Aufbruch schlug der Schiffskapitän ihnen die Bitte nach einem kleinen Boot ab. Er erklärte sich allerdings bereit, Pizarro und die Dreizehn auf einer anderen Insel abzusetzen, die man von einem früheren Zeitpunkt der Reise her kannte. Sie nannten sie Gorgona (Insel der Gorgo) nach dem schlangenköpfigen Ungeheuer der griechischen Mythologie.

## AUF GORGONA

Der Kapitän fuhr nahe genug an die Insel heran, um Pizarro und die Dreizehn in der Brandung abzusetzen. Er hielt sich nur so lange auf, wie er brauchte, um die zugesagten Maisrationen auszuladen. Er ließ die Vorräte unverpackt auf den Sand schütten, so dass sie teilweise verdarben und verfaulten. Pizarro äußerte eine letzte Bitte: Die von Ruiz gefangen genommenen Indianer sollten bei ihm bleiben, damit er sie für sich als Dolmetscher ausbilden könne. Nach einem Wortwechsel stimmte der Kapitän widerstrebend zu und ließ sie an Land gehen, bevor er davonsegelte und am Horizont verschwand. Sie waren nun praktisch von der Außenwelt abgeschnitten. Was um alles in der Welt hatte Pizarro vor?

»Diejenigen, die wie ich Gorgona tatsächlich gesehen haben«, sagt Cieza de León, »werden sich nicht wundern, wenn ich so sehr betone, was die Spanier durchgemacht haben. Es ist die Hölle. Ständig Regen, Donner und Blitze. Die Sonne lässt

sich kaum blicken. Es gibt genügend Moskitos, um alle Armeen des ›Großen Türken‹ zu bekriegen.«

Doch abgesehen von den zahlreichen giftigen Schlangen war die Insel sicher. Wenn sich die Wolken verziehen, was nicht oft vorkommt, kann sie mit ihren üppigen Tropenwäldern ein zauberhafter Ort sein; allerdings ist es dort heiß und sehr feucht, und es regnet fast ununterbrochen. Und die Insel war groß genug, um die Männer zu ernähren. Sie ist sechs Meilen lang, verfügt über reichlich Trinkwasser, und obwohl es dort keine großen Säugetiere gibt, wimmelt es von kleineren Tieren: Affen, Eidechsen, Fledermäusen und Vögeln. Geht man vom Ufer aus eine Stunde lang durch den Wald, gelangt man an einen kleinen See mit Süßwasser-Schildkröten, und in der Brutzeit kommen Meeresschildkröten an Land, um ihre Eier im Sand zu vergraben. Anders als auf der Isla del Gallo konnten die Spanier hier überleben.

Oben am einsamen nördlichen Rand gibt es auf der zum Land hin gelegenen Seite eine kleine Bucht, die noch immer »Pizarros Strand« heißt. Hier bauten sie sich Hütten aus Blättern und Holz, um sich vor dem Dauerregen zu schützen, und sie schafften es gerade so, sich am Leben zu halten. Da er sich voll verantwortlich dafür fühlte, dass sich die Dreizehn von seinen Träumen hatten verführen lassen, übernahm es Pizarro, jeden Tag hinauszugehen und dafür zu sorgen, dass seine Männer genug zu essen hatten. Aus einem umgestürzten Kapokbaum fertigte er ein Kanu an und machte mit seiner Armbrust Jagd auf Wasserschweine, die größten Nagetiere der Insel.

Sieben Monate lang lebten Pizarro und seine 13 Gefährten wie Schiffbrüchige, während er von Ländern voller Gold im fernen Süden träumte – Ländern, die der restlichen Welt unbekannt waren und von denen ihm die indianischen Männer und Frauen erzählten.

Und in der Nacht, als Pizarro hörte, wie sich die Wellen draußen im Pazifik brachen, schlief der Inka, der Herrscher über dieses riesige Reich im Süden, mit seinen schönen *coyas*, seinen Königinnen. Er ahnte nichts von den Fremdlingen am Rande seiner Welt, die auf ihren Betten aus Palmwedeln und Seegras lagen, während unter dem Sternenhimmel die Südsee toste.

## »WIR DACHTEN, DIES SEI DIE GANZE WELT«

In jenem Augenblick war der König per Luftlinie tatsächlich nicht weit entfernt – er war in Quito. Der Inka Huayna Capac war mit seinen 63 Jahren nicht viel älter als Pizarro. Geboren im Jahre 1464, war er seit 1498 auf dem Thron und einer der erfahrensten Könige der Welt, obwohl er selbst nur seine eigene Welt kannte. Er war ein Respekt einflößender Mann, zäh und beherrscht; er konnte Menschen und Situationen gut einschätzen. Wenn Gäste ihn auf seinem goldenen Thron sahen oder in seiner mit roten Juwelen besetzten Kriegssänfte, bekleidet mit seinem Markenzeichen, einer Tunika mit Schachbrettmuster, dann zeigte sich ihnen ein »kleiner, aber stämmiger und gut gebauter Mann mit einem schönen Gesicht und ernst blickenden Augen«.

Gemäß unseren Quellen war er »gut aussehend und liebenswürdig …, überall im Volk hoch geschätzt und von freundlichem Auftreten«. Wie alle erfolgreichen Könige war er ein fähiger Diplomat und charismatischer Heerführer; er war kein Mann der

Worte, sondern der Taten – so wurde Huayna Capac von denen, die ihn kannten, Cieza de León gegenüber beschrieben. Doch Huayna Capac hatte auch eine volkstümliche Ader: Er konnte gut mit dem einfachen Volk umgehen und war ein großer Freund der Armen (abgesehen davon schaffte er es, drei Männer unter den Tisch zu trinken, doch hat man ihn niemals betrunken gesehen).

In der peruanischen Dynastie war Huayna Capac der elfte Inka (oder, um ganz genau zu sein, Sapa Inka, wie er wohl von seinen Untertanen angeredet wurde: Streng genommen bezeichnet das Wort »Inka« nur den Herrscher, nicht das Volk. Es bedeutet »Muster« oder »Archetyp« – und der Sapa Inka war der »einzige Inka«). Fast 30 Jahre lang hatte er Tahuantinsuyu, das »Land der Vier Viertel«, beherrscht, welches für die Inkas die Gesamtheit der bekannten Welt verkörperte – ein Reich, das in Europa von Spanien bis Moskau reichen würde. Zu diesem Zeitpunkt glaubten er und sein Staatsrat, dass sie die Welt geeint hätten und praktisch alle Völker ihrer Herrschaft unterständen. Denn wie sein Enkel Titu Cusi später sagen sollte: »Bis zur Ankunft der Spanier glaubten wir, dies sei die ganze Welt; denn wir wussten von keiner anderen.«

Es war ein sehr altes Reich, das sich ohne Kontakt mit der Außenwelt entwickelt hatte. Im 15. Jahrhundert hatte es sich rasch ausgedehnt: Es erstreckte sich über Ecuador im Norden, Bolivien und Nordchile im Süden und die subtropischen Regenwälder jenseits der Anden im Osten, das heutige peruanische Amazonasgebiet. Man hatte in jüngster Zeit sogar noch Expeditionen nach Amazonien geschickt, doch die Trupps hatten Schlimmes durchzumachen, ebenso wie die großen spanischen Expeditionskorps des 16. Jahrhunderts. Schließlich hatte es der Inka nicht für nötig gehalten, seine Herrschaft über solch unzivilisierte Völker auszuweiten, die in den Augen der Inkas, ähnlich wie in den europäischen Mythen der damaligen Zeit, Barbaren waren, Untermenschen, auf einer Stufe mit den Affen. So wurde die Grenze von Tahuantinsuyu an den Anden gezogen. Was jenseits lag, wurde nicht mehr zur Zivilisation gerechnet. Rassische Vorurteile sind keineswegs das Monopol der Europäer.

Dies also war Tahuantinsuyu – das Land der Vier Viertel. Wir bezeichnen es ebenso wie die Spanier als Reich, doch wenn es eines war, unterschied es sich sehr von dem, was wir unter diesem Begriff verstehen. Die Welt der Inkas im Jahr 1527 hatte sich gänzlich isoliert von allen anderen Kulturen entwickelt und befand sich nach unserem heutigen Verständnis auf derselben Entwicklungsstufe wie die bronzezeitlichen Kulturen der Alten Welt. In der Tat bietet diese Welt der Inkas viele faszinierenden Parallelen zu den frühen Dynastien Ägyptens oder noch mehr zur Schang-Dynastie in China, mit der sie entfernt verwandt war, besonders in ihrer Schamanenreligion, ihren Bergkulten und der Wichtigkeit von Astronomie und Weissagung.

Wie in allen bekannten Kulturen der Bronzezeit gab es bei den Inkas Menschenopfer – nicht in dem furchtbaren Ausmaß wie bei den Azteken, doch wurden sie noch immer recht ausgiebig praktiziert, besonders an Kriegsgefangenen nach der Schlacht. Bei großen Festlichkeiten wurden unschuldige, unbescholtene Jungen und Mädchen

▸ Die Jungfrau des Berges in Potosí, Bolivien, der Stadt mit dem größten Silbervorkommen des amerikanischen Kontinents. Am Fuße des Berges befindet sich zwischen dem Papst und König Karl V. die kleine Figur des letzten großen Inka Huayna Capac.

bei lebendigem Leibe begraben. Bei Königsbegräbnissen dürften Hunderte von Menschen und Tausende von Tieren den Tod gefunden haben: Sie sollten den Geist des toten Inka zum Sonnengott begleiten.

Wie in allen frühen Staaten verbanden sich im Inka-Reich praktische mit ganz typischen Elementen. Der zentrale Staatsritus war der Kult der toten Inkas, deren Mumien bei dem großen Fest unter freiem Himmel gezeigt wurden; angetan mit ihren schönsten Gewändern, das Haupt mit Federn geschmückt, wurden sie, in Sänften sitzend, durch die Straßen und über die Plätze getragen. Man behandelte sie wie lebende Potentaten, was sie in gewisser Hinsicht auch waren. Dieser Kult der königlichen Toten war für die Monarchie der Inkas genau so charakteristisch wie der Glaube an Menschenopfer für die Azteken.

Das Reich hatte eine sehr gute Infrastruktur. Es war von einem Straßennetz durchzogen, das sich von Quito bis ins südliche Chile und über die Anden bis nach Argentinien erstreckte. Man unterschätzt leicht die Macht der ›primitiven‹ Staaten der Bronzezeit, doch auch lange nach der Eroberung überlebten noch in den entlegensten Reichsgegenden die Traditionen der Heere und Karawanen der Inkas, die eine Verbindung zwischen Ecuador und dem tiefen Süden Chiles herstellten.

Überall in diesem riesigen Gebiet wurden die königlichen Befehle durch ein System von Läufern verbreitet, den *chasqui*. Sie trugen Sonnenhüte aus weißen Federn und hatten Muschelhörner, Knüppel und Schleudern bei sich. Organisiert in Stafetten legten sie jeweils zwei Meilen zurück und waren »so schnell, dass eine von einem Blatt in Tumi [Cuenca in Ecuador] abgenommene Schnecke noch lebend nach Cuzco geliefert werden konnte«. Auf diese Weise konnte auch ohne Pferd und Rad die Beförderung von Vorräten, Mineralien, Lebensmitteln und Soldaten kontrolliert werden. Doch der Inka-Staat war noch insofern primitiv, als er auf Gewalt beruhte, auf Besatzungstruppen, Tributzahlungen, Austausch von Geschenken, Geiseln; die Vasallen hatten sich den Ritualen zu unterwerfen. Erst in jüngster Vergangenheit hatten die Inkas Völker unterschiedlicher Rassen und Sprachen unter ihrer Herrschaft vereinigt – und nicht alle sahen dies mit Wohlwollen.

Wie die alten Ägypter besaßen auch die Inkas ein soziales Wirtschaftssystem, und sie betrieben Handel, auch über weite Entfernungen; sie fuhren die Küste hinauf und über die Anden bis in den Dschungel. In allen vier Provinzen hatten die Inkas Lagerhäuser. Gefrorene, getrocknete, gekochte Kartoffeln, Trockenfleisch und Wolle wurden für gewöhnlich überall in der Hauptprovinz eingelagert. Mais, Süßkartoffeln, Maniok und Chili wurden im übrigen Land verteilt – »jedes Landwirtschaftsgebiet hatte seinen entsprechenden Speicher«. Wie Guaman Poma, der peruanische Historiker des 16. Jahrhunderts, sagt: »Manche Lagerhäuser gehörten der Kommune vor Ort, manche dem Inka, manche den Tempeln: Alle wurden sie von der zentralen Landwirtschaftsverwaltung kontrolliert«.

Wer damals ein guter Inka sein wollte, der kümmerte sich um das Volk und sorgte für einen sicheren Überschuss, so dass jeder ernährt werden konnte; er schuf ein Netzwerk von Lagerhäusern und Straßen, so dass dem Hunger oder der Not in einem Teil des Landes durch den Überfluss in einem anderen abgeholfen werden konnte.

Im Winter 1527/28 war Huayna Capac in der Tat ein bedeutender König. Guaman Poma, ein Halbblut-Inka mit spanischer Erziehung, der nach der Eroberung schrieb und sich der Existenz einer größeren Welt bewusst war, stellte mit verständlicher Übertreibung fest:

»Nachdem ich Berichte über die verschiedenen Könige und Kaiser der Welt gelesen habe, bin ich sicher, dass keiner von ihnen die Majestät oder Macht des Inka Huayna Capac besaß. Die Monarchen der Türkei und Chinas, die römischen Kaiser, die christlichen und jüdischen Herrscher, die Könige Afrikas: Niemand von ihnen genoss eine solche Achtung oder trug so stolz seine Krone.«

Während der vergangenen zehn Jahre hatten Huayna Capacs Generäle im Norden Krieg geführt und die Grenzen des Reiches schließlich bis tief nach Ecuador ausgedehnt. Es gab Zeiten, da hatte es den Anschein, sie würden von dort wieder vertrieben, doch als dieser nördliche Krieg mit einem Triumph endete – Huayna Capac befand sich gerade in der Gegend von Quito –, traf die beunruhigende Nachricht ein, die Bevölkerung von Cuzco werde von einer unbekannten Krankheit dahingerafft. Es waren die Pocken, die sich mit dem Vormarsch der Europäer von Norden nach Süden ausbreiteten. Wie wir schon gesehen haben, brachen sie im Dezember 1518 in Hispaniola aus, griffen im September 1520 von dort auf Mexiko über und dezimierten die Azteken. Zwischen 1525 und 1527 erfasste die Krankheit die karibischen Küstenländer, und verbreitete sich über die Anden hinweg in den Tälern Kolumbiens und Venezuelas.

Ende 1527 war die Seuche plötzlich in Peru aufgetaucht, offensichtlich eingeschleppt von Händlern oder Reisenden auf direktem Weg nach Cuzco, dem Nabel der Welt. Im Frühjahr 1528 wurde die Nachricht von den königlichen Läufern verbreitet, die auf den Straßen der Inkas die 1000 Meilen lange Strecke bis nach Quito zurücklegten. Mit tiefer Betroffenheit erfuhr der Inka vom Tod einiger Verwandter und Angehöriger; auch seine Lieblingsgeneräle und der Gouverneur von Cuzco waren wie viele Leute aus dem einfachen Volk der Krankheit zum Opfer gefallen. In unheilvollem Ton erklärten die Medizinmänner, dass ihre traditionellen Heilmethoden nicht wirksam seien.

Zu den Aufgaben des Inka gehörte es, sein Volk vor Hunger und Krankheit zu bewahren und zwischen ihnen und den Göttern mithilfe der komplizierten, endlosen Reihe königlicher Rituale zu vermitteln. Dieser plötzliche Ausbruch einer unbekannten Seuche im Land der Vier Viertel machte es dringend erforderlich, sich mit seinen Weisen, dem Staatsrat des Landes, dem Hohen Priester und den Häuptern der großen Geschlechter gründlich zu besprechen. Was hatte die Seuche zu bedeuten?

Manchmal kommt es in der Geschichte zu erstaunlichen Synchronismen. »Huayna Capac vollbrachte seine letzten großen Taten in Quito genau zu der Zeit, als Francisco Pizarro in den Mangroven-Sümpfen schmachtete«, sagt Cíeza de León. »Seine Männer warteten auf ihre Befreiung wie auf ihr Seelenheil.« Sie hofften noch immer, dass sein Partner in Panama ein Schiff schicken werde. »Wenn wir am Horizont Wolken sahen, hielten wir sie für ein Segel …«

Drei der Dreizehn waren jetzt ernsthaft krank, einer lag im Sterben. Als sie sich schließlich damit abfanden, dass das Schiff nicht zurückkommen würde, versanken

sie erschöpft in tiefe Depressionen. Ihre einzige Hoffnung bestand darin, ein Floß zu bauen und die Flucht zu versuchen. Sie hatten das Spiel verloren: Sie verzehrten sich vor Hunger auf einer Insel im Pazifik, die sehr treffend nach der Gorgo benannt war, der übelwollenden Göttin, die jeden, der sie anschaute, in Stein verwandelte.

## ERSTER KONTAKT MIT DEN INKAS

Ende März 1528 gab es in Pizarros Horizont nichts als die endlosen warmen Regentage des äquatorialen Pazifiks, Tage, an denen Himmel und Meer in einem braunen Dunstschleier verschmelzen. Inzwischen hatten er und seine Leute alle Hoffnung auf Hilfe aufgegeben. Dann erblickten sie eines Tages, weit draußen auf dem Meer, ein Schiff: »Zuerst hielten sie es für einen Baustamm oder etwas Ähnliches … Doch als es näher kam, sahen sie die weißen Segel, sie erkannten, dass es sich um das handelte, wonach sie sich so sehr gesehnt hatten, und sie gerieten außer sich …, sprachlos vor Aufregung.«

Das Schiff kam aus Panama, geschickt von Pizarros Partner Almagro und gesteuert von Ruiz. Sie fielen sich erfreut in die Arme.

Man würde annehmen, dass Pizarro nach ihrer siebenmonatigen Tortur möglichst rasch in die häusliche Bequemlichkeit nach Panama hätte zurückkehren wollen, aber das entsprach nicht seiner Art. Fest entschlossen, diese günstige Gelegenheit zu nutzen – und begierig, mit eigenen Augen die unbekannte Welt zu sehen, die ihm seine indianischen Gefangenen beschrieben hatten – ließ er die Kranken mit einigen indianischen Helfern zurück und segelte gen Süden, nach Peru.

Von Ruiz und den indianischen Dolmetschern begleitet, fuhr Pizarro die Mangroven-Küste von Kolumbien und Ecuador hinunter und ging in der Gegend an Land, wo sich die Küstenlandschaft ändert und die braune Wüste Perus direkt an die Küste stößt. Ihnen begegneten jetzt noch mehr Balsa-Flöße, die in ganzen Geschwadern offensichtlich Nachschub für einen Bürgerkrieg transportierten, der in Peru tobte. Sie segelten weiter, und 20 Tage später erkannten die Indianer das Gestade ihrer Heimatstadt Tumbes. Die Spanier machten kurz vor der Küste Halt, vermutlich in der Nähe eines kleinen Hafens, des heutigen Puerto Pizarro, und ankerten in der bleiernen braunen See. Es war nun Ende April 1528.

Die Inka-Stadt Tumbes lag an der Küste, einige Meilen nordöstlich von der modernen Stadt bei San Pedro de Los Incas, an der heutigen Panamericana. Hier begegneten sich die beiden Welten zum ersten Mal. »Als die Eingeborenen das Schiff übers Meer kommen sahen, waren sie erstaunt, da sie ein solches Gebilde noch nie zuvor gesehen hatten«, sagt Cieza de León, der mit Augenzeugen gesprochen hatte. Doch sie stellten für die Spanier Speisen bereit, weil sich ein herzlicher Empfang gehörte, und segelten auf Balsa-Flößen zum Schiff hinaus, arglos und ohne jede Feindseligkeit, eher mit Freude und Vergnügen, weil sie diese neue Leute kennen lernen würden.

Dann folgte eine Reihe von erstaunlich offenen Begegnungen, die uns heute umso schmerzlicher berühren, als wir wissen, was später geschah. Damals, so sagt Cieza de León, konnten die Spanier das alles ebenso wenig fassen wie die Indianer. Pizarros Dolmetscher erklärten, wie alles gekommen war:

◂◂ Peruanische Inka-Straße mit einer Wasserrinne.
»Wir waren von der Ausdehnung
ihres Straßennetzes tief beeindruckt«, sagte ein Soldat
aus Pizarros Armee.

Wie die Weißen nach Ländern suchten und eine lange Zeit auf einer Insel verbracht hatten.

Der einheimische Gouverneur hieß die Spanier willkommen und lud sie ein, an Land zu gehen und sich ohne Furcht vor irgendwelchem Ungemach mit Wasser und allem Lebensnotwendigen zu versorgen. Pizarro erwiderte, er habe keine Bedenken, Menschen zu vertrauen, die so *vernünftig* seien. Auch der Gouverneur der Inkas hielt seine Besucher für sehr *vernünftige* Leute, da sie nichts Böses im Schilde führten, und gab ihnen freigebig, was er bei sich hatte. Dennoch hielt er es für richtig, schnellstens einen offiziellen Bericht über die Fremden an seinen König zu schicken, den großen Huayna Capac.

Es ist faszinierend, in diesen Augenzeugen-Berichten zu lesen, dass von Beginn an jede Seite die andere für »vernünftig« hielt. Der Gouverneur der Inkas befragte nun die Neuankömmlinge so gründlich und genau, dass sich die Spanier über diesen so weisen und kenntnisreichen Mann nur wundern konnten. Dieses erste aufgezeichnete Gespräch zwischen den Repräsentanten der Inkas und der Europäer, das uns durch Pizarros Dolmetscher überliefert ist, reicht aus, um einige der seltsamen modernen Theorien darüber, wie die Inkas die Europäer anfangs wahrnahmen, zu widerlegen. Und es ist gleichzeitig auch ein interessantes Zeugnis für die Intelligenz der Beamten des Inkareichs.

»Er fragte den Kapitän, woher sie kämen, aus welchem Land sie stammten, wonach sie suchten und warum sie rastlos übers Meer und durch die Lande reisten. Francisco Pizarro erwiderte, sie seien aus Spanien gekommen, wo sie geboren seien. In jenem Land gebe es einen großen, mächtigen König mit Namen Karl: Sei seien wie noch viele andere seine Vasallen und Diener, da er über weite Ländereien herrsche. Sie hätten ihr Land verlassen, um, wie man sähe, diese Teile der Erde zu erkunden und um das, was sie fänden, der Autorität ihres Königs zu unterstellen. Doch vor allem und insbesondere wollten sie sie wissen lassen, dass sie die falschen Götter verehrten und dass sie, um ihre Seelen zu retten, Christen werden und an den Gott glauben müssten, den die Spanier verehrten und der im Himmel sei. Denn diejenigen, die ihn nicht verehrten, kämen in die Hölle, einen düsteren, Feuer speienden Ort. Diejenigen indes, die im Besitze der Wahrheit seien und ihn als ihren Gott anerkennten, als einzigen Herrn der Schöpfung, würden im Himmel das ewige Leben haben.«

Der Gouverneur der Inkas war, wie man sich vorstellen kann, über diese Worte sehr erstaunt. Aber Pizarros kurze Darstellung des Christentums scheint auf Interesse gestoßen zu sein oder eher amüsierte Ungläubigkeit als Beunruhigung hervorgerufen zu haben. Die Spanier wurden nun aufgefordert, an Land zu kommen, und zwei Besatzungsmitglieder gingen von Bord – Alonso de Molina und ein nicht namentlich genannter afrikanischer Sklave, der unter den Einheimischen Aufsehen erregte. Sie »forderten ihn auf, sich zu waschen, um zu sehen, ob er wirklich schwarz sei oder ob es sich nur um Farbe handele. Und es kamen so viele, um ihn anzuschauen, dass er keine Zeit zum Essen fand«.

Die Spanier spazierten durch Tumbes und sahen schöne Gebäude, bebaute Felder und Bewässerungskanäle. Dies war fraglos eine gut geordnete und hoch entwickelte

Kultur. Mittlerweile kamen, da sich die Nachricht von den Fremden verbreitet hatte, viele Menschen auf die Straßen und folgten ihnen; sie waren sehr interessiert und stellten furchtlos ihre Fragen. (Eine heilsame Warnung an uns, nicht den Geschichten zu glauben, nach denen die Eingeborenen so »primitiv« waren, dass sie die Europäer für Götter hielten.)

Als Molina frei in den Straßen umherschlenderte, kamen viele schöne, gut gekleidete Indianerinnen auf ihn zu und unterhielten sich mit ihm in Zeichensprache – ein interessanter Beleg für die Unabhängigkeit der *runa* (Frauen), die in der traditionellen Gesellschaft der Anden noch heute zu beobachten ist. Eine besonders schöne Frau in der Gruppe schlug ihm vor, dazubleiben, und eine ihrer Freundinnen zu heiraten. Die Wärme des Empfangs, das lebhafte Interesse, das man ihnen entgegen brachte, die geistige Unabhängigkeit der Menschen und ihre humorvolle Neugier – all dies machte großen Eindruck auf die beiden Männer, die das Glück hatten, diesen ersten Moment zu erleben.

Als Molina und der afrikanische Sklave wieder auf das Schiff zurückgekehrt waren und ihre Geschichte erzählten, mochte Pizarro ihnen kaum glauben und ließ einen anderen Mann an Land gehen. Es war Pedro de Candia, ein griechischer Artillerist, der sich in der Belagerungstechnik auskannte. Pizarro beauftragte ihn, das Land auszukundschaften und zu schauen, wo sie, *wenn sie zurückkämen,* am besten einfallen könnten.

Sobald Candia, ein Riese von fast 2,10 m, auftauchte, erregte er ein noch viel größeres Aufsehen als der schwarze Sklave. Die Leute luden ihn zum Essen ein, und sogar die *mamaconas,* die heiligen Jungfrauen des dortigen Tempels, baten den Gouverneur, ihn sehen zu dürfen. »Sie mochten Candia gerne anschauen … Die Frauen, geschickt im Umgang mit Wolle, trugen schöne Stoffe. Die meisten von ihnen sahen sehr gut aus und waren herzlich.«

Überflüssig zu erwähnen, dass Candia sehr betonte, dass es sowohl schöne Frauen als auch goldverkleidete Tempelmauern gebe, und seine Schiffskameraden gerieten ganz in Verzückung. (Diese beiden Themen – Frauen und Gold – finden sich in allen Erzählungen der Konquistadoren.) Andere hingegen waren tief beeindruckt von der Offenheit und Schönheit der Menschen. Einer von Pizarros Männern, Pedro Halcón, verliebte sich in eine Häuptlingsfrau, eine *capullana,* von denen es an der Küste viele gab, und musste in Ketten gelegt werden, weil er dableiben, ein Seemann namens Bocanegra sprang von Bord, weil er unter *so guten Menschen* leben wollte. Und was Molina anbetrifft, so hieß es: »Bei seiner Rückkehr auf das Schiff war er von dem, was er gesehen hatte, so überwältigt, dass es ihm zunächst die Sprache verschlug.«

Weitere Kontakte bestätigten nur diese ersten Eindrücke, und die Spanier waren immer wieder überrascht von der »Venünftigkeit« der Eingeborenen. Wenn wir Cieza de Leóns peruanischen Gewährsleuten glauben können, nahmen die Inkas ihrerseits von diesen Sonderlingen zunächst wahr, dass sie »weiß waren und bärtig; sie taten nichts Böses, raubten oder töteten nicht, sondern verschenkten ihr Hab und Gut, waren sehr fromm und menschlich«. (»Eine viel zu gute Beurteilung, die mit der Wirklichkeit wenig zu tun hatte«, bemerkt Cieza de León. »Doch Menschen, selbst Bar-

baren freuen sich, wenn sie etwas Neues sehen, mag es auch noch so seltsam und unfassbar sein.«) Als Vorspiel zu einem der bedeutendsten und tragischsten historischen Ereignisse könnten diese Einschätzungen kaum schmerzlicher sein.

Vor seiner Abreise ergriff Pizarro die Gelegenheit, die Unterwerfungsrituale durchzuführen, die alle spanischen Kapitäne auf ihrer Fahrt in die Neue Welt mit im Gepäck hatten. Er verkündete den Häuptlingen, dass er im Namen des spanischen Königs ihr Land in Besitz nehme und dass sie ihren Götzendienst beenden sollten. »Doch sie hielten das nur für einen Scherz und lachten von Herzen«, sagt Cieza de León.

Bevor Pizarro ablegte, baten Molina und ein weiterer Seemann namens Gines darum, bleiben zu dürfen. Nach einigem Nachdenken hielt es Pizarro für nützlich, jemanden dazulassen, damit er die Sprache der Inkas lerne, und so ließ er die beiden in Tumbes zurück. Über ihr weiteres Schicksal ist nichts bekannt.

Diese wertvollen Berichte über einen kleinen Ausschnitt der vor ihrem Untergang stehenden Welt der Inkas sind voller anschaulicher Einzelheiten, und Cieza de León beendet seinen Bericht mit schmerzlicher Ironie im Hinblick auf den Ausgang der Geschichte:

»Hätte Pizarro vor den Zerwürfnissen, die nach Huayna Capacs Tod aufbrachen, versucht, für Geld einen Feldzug gegen sie zu führen, wäre er niemals erfolgreich gewesen. Doch hätte er den Wunsch gehabt, sie mit freundlichen Worten zu bekehren, wäre dieses Volk so sanftmütig und freundlich gewesen, dass er nur die paar Männer um ihn gebraucht hätte und es wäre ihm geglückt. Doch das, was in Westindien geschah, entspricht dem Willen Gottes und entspringt seiner tiefen Weisheit. Er weiß, warum er es zuließ.«

## DER TOD DES INKA

Der Gouverneur der Inkas in Tumbes hatte seine Läufer in aller Eile nach Quito geschickt, zum Inka Huayna Capac; für diese Strecke brauchte man vielleicht nicht einmal drei Tage. Und jetzt wird die Bedeutung des zeitlichen Ablaufs dieser Ereignisse klar. Sowohl die Quellen der Spanier als auch die der Inkas legen nahe, dass sich Huayna Capac in diesem Augenblick noch in der Nähe von Quito aufhielt. Er erholte sich gerade von irgendwelchen Kämpfen und ordnete den Nordteil des Reiches neu. Dann kehrte er nach Cuzco zurück.

Zweifellos war er auch dabei, sich über die düstere Nachricht – den Ausbruch einer Seuche im Herzen seines Reiches – ein Urteil zu bilden. Aber er war erst eine kurze Strecke in Richtung Süden gezogen – er befand sich in der Nähe der Stadt Cuenca (damals Tumi oder Tumibamba), 150 Meilen südlich von Quito –, als die Krankheit im Lager des Inka ausbrach. Die Inkubationszeit beträgt bei den Pocken nur wenige Tage, und im Nu hatten sie sich im Heer ausgebreitet. Viele seiner altbewährten Generäle starben. Und dann steckte sich der Inka selbst an. Das war vielleicht Ende April oder im Mai 1528.

Da sich sein Gesundheitszustand rasch verschlechterte, wurde der Inka nach dem Namen seines Nachfolgers gefragt, der von seinem Rat der Weisen bestätigt werden musste. Manches deutet darauf hin, dass er so krank war, dass er nicht mehr klar denken konnte und als erste Wahl ein Kind nannte, für das, wie zu erwarten, die Vor-

zeichen ungünstig ausfielen. Hinsichtlich seiner zweiten Wahl weichen die Quellen voneinander ab. Manche sagen, sie sei auf seinen 25-jährigen Sohn Atahuallpa gefallen, andere wieder, auf den 21-jährigen Huáscar, Atahuallpas jüngeren Stiefbruder. (Das Altersverhältnis war unwichtig: Das Erstgeburtsrecht spielt in der königlichen Thronfolge der Inkas keine Rolle.)

Das Schicksal hätte mit den Inkas nicht schlimmer umgehen können. Auf diese unvorhergesehene Katastrophe sollten verheerende Ereignisse folgen, die das Anden-Universum, das sich über Jahrtausende, unberührt von der Außenwelt, entwickelt hatte, völlig verändern würden.

Es verwundert nicht, dass spätere Historiker, die nach der Eroberung schrieben, von unheilvollen Omen berichteten. Pedro Pizarro, Franciscos Halbbruder, hörte von Peruanern, dass drei Zwerge als Vorboten des Todes des Inkas erschienen seien. Nach Guaman Poma soll sich der Inka zum Sterben in eine einsame Höhle zurückgezogen haben. Pachacuti Yamqui (in seiner *Relación de antigüedades deste reyno del Pirú*, 1613) erzählt eine ganz fantastische, unheimliche Geschichte von einem schwarz gekleideten übernatürlichen Boten mit einem Kasten, in dem sich hauchdünne, schmetterlingsähnliche Gebilde befanden, deren Verflüchtigung den Untergang verkündete:

»Der Inka begab sich nach Quito, um sich nach den Kämpfen auszuruhen und neue Gesetze und Steuern zu erlassen. Dann kam aus Cuzco die Nachricht vom Ausbruch der Pocken. Und als er mit seinem Heer zum Meer zog, sahen sie sich um Mitternacht von einer Million Menschen umringt, und niemand wusste, wer sie waren. Und er [der Inka] soll gesagt haben, es seien die Seelen von Lebenden, die Gott ihnen gezeigt habe: So viele Menschen würden an der Seuche sterben … Und als er sich zum Essen niedersetzte, kam ein Bote mit einem schwarzen Umhang, gab dem Inka sehr ehrerbietig einen Kuss und überreichte ihm ein *pputi*, ein Kästchen mit einem Schlüssel. Und der Inka forderte denselben Indianer auf, das Kästchen zu öffnen, doch er bat um Entschuldigung und sagte, der Schöpfer habe befohlen, dass nur der Inka es öffnen solle. Weil er den Grund verstand, öffnete der Inka das Kästchen, und heraus flatterten Gebilde, die aussahen wie Schmetterlinge oder kleine Papierfetzen, und sie stoben auseinander, bis sie verschwanden. Es waren die Pocken. Innerhalb von zwei Tagen starben der General Mihicnaca Mayta und viele andere hervorragende Offiziere; ihre Gesichter waren über und über mit brennender Krätze bedeckt. Und als der Inka dies sah, ließ er sich ein steinernes Haus errichten, in das er sich zurückzog. Und dort starb er.«

Der Bericht klingt beinahe wie die Parabel der biologischen Kriegführung. Man fragt sich, ob die Geschichte vielleicht auf die von der Küste kommende Nachricht von den bärtigen Fremden zurückgeht – und vielleicht hatten ihnen die Spanier eine Kiste geschickt? Es ist jedoch wahrscheinlicher, dass sie als eine dieser volkstümlichen Erzählungen verstanden werden muss, in denen der qualvolle historische Prozess und die Schrecken erregende, fast übernatürliche Bösartigkeit der neuen Krankheit verschmelzen – eine Inka-Version der Büchse der Pandora. Einige sagten auch, der Herrscher habe vor seinem Tod sein Volk vor Eindringlingen aus einer anderen Welt gewarnt.

Der Begräbniszug des Inkas schlängelte sich langsam auf der Königsstraße dahin, 1200 Meilen von Cuenca in Ecuador bis nach Cuzco. Huayna Capacs festlich gewandete Mumie wurde von seinen Söhnen, Vettern, Brüdern und wichtigsten Männern des Reiches auf den Schultern getragen.

Nach dem Bericht des spanischen Chronisten Murua ging seinem Eintreffen in der Hauptstadt die triumphale Rückkehr des Heeres voraus; die Soldaten trugen eine goldene Statue des Königs. Die großen Edelleute in prächtigem Staat stellten Trophäen zur Schau – Köpfe und Beutestücke – und zeigten ihre Gefangenen. Jedes der drei Heere zog einen Tag lang auf spektakuläre Weise durch die Stadt, während die Adligen ihre Siegeslieder sangen. Es war der letzte große öffentliche Triumph der alten Inka-Welt.

Nach Ende der militärischen Feierlichkeiten hielt der tote König unter großen Trauerbekundungen Einzug in Cuzco, »in lebensechter Positur«. Bei seiner Bestattungszeremonie wurden Hunderte von Gefolgsleuten, Sklaven und Frauen geopfert, dazu 1000 Lamas – schwarze, braune, weiße und rote. Dann wurde seine Mumie durch das bemalte Tor der *casana*, seines hochragenden eigenen Palastbezirks, getragen und auf den großen Platz von Cuzco gebracht. Dieser riesige Tempel, Palast und Leichenhalle zugleich, der größte und schönste aller Stadtpaläste, hatte einen heiligen Teich und eine königliche Festhalle, in der nicht weniger als 3000 Menschen Platz fanden.

Als sich das Tor seiner letzten Ruhestätte hinter ihm schloss, wussten die Ratgeber des letzten Inka, dass die Epoche zu Ende war. Bereits von der Seuche geschwächt, sah sich das Reich nun weiteren Schwierigkeiten gegenüber – der Feindschaft zwischen den Brüdern Atahuallpa und Huáscar und dem Bürgerkrieg.

Die Chronologie dieser Ereignisse wurde niemals genau festgestellt. Doch wahrscheinlich lag Huayna Capac – nach westlichem Kalender im Mai 1528 – in Cuenca im Sterben. »Angeblich war der Inka, als die Nachricht von der Ankunft der Spanier eintraf, bereits tot«, sagt Cieza de León. Doch nach anderen Quellen hatte der Inka die erste Nachricht noch erhalten und darum gebeten, einen der Christen, der beschlossen hatte, zurückzubleiben, zu ihm zu bringen. Allerdings soll er gestorben sein, bevor er dem Fremden aus einer anderen Welt Auge in Auge gegenüberstand. Auf jeden Fall besagen unsere Quellen, wie Cieza de León es formuliert, dass »Huayna Capac in demselben Jahr und *zu derselben Zeit* starb, als Pizarro an der Küste seines Landes eintraf«.

## PERU ENTDECKEN UND EROBERN

Pizarro war an der peruanischen Küste hinuntergefahren bis zum Río Santa, wobei er mehrfach an Land ging. Diese Landgänge bestätigten nur die Bedeutung seiner Entdeckungen. Es bestand jetzt überhaupt kein Zweifel mehr, dass sich südlich des Äquators eine Hochkultur befand, die auf derselben Stufe stand wie die mexikanische – oder vielleicht sogar noch bedeutender war – und von der die Welt draußen noch überhaupt nichts wusste. »Das reichste und beste Land der Welt.« Er hatte den Zipfel einer großartigen Kultur gesehen, die sich in völliger Abgeschiedenheit von der restlichen Menschheit entwickelt hatte.

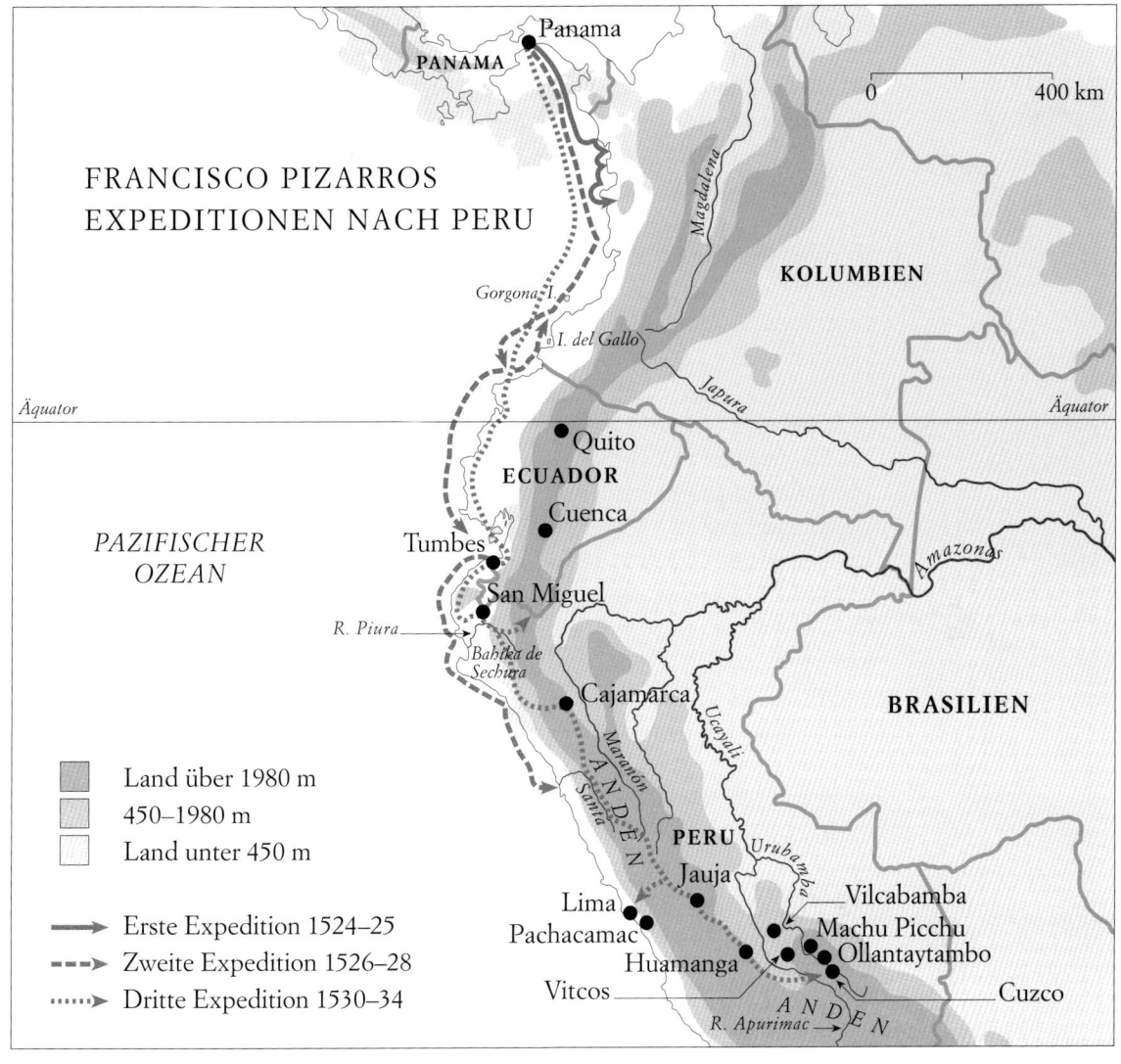

FRANCISCO PIZARROS
EXPEDITIONEN NACH PERU

PANAMA

Gorgona I.

I. del Gallo

*Äquator*

PAZIFISCHER
OZEAN

Quito

ECUADOR

Cuenca

Tumbes

San Miguel

*R. Piura*

*Bahía de Sechura*

Cajamarca

KOLUMBIEN

0    400 km

*Magdalena*

*Japura*

*Äquator*

*Amazonas*

BRASILIEN

*Marañón*

*Santa*

*Ucayali*

A N D E N

Land über 1980 m
450–1980 m
Land unter 450 m

⟶ Erste Expedition 1524–25
--⟶ Zweite Expedition 1526–28
·····⟶ Dritte Expedition 1530–34

PERU

*Urubamba*

Jauja

Vilcabamba

Lima

Machu Picchu

Pachacamac

Ollantaytambo

Huamanga

Vitcos

Cuzco

A N D E N

*R. Apurimac*

In Hochstimmung kehrte Pizarro nach Panama zurück, wo die Partner ihren Eroberungsplan formulierten. Dann begab er sich zu Schiff nach Spanien, um nach Geldgebern zu suchen und sich des königlichen Einverständnisses zu versichern. Mitte 1529 wurde er von König Karl V. freundlich bei Hofe empfangen. Er zeigte dem König die peruanischen Töpferwaren, metallenen Gefäße, eleganten Kleidungsstücke, Stickereien und kleine aus Gold gefertigte Teile und gewann den Beifall der ganzen Stadt Toledo.

Dort traf er zufällig auch seinen entfernten Verwandten Hernán Cortés, der, stolz über seine eigenen Leistungen, den Hof mit Geschenken, aztekischen Kostbarkeiten, überschüttete. Die beiden Männer führten private Gespräche – wir können uns vorstellen, worüber. Mit neuem Mut kehrte Pizarro in seine Heimatstadt Trujillo zurück,

um junge, zähe und ehrgeizige Männer anzuwerben, die zur nächsten Generation der Konquistadoren gehören sollten – Männer, denen ein siebenmonatiges Hungerleiden auf einer verlassenen Insel nichts ausmachen würde.

Angesichts der vorgelegten Beweise hielten es der König und seine Ratgeber für notwendig, einen Vertrag mit so erfahrenen Konquistadoren wie Pizarro und Almagro zu unterzeichnen. Am 26. Juli 1529 erteilte die Königin Pizarro in Toledo die Erlaubnis, Peru zu entdecken und zu erobern, ein Land, das als reich und fruchtbar beschrieben wird, bewohnt von Leuten, die *vernünftiger* sind als alle, die bisher entdeckt wurden. Damit verbunden war die Ernennung Pizarros zum Gouverneur von Peru mit den Rechten, das Land im Interesse der Krone in Besitz zu nehmen und auszubeuten. Hinzu kamen finanzielle Mittel, um zum Schutz einer jeden neuen Kolonie Soldaten zu unterhalten und um einen ›Bürgermeister‹, Arzt und Apotheker zu bezahlen.

Die Würfel waren gefallen. Neujahr 1530 verließ Pizarro mit seiner kleinen Flotte Sevilla. Das Herzstück seiner Armee bildeten seine Nachbarn, Verwandten und Halbbrüder Hernando, Juan und Gonzalo. Hiermit begann die fast mafiöse Einflussnahme seiner Familie auf die geschäftlichen Angelegenheiten Perus: Die private unternehmerische Organisation entwickelte sich aus einer anfänglich kleinen Gesellschaft zu einem riesigen Finanz- und Militärunternehmen, das die privaten Interessen von Pizarros Familie mit den politischen Zielen des spanischen Reiches verband.

Pizarros dritte Reise begann in Panama am 27. Dezember 1530, ihr erklärtes Ziel war die Eroberung Perus. Ihn begleiten 180 Männer, darunter zwölf von den ursprünglich 13 der Isla del Gallo. Die Zusammensetzung der Armee ist aufschlussreich: 38 Edelleute, 90 aus dem Mittelstand, 20 aus der untersten Klasse. Ein Drittel dieser Leute konnten lesen und schreiben, ein Drittel mit ihrem Namen unterschreiben, ein Drittel waren Analphabeten oder ließen sich nicht einordnen. Das Herz der Gruppe – 17 Krieger stammten aus Pizarros Heimatstadt – kam aus der Estremadura. Diese Männer waren Pizarro völlig ergeben – in ihrer Loyalität übertroffen nur von den Angehörigen seines Clans – und blieben es auch, trotz persönlicher Differenzen.

Pizarro ließ sein kleines Expeditionskorps an der trostlosen Pazifikküste an Land gehen, hoch oben im Norden Ecuadors. Er war entweder sehr vorsichtig oder sehr nervös und verbrachte sieben Monate in der Gegend von Puna – ein Aufenthalt, der zu einigem Unmut unter seinen Männern führte, die sich zu fragen begannen, ob die versprochenen Reichtümer nur leeres Gerede gewesen seien. Vielleicht wollte Pizarro seine Leute auf das Klima einstellen, bevor er in den Süden zog, oder auch die Verbindungen mit der Heimat kappen, sie an ein raues Leben gewöhnen und sie auf das Unbekannte vorbereiten.

Es folgten einige weitere Monate, in denen sie an der Küste entlangmarschierten. Häufig kam es zu Gefechten, und es wurde schnell bekannt, dass die bärtigen Fremden diesmal nicht mit friedlichen Absichten gekommen waren. Da er sich der Übersetzungsprobleme bewusst war, mit denen sich Cortés herumgeschlagen hatte – das mühselige Hin- und Herspringen zwischen Maya, Náhuatl und Spanisch –, hatte Pizarro wenigstens dafür gesorgt, dass die Ketschua sprechenden peruanischen Ge-

fangenen seiner zweiten Reise jetzt auch fließend Spanisch sprachen. So konnte er sich den Peruanern klar verständlich machen, ihnen zuhören und ihre Absichten erahnen. Die Beherrschung der Sprache der Inkas sollte für den Erfolg des Feldzugs ausschlaggebend sein.

Schließlich kam Pizarro im April 1532 auf dem Landweg nach Tumbes. Die Regenzeit hatte jetzt eingesetzt, und obwohl es am Río Tumbes heiß ist, gibt es weniger Probleme, da von der Wüste der Wind herüberbläst. Dort hatte er sich 1528 aufgehalten, dort war Molina mit den reizenden Frauen der Stadt zusammen gewesen, dort hatte der Schwarze sein Gesicht für die Einheimischen gewaschen, dort hatte Candia ein Mahl eingenommen, umgeben von schwatzenden Tempeljungfrauen. Aber jetzt war die Szenerie trostlos: Die Gebäude lagen in Trümmern, ihre Strohdächer waren verbrannt, die Einwohner gegangen. Pizarro erkundigte sich nach den Spaniern, Molina und Gines, die dort zurückgeblieben waren, doch sie waren verschwunden. Nichts erinnerte mehr an die paradiesische Welt, die er vier Jahre zuvor gesehen hatte.

Die Einheimischen erzählten ihm, dass der Bürgerkrieg, der zwischen Huayna Capacs Söhnen Atahuallpa und Huáscar noch immer herrschte, alles zerstört habe. Für Pizarro war dies ein dramatischer Moment; denn jetzt bot sich ihm die Möglichkeit – genau wie in Mexiko –, dieses Zerwürfnis auszunutzen. In eine geteilte Gesellschaft kann man leichter eindringen. Da er seine Chance sah, handelte er. Im Mai 1532 gab er den Befehl, den Río Tumbes zu überqueren und nach Süden zu marschieren, ins Herz des Inkareichs.

## REISE IN DAS LANDESINNRE

Auf der nächsten Etappe unserer Reise folgten wir den Spuren Pizarros. Vor uns lagen 1000 Meilen der Inka-Straße bis nach Cuzco – danach ging die Reise auf der Suche nach der Eroberung des Inkareichs noch weiter, durch Wüsten, hinauf auf Gletscher und durch unwegsame Dschungelgebiete: ein Teil mehrerer außergewöhnlicher Reisen, die die Spanier innerhalb weniger Jahre in die Tropenwälder Kolumbiens und Venezuelas führten, über die Hochanden Perus nach Amazonien und weit in den Süden bis an den Río Maule in Chile. Niemals in der Geschichte hat sich die Kenntnis der Welt – auf dem See- und auf dem Landweg – so schnell verbreitet.

Am 16. Mai 1532 verließ Pizarro also Tumbes. Das von seinem Sekretär Xerez geführte Tagebuch verzeichnet einen Augenzeugenbericht. Pizarros Route auf der Inka-Straße nach Süden lässt sich noch nachvollziehen – parallele Reihen von Steinen, bedeckt von Sandverwehungen, die bald auf der einen, bald auf der anderen Seite der alten Panamericana verlaufen. »Als wir die Ausdehnung ihres Straßennetzes sahen, kamen wir aus dem Staunen nicht mehr heraus«, sagt Xerez; »gut gepflasterte Fußwege durchziehen das ganze Land«.

Pizarros Route wurde nirgends festgehalten, doch wir wissen heute, dass die Hauptkönigsstraße der Inkas von Quito nach Chile an die Küste herunterkam, durch Tumbes führte und den Río Chira überquerte, nahe der Stelle, an der Pizarro die kleine Stadt San Miguel gründete. Dort gingen die Spanier über den Fluss und verbrachten auf der südlichen Seite die Nacht. Sie marschierten in drei Tagen bis zum Piura-

Tal, bogen dann in Richtung Berge ab und schickten einen Erkundungstrupp hinauf in die Anden. Dort sahen sie zum ersten Mal die an den Berghängen terrassenförmig angelegten gepflegten Felder. Da sie aus der unfruchtbaren Estremadura kamen, einem kargen Land voller Schweineherden, staunten sie über »die hohe Produktivität des Landes … Wir waren erstaunt«, sagt Xerez, »wie geordnet der Staat war, und waren verwundert, bei den Indianern den Beweis solcher Vernünftigkeit zu sehen.«

Es war nun bekannt geworden, dass die bärtigen Spanier nicht länger friedliche Absichten verfolgten, und es kam zu Kämpfen – Widerstand von den einheimischen Häuptlingen. In der Zwischenzeit wurde der Inka Atahuallpa täglich, ja fast stündlich über das Vorrücken der Spanier bestens informiert. Er wusste genau, was sie taten, doch der Krieg mit seinem Bruder Huáscar beanspruchte seine ganze Aufmerksamkeit. Obwohl er mit seinen Heerführern darüber debattierte, ob sie stattdessen die Fremden angreifen sollten, hielten alle Huascar für die größere Bedrohung.

Alles in allem waren die Spanier nur 160 Mann. Es ist in der Tat verwunderlich, wie klein Pizarros Heer war: Mit 62 Berittenen und 102 Fußsoldaten griffen sie ein Land an, das wenigstens fünf Millionen, vielleicht aber auch zehn Millionen Einwohner hatte. Allerdings besaß er tödliche Waffen – die modernste Technik: Kanonen und mechanische Armbrüste. Und er hatte jenen im Krieg unbezahlbaren anderen Aktivposten – Furchtlosigkeit.

Mithilfe seiner Dolmetscher befragte Pizarro die Einheimischen. Er hörte von dem erbitterten Bürgerkrieg, der das Reich erschüttert hatte, und er erfuhr nun, dass sich der neue Inka Atahuallpa nur ein paar Tagereisen entfernt im nördlichen Peru aufhielt. Für Pizarro war dies die entscheidende Information. Wie Cortés in Mexiko gewann auch er während dieses Marsches indianische Verbündete, da viele regionale Völker in Peru die Inka-Herrschaft bekämpften, vor allem im Norden, der erst kürzlich unterworfen worden war. So marschierte Pizarro nun mit einer Streitmacht aus Kriegern der Bronzezeit. Ihre Knüppel, Speere und federgeschmückten Kopfbedeckungen standen in hartem Kontrast zu den spanischen Lanzen und Stahlhelmen.

Etwa 300 Meilen südlich von Tumbes kamen sie an eine Stelle, wo die Ebene zwischen dem Meer und den Hügeln schmaler wird und sich auf der linken Seite die Anden abzeichnen. Am 6. November machten sie am Fuße der Berge an einer Gabelung Halt. Hier zweigte ein kleinerer Pfad von der Hauptstraße ab, in die Berge hinauf. Die Wegführer teilten Pizarro mit, dies sei der direkte Weg nach Cajamarca, was ungefähr 20 Wegstunden (um die 60 Meilen) entfernt sei; man müsse jedoch hoch gelegene Pässe überqueren. Man stritt ein wenig über die nächsten Schritte, doch Pizarro bestand auf diesem Weg. Er wollte so schnell wie möglich dem Inka Atahuallpa begegnen.

Am 8. November verließ Pizarros kleine Armee die Ebene und begann auf einer ausgebauten schmalen Straße den Aufstieg in die Anden. »Manchmal war das Gelände so steil«, sagt Xerez, »dass allein der Pfad nach oben führte.«

Sie gerieten immer mehr außer Atem, da ihnen die Höhe zusetzte, und kletterten zum Paucal hinauf; von dort hat man einen fantastischen Blick auf die Pazifikküste. Genau unterhalb des Kammes verbrachten sie die Nacht in einem großen, von den Inkas befestigten *tambo*, einer ehemaligen Poststelle, deren Ruinen noch zu sehen

sind. Tags darauf setzten sie ihren Weg auf dem Inka-Pfad fort, der noch immer durch San Miguel de Palaques führt, und marschierten über kahle Berge in über 3300 Meter Höhe. Es ging weiter bergauf, bis sie im windgepeitschten eisigen Hochland in über 4300 Meter Höhe die Wasserscheide der Anden überquerten. Doch zu ihrer Überraschung und Erleichterung verteidigten die Inkas die Pässe nicht.

Einige von Pizarros Männern litten an der Höhenkrankheit, und überall war es unerwartet kalt. An die äquatoriale Hitze in den Ebenen gewöhnt, trugen sie die leichte gefütterte Baumwollrüstung, die in Panama hergestellt worden war, und empfanden die Bedingungen in der Höhe als anstrengend – besonders nach Einbruch der Nacht, wenn die Temperaturen stark absinken: »Die Kälte in diesen Bergen ist nach der Hitze in den Tälern so stark, dass wir nachts Feuer entzünden mussten; und wir schliefen in Baumwoll-Zelten, die wir mitgebracht hatten.«

Nachts schwirrten ihnen die Geschichten über die Dinge, die vor ihnen lagen, im Kopf herum, und viele von ihnen waren jetzt sehr nervös. Es war, als ob Atahuallpa ihnen erlaubte, weiterzumarschieren, so als hätte er – wie eine Spinne im Netz – beschlossen, die Fremden anzulocken. Doch Pizarro setzte ihnen zu. Es sei unangebracht, Furcht zu haben, sagte er, oder gar an Rückkehr zu denken …

Nach einer siebentägigen Klettertour über die Berge standen die Spanier schließlich, am Abend des 14. November 1532, über dem Tal von Cajamarca und blickten hinunter auf die Stadt. Atahuallpa war noch da. Jenseits der Stadt konnten sie ein mächtiges Lager sehen und aus Tausenden von Feuern aufsteigenden Rauch – und das Heer der Inkas mit seiner riesigen Schar von Sklaven, Lastträgern und Trabanten.

Als es am Abend dämmerte, boten die Lagerfeuer des Feindes einen Furcht erregenden Anblick. Tief besorgt versuchten die spanischen Soldaten die Zahl ihrer Feinde zu schätzen: »Wir hatten den Eindruck, als ständen mehr als 30000 Mann in dem Lager außerhalb der Stadt«, sagten sie. »In jener Nacht konnten nur wenige von uns schlafen, wir sprachen nur darüber, was wir tun sollten. Wir hatten alle Angst, da wir bloß so wenige waren und uns so tief im Landesinneren befanden, ohne Hoffnung auf Hilfe.«

## CAJAMARCA: DIE BEGEGNUNG ZWEIER WELTEN

Heutzutage ist Cajamarca eine nette, von grünen Hügeln umgebene Landstadt. Den großen Platz, auf dem das Drama stattfand, gibt es noch – eine hübsche, sonnenbeschienene Plaza mit Blumenbeeten und beschnittenen Sträuchern. Der Platz ist gesäumt von schönen Kirchen und mehreren altmodischen Gasthäusern, die malerische Höfe mit hölzernen Treppenhäusern umschließen. Zur Zeit der Inkas war der Platz größer: ein riesiger Paradeplatz für die Durchführung der königlichen Rituale.

In der Mitte des Platzes befand sich ein großes viereckiges Podium für den Thron des Inkas. Nach der Befriedung der Gegend im Bürgerkrieg sollte Atahuallpa hier die Zeremonie seines königlichen Einzugs abhalten. Unter den führenden Inkas hatte man über die Fremden viel debattiert – ein Versuch, sie zu bewerten und einzuordnen, genauso wie es die Azteken getan hatten. Doch anscheinend hatten sie aufgrund ihrer Geheimdienstberichte keinen Zweifel, dass die Spanier Menschen waren, wo auch immer sie herstammten. Allerdings hatten die Gewaltakte der Spanier Atahuallpa

nicht gefallen, und, wie wir sehen werden, hatte er sicher beschlossen, sie gefangen zu nehmen und zu töten. Doch vielleicht war er auch neugierig auf sie und hatte ihnen erlaubt, zuerst zu ihm zu kommen, um diese Lebewesen aus einer anderen Welt studieren und befragen zu können.

Er traf die Vorhut bei den Inka-Bädern, die auf dem flachen Land südlich der Stadt lagen, umgeben von wunderschönen Bergketten. Noch heute gibt es hier heiße Schwefelquellen. Nach dem Inka-Bericht, der später von Atahuallpas Neffen Titu Cusi diktiert wurde, führten die traditionellen Gastrituale der Anden-Diplomatie sofort zu Missverständnissen. »Mein Onkel empfing sie freundlich, gemäß unserer Sitte«, sagte er. »Er hieß sie in der üblichen Weise willkommen, mit Chicha, Maisbier, in goldenen Bechern. Doch sie gossen alles auf den Boden. Darüber war mein Onkel sehr verärgert.«

Die Inkas hatten noch nie zuvor Pferde gesehen, und als die Spanier merkten, dass viele aus der Umgebung des Königs vor diesen Tieren Angst hatten, legten sie es bewusst darauf an, sie zu bedrohen und zu erschrecken, genauso wie sie es bei den ersten Begegnungen mit Montezuma getan hatten. Hernando de Soto sprengte heran und trieb sein Pferd so nahe an Atahuallpas Gesicht, dass der Atem des Pferdes die purpurnen Quasten am königlichen Stirnband des Inkas zerzauste. Atahuallpa war jedoch ungerührt und blinzelte nicht einmal mit den Augen; doch er ließ diejenigen, die in Panik geraten waren, töten. Ein solcher Mangel an Mut galt im Stabe eines großen Königs als unehrenhaft. Atahuallpa wusste, wie er sich als König zu verhalten hatte.

Er teilte nun den Spaniern mit, dass er sie in der Stadt treffen werde und forderte sie auf, dort auf ihn zu warten; man werde ihnen eines der königlichen Areale gegenüber dem Platz als Unterkunft zuweisen. Über das, was dann geschah, herrscht in den Berichten der Spanier und Inkas weitgehende Übereinstimmung.

Bevor Atahuallpa aus seinem Lager kam, marschierten die Spanier in die verlassene Stadt und versteckten sich in den Kolonnaden einer der königlichen Festhallen, die an dem großen zentralen Platz standen (wo sich das Podium mit dem Thron des Inka befand). Sie mussten lange warten, standen über Stunden in ihrer Kampfmontur, und die Spannung wurde, wie sich Pedro Pizarro später erinnerte, fast unerträglich:

»Die indianischen Spione ließen den Inka wissen, dass wir alle in der Halle seien, Angst hätten und dass sich niemand von uns auf der Plaza blicken lasse. Und was sie sagten, war die Wahrheit, denn ich selbst sah, wie sich viele von uns, ohne es zu merken, vor lauter Panik in die Hosen machten.«

Am späten Nachmittag kamen mehrere Tausend Inkas auf den Platz, und dann wurde Atahuallpa persönlich in seiner Sänfte herbeigetragen. Guaman Poma berichtet: »Atahuallpa wurde auf dem *usno* getragen, einem goldenen Thron mit Stufen, der in seiner offenen Sänfte aufgestellt war. Er kam in großem Staat, umgeben von seinen Offizieren.« Jetzt drängten riesige Menschenmengen auf den Platz, z.T. auch aus Neugier, weil sie die Fremden sehen wollten. In dem Moment ließ Pizarro durch Friar Vicente Valverde, einen seiner Priester, eine Botschaft überbringen: Er sei der Abgesandte eines großen Königs in Übersee, eines Königs, der sein Freund sein

◀◀ Vorangehende Seiten: Der herrliche Blick von der Inka-Festung in Paucal auf die Pazifik-Küste an der Straße nach Cajamarca. Pizarro lagerte hier mit seinem Heer Anfang November 1532.

Eingefügtes Bild: Auf diesem Teil unseres Marsches auf Pizarros Spuren konnten wir außer auf Pferde auch auf Lamas zurückgreifen.

wolle. Dies sagten die Spanier, und das entspricht ungefähr dem, was auch Guaman Poma erzählt:

»Pizarro erklärte durch seinen Dolmetscher, dass er der Bote und Abgesandte eines großen Herrschers sei, der die Freundschaft des Inka wünsche; nur deswegen habe man sie nach Peru geschickt. Atahuallpa lauschte sehr aufmerksam den Worten Pizarros, dann denen des Dolmetschers. Danach antwortete er sehr würdevoll, er habe keinen Grund daran zu zweifeln, dass die Spanier eine weite Reise gemacht hätten oder dass sie von einem bedeutenden Herrscher entsandt worden seien. Er jedoch sehe keine Notwendigkeit, irgendeinen Freundschaftspakt mit ihnen zu schließen, da er selbst auch in seinem eigenen Lande ein großer Herrscher sei.«

Jetzt griff Friar Vicente ein, in den Händen ein Kruzifix und Brevier, und erklärte in ziemlich herrischem Ton, dass der spanische Herrscher seiner Einschätzung nach ein Freund Gottes sei, und er forderte den Inka auf, sich von allen anderen Göttern loszusagen, da der Götzenkult der Wahrheit ins Gesicht schlage.

Die Begegnung wird nun surreal. Angesichts solch »primitiver« Denkmuster kann man jetzt nur noch mit dem Inka sympathisieren:

»Atahuallpa erwiderte, er könne seinen Glauben an die unsterbliche Sonne und die anderen Gottheiten der Inkas nicht aufgeben. Er fragte Friar Vicente, worauf sich sein eigener Glauben stütze, und der Mönch sagte ihm, dass alles in dem Buch stehe, das er in seiner Hand halte. Daraufhin sagte der Inka: ›Gib mir das Buch, damit es zu mir sprechen kann‹.«

Es ist ein schicksalsträchtiger Augenblick in der Begegnung zwischen den beiden Welten. Spielt Atahuallpa mit den Spaniern, verspottet er sie? Die lebhafte Intelligenz des Königs und seine Fähigkeit, sich über sich selbst lustig zu machen (beides wird sich später zeigen), legen nahe, dass dies wahrscheinlich der Fall war.

»Das Buch wurde ihm überreicht, und er begann es sorgfältig Seite für Seite anzuschauen und an sein Ohr zu halten. Schließlich fragte er: ›Warum sagt das Buch nichts zu mir?‹ Und während er noch auf seinem Thron saß, warf er es mit einer hochmütigen und verächtlich-trotzigen Bewegung auf den Boden.«

Dies war der Augenblick, auf den Pizarro gewartet hatte, der Augenblick, auf den sein ganzes Leben – alle seine Pläne, Reisen und Bittschriften, seine Leiden auf der Insel der Gorgo – angelegt gewesen war. Wie Guaman Poma berichtet, rief Friar Vicente, die Indianer seien gegen den christlichen Glauben, und gab den Befehl zum Angriff. Die Spanier tauchten mit ihren Gewehren aus den Säulenhallen rund um den Platz auf und feuerten in die dichte Menge unbewaffneter Menschen. Guaman Poma beschreibt das Massaker in einer äußerst packenden Passage:

»Sie töteten die Indianer wie Ameisen. Beim Geräusch der Explosionen und dem Geläut der Glocken an den Pferdeharnischen und angesichts der schrecklichen Waffen und der erstaunlichen, ungewohnten Erscheinung der Angreifenden gerieten die Indianer in Panik. Der Druck in ihren Reihen führte zum Wanken und Einsturz der Mauern auf dem Platz. Verzweifelt darum bemüht, nicht von den Hufen der Pferde zertrampelt zu werden, wurden sehr viele auf ihrer überstürzten Flucht zu Tode gequetscht. So viele Indianer wurden getötet, dass es praktisch unmöglich war, sie zu zählen. Auf Seiten der Spanier kamen nur fünf Männer ums Leben, und diese gerin-

▲ Atahuallpa – eines
der zahlreichen
idealisierten Porträts
des Inka, die während
und nach dem
Befreiungskrieg
angefertigt wurden.
Inzwischen ließ der
nostalgische Blick auf
die Inka-Vergangenheit
Atahuallpas
katastrophales Verhalten
gegenüber den
spanischen Invasoren in
einem freundlicheren
Licht erscheinen.

gen Verluste waren nicht von den Indianern verursacht; diese wagten nämlich zu keinem Zeitpunkt, die Furcht erregenden Fremden anzugreifen. Die Leichname der Spanier wurden zwischen ihren indianischen Opfern gefunden, und man ging davon aus, dass sie irrtümlicherweise von ihrer eigenen Kavallerie zu Tode getrampelt worden waren. – Atahuallpa wurde von seinem Thron gezogen und unverletzt Pizarro überstellt. Er wurde in Ketten gelegt, in einen Raum nahe bei Francisco Pizarros Unterkunft gebracht und von spanischen Soldaten bewacht. Seines Thrones und all seiner Würde beraubt, saß er traurig und verzweifelt auf dem Boden seines Gefängnisses.«

Der Bericht Titu Cusis ist ebenso anschaulich wie anrührend und liefert uns noch mehr Einzelheiten, die aus der Familienchronik der königlichen Inkas stammen. Er schreibt, der Platz sei von Mauern umschlossen gewesen und die Indianer hätten in der Falle gesessen:

»Sie konnten nicht hinaus, und sie hatten auch keine Waffen – sie hatten keine mitgebracht, weil sie die Spanier so geringschätzten. Sie hatten nur Schleudern und Kultmesser bei sich – und die Spanier töteten sie alle, wie wenn jemand Lamas schlachten würde. Es konnte sich nämlich niemand verteidigen.«

Obwohl manche Quellen den zeitlichen Ablauf der Ereignisse etwas anders wiedergeben, lauten die spanischen Berichte etwa genauso. Laut Cieza de León war der erste Redner nicht Pizarro, sondern der Priester. Und er fügt noch wichtige Details hinzu: Atahuallpa habe, als er Friar Vicentes Rede über Gott zuhörte, gezeigt, dass er das Ganze für eine Farce halte. Und – ganz wichtig – nachdem er das Brevier zu Boden geworfen hatte, soll er zu Friar Vicente gesagt haben, er möge Pizarro ausrichten, dass er sich erst von der Stelle rühren werde, wenn sie zurückkämen und ihm all das Gold, Silber, all die Steine, die Stoffe, die indianischen Männer und Frauen und alles andere, was er noch gestohlen habe, zurückgeben.

Falls dies der Wahrheit entspricht, ist es faszinierend, dass Atahuallpa das Verhalten der spanischen Eindringlinge als Verbrechen im Sinne des Völkerrechts beurteilte. Das Gewohnheitsrecht spielte in der Gesellschaft der Inkas eine wichtige Rolle, und diese Art von Verbrechen mussten in einem legalistischen Rahmen geahndet werden. Daraus erhellt, dass Atahuallpa die Spanier für Geschöpfe dieser Erde und nicht für Götter hielt. Doch natürlich kann sich der König von Tahuantinsuyu, der große Inka, kaum vorgestellt haben, dass die 160 bärtigen Fremdlinge mit der Absicht gekommen waren, ihn zu vernichten – geschweige denn, dass sie die Fähigkeit dazu besaßen.

Nach Cieza de León griffen die Spanier in dem Moment an, als Atahuallpa von den Spaniern Entschädigung verlangte. »Mit dieser Antwort eilte Friar Vicente, nachdem er das Brevier aufgehoben hatte, mit fliegenden Rockschößen wieder zu Pizarro und teilte ihm mit, dass sich der Tyrann Atahuallpa wie ein verwundeter Hund gebärde und dass man ihn angreifen solle.« Weitere Äußerungen Atahuallpas, die er in den wenigen Augenblicken vor dem Eintritt der Katastrophe machte, sind von Cieza de León aufgezeichnet; gewiss stammen diese Informationen aus erster Hand:

»Nachdem was wir jetzt wissen, wollte Atahuallpa, als der Mönch gegangen war, sein Volk aufwiegeln und sagte, dass die Christen ihn verachteten, dass sie so viele

Frauen vergewaltigt, so viele Männer umgebracht und alles, was sie konnten, ohne Scham oder Bedenken ausgeplündert hätten. Und jetzt würden sie nur um Frieden bitten, weil sie die Macht über sie gewinnen wollten.«

Auf die Worte des Inkas hin schlug, wie Cieza de
León berichtet, die Stimmung um und wandte sich gegen

▲ Die Szene in Cajamarca, wie sie sich Sir John
Everett Millais um 1846 vorstellte. Pizarro ergreift
den Inka Atahuallpa, der sich an den zeremoniellen
Thron (*usno*) klammert. Links ist Friar Vicente,
Pizarros Priester, der Szene angemessen,
in grellem Licht zu sehen.

die Spanier. Die Menschen schrien nun durcheinander und lärmten mit ihren
Instrumenten. Noch viel mehr Leute strömten in die Stadt, teilweise gewiss nur deshalb, weil sie die merkwürdigen Neuankömmlinge sehen wollten. Doch sie kamen
nicht bis auf den Platz, weil er total überfüllt war. Als Pizarro erfuhr, was passiert war,
hob er, da er merkte, dass er keine Zeit mehr zu verlieren hatte, ein Handtuch, das
Signal zum Angriff.«

Diese Details werden von Cieza de León bestätigt: Die in Panik geratene Menge
habe die Mauern niedergerissen, um zu fliehen; die Inkas hätten sich zu keinem

Zeitpunkt verteidigt; sie hätten, noch zugespitzter formuliert, einfach nicht glauben können, was geschah (sie fragten sich, ob sie das alles nur träumten). Nach Cieza de Leóns Angaben starben mehr als 2000 Indianer (Titu Cusi spricht von 10 000). Noch viel mehr wurden verwundet, und mehr als 5000 Unbewaffnete gerieten in Gefangenschaft, als sie auf ihrer Flucht zu Atahuallpas Lager von den Spaniern verfolgt wurden. Es war jetzt stockdunkel, und ein heftiger Regen hatte eingesetzt.

Es war schon spät am Abend, als die Spanier in die Stadt zurückkamen. Nach der nervenaufreibenden Spannung der letzten Stunden waren sie in einer fast hysterischen Aufregung. Die aufgestaute Spannung hatte sich in ihrer ungebremsten Brutalität gegenüber den unbewaffneten Inkas entladen, und von der Gewalt und dem Töten aufs äußerste erregt, schrien sie nun aus vollem Hals. Der Lärm war so groß, dass sich Pizarro mit einem Schuss Ruhe und Gehör verschaffen musste. Das geplünderte Inka-Lager außerhalb der Stadt hatte ähnlich viel Beute eingebracht wie das Zelt des Persers Dareios nach der Schlacht bei Issos: »große Beute an goldenen und silbernen Gefäßen, 1000 verschiedenen Bechern, wertvollen Stoffen, Juwelen, Steinen«.

Über Atahuallpa berichtet Titu Cusi: »Und sie brachten meinen Onkel in eine Zelle, wo er die ganze Nacht festgehalten wurde, mit einer Kette um den Hals.« Viele Mitglieder der königlichen Familie waren ebenfalls den Invasoren in die Hände gefallen. Die vornehmen weiblichen Gefangenen wurden zusammengetrieben und den Spaniern zugeführt: ein weiteres Dauerthema in allen Geschichten der Eroberung – Frauen als Beute –, das auch Cieza de León, der etwas vom Krieg und den Kriegern verstand, nicht ausließ:

»Viele hochgestellte Frauen königlicher Abstammung oder Frauen von Würdenträgern des Königreiches wurden gefangen genommen – manche von ihnen waren sehr hübsch und schön und trugen ihr langes Haar nach ihrer Mode, was sehr elegant aussah. Unter den Gefangenen gab es auch viele *mamaconas*, Tempeljungfrauen.«

Wie man sich denken kann, wurden nur wenige Frauen von den Eroberern nicht vergewaltigt oder missbraucht.

Die Beute war von unvorstellbaren Ausmaßen. Der Schatz, der den 160 Männern in die Hände fiel, war so groß, dass, wenn dieser bloß ein Vorgeschmack war, »es niemanden in der Welt gäbe, der es mit ihnen aufnehmen könnte. Niemand war in Gefahr gewesen. Sie alle glaubten, es sei ein Wunder …«.

Es war jetzt Samstag, der 16. November 1532, kurz vor Mitternacht. »Es regnete heftig«, berichtet Cieza de León, »eine Erleichterung für die Indianer«. Mehrere 100 Meter vom Platz entfernt, saß Atahuallpa in seinem Gefängnis. Der Regen trommelte auf das Strohdach und tropfte an den Fensterläden hinunter. Atahuallpa starrte die Wand an, die Ereignisse der vergangenen Stunden verschwammen vor seinen Augen. Der Zerfall des Reichs von Tahuantinsuyu hatte begonnen.

Es gibt viele Theorien darüber, warum Atahuallpa es dazu hatte
kommen lassen. Manche meinen, der Aberglaube habe den Inka
gelähmt, astronomische Konstellationen und Prophezeiungen; oder
die technische und kulturelle Überlegenheit der Europäer seien schuld gewesen.
Cieza de León berichtet, dass es in der Familie des besiegten Inka Huáscar einige
Mitglieder gegeben habe, die, als die Nachricht Cuzco erreichte, der Meinung waren,
das Unglück stelle die Erfüllung einer Prophezeiung dar: Rache an dem Thronräuber
Atahuallpa. Es liegt gewiss in der Natur des Menschen, solche Katastrophen mit religiösen oder historischen Vorstellungen zu erklären – besonders auch deshalb, weil
das Unheil allumfassend war und mit Krankheit, physischer und mentaler Eroberung
und dem Zusammenbruch der Dynastie einherging.

**ATAHUALLPAS UNTERGANG**

Aber es ist alles eine Frage unserer primären Quellen. Die bald nach der
Eroberung von Xerez und Cieza de León verfassten spanischen Darlegungen und die
von Zeitgenossen wie Titu Cusi, Guaman Poma und Santa Cruz Pachacuti erstellten
Berichte der Inkas lassen wenig Zweifel daran, dass der Inka die Spanier als irdische
Wesen ansah, als Menschen, mit denen man entsprechend umzugehen hatte.

Es sieht daher so aus, als hätten die Inkas die Fremden, bevor sie sie trafen, richtig eingeschätzt, und als habe Atahuallpa vorgehabt, sie gefangen zu nehmen, zu töten
oder zu versklaven. Wahrscheinlich wollte er ein paar von ihnen als Eunuchen an seinem Hof halten und einige Spezialisten, die ihm von Nutzen sein würden – z. B. den
Einreiter der Pferde und den Schmied –, am Leben lassen. Ganz gewiss sahen die
Inkas auf die Fremden herab und betrachteten sie eher als Unter- denn als Übermen-
schen. Und so war die Ursache für Atahuallpas Untergang nicht irgendein Aberglaube, sondern vielmehr seine Selbstgefälligkeit.

Wenn wir noch die verheerenden Auswirkungen der Pocken und des Bürger-
krieges dazunehmen, bekommen wir ein realistisches Bild von den Gründen für den
Sturz des Inkas. Hätte Huayna Capac noch den Thron innegehabt, wären die Pocken
nicht ausgebrochen, so wäre Pizarro vermutlich nicht bis nach Cajamarca gekommen.
Das wird sogar von seinen eigenen Anhängern anerkannt. Pedro Pizarro hörte z. B.
später:

»Wenn Huaya Capac am Leben gewesen wäre, als wir in Peru eindrangen, hätten wir nicht gewinnen können, denn er wurde von seinem Volk sehr geliebt; wäre das
Land nicht infolge der Kriege zwischen seinen Nachfolgern zerrissen gewesen, hätten wir nicht einmarschieren und den Sieg erringen können – nicht einmal dann, wenn
1000 spanische Soldaten auf einmal gekommen wären.«

Ob die Welt der Inkas die europäische Invasion des 16. Jahrhunderts hätte überleben können, ist noch immer fraglich. Aber man muss immerhin konstatieren, dass
die Inkas bis 1536 ihre Schlachten rund um Cuzco mit spanischen Waffen führten und
sogar in der Lage waren, die spanischen Truppen in einer regelrechten Schlacht zu
schlagen. Wieder einmal stellt sich die Frage in der Geschichte: »Was wäre gewesen,
wenn?«

## EIN ZIMMER VOLLER GOLD

Das Lösegeldzimmer existiert noch immer, und zwar in der Nähe des Platzes von Cajamarca, hinter einem großen alten Wohnhaus; auf dem bröckelnden Putz sieht man verblasste Wandgemälde, ein Innenhof ist erfüllt vom Knarren der Balkone; ein baufälliger Dienstbotenflügel erstreckt sich hinter dem Hof in die freie Fläche hinein, wo sich das letzte Inka-Gebäude der Stadt befindet.

Seit dem 17. Jahrhundert wird erzählt, dass Atahuallpa hier in Ketten gefangen gehalten worden sei; und hier habe er sein berühmtes Angebot gemacht, sich freizukaufen: Er wolle den Raum mit Gold füllen, so hoch er mit seiner Hand reichen könne. (In dem Stein lässt sich, ungefähr 1,80 m über dem alten Boden, eine eingeritzte Linie noch immer schwach erkennen. Doch wer sie angebracht hat, ist eine andere Frage. Jedenfalls wurden bereits im 17. Jahrhundert spanische Touristen hier herumgeführt.)

Die Spanier besuchten den traumatisierten Atahuallpa in seiner Gefängniszelle, gaben ihm zu essen und ließen seine Frauen zu ihm. In diesem Moment kam Atahuallpa – er begriff jetzt, dass die Spanier Gold wollten – auf die Idee, sich freizukaufen.

Für die Inkas war das Verlangen der Spanier nach Gold merkwürdig und faszinierend zugleich. Für sie hatte Gold keinen Handels-, sondern nur einen ästhetischen Wert. Sie verwendeten es als Schmuck für ihre Schreine und für ihre Götterbilder, aber nicht zum Handeln. Ihnen kam die Sucht der Spanier nach dem Gold als Ware ordinär, ja unzivilisiert vor. In Guaman Pomas Buch gibt es einen Cartoon, auf dem der Inka den Spanier (auf Ketschua) fragt: »Esst ihr denn wirklich dieses Gold?« Und der Spanier antwortet: »Ja, natürlich tun wir das.«

Atahuallpa wollte sich, so Guaman Poma, gegen Gold loskaufen. Wenn er zahlte, so glaubte er, würden sie fortgehen. Er schien nie auf den Gedanken gekommen zu sein, dass diese Handvoll Männer – weniger als 200 – die Vorläufer von Tausenden sein könnten, die sich für immer in seinem Land niederlassen würden, und dass eine einmalige Gold-Zahlung nicht ausreichen sollte.

## »BEWEGER DER ERDE«

Atahuallpa ließ also durch seine Boten verkünden, dass die Spanier sein ganzes Reich bereisen dürften und dass man ihnen das gewünschte Gold geben solle. Und Pizarros Leute machten sich kurz danach auf den Weg und begaben sich zum ersten Mal tief in das Innere des Inkareichs. Am berühmtesten war Hernando Pizarros Reise, die ihn in jenem Dezember an der Pazifikküste entlang zu dem altehrwürdigen Schrein des Pachacamac führte, des »Erdbewegers«.

Um heute nach Pachacamac zu gelangen, muss man die Küste hinunterfahren, durch die südlichen Vororte von Lima, eine der Hauptstädte des spanischen Kolonialreiches, die Pizarro 1534 gegründet hatte.

Die alte Straße, die Pizarro einschlug, ist heute die Panamericana. Aber die Landschaft hat sich sehr verändert. Francisco Pizarros Stadt der Könige ist in unserer Zeit eine Megastadt, deren Vororte sich bis nach Pachacamac erstrecken. Hinter hohen Schlammhaufen ziehen sich diese Vororte an der Küste entlang; sie bestehen vor allem aus schlammfarbenen Baracken und Fertighäusern. In der Tat hat alles die

◀ Der Inka-Raum in Cajamarca, wo der Überlieferung nach Atahuallpa als Gefangener festgehalten wurde. Dieser Raum wurde später mit Gold aufgefüllt.

▼ Gold der Inkas: Detail eines Halsbandes aus der klassischen Zeit der Inkas. Die Gier der Spanier nach Gold war so groß, dass heute nur noch kleine Stücke erhalten sind. Die lebensgroßen Figuren – Menschen und Tiere –, die die Spanier aus dem heiligen Garten in Cuzco raubten, sind spurlos verschwunden (vgl. S. 148 f.).

Farbe von Schlamm, und umherwirbelnde Staubwolken verdunkeln schon am frühen Nachmittag die Gegend. An der Straße stehen riesige Plakatwände. Eine davon zeigt eine verführerische blonde Badenixe in einem blauen Badeanzug. Sie hat eine helle Haut, Inbegriff der Wünsche eines westlichen Käufers, und wirbt für INKA COLA, das einheimische Zitronengrasgetränk. Ein paar Kilometer weiter sieht man das Schild nach Pachacamac.

Obwohl wenig besucht und im Vergleich mit den berühmten Inka-Stätten relativ unbekannt, ist Pachacamac einer der großen archäologischen Ausgrabungsorte der beiden amerikanischen Kontinente. An diesem schon lange vor Christi Geburt besiedelten Ort gab es ein berühmtes Orakel, Sitz des Schöpfergottes Pachacamac. Es war so heilig, dass die Inkas, als sie diese Gegend in Besitz nahmen, es in ihr eigenes religiöses System integrierten. Noch in unserer Zeit, nach jahrhundertelangen Plünderungen (die 1532 begannen), wird das Landschaftsbild von riesigen Pyramiden geprägt, die 1000 oder mehr Jahre vor der Ankunft der Spanier erweitert und vergrößert worden waren. Und selbst heute noch vollziehen die einheimischen Schamanen hier ihre Riten.

Die Stätte hat eine spektakuläre Lage auf einem Bergrücken; 100 Meter über der flachen Küste gelegen, bietet sie über die Wellen des Pazifiks hinweg einen Blick auf die Inseln von Pachacamac. Dahinter gibt es bis Australien nichts als Wasser. Es ist ein Ort, wo sich Himmel, Erde und Meer auf ganz urtümliche Weise begegnen – ein Ort, der wie kaum ein anderer dazu geschaffen ist, sich die Erscheinung des urzeitlichen Schöpfers vorzustellen.

Die Stätte liegt am Eingang des Lurín-Tales, eines der zahlreichen engen Täler, die in die unterhalb der Anden gelegene Küstenebene eingeschnitten sind; hier haben die aufeinanderfolgenden Kulturen des alten Peru ihre Spuren hinterlassen – die Chavin-, Nazca- und Moche-Kulturen. Im verkleinerten Maßstab ähnelten solche Kulturen wohl den bronzezeitlichen Reichen der Alten Welt, doch die atemberaubenden, kürzlich in den Königsgräbern von Sipan gemachten Entdeckungen zeigen, dass sie märchenhaft reich waren. (Wohl einer der größten archäologischen Einzelfunde seit Tutanchamun.)

Pachacamac wurde zu Beginn des ersten Jahrtausends zu einer heiligen Stätte und von späteren Herrschern nach und nach erweitert. Als die Spanier erschienen, war Pachacamac so groß wie eine Stadt und wurde von der riesigen Sonnenpyramide überragt, die dort von den Inka-Herrschern im 15. Jahrhundert – vielleicht gegen den Willen der Bevölkerung – errichtet worden war.

Bei den modernen Ausgrabungen des eigentlichen Schreines von Pachacamac fand man an den Mauern Fragmente von Wandgemälden, und die mit Muscheln besetzten Türen, die die Spanier 1532 sahen, lagen noch so in dem Schutt, wie sie gerade umgefallen waren. Bei Ausgrabungen in den 30er-Jahren des 20. Jahrhunderts kam erstaunlicherweise das hölzerne Götterbild zum Vorschein, das vielleicht von den Priestern vergraben worden war, um es vor den Konquistadoren zu schützen. Daher kann man heute dort allein im Dunklen stehen und Pachacamac ins Gesicht schauen, so wie es die Spanier Ende 1532 taten. Einer der spanischen Soldaten, die unter Hernando Pizarros Führung den Schrein plünderten, beschrieb die Szene:

»Der Kapitän stellte fest, dass der Teufel Umgang mit diesem Götzenbild habe und im Gespräch mit seinen Dienern teuflische Dinge sage. Sie betrachten diesen Götzen als Gott und bringen ihm viele Opfer dar; und sie legen 300 Wegestunden zurück, um diesen Teufel mit Gold, Silber und Tuch zu beschenken. Die Spanier gaben den Indianern zu verstehen, dass sie sich sehr irrten und dass derjenige, der aus dem Inneren des Götzenbildes zu ihnen spreche, der Teufel sei, der sie in die Irre führe. Sie sollten ihm von nun an keinen Glauben mehr schenken und auch nicht tun, was er ihnen sage. Der Kapitän gab den Befehl, das Allerheiligste niederzureißen und das Götzenbild zu zerstören.«

Pizarros eigener Bericht ist eine ergreifende Parabel von der Begegnung der beiden Welten:

»Ich ließ einen alten Mann foltern, einen der ältesten und vertrautesten Diener ihres Gottes. Doch er hielt so eisern an seinem Irrglauben fest, dass ich aus ihm nichts anderes herausbekommen konnte, als dass sie wirklich ihren Teufel für einen Gott hielten. Es hatte den Anschein, als würden die Indianer diesen Teufel nicht aus Frömmigkeit verehren, sondern allein aus Furcht.«

## DER TOD ATAHUALLPAS

Hernando Pizarro mag in Pachacamac nicht viel Gold gefunden haben, doch er und seine Männer plünderten die Heiligtümer der Umgebung – darunter auch den Inka-Tempel der Sonne –, und diese waren voller Gold. Auch gab es noch viel mehr Heiligtümer: Pariacaca (wohin die indianischen Schamanen noch immer gehen, um sich initiieren zu lassen), Raqchi, wo das riesige, aus Adobe-Ziegeln gebaute Mittelschiff des Schreins noch immer wie eine Kathedrale über die Maisfelder ragt; und in Cuzco stand die Coricancha, der große Sonnentempel, dessen Mauern mit Platten gehämmerten Goldes verkleidet waren. Überall gehorchten die Gouverneure Atahuallpas Wünschen und schickten das Gold nach Cajamarca – sieben Tonnen, dazu noch 13 Tonnen Silber. Das meiste davon wurde auf der Stelle in Barren umgeschmolzen.

Es war ein ungeheurer kultureller Verlust, denn neben den Textilien war Gold eines der Hauptmaterialien, welche die Künstler der Inkas verwendeten. Pizarros Männer brauchten einen Monat, um alles einzuschmelzen, und obwohl ein paar ausgesuchte Stücke nach Spanien geschickt wurden, sind davon heute kaum noch welche erhalten. Innerhalb des folgenden Jahres vernichteten die Spanier eine bedeutende künstlerische Tradition.

Währenddessen blieb Atahuallpa weiter in Gefangenschaft und wurde streng bewacht. Er war von den Spaniern offensichtlich fasziniert und lernte rasch ein paar Brocken Spanisch:

»Während seiner Gefangenschaft unterhielt sich Atahuallpa mit Pizarro, Almagro und anderen Spaniern. Seine Bewacher brachten ihm das Schachspielen bei, und das Spiel bekam den indianischen Namen ›taptana‹ bzw. ›Überraschungsangriff‹. Der Inka zeigte sich sanft und friedfertig, denn er tat sein Bestes, um mit den Christen gut auszukommen. Er gab ihnen all seinen Reichtum, aber bemühte sich trotzdem weiterhin, ihnen zu gefallen. In der Zwischenzeit kündigten ihm viele seiner eigenen Adelsleute die Treue.«

Wie in der Beziehung zwischen Cortés und Montezuma entdecken wir auch hier das, was die modernen Psychologen als Geisel-Syndrom bezeichnen, d. h. eine Komplizenschaft zwischen dem Opfer und dem Geiselnehmer. Pizarro beutete Atahuallpas wachsende Abhängigkeit erbarmungslos aus, und Atahuallpa war gezwungen, Mitglieder anderer Zweige der königlichen Familie ermorden zu lassen: insbesondere sein Bruder und Rivale Huáscar wurde gefangen genommen, beschimpft, verspottet und getötet.

»Das Motiv lag jedoch in den Nachforschungen, die die Christen hinsichtlich des rechtmäßigen peruanischen Herrschers und seiner Familie angestellt hatten«, sagt Guaman Poma (der übrigens besonders entsetzt war, weil er Huáscar als den legitimen Herrscher ansah). »Auf Atahuallpas aus dem Gefängnis ergangenen Befehl hin wurden alle Prinzen und Prinzessinnen ermordet, und sogar ungeborene Kinder wurden im Mutterleib umgebracht … Zu jener Zeit verloren unsere Indianer jegliche Orientierung. Sie vergaßen ihre Götter und vermissten die Autorität ihrer Herrscher.«

Doch natürlich war all diese Beschwichtigungspolitik und Kooperationsbereitschaft letztlich umsonst. Als für Pizarro die Zeit kam, seinen Teil des Handels zu erfüllen, klagte er Atahuallpa der Verschwörung an und brachte ihn wegen Verrats vor Gericht. Für Pizarro war dies eine einfache Vorsichtsmaßnahme: Er war in Cajamarca. Die Hauptstadt der Inkas war 1000 Meilen entfernt, deshalb konnte er Atahuallpa nicht freilassen. Indem man so tat, als handele man im Rahmen des Gesetzes – wozu die spanischen Konquistadoren in der Neuen Welt ja verpflichtet waren –, wurde Atahuallpa für schuldig befunden und zum Tode verurteilt – er sollte auf dem Scheiterhaufen verbrannt werden.

Viele Spanier waren über das Urteil entsetzt: »Das war das Widerwärtigste, was wir Spanier in Westindien je taten«, meinte Cieza de León, der selbst Soldat war. Für die Peruaner bedeutete dies eine grauenhafte Strafe, nicht nur weil sie ungerecht und grausam war, sondern weil in ihren Vorstellungen vom Tod – wie bei den alten Ägyptern – das Überleben des Körpers eine wesentliche Rolle spielte. Der Ahnenkult der Inkas wollte, dass die Mumie sorgfältig im Haus der Familie aufbewahrt, bei Festen hinausgebracht, auf den Straßen gezeigt und wie eine lebende Person umsorgt wurde. Würde man verbrannt, würde man um sein Leben nach dem Tode gebracht. Und weil er den Verlust seiner Seele fürchtete, erklärte sich Atahuallpa daher schließlich damit einverstanden, sich taufen zu lassen – wenn er nicht verbrannt, sondern (wie Montezuma) garrottiert würde.

Der Inka Atahuallpa wurde am 26. Juli 1533 auf dem Platz in Cajamarca ermordet. Er war keine eindrucksvolle Persönlichkeit, und er handelte nicht wie ein großer König. Doch die Art seines Todes umgab ihn mit einem unvergänglichen Nimbus und machte ihn, nachdem er umgekommen war, zu einem Symbol des Widerstands in der Welt der Anden, und sogar noch heute erinnert man sich in Liedern, Theaterstücken und Klageliedern an ihn als den »Vater Inka«, der von den Weißen auf hinterhältige Weise umgebracht wurde.

◀◀ Die goldene Statuette einer Göttin aus der klassischen Zeit der Inkas. In Cuzco arbeiteten spanische Schmelzöfen Tag und Nacht, um solche Kostbarkeiten zu Barren umzuschmelzen.

## ZUM NABEL DER WELT

Auf der nach Süden, durch Jauja und Huamanga führenden Hauptstraße der Inkas marschierte Pizarro nun in Richtung Cuzco. Unterwegs kam es zu Kämpfen, doch Pizarro hatte Verstärkung bekommen, die Gegner waren hoffnungslos verwirrt und zerstritten, er konnte nicht aufgehalten werden. Am Samstag, den 15. November 1533, betraten die Spanier Cuzco, die Hauptstadt des großen Inkareichs, wo sich der Königshof, der heilige Tempel der Sonne und die bedeutendsten Bauwerke befanden.

Cuzco bietet heute noch immer einen wunderbaren Anblick. Auf Ketschua bedeutet der Name »Nabel«, und die Stadt liegt eingelassen im oberen Teil eines Tales, umgeben von Bergen, die wiederum von den höheren Gipfeln der Anden überragt werden. Auf einer Höhe von mehr als 3300 Metern hat sie Hochgebirgsklima, kristallklares Licht, eine trockene, frische Luft, und zumindest bei Tage bringt eine glühend heiße Sonne die blendenden Farben der roten Hügel zum Leuchten, die weiß getünchten Adobe-Mauern und den mattschwarzen Stein des Inka-Mauerwerks, das noch immer die Fundamente der Stadt bildet.

Dies war das Herzland der Inkas – »der Nabel der Welt«, wie sie sich ausdrückten. Obwohl der Ursprungsmythos der Inkas sie auf die Insel der Sonne im Titicaca-See und in die alte Tiahuanuco-Kultur versetzte, war in Wahrheit Cuzco der Gründungsort der Dynastie – genau genommen der heilige Felsen vor der Stadt, wo der erste Inka Manco Capac seinen goldenen Stab in den Boden pflanzte und so die Stätte ihrer Anden-Heimat markierte. Dies war ihre wirkliche Wurzel, und die Landschaft der Umgebung blieb der Teil des Reiches, um den sich die meisten Mythen rankten.

Cuzco hatte über 50 000 Einwohner, und viele von ihnen gehörten zu den riesigen Dienstleistungsbetrieben, die mit dem königlichen Hof und den Häusern der

▸ Die Hinrichtung Atahuallpas, dargestellt auf einem Wandgemälde der Schule von Cuzco. Zum Tod auf dem Scheiterhaufen verurteilt – wodurch er nach dem Glauben der Inkas seine unsterbliche Seele verlieren würde –, erklärte sich Atahuallpa bereit, sich taufen und garrottieren zu lassen (er wurde nicht, wie hier gezeigt, enthauptet).

verschiedenen Geschlechter verbunden waren. Jeder Zweig der königlichen Familie unterhielt Paläste, die sich in weiträumigen, von Mauern umgebenen Arealen befanden und um den großen Platz im Zentrum gruppiert waren. (Manche Paläste waren wirklich riesig – die große Festhalle von Huayna Capac war 180 Meter lang.)

In den 40er- und 50er-Jahren des 15. Jahrhunderts, nach seinem Sieg über die Chancas, die alten Rivalen der Inkas, war die Stadt von dem Inka Pachacuti wieder aufgebaut worden. In über 20 Jahren hatten 50 000 Arbeiter Cuzco in der Gestalt eines Pumas neu angelegt; sein Kopf war die gigantische Festung oberhalb der Stadt bei Sacsahuaman (»königlicher Falke«), sein Schwanz befand sich an dem großen geschwungenen Tempelbezirk der Coricancha, des Tempels der Sonne. Und von dieser Stelle aus, dem heiligen Herzen der Stadt, verliefen mit Schreinen gesäumte Straßen zur Markierung der heiligen Bezirke in alle vier Himmelsrichtungen.

Pizarros Ankunft in der Stadt, im Frühjahr 1533, war problemlos. In der Tat gab es viele Mitglieder der königlichen Inka-Geschlechter, die bereit waren, ihn willkommen zu heißen – besonders diejenigen, die sich Atahuallpas Herrschaft widersetzt hatten. Sie betrachteten die Spanier als die Männer, die sie von den Schrecken des Bürgerkriegs befreiten, und waren überhaupt nicht unglücklich, als sie sahen, dass sich Pizarro zunächst an die Regeln des Inka-Staates hielt und ein rechtmäßiges Mitglied der königlichen Familie mit dem pupurnen Stirnband krönte. Pizarro hielt andererseits die Ernennung eines Marionettenkönigs für das beste Mittel, um die spanische Kontrolle in Cuzco zu garantieren, und beschloss, nachdem er sich beraten hatte, dass Manco, ein jugendlicher Sohn Huayna Capacs und Halbbruder Atahuallpas, der neue Inka sein solle.

Anfangs verlief alles gut. Die Inkas durften weiter ihre Zeremonien und Prozessionen durchführen. Es gab das übliche Gelage, an dem viel Chicha-Bier getrunken wurde und das sich über einen Monat hinzog. (Damals waren die Menschen der Anden, so wie noch heute, große Trinker, und das Gesetz der Inkas sah strenge Strafen gegen Trunkenheit vor.) Die Mumien der toten Könige wurden in Sänften durch die Straßen getragen – damals geschah dies zum letzten Mal öffentlich (dennoch wurden manche Mumien, wie man erzählt, Jahrhunderte später in den Statuen katholischer Heiliger wieder entdeckt). Der Auftritt der Spanier schien damals also noch nicht den Fortbestand der Welt der Inkas zu gefährden.

Während ihres siebenmonatigen Aufenthalts in Cajamarca hatten sich die spanischen Anführer mit Frauen gefangen genommener Inkas eingelassen. Atahuallpa gab dem 56-jährigen Junggesellen Pizarro die 18-jährige Quispe Cusi, die Tochter Huayna Capacs, zur Frau. Anscheinend hatte Pizarro sie wirklich sehr gern und gab ihr, nach einem Vogel seiner heimischen Estremadura, den Spitznamen »Pizpita«. Sie ließ sich taufen und gebar ihm im Dezember 1534 in Cuzco eine Tochter und ein Jahr später einen Sohn. Andere Anführer wie Diego de Almagro und Hernando de Soto, aber auch einfache Soldaten nahmen sich gleichfalls königliche Frauen.

In jener ersten Zeit der Begeisterung scheinen diese Verbindungen zwischen den Spaniern und Inka-Frauen königlicher Herkunft keine Feindseligkeiten hervorgerufen zu haben, sondern waren eher ein Grund zum Feiern. Bei einigen Eheschließungen wurden Turniere und Feste veranstaltet. Am Ende führte die schlechte Behandlung

◀ Cuzco, die Hauptstadt des Königreichs Peru in der Neuen Welt. Dieser Kupferstich stammt aus dem Jahre 1572, als die Stadt von den Spaniern großzügig wieder aufgebaut worden war. Obgleich es sich um eine idealisierte Darstellung handelt, zeigt das Bild die gebirgige Umgebung des »Nabels der Welt«.

◀◀ Das heutige Cuzco. Die Stadt, jetzt ein Magnet für Rucksacktouristen, ruht noch immer auf ihren Inka-Fundamenten. Die Bevölkerung spricht Ketschua und in den umliegenden Bergen werden die alten heiligen Plätze weiterhin gepflegt.

der Inka-Frauen durch die Spanier zu Handgreiflichkeiten auf beiden Seiten, doch zwangsläufig kam es zu den ersten Konflikten durch das unstillbare Verlangen der Spanier nach Gold. Wie Manco Inka feststellte, wären die Spanier, selbst wenn sich aller Schnee der Anden in Gold verwandelte, noch immer nicht zufrieden.

Das meiste Gold aus Cajamarca ging an den König von Spanien und die Pizarro-Brüder, während der Rest, wie versprochen, anteilmäßig an die Männer verteilt wurde, die in der ursprünglichen Armee gedient hatten. Bei der Ankunft in Cuzco kam es zu weiteren Plünderungen. Doch da immer mehr Spanier eintrafen, gab es bald nicht mehr genug zu verteilen.

Bei seiner Krönung schwor der neue Marionettenkönig Manco einen Eid, in dem er die Monarchie der Inkas zu einem spanischen Satellitenstaat erklärte. Dies bedeutete vermutlich, dass Manco die spanische Krone anerkennen, aber unabhängig regieren würde, denn der Inka sollte niemandem untertan sein. Manco verstand seine Position als die eines mit den Spaniern Verbündeten, doch das ganze Theater erwies

sich rasch als Betrug. Bald nach Mancos Krönung begannen die Spanier systematisch, das Vermögen der königlichen Clans an sich zu reißen. Und die Beute war gewaltig. Wie Pedro Pizarro sich erinnerte, konnten die Spanier kaum glauben, was sie sahen:

»Es gab so viele Lagerhäuser mit wunderschönen Textilien …, vergoldeten Thronen, Lebensmitteln, Koka-Blättern … Es gab Kleidungsstücke mit aufgenähten Pailletten von sehr feiner und erlesener Qualität … Es gab zahlreiche Speicher mit kupfernen Werkzeugen für die Minen, Säcke und Seile; es gab Lager mit silbernen Bechern und Tellern …«

Die Spanier hatten bereits die Wände der Coricancha geplündert, um sich das Lösegeld für Atahuallpa zu beschaffen. Jetzt zogen sie durch die Schreine und Lagerräume, um die wertvollsten Kultobjekte an sich zu nehmen. Dazu gehörte eine goldene Statue, deren Entdeckung die Indianer besonders schmerzte, da sie angeblich den ersten Inka darstellte. Sie raubten auch aus dem berühmten Tempelgarten die goldenen Lamas, Blumen und menschliche Figuren. »In einer Höhle«, erzählt Pedro Pizarro, »gab es zwölf silberne und goldene Lamas, naturgetreu und lebensgroß nachgebildet.«

Man hat niemals eine vollständige Bestandsaufnahme des Tempels und seines Gartens gemacht, und gewiss wurden riesige Schätze entwendet. Eine Vorstellung von diesen Reichtümern vermittelt jedoch der fürstliche Anteil von einem Fünftel dieses einen Tempels. Selbst nach der Plünderung bestand dieser Anteil aus »einer großen Menge Gold, vier goldenen Lamas und elf goldenen Frauenfiguren …, dazu kamen unvorstellbar viel Silber und so viele wertvolle Steine, dass alles zusammen so viel wert war wie eine ganze Stadt«.

In Cuzco wurde eine Gießerei eingerichtet, um das frisch erworbene Gold zu Barren umzuschmelzen, und ein weiteres Mal war der Adel der Inkas gezwungen, mitanzusehen, wie Tag und Nacht ihre religiösen und künstlerischen Schätze – goldene Ornamente, Ringe, Statuen, Rauchfässer, Becher, Teller, Wanddekorationen – in die Flammen geworfen wurden; die jahrhundertealten Kostbarkeiten wurden zu Goldbarren für die Bankiers Europas. »Keine Beute war so groß wie diese«, sagte einer der Konquistadoren. »Und auch nirgends sonst in Westindien wurde je solcher Reichtum gefunden.«

## IM ALLERHEILIGSTEN

Es ist Nacht, am wolkenlosen Himmel steht ein fast voller Mond. Im Inneren der Kirche Santo Domingo in Cuzco hört man durch die Trennwände hindurch die Gebete der katholischen Gläubigen. Die Coricancha ist ein unheimlicher Ort: geschwärzte Kreuzgänge und ein leerer Hof, von dem aus man die dächerlosen Bauten des wichtigsten Tempels der Inkas betritt. Erstaunlicherweise stehen sie noch immer. Meiner Ansicht nach ist dieser Ort am besten dazu geeignet, sich in die Welt der Inkas hineinzuversetzen – vor allem bei Nacht.

1950 kam bei einem Erdbeben alles zum Vorschein, was seit dem 16. Jahrhundert durch das Mauerwerk und den Putz verborgen gewesen war. Damals diskutierte man darüber, ob die ganze Kirche abgerissen und der Inka-Tempel freigelegt werden sollte. Aber dazu kam es nicht. Als Kompromiss hat man die Gebäude aus der Inka-Zeit innerhalb der christlichen Kirche stehen lassen. Daher ist das Kloster nun von sechs wunderbaren Bauten umgeben (ein Siebter, der ursprünglich aus dem Hof herausragte, ist nicht mehr vorhanden).

Die Gebäude bestehen alle aus ganz fein behauenem, schwarzem Stein mit wunderschönen Nischen. Alle waren früher mit steilen Strohdächern bedeckt. An den Innenwänden kann man seine Finger über Reihen von Löchern gleiten lassen. Darin steckten einst goldene Nägel, mit denen die Blattgold-Fliesen befestigt waren. Die Nischen, in denen die Götzenbilder und die Mumien der toten Inkas standen, sind noch erhalten. Wir befinden uns im Allerheiligsten des Inkareichs.

Wenn wir links um das Kloster herumgehen, kommen wir zuerst zum Bau für den Regenbogen, die Opferstätte. Durch drei runde Öffnungen floss einst die von der Opferung stammende Flüssigkeit auf die Straße – Blut der Lamas, Trankopfer von Maisbier. Daran schließt sich der Raum für den Gott Ilapa an. Als wilder, Furcht einflößender Gott, als Blitz und Donner, als Sternschnuppe, war Ilapa einer der Urgötter der Königsfamilie. Sein Saal ist eine wunderschöne, noch völlig erhaltene Kultstätte, mit zugemauerten Nischen und drei Türöffnungen. Es ist ein Ort, der im Gedankengebäude der Inkas eine ungeheure Bedeutung hatte. 100 Jahre vor Ankunft der Spanier rettete ein junger Prinz, ein Sohn von Viracocha Inca, Cuzco und das Reich vor seinen Todfeinden. Vor der entscheidenden Schlacht sah der Prinz in einem Traum oder einer Vision ein übernatürliches Wesen – den Himmelsgott Ilapa, der liebevoll mit ihm sprach und sagte: »Mein Sohn, bleib der wahren Religion treu, dann wirst du ein großer Inka sein und viele Völker unterwerfen.« Dies tat er, befreite dadurch die Inkas und bezeichnete sich von da an als Pachacuti, Revolutionär, als einen, der die Welt und die Zeit aus den Angeln hebt. Von diesem Augenblick an wurde die Welt neu erschaffen – und Ilapa war der Doppelgänger des Königs, sein Alter Ego. Dieser Saal war daher mit seinen Bildern, Ritualen und Liturgien dazu bestimmt, das Jahr Null des Inkareichs zu verkörpern.

Heute ist das Bauwerk ein christliches Kloster, aber es hat die Umrisse des Inka-Hofs bewahrt. Zum Himmel hin offen, ist es noch immer von den mächtigen Inka-Mauern umgeben. Nur die steilen Strohdächer fehlen. Auf der gegenüberliegenden Hofseite erhebt sich der Tempel der Sterne, der Töchter der Mondgöttin – unter ihnen spielte Venus eine besondere Rolle. Dieser Tempel ist vollständig erhalten und beeindruckt mit seinen beiden wuchtigen, 4 Meter hohen Türen. In der Mitte befindet sich eine prachtvolle, zweifach verblendete Nische, und seine Wände mit 23 wunderschönen eingelassenen Nischen sind rundum vollkommen.

Man stelle sich den Schmuck vor, der diese dunklen Räume zierte: die glänzenden Farben, die sich von dem matten Dunkel des harten Steins abheben, die vergoldeten Götter- und Stifter-Figuren, die im Lampenlicht leuchtenden goldenen Wände, der Rauch und Weihrauch, der sich zum hohen Holzbalkendach emporkräuselt. Und die Musik: »Die große, mit Pumafell bespannte Trommel, die Trompete, die Spiralmuschel, Kalebasse, Flöte und Pfeife.«

Wenn man hier steht und die Kerosinlampe ihr flackerndes Licht an die Wände wirft, ist es nicht schwierig, sich die nächtlichen Zeremonien Huayna Capacs vorzu-

stellen, »bei denen im dritten Monat die schwarzen Lamas den Göttern geopfert wurden«; oder sich Coya Raymi auszumalen, das Fest der Königin, »als das große Mond-Fest abgehalten wurde; dabei wurde die Mondgöttin, die Braut des Sonnengottes, als die Königin aller Planeten und Sterne am Himmel gefeiert«. Da sind dann wohl auch »die hochgestellten Frauen, auch die aus der Familie des Inka«, in ihren bestickten Gewändern hierher geströmt »und die Tempeljungfrauen, die die Männer einluden und eine führende Rolle bei der Veranstaltung übernahmen«.

Was den prächtigsten Tempel betrifft, den »herrlichsten all ihrer Tempel«, den der Sonne: Er wurde im 16. Jahrhundert zerstört und durch eine Kirche ersetzt. Es ist jedoch noch immer möglich, hinter deren Apsis auf eine gebogene Terrasse zu treten, die auf dem wunderschönen gebogenen Strebepfeiler des Tempels ruht. Diese Terrasse – die schönste aller noch erhaltenen Steinmetzarbeiten der Inkas – überschaute einst den zauberhaften Garten mit seinen lebensgroßen Figuren aus Gold und Silber – Darstellungen von Männern, Frauen und Lamas – und seinen Weizenähren und Blumen.

Guaman Poma zeigt uns ein Bild vom Inneren des Sonnentempels: »Hier waren die Wände von oben bis unten mit dem reinsten Gold verkleidet, es gab riesige Bergkristalle über dem Tor und Puma-Skulpturen auf beiden Seiten.« »Hier«, so erzählt uns Guaman Poma weiter, »brachte der Inka seinem Vater, der Sonne, Ge-

▲ Das Innere eines noch erhaltenen Inka-Palastes am Fuße des Cotopaxi, Ecuador. Er gehörte später dem Konquistadoren Diego de Sandoval, der eine der Frauen Atahuallpas heiratete. Wie viele andere Inka-Bauten wurde auch dieser nach der Eroberung in eine Kapelle umgewandelt.

◀◀ Oben links: Die riesigen, fein eingepassten Kalksteinblöcke bildeten die Grundmauern der Inka-Paläste und -Tempel in Cuzco.
Unten links: Die Kirche Santo Domingo in Cuzco, die über den Überresten des heiligsten Inka-Tempels, der Coricancha, erbaut wurde. Der Sonnen-Tempel stand auf der geschwungenen Bastion im Vordergrund.

schenke aus Gold und Silber und opferte ihm das Leben von 10-jährigen Kindern, die aus ganz Peru ausgewählt und deren Körper ohne jeglichen Fehler oder Makel waren«. Der Tempel war so angelegt, »dass die Strahlen der untergehenden Sonne in sein Inneres fielen«.

Von der Terrasse kann man auf den geschwungenen Wall aus der Inka-Zeit treten und auf den goldenen Garten hinunterschauen. Als ich hier unter einem bestirnten Himmel stand und auf die Töne des Vespergottesdienstes lauschte, die durch die geschlossene Tür des Mondtempels drangen, empfand ich im Rhythmus des gregorianischen Gesangs der Anden die seltsame Gegenwärtigkeit der Vergangenheit – und hörte von ferne das Lied an den Schöpfer, von dem Guaman Poma spricht, der diese herrliche archaische Welt selbst für kurze Zeit kennen gelernt hatte:

»… eine langsame rhythmische Beschwörung, in die der Inka selbst mit einstimmte, eine Nachahmung des Blökens des roten Lamas, der sich die anwesenden Frauen anschlossen, beginnend auf einem hohen Ton, der allmählich tiefer wurde und wunderschön klang; die Worte ›aravi, aravi‹ wechselten ab mit Improvisationen, die in derselben Tonhöhe gesungen wurden …, das traurige, melancholische Lied …«

Die von den Spaniern vernichtete Kultur war die einer Gesellschaft von Analphabeten, und so sind zwangsläufig nur winzige Bruchstücke von Worten und Eindrücken erhalten, die von den Nachgeborenen überliefert wurden, Scherben einer zerbrochenen Welt. Beide Kulturen, so könnte man sagen, wurden getäuscht, aber welche mehr – die der Inkas oder die der Spanier?

Heute finden sich in der Umgebung des Klosters seltsame Darstellungen von christlichen Heiligen und Märtyrern, die auf grausige Weise sterben: überall Blut und Tränen. Sie scheinen irgendwie fremdartiger als die goldenen Lamas der Coricancha oder die Tränen, die um die verlorene Liebe in Guaman Pomas Inka-Lied vergossen werden. Jedenfalls hat man dieses Gefühl, wenn man unter dem durchsichtigen blauen Nachthimmel von Cuzco steht mit seinen glitzernden Sternen und der weit entfernten zarten Silhouette, die geheimnisvoll am Horizont zu sehen ist, die mondbeschienenen schneebedeckten Höhen des heiligen Berges Ausangate.

## LIMA: DIE STADT DER KÖNIGE

Peru fiel also an die Spanier, und die systematische Zerstörung der uralten Inka-Kultur nahm ihren Anfang.

Hier in Lima kann man in den alten Archiven der Kolonialzeit das komplexe Gespinst der verwandtschaftlichen Beziehungen entwirren, das den Clan Pizarros – und insbesondere die vier Brüder – in die Lage versetzte, die Welt der Anden zu beherrschen und sich fast ein privates Imperium zu erschaffen. Sie waren kapitalistische Unternehmer des 16. Jahrhunderts, die Vorläufer der heutigen Globalisierer. Deswegen wurde Lima gegründet. Cuzco war die Hauptstadt einer Bergwelt, und die Inkas schauten auf die Berge, hingen an dem Nabel, wo ihre Vorfahren den goldenen Stab in die Erde gepflanzt hatten. Die spanischen Sonderlinge hingegen hatten ihre Augen auf eine größere Welt gerichtet, sie brauchten einen Hafen, um das Silber und das Gold zu verschiffen, das sie aus den Erzadern Perus gefördert hatten. Und ihre Schiffe fuhren davon, schwer beladen mit Gold.

Pizarros erstes Schiff, die *Santa Maria del Campo*, traf am 9. Januar 1534 in Sevilla ein. Die Nachricht von seiner bevorstehenden Ankunft hatte sich, sobald es die Sandbank bei Sanlucar de Barrameda an der Mündung des Guadalquivir überwunden hatte, wie ein Lauffeuer verbreitet, und riesige Menschenmengen hatten sich am Kai versammelt, um das Einlaufen des Schiffes zu beobachten. Unter ihnen befand sich der 14-jährige Pedro de Cieza de León, der spätere Chronist Westindiens. Er schaute staunend zu, wie unter den aufmerksamen Blicken der königlichen Abgesandten und Beamten des Handelsministeriums die *Santa Maria del Campo* ihre unvergessliche Masse an Schätzen entlud. Noch Jahre später ging ihm diese Szene nicht aus dem Kopf: »Ich kann nicht aufhören, über diese Dinge nachzudenken, wenn ich mich an die märchenhaften Reichtümer erinnere, die in Sevilla zu sehen waren und die aus Cajamarca herübergebracht worden waren; dort hatte man die Schätze zusammengetragen, die Atahuallpa den Spaniern versprochen hatte.«

Dies war der Beginn eines Goldrauschs. Seit jener Zeit sprach man in Spanien nur noch über Peru. Doch es würde sich erst im Laufe der Zeit zeigen, ob die Spanier imstande wären, ihre neue Welt in den Anden zu behalten – »das reichste und schönste Land, das es auf Erden je gegeben hat«.

# 4

# DER GROSSE KRIEG
# DER INKAS

Zu Beginn des Jahres 1535, 18 Monate nach Atahuallpas Tod, schien die Zukunft klar. Die Spanier hatten ihre Macht in Peru gefestigt. Manco Inka war ihre Marionette, und viele seiner wichtigsten Verwandten und Führungskräfte waren ermordet worden. Pizarro hielt das Gemeinwesen der Inkas fest im Griff und war in der Lage sich die Ländereien und Schätze der Inkas ungestraft anzueignen.

Er saß mit seinen Brüdern, seinen Konquistadoren und seiner jungen Inka-Prinzessin Ines Yupangui – »mein Vögelchen Pizpita« – bei Tisch und schaukelte ihr gemeinsames Töchterchen Francisca auf den Knien. (Francisca sollte später ihren Onkel Hernando heiraten. Ihre Büste am Herrenhaus der Pizarros in Trujillo zeigt sie mit einem hübschen, wachen Gesicht.) Ines war bereits mit ihrem zweiten Kind, einem Sohn, schwanger und lernte rasch Spanisch. Bei ihren Auftritten in der Öffentlichkeit würde Pizarro sagen: »Das ist meine Frau.«

Aber die wachsende Entfremdung zwischen Pizarro und seinem alten Finanzpartner Almagro sollte schließlich mit dem gewaltsamen Tod beider Männer enden und eine Fehde heraufbeschwören, die sich über Generationen hinzog. Und die zunehmende Verbitterung über die spanische Herrschaft führte zu einem heftigem Aufstand der Inkas, der die gesamte Welt der Anden erschütterte.

Zu Beginn des Jahres 1535, während Pizarro mit der Gründung einer neuen Hauptstadt in Lima befasst war, trafen die ersten Nachrichten von einem Erlass Karls V. ein, der den nördlichen Teil des Inkareiches Pizarro und den südlichen Teil Almagro unterstellte. Die genauen Einzelheiten waren noch nicht bekannt, doch anscheinend sollte Cuzco, die Hauptstadt der Inkas, in Almagros Zuständigkeitsbereich fallen. Natürlich stieß das bei solchen Teufelskerlen wie Juan und Gonzalo Pizarro und deren Gefolgsleuten auf Widerstand; sie betrachteten Cuzco als ihr Eigentum, und so kam es zwischen den Parteien bald zu offener Gewalt.

*Du hast das Gesicht eines Toten … Aber du kannst uns mit deiner Maske nicht schrecken, denn es ist nur eine Maske. Wenn du sie abnimmst, werden wir dich sehen, wie du wirklich bist. Wenn du deine Maske fallen lässt, werden wir dich kennen.*

GUAMAN POMA, *Nueva corónica y Bien Gobierno,* um 1585–1613

*Soweit ich aus eigener Erfahrung weiß, war dies der furchtbarste und grausamste Krieg der Welt. Denn zwischen Christen und Mohren gibt es so etwas wie Mitgefühl, und beide Seiten schonen … ihre Gefangenen, um Lösegeld zu bekommen. Doch in diesem Indianer-Krieg gab es auf keiner Seite ein Gefühl dieser Art. Beide Parteien töteten einander so rücksichtslos, wie sie nur konnten.*

[ANONYM] *Leben und Taten des Don Alonso de Guzmán,* 1543

◀ Machu Picchu, erbaut von Pacachuti Inca in der Mitte des 15. Jahrhunderts.

Ende Mai kehrte Pizarro nach Cuzco zurück, um sich mit diesem Problem zu befassen, und handelte mit Almagro eine Vereinbarung aus; dessen Anhänger hatten den Eindruck, sie seien nach Cajamarca bei der Verteilung der Beute betrogen worden. Almagro war ebenfalls ein Mann mit Ecken und Kanten, typisch für seine Zeit. Wie Pizarro war er unehelich geboren, doch über seine Abstammung wusste man nichts, da er als Kind angeblich an einer Kirchentür gefunden worden war. Auch Almagro machte sich große Hoffnungen; auch er hatte eine Frau königlicher Herkunft, eine Tochter Huayna Capacs und leibliche Schwester Manco Inkas, und er wollte seine eigenen Wege gehen.

Nun war er vom König zum Vizekönig von Collao ernannt worden, dem südlichsten der vier Viertel des Inkareichs, den weiten Ländereien, die sich über Chile bis fast zum südlichen Polarkreis erstreckten. Die Eroberer Perus, die von immer neuen Goldländern träumten, hörten in jener Zeit Gerüchte, nach denen Chile sogar noch reicher sein sollte als Cuzco. Zwangsläufig wurde dies das nächste Ziel der Konquistadoren.

Von Pizarro ermutigt, der ihn aus dem Weg haben wollte, plante Almagro nun eine große Expedition nach Chile. Pizarro beschaffte ihm sogar einige finanzielle Mittel und hoffte, ihn dadurch besänftigen zu können. Am 3. Juli 1535 verließ die Expedition Cuzco. Sie bestand aus über 200 erfahrenen Soldaten, aus Pferden und Lebensmitteln (eine Streitmacht, die schließlich auf über 500 Mann verstärkt wurde). Eine große Herde von Lamas trug das Gepäck, mehrere tausend Schweine wurden als Verpflegung mitgetrieben, einheimische Hilfstruppen begleiteten ihn. Almagros »Verbündeter« Manco Inka hatte ihm angeblich 12 000 Soldaten zur Verfügung gestellt, die von seinem Bruder Paullu und dem Hohen Priester Villac Umu angeführt wurden. Es sollte eine der größten und anstrengendsten aller Expeditionen der Konquistadoren werden, bei der insgesamt nicht weniger als 6000 km zurückgelegt wurden.

Nach einigen unglaublichen Abenteuern kam Almagro im Frühjahr 1537 zurück ins Tal von Cuzco, 18 Monate nach seinem Aufbruch, und fand das Herz der Inka-Welt in Aufruhr und die Anwesenheit der Spanier in Peru sehr gefährdet. Die Inkas unter Manco hatten sich erhoben.

## DIE GROSSE REVOLTE

Überraschend ist vielleicht, dass es so lange gedauert hatte. Die Menschen der Anden hatten schließlich erkannt, dass die Neuankömmlinge Plünderer waren, die ihre Frauen missbrauchten und nach Gold gierten. Die spanische Herrschaft hatte überall im Land Groll und Verbitterung ausgelöst. Der Clan Pizarros hatte sich aufgespalten, Hernando war nach Spanien zurückgekehrt, Francisco eifrig mit der Erbauung Limas beschäftigt. Cuzco unterstand der Kontrolle der jungen Unruhestifter Juan und Gonzalo. Dennoch war Manco Inka nominell noch immer spanischer Regent in Cuzco. Die Plünderung indianischen Eigentums war weit verbreitet und der Missbrauch adeliger Inka-Frauen gang und gäbe.

Schon Ende 1535 hatte Manco versucht zu fliehen und zum Widerstand aufzurufen, doch er war wieder eingefangen und in Ketten in seine Hauptstadt zurückgebracht worden. Danach gaben die Spanier alle Anstrengungen auf, sich gegenüber

ihren »Verbündeten« versöhnlich zu zeigen. Die heiligsten
Schreine der Inkas wurden geschändet. Manco selbst wurde in Eisen gelegt und öffentlich gedemütigt. Es wird sogar erzählt (zugegebenermaßen von Feinden der Pizarros),
dass man auf ihn urinierte und ihm androhte, ihm mit einer
Kerze die Augen zu verbrennen, und tatsächlich verseng-
te man ihm die Augenwimpern.

Eine ähnliche Geschichte wird von Mancos Sohn Titu
Cusi erzählt, der von den Protesten seines Vaters berichtet:
»Ich habe Juan Pizarro 1300 Goldbarren gegeben und
2000 goldene Armbänder, Becher und andere Dinge, und
noch immer sagten sie zu mir: ›Du Hund, gib uns Gold.
Andernfalls werden wir dich verbrennen.‹« Spanische Augenzeugen bestätigten dies: »Der Inka wurde ganz erbärmlich behandelt, denn man urinierte auf ihn und schlief
mit seinen Frauen, was ihn zutiefst quälte.«

Gonzalo Pizarro insbesondere war hingerissen von
Coya Ocllo, der Schwesterfrau Mancos, und, nach Titu
Cusis Darstellung, waren die einheimischen Edelleute
über seine obsessive Verfolgung dieser Frau höchst empört. Als er von dem Hohen Priester der Inkas und einem
ihrer Generäle getadelt wurde, sagte er zu ihnen: »Wie
könnt ihr es wagen, so zu mir, dem Offizier des Königs, zu
sprechen? Wisst ihr nicht, wer wir Spanier sind? Wenn ihr
nicht den Mund haltet …, werde ich euch lebendigen Leibes aufschlitzen und in 1000 Stücke hauen.« Als Manco
versuchte, ihn mit Schätzen zu besänftigen, sagte Gonzalo
Pizarro sarkastisch: »Señor Manco Inka, lass mich die
Frau Coya haben. All das Silber ist gut und schön, aber
was ich wirklich will, ist sie.«

Titu Cusi erzählt, wie Inguill, eine ihre Gefährtinnen,
sich als Coya, die königliche Gattin, verkleidete und sich
den groben Lüsternheiten Gonzalos aussetzte:

»›Gib sie mir sofort, ich kann es nicht länger aushalten‹, sagte er und ging vor
aller Augen auf sie zu, küsste und betätschelte sie, als wäre sie seine rechtmäßige
Frau. Mein Vater und die anderen waren fassungslos … und sie war entsetzt und
erschreckt, da sie von jemandem, den sie nicht kannte, umarmt wurde. Sie schrie wie
eine Verrückte und sagte, sie werde lieber davonlaufen als Leuten wie diesen gegen-
übertreten.«

Schließlich ging sie aus Furcht doch mit ihm, Gonzalo Pizarro durchschaute
allerdings den Trick und nahm sich auch noch Mancos Frau.

Wie sich der Historiker Guaman Poma erinnerte, war neben der schlechten Behandlung, der Verspottung und dem Missbrauch von Frauen und Mädchen die Ermordung mehrerer treuer Anführer der Inkas das ausschlaggebende Moment. »Die

▲ Ein idealisiertes Porträt von Manco Inka, gezeichnet
von Guaman Poma in einem 1612 fertiggestellten
Manuskript. Der Marionettenkönig der Spanier wurde
zu ihrem gefährlichsten Feind.

▸ Umseitige Abbildung: Der ehrfurchtgebietende Blick
von den Hochanden über den Berg Licancabur
nach Bolivien. Spanische Expeditionen überquerten
diese unwirtlichen Gegenden, um in südlicher Richtung
bis ins Zentrum von Chile vorzustoßen.

Aufständischen«, bemerkte Guaman Poma lakonisch, »verteidigten ihre legitimen Rechte.«

Der Aufstand wurde von Manco Inkas Generälen geleitet, Männern wie Quizquiz, und überlebenden Mitgliedern des Rates des Inkareichs, zu dem einige Männer aus dem Hochadel von Cuzco gehörten. Sie wussten natürlich, dass die Spanier ihnen mit ihrer Technik, den Kanonen, Rüstungen, Schwertern und Pferden haushoch überlegen waren, doch sie sahen jetzt ganz genau, wer die Spanier waren und was sie wollten. Es gab, wie es schien, keine Wahl: Man musste sich unterwerfen oder kämpfen.

Mancos Rede vor der geheimen Versammlung der Inka-Elite wurde von Augenzeugen überliefert (und von beiden Seiten aufgezeichnet). Insbesondere Cieza de León konnte, nur ein paar Jahre später, einen Augenzeugen vom Hof des Inka befragen: »Manco Inkas Kammerherr Alimache, der ein gutes Gedächtnis und einen scharfen Verstand hat, erzählte mir alles Folgende.«

»Ich habe nach euch geschickt, um euch vor unseren Verwandten und Gefolgsleuten mitzuteilen, was meiner Ansicht nach diese Fremden mit uns vorhaben, damit wir, bevor es zu spät ist und bevor sich ihnen noch mehr Leute anschließen, einen Aktionsplan entwerfen können, der jedem nützen wird. Erinnert euch daran, dass die Inkas, meine Vorfahren, von Chile bis Quito herrschten und ihre Vasallen so gut behandelten, als seien sie ihre Kinder. Sie stahlen nicht und töteten nur im Dienste der Gerechtigkeit. Wie ihr wisst, sorgten sie in den Provinzen für Ordnung und Vernunft. Die Reichen waren nicht übertrieben stolz, die Armen nicht mittellos. Nun haben die bärtigen Männer unser Land betreten, ihre Heimat liegt in weiter Ferne. Sie reden anders, als sie handeln. Sie haben keine Ehrfurcht vor Gott und kennen keine Scham. Sie behandeln uns wie Hunde und nennen uns auch so. Ihre Gier ist so groß, dass es keinen Tempel und keinen Palast mehr gibt, den sie nicht ausgeplündert hätten. In der Tat, selbst wenn sich aller Schnee in Gold und Silber verwandeln würde, wären sie noch immer nicht zufrieden. Sie halten sich die Töchter meines Vaters und andere Frauen, eure Schwestern und Verwandten, als Konkubinen und benehmen sich dabei wie Tiere. Sie wollen, womit sie bereits begonnen haben, alle Provinzen aufteilen und jedem eine zur Plünderung überlassen. Ihr Ziel ist es, uns so geknechtet und versklavt zu sehen, dass uns nur noch übrig bleibt, wertvolle Metalle für sie zu finden und ihnen unsere Frauen und unser Vieh zu geben.«

Nachdem er noch andere Verbrechen aufgezählt hatte, sprach Manco von der »grundlosen« Ermordung Atahuallpas und dem gewaltsamen Tod anderer Generäle und Anführer, außerdem von den schrecklichen Morden an Rumiñahui und dessen Verbündeten in Quito, »die bei lebendigem Leib verbrannt wurden, so dass ihre Seelen nicht im Himmel weiterleben konnten«. Mit folgenden Worten schloss Manco: »Meiner Meinung nach wäre es weder gerecht noch für uns ehrenhaft, dies alles hinzunehmen. Wir sollten eher entweder sterben oder versuchen, diese grausamen Feinde zu töten.«

Cieza de Leóns mündlich überlieferter Text bestätigt im Wesentlichen die Version, die Titu Cusi etwa 35 Jahre später einem spanischen Notar mitteilte, und wir können ihn als ›authentischen‹ Bericht ansehen. Er ist in seiner Ausdrucksweise sehr

ähnlich: »Sie haben mir 1000 Beleidigungen zugefügt, sie haben mich eingesperrt und mir wie einem Hund Ketten um die Füße und den Hals gelegt; und am schlimmsten von allem: Sie haben dies alles getan, nachdem sie mir ihr Wort gegeben hatten …, dass wir zu Verbündeten geworden seien.«

Titu Cusi legt allerdings noch genauer dar, wie die Revolte organisiert werden sollte und nennt die Namen der Anführer der verschiedenen Trupps, die in den vier Vierteln von Tahuantinsuyu rekrutiert wurden. Nach seinen Angaben bestand der Plan darin, gleichzeitig sowohl auf Cuzco als auch auf Lima einen kühn konzipierten Angriff zu starten:

»Schick deine Boten durch das ganze Land: In zwanzig Tagen sollen alle hier in der Stadt [Cuzco] eintreffen. Sorge dafür, dass die Weißen nichts merken. Ich werde meinem General Queso Yupangui, der dieses Gebiet befehligt, nach Lima eine Nachricht schicken und ihm auftragen, dass an dem Tag, an dem wir hier [in Cuzco] die Spanier angreifen, er und seine Männer die Spanier dort überfallen. Wir werden sie in Kürze vernichten, bis niemand mehr übrig ist. Und dann werden wir aus diesem Alptraum aufwachen können und jubeln.«

Der Aufstand war absichtlich für Ostern geplant. Manco entkam am 18. April 1536, dem Beginn der Karwoche, seinen Wachen und floh nach Norden, in das Heilige Tal. Das Heer der Inkas sollte sich in Calca einfinden, das von Yucay aus, wo sich Mancos Vater einen Sommerpalast errichtet hatte, ein paar Kilometer weiter talabwärts liegt, per Luftlinie nur rund 23 km von Cuzco entfernt. Angesichts der Fähigkeiten des Geheimdienstes der Spanier und der großen Zahl der ihnen zur Verfügung stehenden Kollaborateure, lag dieser Ort gefährlich nahe, doch gab es zumindest hier in Calca ein Landgut, das Mancos Onkel Huáscar gehörte. (Noch heute kann man dort die Gebäude der Inkas sehen.) Hier sollten sich Mancos Truppen sammeln. Anfangs schienen die Spanier überhaupt nicht geahnt zu haben, was sich da zusammenbraute. Die Vorbereitungen der Inkas waren von langer Hand geplant: Insgeheim waren Waffen hergestellt worden, und Manco hatte viel Getreide anbauen lassen, um seine Heere während des Aufstands mit genügend Nahrungsmitteln versorgen zu können.

Aus Angst vor Verrat entschieden sich Manco und sein Führungsstab für einen weiter entfernten Zufluchtsort – Lares, einen dunklen, aber magischen Ort, der, vom Dschungel umgeben, über 30 km weiter im Gebirge liegt. Hier berief Manco seine Heerführer zu einer letzten Versammlung ein. Sie tranken Chicha aus goldenen Bechern, schworen ihre Eide und versprachen, jeden Christen in Tahuantinsuyu umzubringen. Zu diesem Zeitpunkt waren noch nicht alle Soldaten eingetroffen. Einige der Inka-Generäle sprachen sich dafür aus, dennoch sofort anzugreifen, um die Spanier zu überraschen. Doch es kam zu einer weiteren nervenaufreibenden Verzögerung, da man auf die Ankunft der Kontingente wartete, die von weither kamen. Schließlich wurde Anfang Mai das Signal gegeben. Die Inkas erhoben sich gegen die Spanier und griffen Cuzco an. Die Große Revolte hatte begonnen.

In Cuzco hatten die Pizarros 170 spanische Frontsoldaten und eine 1000 Mann starke indianische Hilfstruppe – *yanaconas* –, aus den Anden stammende Gefolgsleute, die auf der Seite der Spanier kämpften. Mancos Truppen, die auf den Hügeln der Umgebung lagerten, beliefen sich wohl auf mehrere Zehntausend, und die Spanier fanden sich rasch in einem der großen Inka-Paläste auf dem zentralen Platz zusammengepfercht und versteckten sich hinter seinen gigantischen Außenmauern.

Manco unterbrach die Wasserversorgung der Stadt und gab den Befehl, alle umliegenden Gebäude niederzubrennen. Schnell fingen die strohgedeckten Dächer der prächtigen königlichen Gedächtnishallen, Totenschreine und Tempel Feuer, und ein dicker Rauchschleier lag über der einst so schönen Stadt. Doch das einzige Gebäude, das nicht in Brand geriet, war das, welches den Spaniern Schutz bot. Seine Erhaltung wurde später von den Spaniern als ein wundersames Eingreifen des Heiligen Jakobs persönlich gedeutet, der sich, wie manche berichteten, sein Schwert schwingend, durch den Rauch, gen Himmel erhob. Doch Titu Cusi hat eine prosaischere Erklärung: Die Spanier hatten in ihrem Gefängnis noch

# DIE SCHLACHT
# UM SACSAHUAMAN

◄◄ Die mächtigen Mauern von Sacsahuaman oberhalb von Cuzco, das von den Spaniern 1536 angegriffen wurde. Aus der Luft (unten) lässt sich die Zickzacklinie der Verteidigungsanlagen noch gut erkennen.

Brunnen und bildeten eine Menschenkette aus schwarzen Sklaven, die mit Eimern voll Wasser – einem Geschosshagel ausgesetzt – auf dem Dach kauerten und das Stroh Tag und Nacht begossen.

Noch schien eine Niederlage der Spanier höchst wahrscheinlich, doch da diese den sicheren Tod bedeutete, setzten sie ihren Kampf mit unglaublicher Zähigkeit fort: Sie entsandten Trupps, um die Zivilisten zu terrorisieren, die Mancos Versorgungsstellungen sicherten. Sie hatten keine Skrupel, an diesen Leuten fürchterliche Gräuel zu begehen, auch an den Frauen, die entsetzlich verstümmelt zu Manco geschickt wurden. Terror gegenüber der Zivilbevölkerung ist keineswegs nur ein Mittel der modernen Kriegführung.

Schließlich kam es bei der Schlacht nur noch darauf an, ob die Spanier Sacsahuaman wieder in ihre Gewalt bringen könnten, die mächtige Inka-Festung mit ihren gewaltigen Türmen, die, am oberen Teil des Tales gelegen, auf die Dächer von Cuzco herabschaut. Von hier aus beherrschten die Inkas die Stadt. Wenn es ihnen gelänge, diesen Platz zu halten, während immer mehr Verstärkungstruppen eintrafen, wäre es gewiss nur eine Frage der Zeit, bis die Spanier zermürbt wären.

Auch andernorts in Peru breitete sich die Revolte aus und nahm einen erfolgreichen Verlauf. Drei verschiedene Entlastungstrupps, die Francisco Pizarro von Lima aus entsandt hatte, waren unterwegs in einen Hinterhalt geraten und aufgerieben worden. Dabei fanden mehr als 300 Mann den Tod. Für die Spanier wurde es rasch dringend erforderlich, die Belagerung von Cuzco zu durchbrechen, und unter der Führung der Pizarro-Brüder Juan, Gonzalo und Hernando wurde die Festung in einem Kampf auf Leben und Tod angegriffen.

Es kam zu einer gewaltigen Schlacht, in der Juan Pizarro im Nahkampf getötet wurde (er wurde heimlich bestattet, damit die Inkas bei der Nachricht von seinem Tod nicht neuen Mut fassten). Ebenso wie die aztekischen Berichte vom Fall Mexikos die Helden der Entscheidungsschlacht aufführen, so erzählen beide Seiten die Geschichte des Inka-Generals, der die Verteidigung der Festung leitete. Er hieß vermutlich Titu Cusi Guallpa und befehligte eine Truppe, deren Stärke von den einen auf 1500, von den anderen auf 3000 Mann geschätzt wurde.

Mit einem spanischen Schwert bewaffnet, hatte er gelobt, bis zum Tode zu kämpfen und, nach den Aussagen spanischer Soldaten, schlug er sich so tapfer »wie ein Römer«. (Dies war das größte Kompliment, das man spanischen Rittern des 16. Jahrhunderts machen konnte; es beinhaltete auch stoische Würde und unerschütterlichen physischen und moralischen Mut.)

»Der Hauptmann lief wie ein Löwe auf und ab«, sagt Pedro Pizarro. »Er eilte oben auf dem Turm von einer Seite auf die andere. Er schlug jeden Spanier zurück, der versuchte, mit seiner Sturmleiter nach oben zu steigen. Und er tötete alle Indianer, die sich ergeben wollten. Er zerschmetterte ihnen mit seiner Streitaxt den Kopf und stürzte sie von der Spitze des Turms.«

Im Kampf Mann gegen Mann war er für die Europäer ein gleichwertiger Gegner, weil er gelernt hatte, mit ihren Waffen umzugehen:

»Er hatte einen Schild am Arm, ein Schwert aus Stahl und in seiner Schildhand eine spanische Axt; auf dem Kopf trug er eine spanische Sturmhaube … Immer wenn

er von seinen Männern erfuhr, dass ein Spanier irgendwo hinaufkletterte, stürzte er sich wie ein Löwe auf ihn, das Schwert in der Hand … Er wurde von zwei Pfeilen verwundet, doch er tat so, als sei er nicht getroffen.«

Zu ihrem Unglück hatten die Inkas zu wenige europäische Waffen und zu wenige Krieger, die sie effektiv einsetzen konnten. Schließlich gaben die Spanier den Befehl, an vier verschiedenen Punkten mit Sturmleitern anzugreifen; dabei wurden die schwer bewaffneten spanischen Konquistadoren von ihren einheimischen Verbündeten unterstützt. Letzten Endes zeigte der Druck Wirkung, und die Spanier erstiegen von beiden Seiten des Turms die Brüstung. Hernando Pizarro hatte zwar befohlen, den Hauptmann der Inkas lebend gefangen zu nehmen, doch der Held wollte sich nicht ergeben. Er warf seine Waffen auf die Angreifer, steckte sich Erde in den Mund, wusch sein Gesicht und stürzte sich, indem er seinen Kopf mit seinem Mantel verhüllte, mit einem Schrei des Kummers und der Enttäuschung von der Spitze des Turmes in den Tod und erfüllte so sein Gelübde.

Mit dem Tod ihres Hauptmanns brach der Widerstand der Inkas zusammen. Die Spanier drangen in die Festung ein und brachten die gesamte Besatzung um. Dies war der Anfang vom Ende. An mehreren Tagen kam es zu weiteren Angriffen und Gegenangriffen. Doch die Stellung der Spanier im Fort war unangreifbar. Sie hatten sich gerettet. Letztlich hatte die Technik der Spanier – ebenso wie ihre unbestreitbare Tapferkeit und Zähigkeit – den Sieg errungen.

Über den Hügeln im Heiligen Tal wurde die Nachricht vom Oberkommando der Inkas ungläubig aufgenommen. Nach Titu Cusi waren Manco und seine Generäle über ihren Fehlschlag bestürzt, wo doch der Erfolg scheinbar zum Greifen nahe gewesen war:

»Ich bin sehr enttäuscht«, sagte der Inka. »Ihr wart so viele, und sie waren so wenige, und doch sind sie uns entschlüpft.« – »Wir sind so beschämt, dass wir dir nicht ins Gesicht zu schauen wagen … Wir kennen den Grund nicht, außer dass es unser Fehler war, nicht rechtzeitig angegriffen zu haben, und deiner, uns nicht die Erlaubnis dazu gegeben zu haben.«

Vielleicht hatte die Verzögerung, die Zeit, die zwischen Mancos Flucht und der endgültigen Mobilmachung verstrichen war – als man auf die Soldaten aus den entfernteren Reichsgebieten gewartet hatte –, verhindert, dass die Spanier überrascht werden konnten.

Sacsahuaman fiel Ende Mai 1536, doch die Belagerung von Cuzco dauerte noch viele weitere Monate. Währenddessen griffen Mancos Generäle die spanischen Truppen anderswo in Peru an. In seiner neuen Stadt Lima belagert, war Francisco Pizarro so beunruhigt, dass er auf dem Seeweg dringende Hilfsgesuche zu Cortés nach Mexiko und zu den spanischen Behörden in Hispaniola, Guatemala und Panama schickte. Vier getrennte Gruppen wurden unter der Führung von Hauptleuten in das Landesinnere ausgesandt. Sie sollten die Verbindungswege nach Cuzco offen halten, doch sie wurden alle getötet, mit Ausnahme von acht oder neun Männern, die Manco als Sklaven bei sich behielt: Sie sollten die Indianer im Umgang mit spanischen Pferden, Waffen und Musketen unterrichten. Die Kämpfe hatten sich über zehn Monate hingezogen, mehrere hundert spanische Soldaten waren dabei umgekommen.

Francisco Pizarro gelang es jedoch, in Lima die Stellung zu halten. Dann, im April 1537, kam Almagro mit seinen erschöpften Soldaten aus Chile zurück und entsetzte Cuzco.

Im Heiligen Tal stand Manco mit dem Rücken zur Wand. Er zog sich weiter von Cuzco zurück und begab sich nun mehr als 45 km weiter talabwärts. Jetzt konnten die Spanier mit der Offensive beginnen, und Hernando Pizarro beschloss, Manco hier im Talinneren anzugreifen, am königlichen Landgut Ollantaytambo.

## IM HEILIGEN TAL

»In den eineinhalb Jahren, die mein Vater in Tampu war«, sagte Titu Cusi, »machten sie diese Festung zu einer der größten in Peru.«

Tampu oder Ollantaytambo war das Zentrum des Inka-Widerstands. Heute ziehen sich noch immer riesige Terrassen bis zu Mancos mächtiger Palastfestung hinauf, die sich auf einer eindrucksvollen Felsnase über dem Tal erhebt. Die Festung liegt etwa 3300 Meter hoch. Unten strömt der stahlblaue Rio Urubamba in seinem steinernen Bett. In der Schlucht im Osten schmiegt sich eine Inka-Straße an der Klippe entlang; hoch über der Stadt stehen die Überreste alter Kornspeicher. Dort müssen, als hier im Krieg die Front verlief, Mancos wertvolle Vorräte eingelagert worden sein: Mais, Chili, gefriergetrocknete Kartoffeln.

Hier, in Ollantaytambo, ließ, wie Guaman Poma berichtet, Manco neue Terrassen anlegen, um die zusätzliche Bevölkerung – Krieger und Flüchtlinge – zu versorgen. Und heute erheben sich auf den zerklüfteten braunen Berghängen der Umgebung die von Menschenhand gebauten Terrassen bis in eine Höhe von über 4300 Metern. In Mancos Tagen war jeder Zentimeter landwirtschaftlich genutzt. Wie Cieza de León 1545 feststellte: »In den Tagen der Inkas gab es sehr wenig kultivierbares und bebaubares Land, das man nicht bearbeitet hätte. Jetzt trifft man nur noch auf wenige Einheimische, früher war ihre Zahl viel höher.« Guaman Poma erzählt auch, dass Manco hier neue Häuser erbauen ließ, und heute liegt unterhalb von Mancos Festung noch immer eine vollständig erhaltene Stadt der Inkas, die auch weiterhin bewohnt wird. Ihre Häuserzeilen, *canchas*, aus dem frühen 16. Jahrhundert zeigen die ursprüngliche Anlage, die Häuser haben alle ihre gemeinsamen Wohnräume und ihre Höfe für das Vieh, versorgt von offenen Kanälen, die das Wasser die Straßen hinunterleiten.

Diese letzte Periode der Inka-Herrschaft im Heiligen Tal dauerte kaum 18 Monate. Manco wird sich hier zu Hause gefühlt haben. Im 15. Jahrhundert, in der Blütezeit ihres Reiches, hatten die Inka-Könige hier ihre Paläste und Schreine errichtet. Die auf den Bergspitzen gelegenen Stätten wie Pisac und Machu Picchu mit ihren heiligen Tempelbezirken und ihrem sorgfältig eingepassten Steinmauerwerk bieten einen herrlichen Anblick. Weniger bekannt sind die am Fluss gelegenen Paläste von Mancos Vater Huayna Capac in Yucay und Quispiguanca.

Machu Picchu, die berühmteste aller Inka-Stätten, liegt im Inneren des Heiligen Tals. Ob die Spanier diesen Ort je sahen, ist nicht bekannt, obwohl kürzlich Dokumente aus dem 16. Jahrhundert auftauchten, die seinen Namen nennen. Machu Picchu wurde

◄◄ Pisac (oben), ein Inka-Palast auf einem eindrucksvollen Felsvorsprung über dem Heiligen Tal. Das Tal (unten) mit Blick auf den Rio Urubamba in Richtung Amazonien. Dies war das Kernland der letzten Inkas und wurde intensiv bebaut, insbesondere während des großen Widerstandskrieges des Jahres 1536.

vermutlich von dem bedeutenden Eroberer und Baumeister Pachacuti Inca in der Mitte des 15. Jahrhunderts als Zuflucht für seine Familie, *panaca*, errichtet. Hier konnten die Mumien aufbewahrt und bei Festen ins Freie gebracht werden, um die Sonne zu begrüßen. Ob Manco und sein Hoher Priester Villac Umu hierher kamen, um während ihrer letzten Monate in Ollantaytambo die letzten Rituale für ihre Vorfahren zu zelebrieren, wissen wir nicht, es ist allerdings möglich. Schließlich liegt Machu Picchu nur 30 km den Rio Urubamba flussabwärts.

Doch die Reise dorthin lässt uns jene letzten Tage des Inka-Staates nachvollziehen: Villac Umu hält zusammen mit seinen Priestern und Astronomen die traditionellen Zeremonien für die königlichen Toten ab. Während der Sonnenwende im Juni 1536 (in der Mitte des peruanischen Winters) schaut Manco Inca zu, wie die Sonne über dem heiligen Stein im kaltblauen Licht versinkt. Vielleicht blickte er von dem Stein, »an dem die Sonne angebunden ist«, über jene herrlichen Gegenden nach Südwesten, zum heiligen Berg Pumasillo, der in Machu Picchu die Sonnenwende und Tagundnachtgleiche markiert.

Heute, während ich schreibe, sind die zerklüfteten, schneebedeckten Gipfel des Pumasillo in Wolken gehüllt, dahinter ein durchsichtiger blauer Himmel; die fliehenden Wolkenbänke werden nach und nach in verschiedene Pink- und Goldtöne und flüssiges Orange getaucht, während die untergehende Sonne sie von unten erleuchtet. Dann, genau vor Sonnenuntergang, erscheint der ganze Gipfel, einer der heiligsten Berge der alten Andenwelt. Bei seinem Anblick kann man sich leicht vorstellen, wie Villac Umu mit seinem langen Haar und seinen langen Fingernägeln die schwarzen und weißen Fäden dreht, um seinen Zauber zu zelebrieren, wie er rote Lamas und weiße Kaninchen verbrennt und wie er in die Opferasche bläst, bevor er mit den Geistern spricht, »um die Geheimnisse der Vergangenheit und Zukunft zu erfahren und alles, was sich in der Welt ereignet«. Und währenddessen kamen die Spanier oben im Tal bedrohlich näher.

## DIE SCHLACHT VON OLLANTAYTAMBO

Während Mancos Soldaten weiterhin Cuzco belagerten, ließ Hernando Pizarro in der Festung und in der Stadt Besatzungen zurück und machte mit 70 Spaniern und einem großen Trupp indianischer Hilfstruppen einen Ausfall, um Manco anzugreifen. In Ollantaytambo hatte Manco mehrere Tausend Soldaten und viele von den Spaniern erbeutete Waffen, dazu etliche Pferde. (Er hatte seine spanischen Gefangenen gezwungen, Schießpulver für die Hakenbüchsen herzustellen.) Der Weg nach Ollantaytambo war an dem engen Eingang zu diesem Teil des Tales mit Befestigungen gesichert worden; und eine massive Terrasse mit Mauern aus Geröll versperrte den unmittelbaren Zugang zur Stadt. Manco hatte außerdem eine üble Überraschung für die Spanier vorbereitet: einen Damm, um den Bach, der zwischen der Festung und der Stadt ins Tal fließt, abzuleiten und sie so unter Wasser zu setzen.

Die Schlacht wurde erbittert geführt. Die Spanier erkämpften sich ihren Weg durch die Stadt bis an den Fuß der Festung, während Manco auf einem spanischen Pferd zu den Terrassen hinaufritt, ein spanisches Schwert schwang und seine Männer vorwärts trieb. Ein Versuch der spanischen Befehlshaber, von den Flanken her anzu-

greifen, wurde zurückgeschlagen, und Hernando Pizarro sah sich schließlich gezwungen, die Niederlage einzugestehen; er zog sich nach Cuzco zurück. Zum ersten Mal waren die Spanier in einer offenen Schlacht besiegt worden. Doch es war für die Inkas nur eine Gnadenfrist.

Manco hatte gehofft, in Ollantaytambo ein neues Cuzco zu errichten, doch er scheint sich jetzt darüber klar geworden zu sein, dass er langfristig keine Chance hatte, die Spanier aufzuhalten. Sein Volk war durch Krankheiten dezimiert, und auch wenn es ihm gelungen wäre, seine Verstecke in den Bergen zu halten, so wurde doch das Meer von den Spaniern kontrolliert, die jetzt täglich Verstärkung bekamen. Wie Titu Cusi sagt: »Zu dieser Zeit kamen unzählige Menschen aus Spanien, die gesehen hatten, welch große Reichtümer aus Cajamarca nach Spanien gebracht worden waren … Tag für Tag fuhren Schiffe von Panama, Mexiko und Nicaragua nach Lima.« So beschloss Manco, über die Berge zu gehen und sich in den Regenwald an der Grenze zu Amazonien zurückzuziehen. Dort würde er, wie er hoffte, einen Inka-Staat am Leben erhalten können, auf den die Spanier keinen Zugriff hätten.

Vor seiner Abreise hielt er eine Rede, in der er seine Gefolgsleute aufforderte, nicht zu vergessen, was die früheren Herrscher für sie getan hätten, und vor allen Dingen nicht ihre Riten zu vernachlässigen. Mancos Worte wurden von Titu Cusi festgehalten:

»Denkt daran, wie lange Zeit meine Großväter, Urgroßväter und ich selbst für euch gesorgt, euch geschützt, behütet und regiert … und Lebensmittel beschafft haben, so dass ihr reichlich zu essen hattet … Vergesst uns also nicht, weder zu unseren Lebzeiten, noch in den Zeiten späterer Generationen. – Äußerlich mögt ihr den Eindruck erwecken, als erfülltet ihr ihre Forderungen. Entrichtet einen kleinen Tribut, gebt ihnen, was ihr von euren Ländereien erübrigen könnt – denn diese Leute sind so brutal und so anders als wir, dass sie sich, wenn ihr euch weigert, alles mit Gewalt nehmen werden … Ich weiß, dass sie euch eines Tages – gewaltsam oder mit Hinterlist – dazu bringen werden, zu verehren, was sie verehren. Wenn diese Zeit kommt, wenn ihr euch nicht länger widersetzen könnt, dann tut vor ihren Augen, was sie wollen, vergesst aber andererseits nicht unsere Zeremonien. Und wenn sie euch auffordern, eure Schreine aufzubrechen, und euch zwingen, es zu tun, so gebt ihnen nur, was ihr ihnen geben müsst, und haltet das Übrige verborgen, bewahrt es in euren Herzen.«

Heute liegen auf der Zitadelle von Ollantaytambo, vielleicht da, wo Manco seine Rede hielt, die mächtigen, unfertigen Monolithe für seinen Tempel und Palast, so wie sie seine Baumeister zurückgelassen haben. Die Steine, in die kosmische Diagramme und königliche Pumas eingeritzt sind, sind jetzt verwittert, der schwache Abglanz eines untergegangenen Universums.

## MANCOS RÜCKZUG HINTER DIE ANDEN

Im Juli 1537 zog sich Manco aus dem Heiligen Tal in nördlicher Richtung in schwer zugängliches Gebiet seines Reiches zurück – nach Antisuyo, dem Dschungelland, dem letzten der Vier Viertel, das noch nicht von den Spaniern überrannt worden war. Obwohl er noch immer Soldaten bei sich hatte, war Manco auf der Flucht, ein gejagter Mann, und die Spanier

kamen immer näher, um ihn zu töten. »Er hat nur wenige Männer bei sich und ist zudem völlig desorganisiert. Es ist jetzt praktisch aus mit ihm«, schrieb Francisco Pizarro. Noch fürchtete er allerdings die Fähigkeit des Inka, »Boten überall durchs Land zu schicken, so dass es zu einem neuerlichen Aufstand kommen könnte«.

Nach spanischer Einschätzung der Lage hatte das Andenvolk vom Krieg genug. Wie die Spanier vermuteten, waren die Inkas durch die schrecklichen Vergeltungsmaßnahmen demoralisiert und würden, da eigentlich nur Manco und sein Hoher Priester als einzige wichtige Führer übrig geblieben waren, bald ausgeliefert werden: »Die Indianer sind jetzt den Krieg so leid … Bis zum Sommer werden wir Manco in unserer Gewalt haben, entweder tot oder lebendig.«

Manco begab sich zunächst zu seinem Palast in Vitcos, der in den zerklüfteten Bergen zwischen dem Rio Urubamaba und dem Apurimac gelegen war. Dann zog er weiter in den Urwald, außerhalb der Reichweite der spanischen Kavallerie, zu einem abgeschiedenen Ort namens Vilcabamba, der, etwa 75 km in nordöstlicher Richtung entfernt, nur durch ein außergewöhnlich wildes Waldgebiet zu erreichen war. Dieser Ort hat, nach Titu Cusis Beschreibung, »ein wärmeres Klima als Vitcos, und mein Vater verbrachte hier einige Zeit, um sich zu erholen, und er ließ Häuser und Paläste bauen, weil er dort seine Hauptresidenz errichten wollte«.

Etwa 20 Monate hielt sich Manco dort auf, während die spanischen Fraktionen in Streit gerieten und sich bald gegenseitig bekämpften. 1538 erreichte die Fehde zwischen den Pizarros und Almagro in einem erbitterten Krieg ihren Höhepunkt. Im April jenes Jahres besiegte Hernando Pizarro in der Schlacht von Las Salinas Almagro und nahm ihn gefangen. Im Juli wurde der alte Konquistador, der ursprüngliche Partner bei der Entdeckung Perus, in Cuzco hingerichtet. Inzwischen führte Manco seinen Guerillakrieg in weiten Gebieten der Zentralanden bis zum Titicaca-See weiter. In einem Gefecht wurde ein Trupp von 30 erfahrenen Konquistadoren aufgerieben. Daher machte sich im April 1539 Gonzalo Pizarro mit einem Expeditionskorps von Cuzco aus auf und verfolgte Manco bis in die Wildnis von Vilcabamba. Er nahm 300 Konquistadoren und ein großes Kontingent von Einheimischen mit auf den Weg. »Wir haben den Inka jetzt in die Enge getrieben. Wir müssen ihn nun einfach töten oder gefangen nehmen.«

## DIE JAGD AUF MANCO INKA

Auf der abschließenden – und grauenhaftesten – Etappe unserer peruanischen Reisen auf den Spuren der Konquistadoren folgten wir Manco Inkas Rückzugslinie zu der wenig erforschten, weit entfernt liegenden Berg- und Waldfeste und begaben uns auf die Route, die Gonzalo Pizarros Expeditionskorps 1539 eingeschlagen hatte. Es war eine denkwürdige Reise.

An jenem Tag führte uns die Straße in der kühlen, grauen Dämmerung das Urubamba-Tal hinunter, an Mancos Berg-Festung vorbei, und stieg dann hinauf zu den grandiosen Bergen der Veronica-Kette und ihrer schneebedeckten Gipfel. Schnell wurde es sehr kalt. Auf einer Höhe von etwa 3700 Metern machten wir bei einer strohgedeckten Hütte und einem rauen, trockenen und von einem steinernen Wall umgebenen Schafspferch Halt. Hier – ähnlich wie es die Konquistadoren getan haben müssen – nahmen

◄◄ Ollantaytambo (umseitig). Blick von Mancos Terrassen hinunter auf die Kultstätte der Inkas. Dahinter die Inka-Stadt.

wir unser Frühstück ein: Fladenbrot und Oliven. Währenddessen kreisten Anden-Milane über unseren Köpfen und warteten auf Reste. Über dem Pass führte der Weg – bestanden mit Farnen, Schlingpflanzen und leuchtend roten wilden Begonien – schnell abwärts in den Regenwald. Wir waren nun auf der anderen Seite der Anden, in einem subtropischen Klima, mit Blick auf die Vilcabamba-Kette in der Ferne, wo Manco nach dem Scheitern der Großen Revolte seine letzte Zuflucht errichtet hatte.

Wenige Stunden später erreichen wir das 1000 Meter hoch gelegene Chaullay. Hier gab es einst eine lange Seilbrücke der Inkas, die jedoch vor Gonzalo Pizarros Ankunft von Manco zerstört wurde. Heute gibt es dort nur einen offenen Drahtseilsitz, den man an einem öligen Metallkabel zu sich heranzieht. Dann schwingt man sich über das reißende Wasser des Rio Urubamba. Unser Lkw musste den langen Umweg nehmen – eine Fahrt von mehreren Stunden. Nachdem wir übergesetzt waren, kletterten wir etwa 100 Meter aufwärts durch ein Dickicht aus Farnkräutern und weiß blühenden Reben; dann machten wir an einem Pfad Halt, wo ein Stechapfel-Baum, der von blassen glockenförmigen Blüten strotzte, uns mit seinem Duft berauschte. Das letzte Stück des Weges führte uns durch tiefe Canyons und dichte Vegetation, und nachdem wir 13 Stunden unterwegs gewesen waren, erreichten wir in der Dunkelheit Huancacalle.

Am nächsten Tag überquerten wir kurz nach Tagesanbruch den Fluss und stiegen den Berg hinauf zum alten Vitcos. Genau wie die spanischen Augenzeugen berichtet hatten, stand Mancos Palast auf einem hohen Berg zwischen dem Rio Vilcabamba und dem Bach Las Andenes – ein Ort, der bereits zu Pachacutis Tagen eine Residenz der Inkas gewesen war. Dort bieten sich wunderschöne Blicke auf das Tal bis zu den schneebedeckten Gipfeln. Dem Palast nähert man sich über eine schmale Landenge, die zur Bergspitze führt. Der dort befindliche riesige, grasbewachsene Platz ist umgeben von den Überresten der Palastgebäude mit »fein gefügten Steinen und Tür- und Fensterstürzen«, wie es in einer späteren Beschreibung der Spanier heißt. Kein Palast könnte schöner gelegen sein, doch die Lage bot Manco zu wenig Schutz, und so begab er sich weiter nordwärts in den Dschungel.

## REISE ZUR VERLORENEN STADT

Fünf Meilen hinter Vitcos, auf dem Weg nach Mancos Vilcabamba, hört die Fahrstraße auf, und hier hatten wir uns mit unseren Wegführern und den Tieren für unsere Expedition – einem Dutzend Pferde und Maultiere – verabredet. Dies ist das neue San Francisco Vilcabamba. Die Stadt besteht aus 60 Häusern, die von der Feuchtigkeit gezeichnet sind; die Hälfte steht noch auf steinernen Fundamenten; grober Strohlehm und durchhängende Strohdächer, eine in den 70er-Jahren des 16. Jahrhunderts erbaute große Hallenkirche, ungepflasterte Straßen, es riecht nach Verfall. Nur eine Generation nach der Eroberung erbaut, ist dieser Ort so heruntergekommen, wie man es sich schlimmer kaum vorstellen kann. Seine Bevölkerung wurde von einer Silbermine hierher gelockt, die vor langer Zeit ausgebeutet und stillgelegt wurde. Doch dies war einst die schöne neue Welt des spanischen Kolonialismus, der Ausgangspunkt für die letzte Expedition des Jahres 1572. Als Gonzalo Pizarro mit seinem riesigen Heer 1539 ein-

◀◀ Die mächtigen Monolithe von Manco Inkas Ratssaal in der Festung Ollantaytambo (oben). Von dort schaute Manco auf die Schlachten des Jahres 1536.
Vitcos (unten), Mancos Zitadelle über dem Rio Urubamba. Hier wurde er 1544 ermordet.

◀ Auf unserem dreitägigen Treck nach Espiritu Pampa – Mancos verlorener Stadt Vilcabamba. Vor uns windet sich der Pfad über einen steilen Berghang, wo sich die spanischen Expeditionskorps der Jahre 1539 und 1572 mit den Widerstands-kämpfern der Inkas schlagen mussten.

traf, stand hier wahrscheinlich nur ein kleines Inka-Dorf. Heute beginnen wir hier unseren Marsch nach Vilcabamba.

Das Gelände vor uns unterscheidet sich sehr von dem Herzland der Inkas um Cuzco. Ein weites Land mit hohen Gipfeln, kaltem Hochland und Regenwald, begrenzt von den zwei großen Schluchten des Apurimac und des Urubamba. Vilcabamba ist zerklüftet, spärlich karthographiert, dünn besiedelt und wird selten besucht. Nur ein paar primitive Straßen führen hierher, und man bewegt sich noch immer mit Mauleseln fort oder bahnt sich mit Macheten zu Fuß seinen Weg. Es geht über steile und oftmals matschige Pfade, man klettert hoch hinauf und steigt viele hundert Meter hinunter in tropische, dicht bewaldete Tiefebenen. Auf den Spuren Manco Inkas und seines Todfeindes Gonzalo Pizarro sollten wir nun in dieses Gebiet eindringen.

Wir waren vor Tagesanbruch auf den Beinen und stiegen zu Fuß ständig bergauf, während unsere drei Pferde und sieben Maultiere unsere Ausrüstung und Zelte, das Kochgeschirr und Proviant für mehrere Tage trugen. Um 11 Uhr erreichten wir den Pass (in etwa 4300 Metern Höhe nach unserem Höhenmesser). Genau unterhalb des Kamms steht auf einem Inka-Sockel eine alte spanische Kapelle. Der Wind blies unaufhörlich, hin und wieder blinzelte die Sonne durch die Wolken.

In den nächsten paar Stunden stiegen wir stets bergab, vom Pass hinein in die Wolken, und nahmen dann in der feuchten Kühle auf einer Felsnase unser Mittagessen ein, während die Wolken um uns herumwirbelten. Danach ging es weiter, den manchmal sehr steilen Berghang hinab, der mit Buschwerk und Schlingpflanzen bewachsen war. Wir folgten dem felsigen Zick-Zack-Pfad, der auch jetzt noch als alter Inka-Weg zu erkennen ist. Tatsächlich gibt es stellenweise Treppenstufen, aber es ist alles sehr ausgetreten und erinnert mehr an ein ausgewaschenes Flussbett. Vorsichtig suchten sich die Pferde ihren Weg ins Tal.

Unten überquerten wir den Fluss auf einer Brücke aus Baumstämmen und stiegen unter tief hängenden Wolken, in feinem Nieselregen, den ganzen Nachmittag auf schlammigen Pfaden bergauf und bergab. Wir kamen immer entweder ins Schwitzen oder es war zu kalt. Zu unserer Linken Höhen mit dichtem Urwald, die Bergspitzen stets wolkenverhangen. Man konnte sich leicht vorstellen, wie sich die lange Kolonne spanischer Soldaten in ihrer wattierten baumwollenen Tropenmontur hier über mehrere Meilen hinzog. »Unzählig viele Spanier«, wie sich Titu Cusi erinnerte, »wie viele es genau waren, kann ich nicht sagen; denn die Wälder waren dicht, und es war unmöglich, sie zu zählen.«

Gegen Abend legten wir in einem ebenen, grasbewachsenen, offenen Gelände am Fluss einen Halt ein, umhüllt von Wolken. Von all den Auf- und Abstiegen taten uns die Beine weh, und dankbar wankten wir in die Zelte. Hier war es, ganz anders als im trockenen, sonnigen Hochland, kalt und feucht. Der nächst gelegene kleine Ort – nur eine Handvoll Häuser – heißt Pampaconas. Hier fielen nach Titu Cusis Bericht spanische Soldaten über Mancos Schwesterfrau Coya Ocllo her, die man gezwungen hatte, sich der Expedition anzuschließen:

»Sie hatten die Absicht, meine Tante zu vergewaltigen. Sie wollte dies nicht zulassen, verteidigte sich erbittert und bedeckte sich schließlich mit Dreck [Tier-

mist?], so dass den Männern, die sie zu vergewaltigen versuchten, ganz schlecht wurde. Und sie musste sich auf jener Reise oftmals auf diese Weise schützen.«

Morgens um 4 Uhr 30 sattelte unser Führer Don Juvenal bereits die Pferde. Er sorgte sich, dass wir den Marsch nicht innerhalb von drei Tagen schaffen würden. Als ich ihn darauf aufmerksam machte, dass die Konquistadoren zehn Tage gebraucht hatten, lächelte er: »Sie mussten ja auch kämpfen.« Wir machten uns auf den Weg, überquerten den Rio Pampaconas und marschierten am rechten Ufer durch ein dichtes subtropisches Dschungelgelände flussabwärts. Bald sahen wir die Überreste von Straßen und Treppen der Inkas, nachlässig verlegte Blöcke – Teil des beachtlichen Straßennetzes, welches das 3000 Meilen lange Reich durchzog –, und konnten kaum glauben, dass wir hier entlangzogen. Unser Weg schlängelte sich talwärts, und wir überquerten ein weiteres Mal den Fluss. Die wackelige Brücke aus behauenen Baumstämmen schwankte besorgniserregend unter unseren Füßen. Gonzalo Pizarro – der erste Spanier, der diese Route nahm – hatte unter den »furchtbaren Strapazen des Marsches und dem Mangel an Nahrungsmitteln« sehr zu leiden. Dreißig Jahre später äußerten sich Teilnehmer der Toledo-Expedition ganz ähnlich: »Wir durchquerten das Gebirge und die Schluchten an diesem reißenden Fluss nur unter größten Schwierigkeiten.« Doch unser Don Juvenal war von der Mühsal des Weges nicht so leicht zu beeindrucken.

Kurz vor Mittag – nach einem langen, grauenhaften, auf- und abwärts führenden Weg, der auf einen dicht bewaldeten Berg führte – zeigte sich uns ein lang gezogener, steiler Höhenzug, der sich oberhalb des Pfades zu unserer Linken erhob. Das Gelände fiel steil ab zu dem Fluss tief unter uns. Ich nahm an, dass dies der Ort sein müsse, wo Gonzalo Pizarro gegen Manco kämpfte. »Eines Morgens mussten sie im Gänsemarsch einen felsigen Hang namens Chuquillusca überwinden, der sehr steil und gefährlich ist, bedeckt mit Urwald und Unterholz.« Als die ahnungslosen Spanier eine Lichtung unterhalb eines offenen Berghangs überquerten, krachte dort eine große Menge riesiger Felsbrocken auf sie hernieder: Drei Männer wurden von den Steinen getötet, weitere zwei durch Pfeile. Nach erbittertem Kampf wich die Kolonne ins Lager zurück, und Pizarro war nun genügend gewarnt. Er sandte Boten zurück nach Cuzco und forderte Verstärkung an.

An den *quipus*, den Knotenschnüren, mit deren Hilfe die Inkas Informationen aufzeichneten, ließ sich ablesen, dass 36 Spanier in dem Gefecht getötet wurden. Die Spanier gaben den Verlust von 13 Männern und sechs Pferden zu. Am folgenden Tag stiegen Pedro Pizarro und etwa hundert seiner Elitesoldaten zu Fuß auf die Spitze des Kamms – das war wohl hier in Tambo, die Stelle, die auf der Route am besten zu verteidigen war.

Das zweite spanische Expeditionskorps, das zu der versunkenen Stadt unterwegs war, musste 1572 gleichfalls hier kämpfen, am so genannten »Neuen Fort«. Sie berichteten von runden Verteidigungsanlagen aus Steinen, die sich am Kamm entlangzogen. »Das Fort stand am äußersten Ende eines messerscharfen Grats; es hatte einen Wall und niedrige Türme, und es waren viele Steine aufgehäuft, die auf den Feind geschleudert und geschossen werden konnten.« Juvenal sagt, diese Steinhaufen gebe es da oben noch immer und warteten nur darauf, auf die »Bärtigen« hinunterge-

▲ Überquerung des Río Concevidayac auf einer
Brücke aus Baumstämmen, beschwert mit Felsbrocken.
Nicht weit von hier wurde vom anderen Flussufer aus
Gonzalo Pizarro von Manco Inka verhöhnt.

rollt zu werden – an dem Engpass, dort, wo die Kolonne
den Angriffen schutzlos ausgesetzt war. Dies ist gewiss
die Stelle, von der die Spanier sagten: »Auf der einen
Seite unseres Pfades standen hohe Felsnasen, und unterhalb der anderen toste der Fluss, gefährlich und furchterregend.«

Vom Neuen Fort aus geht ein wunderschöner Pfad am Berg entlang durch den
Wald, hoch über dem Fluss, durch Dickichte blauer Lupinen. Als wir auf unseren Weg
zurückschauten, konnten wir sehen, wie er flussaufwärts in die Wolke führte, aus der
wir an diesem Morgen herausgekommen waren. Nach über sieben Kilometern, gegen
13 Uhr, erreichten wir das Ende des Höhenzugs zu unserer Linken, wo sich die beiden Flüsse begegnen, und stiegen auf einem steilen Pfad hinunter zu einer hölzernen
Brücke. Bei Einbruch der Dämmerung lief Juvenal voraus, um sich nach einem
Lagerplatz umzusehen, tauchte bald wieder auf und führte uns zu einer kleinen
Waldlichtung, die er mit einer Machete vergrößert hatte. Es ist eine hübsche Stelle,
etwa 15–20 Meter über dem Fluss gelegen, und wir schlugen unter dem Tosen des
Flusses unser Nachtlager auf, umgeben von dichtem Dschungel. Die Lichtung bot

gerade Platz für unsere Zelte. Wir waren alle erschöpft. Unseren Schätzungen nach hatten wir per Luftlinie etwa 12 km zurückgelegt, doch unter Berücksichtigung der vielen Windungen des Weges müssen es eher mehr gewesen sein. Es schien angesichts der Anstrengungen, die wir auf uns genommen hatten, nicht viel. Morgen, so dachten wir, würden es in gerader Richtung noch einmal 15 km sein, doch, wie Juvenal sagte, in viel schwierigerem Gelände.

Wir beschlossen, früh aufzubrechen, um die vergessene Stadt vor der Abenddämmerung zu erreichen. Bei Einbruch der Nacht bot sich uns auf unserer kleinen, über dem Fluss gelegenen Waldlichtung eine schöne Kulisse. Von unserem Standort aus erstreckte sich eine unwegsame Wildnis bis hin zum Amazonas-Becken. Wir waren so weit von jeglicher Zivilisation entfernt, wie man es nur sein kann. (Hatte Manco damals auch dieses Gefühl?)

In aller Frühe machten wir uns am nächsten Tag auf den Weg, das letzte Teilstück bis nach Espíritu Pampa, der Ebene der Geister, der vergessenen Stadt der Inkas. Mancos Zufluchtsort wurde von Gonzalo Pizarro 1539 angegriffen, dann im Jahre 1572 aufgegeben, nachdem er, als sich die Spanier bedrohlich näherten, zerstört worden war. Der Ort blieb der Welt verborgen, bis Hiram Bingham, der Entdecker von Machu Picchu, 1911 in der Ferne ein Stück von ihm erblickte (ohne sich bewusst zu werden, worum es sich handelte). Die Stadt wurde schließlich von dem amerikanischen Forscher Gene Savoy in den späten 60er-Jahren des 20. Jahrhunderts wieder entdeckt.

Seit den frühen Morgenstunden ergoss sich sintflutartiger Regen. Als wir um 5 Uhr aufstanden, waren der Boden und der Wald völlig durchweicht, die Bäume um uns troffen vor Nässe. Wir hatten einen rund zehnstündigen Marsch vor uns, die Ruhepausen nicht eingerechnet. Die ersten beiden Stunden marschierten wir bergauf auf Pfaden, auf denen es uns fast die Lungen zerriss. Wir stapften durch dicken Schlamm und über zahlreiche abgerutschte Stellen; das Wasser ergoss sich in Kaskaden über den Pfad. Dann ging es im Gewaltmarsch weiter; er wurde beinahe zu einem Rennen, als der Pfad fest war. In den letzten paar Stunden marschierten wir in einem wirklich scharfen Tempo, was Juvenal erlaubte, seine Schätzung zu revidieren: Er sagte, falls wir keinen Halt einlegten, könnten wir es vor Sonnenuntergang schaffen.

Schließlich bestiegen wir einen Höhenzug zu unserer Linken, durchquerten den Wald auf seiner Spitze, und kamen an dem alten Mauerwerk eines zerfallenen Gebäudes vorbei (ein Inka-Tempel oder ein Wachtturm?). Bald nach 16 Uhr kamen wir in freies Gelände und hatten einen wunderschönen Blick auf das Tal, das sich vor uns erstreckte – das vergessene Tal der Inkas.

Zu unserer Linken, zum Amazonasgebiet hin, erleuchtete die untergehende Sonne die Wolkendecke. Die jenseitigen höheren Gipfel verschwanden und tauchten in den Wolkenfetzen wieder auf. Das silberne Band des Flusses in der Tiefe wand sich durch das grüne Tal, und im Wald gab es auf dem Grund des Tales einige kleine Lichtungen mit vereinzelten Häusern. Ein in der Abendsonne funkelndes Metalldach störte das Bild. Abgesehen von ein paar Flecken kultivierten Landes gab es nichts als Wald. Linker Hand ging ein kleineres Tal ab. Ein größeres, rechts, verschwand in den

Wolken. Juvenal deutete auf den Fluss vor uns: »Dort befinden sich die Ruinen, im Wald verborgen, das ist die Ebene der Geister.«

Es ist ein wunderschöner Fleck – ein verstecktes Tal. Kein Wunder, dass die Inkas in der Hoffnung hierher kamen, einen kleinen Teil von Tahuantinsuyu bewahren zu können. Kein Wunder, dass der Ort erst in unseren Tagen gefunden und identifiziert wurde.

Als wir schließlich mit dem Abstieg begannen, war die Sonne untergegangen. Innerhalb einer Stunde erreichten wir die Lichtung am Fluss, wo wir die Hütte mit dem Blechdach gesehen hatten. Dort schlugen wir unser Lager auf; von da aus konnte man die Ruinen in einem Fußmarsch von weniger als einer Stunde erreichen. Wir hatten es geschafft, bis nach Espíritu Pampa vorzudringen, der Ebene der Geister, der versunkenen Stadt der Inkas.

## IN DER VERGESSENEN STADT

Gleich nach Tagesanbruch machten wir uns auf den Weg. Alles lag unter einer tiefen Wolkendecke und troff vor Nässe, auf allen Dschungelpfaden platschten wir durch tiefen Matsch. Wir tauchten in den Wald ein und erreichten bald darauf unter einem hoch ragenden, tropfenden Blätterdach das riesige Ruinenfeld der vergessenen Stadt.

Juvenal hatte einige Männer mit Macheten vorausgeschickt, und in kürzester Zeit hatten sie eine massive, in drei Terrassen angelegte Plattform von etwa 70 m² von ihrem Bewuchs, Schlingpflanzen und Farnen befreit. Dies ist ein Teil der »Plaza principal« der Stadt. Wir standen auf einer tiefen Mulchschicht von verrottenden Bäumen, Rinden und Blättern. Etwa 90 Meter weiter kamen wir zu einem mächtigen aufgerichteten Stein, einem naturbelassenen Felsen von 5 Metern Höhe und 10 Metern Länge. Er ähnelte sehr der *huaca* in Machu Picchu – dem heiligen Stein innerhalb des Tempelbezirks, der die Umrisse der dahinter liegenden Berggipfel nachzeichnet. Nach seiner Position im Zentrum des Sakralbezirks zu urteilen, war dieser Fels die *huaca*, der heilige Platz der vergessenen Stadt. Am unteren Ende des Steins, wo das Gelände steil in eine Schlucht abfällt, war die Erde abgetragen worden, um unter dem Felsüberhang Raum für einen Opferplatz zu schaffen. Hier waren erst vor kurzem Feuer entzündet worden. »Aber niemand führt hier mehr die traditionellen Zeremonien durch«, sagte Juvenal.

Wir gingen weiter, vorbei an großen Bauten mit Fenstern und Türpfosten im Inka-Stil, riesigen Terrassen, die, gebaut aus massiven Inka-Felsblöcken, jetzt mit einem dicken Mantel von smaragdgrünem Moos bedeckt sind. Es gibt Treppen, Brücken, einen Kanal – alles überwuchert von einer verwesenden Vegetation, alles würde bald wieder vom Urwald verschlungen werden.

In den Trümmern des Gebäudes östlich des Felsens liegen spanische Terracotta-Dachziegel (welche von den Spaniern erwähnt wurden, die die Stadt vor ihrem endgültigen Fall im Jahre 1572 besuchten). Und in der Mitte des Platzes erhebt sich, an den Felsen angrenzend, aber heute fast nicht mehr sichtbar, ein mächtiges Gebäude, das 75 Schritt lang ist und ein Dutzend Türen an der Hauptmauer aufweist. War dies vielleicht der Hauptschrein, der Sonnentempel, der Sitz des wichtigsten Gottes Punchao und das Haus, in dem die königlichen Mumien untergebracht waren?

Die Szenerie ist trostlos. Es fällt schwer, sich die einstigen Zuckerrohr-, Maniok- und Baumwoll-Felder vorzustellen, die Papageien, Aras und Tausende anderer bunter Vogelarten, die Obstbäume und den Inka-Palast mit seinen Dachziegeln aus Terracotta ins Bewusstsein zu rufen. »Im Inneren ist er mit sehr verschiedenartigen Wandgemälden ihres einheimischen Stils ausgeschmückt, seine Türen bestehen aus wohlriechendem Kiefernholz.«

Für einen Augenblick waren wir alle still – nur das Geschrei von Brüllaffen in der Ferne. Der Gang durch dieses riesige Ruinenfeld, aus dem mächtige Hartholzbäume ihre Kronen erheben und über dessen große Mauern Farne und Schlingpflanzen ihre Ranken breiten, zeigte höchst eindrucksvoll die Vergänglichkeit der menschlichen Zivilisation.

Gonzalo Pizarro traf im Mai 1539 dort ein. Zwei Monate lang jagte er Manco in den Dschungeln von Vilcabamba und verfolgte ihn auf den Urwald-Pfaden von einem Ort zum anderen. Doch so nahe er ihm auch kam, der Inka konnte ihm stets entkommen. Nach Titu Cusis Bericht verhöhnte ihn Manco in einer denkwürdigen Begegnung. Er rief über den Fluss: »Ich bin Manco Inka! Ich bin Manco Inka!« Und wie Mansio Serra de Leguizamon (er kommt in dieser Geschichte noch einmal vor, vgl. S. 273), einer der Konquistadoren aus Gonzalo Pizarros Heer, erzählt, rief Manco auch, dass er und seine Indianer bei der großen Erhebung rund 2000 Spanier getötet hätten und dass er außerdem auch die Absicht habe, sie alle umzubringen und das Land, das seinen Vorvätern gehört habe, wieder in seinen Besitz zu bringen. Was für Hoffnungen!

Gonzalo Pizarro ließ die Stadt plündern. Obwohl es ihm nicht gelungen war, Manco gefangen zu nehmen, sah er sich dennoch zum Rückzug gezwungen, weil ihm die Vorräte ausgegangen waren. Francisco Pizarro nahm allerdings solche Misserfolge nicht auf die

## DIE HERZEN DER MENSCHEN GEHÖREN DEM INKA

leichte Schulter. Aus Wut, dass Manco sich nicht ergeben hatte, ließ er heimlich den Hohen Priester Villac Umu und viele andere adlige Inkas umbringen, um zu verhindern, wie Titu Cusi sagt, »dass sie sich seinem Vater anschlössen«. Und in einem noch widerwärtigeren Akt von sinnloser Brutalität ließ er Mancos Lieblingsschwester und Frau Coya Ocllo verprügeln und von seinen indianischen Hilfstruppen mit Pfeilen erschießen. Dann wurde ihr Leichnam in einem Korb auf dem Río Urubamba ausgesetzt, damit er von Mancos Leuten aufgefischt würde. »Der Tod seiner Frau erfüllte Manco mit tiefer Trauer, er beweinte und beklagte ihn sehr; denn er hatte sie über alles geliebt«.

Manco entkam mit knapper Not und hielt seine Stellung in Vilcabamba. Sein verhasster Gegner Francisco Pizarro starb vor ihm. Er wurde 1541 in einem Racheakt von dem Sohn seines alten Geschäftspartners Almagro in seinem Haus in Lima ermordet. Manco seinerseits wurde 1544 in Vitcos umgebracht. Titu Cusi berichtet als Augenzeuge:

»Eines Tages spielte er in angenehmer Gesellschaft das Wurfringspiel. Nur die anderen Spieler, mein Vater und ich, damals noch ein Kind, waren zugegen. Wir waren ohne jeden Argwohn … Dann, als mein Vater gerade den Ring zum Wurf erhob,

stürzten sie sich alle mit Messern, Dolchen und einigen Schwertern auf ihn. Mein Vater merkte, dass er verwundet war, und versuchte sich zu verteidigen, aber er war allein und unbewaffnet, und sie waren zu siebt, voll bewaffnet. Schwer verwundet fiel er zu Boden, und sie ließen ihn liegen, im Glauben, er sei tot. Ich war zwar noch klein, doch als ich sah, dass mein Vater so behandelt wurde, wollte ich ihm zu Hilfe eilen. Sie aber wandten sich voller Zorn gegen mich und warfen mit einer Lanze nach mir, die auch mich beinahe getötet hätte. Tief verängstigt flüchtete ich in das Buschwerk. Sie suchten mich, konnten mich allerdings nicht finden. Als die Spanier sahen, dass mein Vater nicht mehr atmete, gingen sie hochgemut

▼ Die Überreste von Vilcabamba, der versunkenen Stadt der Inkas in Espíritu Pampa. Hier ist die große Terrasse des Hauptplatzes zu sehen.

![Die Überreste von Vilcabamba, der versunkenen Stadt der Inkas in Espíritu Pampa.]

aus dem Tor und sagten: ›Nun, da wir den Inka getötet haben, brauchen wir nichts mehr zu befürchten.‹«

Mancos Ermordung war für die Inkas eine Katastrophe. Er war der einzige Führer, der die richtige Abstammung, den Mut und die Zähigkeit besaß, um die Lage im Griff zu behalten; ihm wurde der größte Respekt entgegengebracht. Er war erst in den Dreißigern, doch hätte er überlebt, wäre es ihm vielleicht gelungen, durch Verhandlungen seine Rückkehr auf den Thron zu erreichen. Möglicherweise hätte er in den Dschungeln von Vilcabamba einen unabhängigen Inka-Staat – eine Art Inka-Abessinien – am Leben erhalten können. Man stelle sich vor, wenn man heute in New York bei den Vereinten Nationen die Ankündigung hörte: »Und jetzt spricht der Botschafter von Tahuantinsuyu …«

Mancos Nachfolger regierten einen unruhigen Rumpfstaat am Rande der Spanisch sprechenden Welt – eine winzige Enklave, doch, wie ein Spanier sagte, »gehören die Herzen der Menschen noch immer dem Inka dort, und das wird bis zu ihrem Tode so bleiben«. Titu Cusi – der kleine Junge, der die Ermordung seines Vaters mit angesehen hatte – wurde 1560 Inka, unterwarf sich später in einem formalen Akt den Spaniern und ließ sich taufen.

In Titu Cusis Tagen statteten spanische Missionare der Stadt Vilcabamba einen Besuch ab. Er starb dort im Frühjahr 1571, nachdem er den bemerkenswerten Bericht über das Leben und das Zeitalter seines Vaters, auf den ich mich in diesem Buch stütze, diktiert hatte. Der neue spanische Vizekönig in Lima war jedoch nicht bereit, einen unabhängigen Inka-Staat weiterhin bestehen zu lassen. 1572 erklärte er den Krieg und stellte ein riesiges Expeditionskorps zusammen, um ihn ein für alle Mal zu ver-

▲ Aus dem 18. Jahrhundert stammendes Gemälde eines adligen Inka-Nachkommen. Er hält ein christliches Kreuz in Händen, trägt aber das königliche rote Inka-Abzeichen auf der Stirn. Heute gibt es noch immer viele Nachfahren der königlichen Inkas.

nichten. Aufgrund der Schwierigkeiten dieser Unternehmung wurden frühere Konquistadoren wie z. B. Mansio Serra de Leguizamon wieder mobilisiert, um die Expedition zu begleiten und die spanischen Hauptleute an Ort und Stelle zu beraten.

Am 24. Juni 1572 setzten die Spanier schließlich ihren Fuß in die Stadt. Die Fahne wurde von Pedro Sarmiento de Gambao aufgepflanzt (dem späteren Autor der *Geschichte des Inkareiches*; ihn brachte eine ungewöhnliche Laufbahn erst über den Pazifik und dann in den Tower von London; er führte sogar mit König Elisabeth I. gelehrte Gespräche auf Lateinisch).

Man hatte nur noch tausend Krieger der Inkas zur Verteidigung dieses letzten Eckchens des Landes der Vier Viertel zurückgelassen, und diese waren mit der Mehrzahl der Bevölkerung in die Wälder geflohen. »Wir fanden die Stadt verlassen,

ungefähr 400 Häuser waren unbeschädigt, aber die Wohnungen der Inkas standen in Flammen.« Zurückgeblieben waren nur Alte, Frauen und Kinder. Tupac Amaru, der letzte Inka, der 25-jährige Sohn Mancos, wurde in dem nahe gelegenen Wald gefangen genommen und nach Cuzco gebracht, wo er am 24. September 1572 mit anderen Mitgliedern seiner Familie hingerichtet wurde. Das war das Ende des fast 40-jährigen Widerstandes der Inkas. Und das Ende der königlichen Familie. Jedenfalls glaubte man dies.

Die verlorene Stadt wurde aufgegeben und vergessen, bis sie in unserer Zeit wieder entdeckt wurde. Als wir dort standen, überkam uns ein Gefühl der Bitterkeit. Wie der spanische Chronist Murua schrieb:

»In jenem weit entfernten Exil mussten die Inkas kaum etwas von dem Luxus, der Größe und Herrlichkeit Cuzcos entbehren. Denn die Indianer nahmen möglichst viel von dem mit, was sie von draußen bekommen konnten und was zu ihrer Zufriedenheit und ihrem Vergnügen beitrug. Und so führten sie zu jener Zeit dort ein gutes Leben.«

Wir aber hatten Stoff zum Nachdenken, als wir an diesem schönen, einsamen Ort zu Bett gingen. Der Regen trommelte auf unsere Zelte.

## BETRACHTUNGEN ÜBER EINE VERSUNKENE WELT

Diese Phase unserer Suche war nun vorüber, aber da das Wetter sich verschlechterte und die uns umgebenden Bergketten in einer dicken Wolkendecke verschwanden, saßen wir ein paar Tage lang in den Wäldern von Espiritu Pampa fest. Am Ende der Woche wurden wir von einem Helikopter über die nebelverhüllten Berge herausgebracht, vorbei an den dunklen brütenden Geheimnissen von Salcantay. Während dicke Regentropfen gegen die Fensterscheiben prasselten, blickte ich hinaus über die Landschaft von Vilcabamba und ließ mir die alten Geschichten durch den Kopf gehen.

Die Hochkultur der Inkas hat die Conquista nicht überlebt – ihre Paläste, *tambos*, Straßen, Staatsdiener, Zollbeamten, ihr Königskult, alles ist verschwunden. Aber wie so oft in der Geschichte ist doch etwas übrig geblieben. Denn auf einer vorkulturellen Ebene gibt es eine zähe Kontinuität. Das Leben der Einheimischen – ihre Identität, ihre Bräuche, Seins- und Denkweise – überdauert manchmal Jahrtausende lang die Oberflächlichkeit und Kurzlebigkeit der Geschehnisse und sogar den Aufstieg und Fall der Kulturen. So war es auch in den Anden.

Die europäischen Historiker haben oft erklärt, die Inkas hätten nie wirklich Widerstand geleistet, sie hätten ihr Reich kampflos dem Untergang preisgegeben. Zwischen den Zeilen heißt das natürlich, die amerikanischen Ureinwohner hätten nicht den Mut oder die Fähigkeit besessen zu improvisieren; sie seien in einer archaischen Sicht der Geschichte gefangen und dadurch so eingeengt gewesen, dass sie nicht imstande waren, den wissenschaftlich geschulten, rational denkenden Europäern tatkräftig zu begegnen.

Zwar basierte die Weltsicht der Inkas auf geheiligten Zeitvorstellungen, zwar waren ihre Herrscher durch viele Tabus eingeschränkt, welche in den Augen der Europäer primitiv waren, aber die Inkas lebten dennoch in einem vernunftregierten, geordneten Staatswesen, das von einem funktionierenden Konzept von Recht und

Gerechtigkeit geprägt war. Und obwohl die Anfangserfolge der Europäer sie zunächst verwirrten und sie nicht über das technische Wissen der Spanier verfügten, leisteten sie, wie wir gesehen haben, trotzdem zähen und heroischen Widerstand.

Tatsächlich war der Inka-Aufstand von 1536/37 – ebenso wie die aztekische Verteidigungsschlacht um Tenochtitlán und die anschließenden Maya-Kämpfe, die in den 20er-Jahren des 16. Jahrhunderts begannen und mit den großen Kastenkriegen 1901 endeten – eine der größten Widerstandsbewegungen der Einheimischen, die sich gegen die Kolonialmächte in Nord- und Südamerika richtete. Desgleichen war der Große Aufstand der Inkas von 1780 eine der ersten großen Revolutionen der Moderne gegen die Europäer. Guaman Poma schrieb 1613 an den spanischen König:

»Unsere Indianer sollte man nicht als ein rückständiges Volk ansehen, das sich einer stärkeren Macht kampflos beugte. Ihre Majestät mögen sich vorstellen, Sie seien in Ihrem eigenen Land ein Indianer und würden wie ein Pferd beladen oder mit Stockschlägen vorwärts getrieben. Malen Sie sich aus, man bezeichne Sie als dreckigen Hund oder Schwein. Stellen Sie sich vor, man nähme Ihnen ohne jede juristische Grundlage Ihre Frau und Ihr Eigentum. Was würden Sie und Ihre spanischen Landsleute unter solchen Umständen tun? Meines Erachtens würden Sie Ihre Peiniger bei lebendigem Leibe auffressen, und zwar mit Wonne … Folglich sind nicht die spanischen Verwaltungsbeamten und Unternehmer die rechtmäßigen Besitzer Perus. Sowohl nach menschlichem als auch nach göttlichem Recht gehört das Land uns Indianern. Es ist unser Land, weil Gott es uns geschenkt hat. Wir sind die wahren Herren.«

A. Yndio Yum
   delas immedi
   de Quito con su
   de Plumas y Co
   Animales de Caz
   quando estan de
B. Platano, Arvol q
   los de la Casta de
   su Fruto, y son los r
C. Platano Arvol q̃ lo
   mados Dominicos
   tan delicado savo
   meros.
D. Arvol que Proc
   y su Fruta er
   saludable.
E. La Piña con
   tera. Es Fruto

# 5

# EL DORADO:
# DIE REISE FRANCISCO
# ORELLANAS

Klettert man in dem baufälligen Glockenturm aus dem 18. Jahrhundert auf der hölzernen Leiter nach oben, so findet man einen Haufen staubiger alter Perpendikel sowie eine kaputte Orgel und gelangt schließlich auf das Dach des Franziskanerklosters La Merced. Geht man über die wellige, mit grünen und braunen Ziegeln ausgelegte Fläche, über die buckligen Kuppeln und Vorsprünge, so erreicht man plötzlich die hoch aufragende Ecke des Kirchenschiffdachs. Es gibt kaum einen besseren Ort, um die Präsenz der Spanier in der Neuen Welt in Augenschein zu nehmen – man hat einen wundervollen Blick auf die Altstadt von Quito in Ecuador.

Quito, die bezauberndste und atmosphärisch reizvollste aller amerikanischen Hauptstädte, liegt in einem zerklüfteten Tal, von majestätischen Bergen umgeben, und an klaren Tagen hat man vom Dach des Klosters La Merced einen atemberaubenden Blick auf die schneebedeckten Vulkane. Im Osten erheben sich die in den Wolken verschwimmenden Hochanden. Gelegentlich kommen ihre blaugrauen Bergrücken und glänzend weißen Spitzen zum Vorschein, bevor sie wieder im Dunst versinken.

Fast genau am Äquator gelegen, hat Quito außerhalb der Regenzeit ein herrlich frühlingshaftes Klima, und in 3000 Meter Höhe ist die Luft belebend – besonders am frühen Morgen, bevor sich der Himmel bewölkt.

In den Kreuzgängen direkt unter uns eilen weiß gekleidete Mönche zum nächtlichen Stundengebet. Gleich hinter den Klostermauern erwacht die alte Stadt: ein Gewirr alter Straßen, weiß getünchte Häuser mit Lehmziegel-Dächern, ein kleines Hotel mit einer rot-weiß geschmückten Fassade, ein Markt unter freiem Himmel, dessen überdachte Stände die Durchgänge versperren, in denen indianische Händler ihre Bündel mit Webwaren ausladen.

◄ Ein Yumbo-Indianer des 18. Jahrhunderts aus Ecuador. Orellanas Männer waren beeindruckt von der Intelligenz und den Fähigkeiten der Indianer, stellten aber das Recht der Europäer, über sie zu herrschen, nicht in Frage.

*Viele Nationen haben andere übertroffen und sie unterworfen; und die vielen haben die wenigen bezwungen. Man sagt, Alexander der Große habe mit 33000 Makedonen vorgehabt, die Welt zu erobern. Und auch die Römer wollten dies. Aber kein Volk hat so entschlossen solche Anstrengungen und solche Entbehrungen auf sich genommen oder solch ungeheure Entfernungen überwunden wie die Spanier. Innerhalb von 70 Jahren haben sie eine neue Welt unterworfen und erschlossen, größer als diejenige, die wir bisher kannten. Sie haben erforscht, was unbekannt war und noch keiner je gesehen hatte. Und diese Erkundungsreise Gonzalo Pizarros war, wie wir zugeben müssen, die strapazenreichste, die in Westindien je unternommen wurde.*

PEDRO DE CIEZA DE LEÓN, *Guerra de Chupas*, 1545

Weiter hinten, über den Dächern, sieht man die großen Plätze der Altstadt mit ihren Arkaden aus der Kolonialzeit, die mächtigen Pfeiler der Frauen- und Männerklöster und die spitz zulaufenden quadratischen Türme von San Francisco, La Compañia und San Augustin. Und über der Altstadt schwebt, oft in den aus den Anden herüberwehenden Nebel gehüllt, die mächtige Statue der geflügelten Jungfrau von Quito mit ihrer Sternenkrone und ihren Adlerschwingen. Ihr zu Füßen liegt der angekettete Drache aus dem *Buch der Offenbarungen*, der sich auf der Erdkugel windet, eine Prophezeiung und ein Rätsel.

Für mich vermittelt keine andere Stadt so eindrücklich die Atmosphäre dieser ungewöhnlichen Epoche der Eroberungen: die drei Jahrhunderte, die das spanische Abenteuer in der Neuen Welt andauerte. Wenn man durch die engen, aus der Kolonialzeit stammenden Straßen Quitos streift, tritt man ein in eine ältere Welt, in der es noch ein spanisches Imperium gab und Galeonen von Lima und Panama nach Manila und vom spanischen Festland zum Guadalquivir segelten.

Die Kirche San Francisco ist die älteste der Stadt – ihr Bau begann nur wenige Wochen nach der Gründung Quitos Ende 1534 durch den Konquistador Benalcazár. Im Inneren braucht man ein wenig Zeit, bis sich die Augen an die Dunkelheit gewöhnt haben. Das Kirchenschiff ist düster und verräuchert, und es riecht muffig nach Weihrauch, Öllampen und Kerzen. Es ist ein geheimnisvoller Raum; funkelnde Vergoldungen, der gebohnerte Holzboden abgenutzt und uneben, der Hochaltar eine Kaskade matt glänzenden Goldes.

Doch hinter den Bildern mit hervorbrechenden Sonnenstrahlen und Jesus-Knaben fällt es noch immer leicht, sich die Geister der Inkas vorzustellen. Und in den Gesichtern der indianischen Gläubigen, die zur Mittagszeit die Bänke und Gänge der Kirche bevölkern und vor den Figuren des Heilands mit seinen blutenden Wundmalen ihre Kerzen entzünden, erkennt man noch die Nachfahren der Inkas.

Heutzutage gilt die *Conquista* in Mexiko als Schande, in Peru ist sie umstritten. Aber in Quito wird jene heroische Vergangenheit noch immer gefeiert. Zum Beispiel findet man in der Altstadt, nicht weit von der Kirche San Francisco, folgende offizielle Inschrift:

»Das ruhmvolle Verdienst Quitos ist die Entdeckung des Amazonas. So sehr man Babylon wegen seiner Mauern rühmen kann, Ninive wegen seiner Pracht, Athen wegen seiner Gelehrsamkeit, Konstantinopel wegen seines Reiches, so wird Quito für die Einführung des Christentums in der Neuen Welt hier geehrt. Und zu dieser Stadt gehört auch der große Strom der Amazonen.«

Das stimmt natürlich nicht ganz. Wie bereits erwähnt, wurde der Amazonas in Wirklichkeit im Januar des Jahres 1500 von dem spanischen Seefahrer Vincente Pinzón entdeckt – zumindest sah er die Flussmündung, der er den Namen Santa Maria des Süßwassers gab, da noch erstaunlich weit draußen im salzigen Ozean Süßwasser festzustellen war. Auf Pinzón folgte im selben Jahr der Portugiese Pedro Alvarez Cabral, dessen Flotte auf dem Weg nach Indien zum Kap der Guten Hoffnung abgetrieben wurde. Seitdem stand fest, dass ein breiter Strom irgendwoher aus dem Landesinneren kam, auch wenn man über die Gestalt des Kontinents noch nichts wusste.

Während der folgenden zwei oder drei Jahrzehnte wurde die Atlantikküste Brasiliens nicht weiter erforscht. Erst zu Beginn der 20er-Jahre des 16. Jahrhunderts, als die Spanier anfingen, sich von Panama aus (vgl. Kapitel 3) an der Pazifikküste entlangzutasten, nahm die andere Seite des Kontinents allmählich Gestalt an. In den 30er-Jahren wurde dann mit der Eroberung Perus und den bis nach Zentralchile führenden Expeditionen langsam bekannt, dass sich eine gewaltige, über 3000 Meilen lange Bergkette von der Karibik bis nach Chile erstreckte. Aber man wusste noch immer nicht, was östlich des Passes lag, der bei Quito über die Anden führte.

Die Entdeckung des Inneren von Amazonien, die Existenz und der Verlauf des längsten und bedeutendsten Flusses der Welt war, wie Oviedo, der große Historiker des 16. Jahrhunderts, sagte, einem Zufall zu verdanken. Die Geschichte führt uns in die 30er- und 40er-Jahre des 16. Jahrhunderts zurück nach Quito.

Von dort aus organisierten die Spanier eine Reihe von Expeditionen in das Innere Südamerikas. Sie gingen über die Anden nach Ecuador, Kolumbien und Venezuela und übertrafen fast alle anderen Erkundungsreisen, die in der Geschichte je zu Lande unternommen wurden. Sie begannen noch vor der Eroberung Perus in den frühen 30er-Jahren des 16. Jahrhunderts und führten zur Entdeckung der Stämme Südkolumbiens, die über einen großen Goldreichtum verfügten.

Ende der 30er-Jahre des 16. Jahrhunderts waren Gerüchte über neue Länder mit Goldvorkommen im Umlauf. Die Eroberer glaubten, man werde in einem bisher noch nicht identifizierten Königreich erneut einen so außergewöhnlichen Schatz finden wie in Peru. Diese Geschichten kristallisierten sich nun um die betörend schöne Legende von El Dorado, dem Gold-Mann.

## DIE LEGENDE VON EL DORADO

Die Legende entstand zu Beginn des Jahres 1541 hier in Quito, nachdem die letzte Expedition aus Kolumbien und Venezuela heimkehrt war. Oviedo war von der Geschichte fasziniert und befragte später einige Veteranen, die dort gewesen waren, nach deren Ursprung.

»Ich erkundigte mich bei Spaniern, die in Quito gewesen waren, und fragte sie, warum sie jenen Prinzen ›den goldenen Herrn oder goldenen König‹ nennen. Sie erzählen mir, sie hätten von den Indianern gehört, dieser große Herr oder Prinz sei ständig mit Goldstaub, fein wie gemahlenes Salz, überstreut. Seiner Meinung nach sei das schöner als jeder andere Schmuck. Es sei unfein und gewöhnlich, Brustplatten aus gehämmertem oder geprägtem Gold zu tragen, denn andere reiche Herren trügen solchen Schmuck ganz nach ihrem Belieben. Doch sich selbst mit Gold zu bepudern sei etwas Exotisches und ungewöhnlich Neues, außerdem viel kostspieliger; denn er wasche ja abends ab, was er jeden Morgen auflege, so dass dies verloren gehe; und das tue er Tag für Tag …«

Der Prinz, so erzählte man Oviedo, »ist sehr bedeutend und sehr reich. Jeden Morgen salbt er sich mit einer Art Harz oder Klebemasse ein, an der Goldstaub leicht haften bleibt, bis sein ganzer Körper von Kopf bis Fuß damit bedeckt ist. So glänzt er wie eine aus den Händen eines großen Künstlers stammende goldene Statue.«

Aus diesem buchstäblich sagenhaften Bericht zieht Oviedo den Schluss: »Ich hätte lieber den Kehricht aus dem Gemach dieses Prinzen als das Gold, das in Peru in

Mengen eingeschmolzen wurde … Ich glaube, wenn ein Häuptling solches tut, müssen bei ihm wirklich sehr große Mengen feinsten Goldes gefördert werden.«

Es war Gonzalo Pizarro, der 1541 die berühmteste und schicksalsträchtigste Expedition organisierte, um El Dorado zu suchen, und wir waren nach Quito gekommen, um etwas zu machen, was noch keiner je getan hatte – seinen Spuren zu folgen. Ich hatte die Hoffnung, unsere abenteuerliche Unternehmung würde mehr Licht in das damalige Geschehen bringen und die Gründe dafür aufzeigen. Wir würden auch etwas über das Klima erfahren, über die Geografie, die Bedingungen, denen die Konquistadoren ausgesetzt waren, und die einheimischen Völker des Amazonas, über die Gonzalo Pizarro und Francisco Orellana zum ersten Mal berichtet hatten. Wir würden auch erfahren, was sie seitdem durchgemacht haben und wie sich ihre verloren gegangene Geschichte in den dazwischen liegenden Jahrhunderten gestaltet hat.

Mit Hilfe ecuadorianischer Freunde stellten wir in Quito unsere Ausrüstung selbst zusammen. In einer düsteren Eisenwarenhandlung hinter dem Cine Atahuallpa kauften wir Macheten, fanden auf dem Markt Ipiales zu einem günstigen Preis regenfeste Kleidung und suchten im geografischen Institut der ecuadorianischen Armee hervorragende Karten in großem Maßstab heraus, die den Verlauf der Flüsse von der

Wasserscheide der Quito-Anden bis zu den Dschungeln Amazoniens verzeichneten.

Doch dieses Abenteuer war auch eine historische Forschungsreise, und so rüsteten wir uns mit einem ganzen Stapel von Quellentexten aus. An erster Stelle standen die persönlichen Augenzeugenberichte der beiden Protagonisten, die in dieser außergewöhnlichen Geschichte die führende Rolle gespielt hatten: Das Tagebuch, das von Orellanas Mannschaft auf ihrer ersten grandiosen Reise den Amazonas hinunter geführt worden war, und der hasserfüllte Brief Gonzalo Pizarros, in dem er nach seiner Rückkehr nach Quito die Geschichte aus seiner Sicht erzählt.

▲ Der See Guatavita in Kolumbien, die Kulisse für die heiligen Rituale der Muisca-Indianer, wurde als der See El Dorado identifiziert. Der Einschnitt am hinteren Ufer wurde von den Spaniern gegraben. Sie wollten den See trocken legen, um das in seinen Tiefen verborgene Gold wiederzufinden.

◄◄ El Dorado, der Gold-Mann: »Tag für Tag glänzt er wie eine goldene Statue, die ein großer Künstler angefertigt hat.«

Im Frühjahr 1541 stellte Gonzalo Pizarro in Quito seine Truppen auf. Der etwa 30 Jahre jüngere Halbbruder Francisco Pizarros, des Eroberers von Peru, war der erste Sohn aus der vierten Hauptverbindung seines Vaters. Er hatte dunkles Haar, war kräftig gebaut und ein Furcht einflößender Soldat, der von dem Historiker Garcilaso Inca als der »größte Krieger, der jemals in der Neuen Welt kämpfte«, bezeichnet wurde. Er war, wie man sich denken kann, kein tiefsinniger Mann, doch er hatte, wie andere Angehörige seines Clans, einen scharf kalkulierenden Verstand und war ein derber, aber überzeugender Redner. Als der geborene Kämpfer war er ein Heerführer von grenzenlosem Durchhaltevermögen und Selbstvertrauen und gleichgültig gegenüber den humanitären Bedenken, wie sie von Männern wie Las Casas geäußert wurden. Gonzalo Pizarro, jetzt Mitte dreißig und bereits äußerst wohlhabend, wollte neue Welten erobern und suchte nach neuen Feldern des Ruhms. In Quito sah er, wie Cieza de León erzählt, viele beschäftigungslose Männer, junge und alte, und es reizte ihn, das Tal von El Dorado zu entdecken.

## EXPEDITIONS-VORBEREITUNGEN

Gonzalo Pizarro nutzte seinen Namen, seinen Ruhm und seinen frisch erworbenen Reichtum, um eine schlagkräftige Expedition zusammenzustellen und auszurüsten. Er hatte drei Ziele. Erstens hoffte er La Canela, das Land des Zimts, ausfindig zu machen, das, wie man glaubte, jenseits der Anden lag. Wie wir gesehen haben, waren die Pizarros vor allem Unternehmer und Händler, und Zimt war bei den spanischen Kaufleuten ein sehr begehrtes Gewürz. Zweitens wollte er prüfen, ob sich dieses Gebiet für eine Besiedelung eignete. Und drittens hoffte er, El Dorado zu finden, das Gold-Land.

Natürlich begibt sich keine Armee in unbekanntes Gelände, und Gonzalo Pizarro setzte großes Vertrauen in die Berichte seiner Kundschafter. »Wie verließen uns auf viele Nachrichtenquellen«, sagte er später, »auf Berichte, die wir in Quito und außerhalb der Stadt von bedeutenden alten Indianerhäuptlingen und auch von Spaniern bekommen hatten; alle diese Berichte stimmten darin überein, dass die Provinz La Canela und das Gebiet um den See El Dorado bevölkerungsreich und sehr wohlhabend seien.«

Cieza de León fügt hinzu, dass dieselben Informationen auch von Hauptleuten bestätigt wurden, die mit Vorausabteilungen über die Anden in das Land Quijos und das Zimt-Tal gezogen waren – offenbar über die Anden-Pässe nach Papallacta:

»Sie waren zurückgekehrt, ohne das Gebiet, von dem sie so große Dinge gehört hatten, vollständig erkundet zu haben …, denn die Indianer sagten, dass sie, wenn sie weiterzögen, in ein weites, flaches Land kämen, in dem sehr viele Indianer wohnten. Diese besäßen große Reichtümer, denn sie trügen alle goldenen Schmuck. Und dort gebe es weder Wälder noch Berge. Als sich diese Nachricht in Quito verbreitete, wollten alle, die dort waren, an der Expedition teilnehmen.«

Gonzalo Pizarro bestätigt dies ausdrücklich in seinem späteren Brief an den König von Spanien:

»Ich war ganz fasziniert und beschloss, mich auf den Weg zu machen und das Land zu erobern und zu erkunden, dies alles, um Ihrer Majestät zu dienen und die Reiche Ihrer Majestät und das königliche Patrimonium zu erweitern und zu vergrößern. Ich war zu der Überzeugung gelangt, dass diese Provinzen große Schätze abwerfen würden, wodurch Ihrer Majestät gedient und geholfen wäre, die erheblichen Kosten zu decken, für die Ihre Majestät täglich in ihren Reichen aufkommen muss. In meinem Eifer und Bestreben, dies zu tun, gab ich mehr als 50 000 Castellanos aus, die ich im Voraus an die Männer zahlte, die ich mit mir nahm, sowohl zu Fuß als auch zu Pferde.«

Seine Streitmacht war größer als diejenige, die sein Bruder Francisco nach Peru geführt hatte, um dem Inka Atahuallpa gegenüberzutreten. Von seinem Bruder damit betraut, über den Norden zu herrschen, war er wohlhabend genug, um die Organisation einer eigenen Expedition zu planen. Wie Cieza de León bemerkt: »Damals war Gonzalo Pizarro in Peru so mächtig und einflussreich, weil sein Bruder der Marquis Don Francisco Pizarro war, der Kolonisator und Entdecker des Landes.«

Wie ein Mafia-Clan hatte die Familie innerhalb weniger Jahre ungeheuren Reichtum erworben. Ein Dokument aus den 40er-Jahren des 16. Jahrhunderts besagt, dass zu Gonzalo Pizarros Besitzungen Häuser und Läden rund um Cuzco gehörten, dazu

Koka-Plantagen und Güter mit indianischen Arbeitern. Sie hatten zwischen einem oder zwei Dutzend bis zu 150 Arbeitskräfte. 8000 Leute in 140 Städten und Dörfern Perus mussten ihm Tribut zahlen. Er besaß Vieh und Häuser in Quito; Farmen im südlichen Peru; weitere Koka-Plantagen, *encomiendas*, Häuser in Bolivien und Silberminen in Potosí und Porco.

Das System war allumfassend: Seine Aufseher ließen nicht nur die Indianer bis zum Tod in den Minen arbeiten, sondern Gonzalo Pizarro und sein Clan hatten auch das Monopol auf die Koka-Blätter, die die Indianer benötigten, um arbeiten zu können. Indem er großzügige Unterstützungen ausbezahlte, indem er saftige Vorschüsse aus eigener Tasche vorstreckte, war er in der Lage, eine solch große Expedition mit Tausenden von einheimischen Lastträgern zu finanzieren. Einige von ihnen waren vielleicht Kriegsgefangene, andere hatte er möglicherweise von seinen eigenen Gütern abgezogen.

Im Februar 1541 waren sie zum Aufbruch bereit. Unter den neuen Kolonisten von Quito kursierten überall Gerüchte: »Die Menschen der Stadt erklärten, sie würden große Reichtümer finden, und priesen die Länder, über die sie etwas erfahren hatten, während sich die Spanier bereits die Beute ausmalten und glaubten, sie gehöre ihnen.« Sie hatten keine Ahnung.

## DIE EXPEDITION ÜBERQUERT DIE ANDEN

»Der Reihe nach geschah bei der Expedition Folgendes«, beginnt Pizarro. Im März verließ er mit seinen Truppen Quito, Wimpel flatterten, eine prächtige Phalanx marschierte gen Osten in Richtung Anden. Sein Bericht ist in einem Brief an den spanischen König auf die Nachwelt gekommen, den er nach seiner Rückkehr im September des folgenden Jahres aus Tombebamba schrieb, der alten Inka-Stadt Cuenca, 150 Meilen südlich von Quito, wo er eine *encomienda* besaß.

»Ich machte mich mit über 200 Soldaten auf den Weg, Tausenden von einheimischen Dienstleuten und riesigen Mengen an Ausrüstung und Kriegsmaterial.« Genau genommen waren es wahrscheinlich 230 Mann und 200 Pferde. Die Expedition wurde später auf über 250 Mann verstärkt und bestand am Schluss wohl etwa aus 280 Soldaten und 260 Pferden. Es waren Konquistadoren höchsten Kalibers: »Viele der vornehmsten und prominentesten Männer des Reichs«. Es war eine eindrucksvolle Streitmacht, wenn man bedenkt, wie wenige Spanier sich in diesem frühen Stadium der Eroberung in Ecuador aufhielten.

Gonzalo Pizarro musste sich seine hoch qualifizierten Soldaten einiges kosten lassen: »Der Preis für den geringsten Soldaten betrug 500 Pesos aus 22-karätigem Gold, für den besten das Doppelte (wir reden also von 150 000 oder sogar 200 000 Goldpesos allein für die Mannschaft). Unter ihnen gab es Spezialisten für den Brücken- und Schiffsbau – Bauarbeiter, Pioniere, Zimmerleute. Zur Ausrüstung der Soldaten gehörten Hakenbüchsen, Kanonen, Armbrüste, Ersatz-Hufeisen, Werkzeuge, Seile, Zelte, was alles von Hunderten von Lamas oder einheimischen Lastträgern transportiert werden musste. Den Grundstock der Verpflegung bildeten Getreide, Salz, Kekse und Wein. Außerdem mussten über 2000 Schweine als Schlachtvieh mitgeführt werden. Das Heer begleiteten außerdem Hunderte von Jagdhunden,

welche die Spanier einzusetzen pflegten, um die Indianer in Angst und Schrecken zu versetzen.

Schließlich kamen noch 4000 Indianer hinzu, die als Wegführer, Lastträger und Arbeiter dienten. Zu ihnen gehörten vermutlich auch Frauen, die die Lebensmittel zubereiteten, einschließlich der Tortillas. Daneben sollten sie auch die sexuellen Bedürfnisse der Soldaten befriedigen. Alles in allem, sagt der eine Generation später schreibende Toribio de Ortiguera, handelte es sich um »einen großen Vorrat an Kriegsmaterial und -gerät …, eine sehr stattliche Zahl von Männern, die auf jegliches Abenteuer, das ihnen bevorstand, bestens vorbereitet waren«.

Die alte Straße in die Anden heißt noch immer »Weg der Konquistadoren«. Es ist eine alte Kopfsteinpflaster-Straße, die von Quito in die große Schlucht des Río Machangara hinabführt und dann in sanfter Steigung hinauf zu den Anden geht. (Wenn jemand nicht an die Höhe gewöhnt ist, kann es allein schon bis zum Fuße der Berge ein sehr anstrengender Marsch sein.)

Gonzalo Pizarro stand nun vor dem Problem, dass sie sich mittlerweile außerhalb der Grenzen des Inkareichs bewegten, während sie vorher in Peru in einem gut geordneten und geführten Staat operiert hatten. Die Ausläufer der Anden in Quito bezeichneten den östlichen Rand von Tahuatinsuyu. Die Inkas hatten Handelsbeziehungen mit den Menschen der jenseits gelegenen Wälder (es gibt einige Indizien dafür, dass der Handel über große Entfernungen – bis ins Amazonasgebiet – betrieben wurde), doch sie hatten nicht den Wunsch, ihre Herrschaft über die Randzonen des Reichs der Vier Viertel auszudehnen. Dies bedeutete, dass es in den Anden und jenseits von ihnen keine Straßen gab, keine Wegestationen – und dass man über diese Gegenden nichts wusste. Einheimische Wegführer kannten nur ihr eigenes Gelände, obwohl sich Gonzalo Pizarro, selbst nachdem er manche von ihnen zu Tode hatte foltern lassen, weigerte, dies zu glauben.

Seine Schwierigkeiten begannen, sobald er in die Berge gekommen war. »Nur sieben Wegstunden von Quito entfernt erreichten wir ein sehr zerklüftetes, bewaldetes Land und gewaltige Gebirgsketten; um sie zu überwinden, mussten wir neue Wege erschließen, nicht nur für die Männer, sondern auch für die Pferde.«

Von Quito aus steigt die Straße hinauf zu einem Pass in etwa 4700 Meter Höhe, der nach Baeza hinüberführt und den großen Kegel des Vulkans Antisana südlich liegen lässt. Rechts von der modernen Straße verläuft der alte Feldweg, die aus dem 18. Jahrhundert stammende Königsstraße, die in etwa Pizarros Route entspricht. Die Berge waren dicht bewaldet, und nachdem er einen neuen Weg erschlossen hatte, sagt er:

»Wir waren schon davon erschöpft, bloß auf die andere Seite zu gelangen. Wir setzten unsere Reise fort, bis

▼ Bild eines Kannibalen aus dem Amazonasgebiet (17. Jahrhundert). Solche Mythen sollten der einheimischen Bevölkerung die Menschlichkeit absprechen und machten es für die Konquistadoren einfacher, sie als »barbarische Wesen« zu behandeln, »die mit Recht von einer humanen Nation von überragenden Tugenden unterworfen wurden«.

wir die Provinz Zumaco erreichten, gut 60 Wegstunden entfernt [in Wirklichkeit waren es, wie Cieza de León richtig bemerkt, 30]; dort lebten den Berichten nach viele Menschen, doch es war unmöglich, sich in diesem Gebiet zu Pferde zu bewegen. Und dort ließ ich das Expeditionskorps Halt machen, damit sich alle erholen könnten, die Spanier ebenso wie die Pferde; denn alle waren von den Strapazen ziemlich mitgenommen, die sie hatten auf sich nehmen müssen, als sie die gewaltigen Berge [die Anden] hinauf- und hinunterstiegen, und weil sie so viele Brücken hatten bauen müssen, um die Flüsse zu überqueren.«

Kein gutes Omen. Doch, wie sich herausstellte, war das erst der Anfang.

Sie waren in der Regenzeit aufgebrochen, und neben der Höhe machte der unaufhörliche Regen die Dinge doppelt schwierig. Die Spanier hatten für die Tropen leichte gefütterte Baumwollrüstungen entwickelt, doch selbst wenn die Männer sich in Quito akklimatisiert hatten, wurden die Bedingungen bald extrem schwierig: »Zwei ganze Monate regnete es nur. Der Regen setzte nie lange genug aus, damit die Hemden auf unserem Rücken trocknen konnten.«

## IM LANDE DES ZIMTS

Jenseits der Gipfel begaben sie sich in den tropischen Regenwald der Anden, eine nasse grüne Welt voller Bäche und Wasserfälle, die sich schließlich zum Amazonas vereinigen. Wir folgten ihren Spuren in das Tal Quijos, vorbei an Papallacta, am Fuße des Vulkans Reventador, des »Speiers« oder »Bläsers«. Obwohl herrlich grün und fruchtbar, ist dieses Gebiet tatsächlich sehr wild; vor wenigen Jahren wurde hier die Trasse für eine Schotterstraße gebohrt und gesprengt. Kreuz und quer von tiefen Schluchten und Flusstälern durchschnitten, war – und ist – das Terrain von dichtem Wald überzogen. Als es immer weiter regnete, versuchte Gonzalo Pizarro durch unwegsame Urwälder weiter voranzukommen und schickte Pioniere mit Trupps von Eingeborenen voraus, die einen Pfad schlagen und einen passierbaren Weg anlegen sollten.

Schließlich kamen sie in das fruchtbare, mit allen Nahrungsmitteln gut versorgte Tal Sumaco (möglicherweise wurde dort die spätere spanische Kolonie Baeza gegründet, westlich des Vulkans Sumaco). Die Regenfälle waren nun heftig. Das Gebiet wird von schlechtem Wetter heimgesucht, und in der regenreichsten Zeit zwischen Mai und August versinken die Pfade im Schlamm. Die Berge tauchen selten aus den Wolken auf, und man verliert oft tagelang die Orientierung.

So gut er konnte, versuchte Gonzalo Pizarro sich über das Zimt-Land zu informieren und beschloss, den größten Teil der Expedition in dem fruchtbaren Land bei Sumaco im Lager zurückzulassen. Hier wurden ihre Reihen durch die Ankunft einer weiteren Gruppe von Konquistadoren verstärkt, die von der Küste bei Guayaquil heraufgezogen waren und auf eigene Faust die Berge überwunden hatten. Ihr Anführer war Francisco Orellana, ein Verwandter der Pizarros, der sich in den späteren Kriegen gegen Manco Inka einen Namen gemacht hatte. Der einäugige Orellana sollte sich bei dem bevorstehenden außergewöhnlichen Abenteuer gleichermaßen als Held wie auch als Schurke entpuppen.

Gonzalo Pizarro beschloss nun, den Hauptteil seiner Armee im Lager zurückzulassen und weiterzumarschieren, um das Land der Zimtbäume zu suchen. Er wurde

von 70 oder 80 Fußsoldaten mit Armbrüsten und Pistolen begleitet und »marschierte in Richtung Sonnenaufgang«. Er war zu außergewöhnlichen 70 Tagen aufgebrochen.

Wohin er genau ging, ist noch immer rätselhaft. Wir können nur vermuten, dass er sich vom Gebiet um den Vulkan Sumaco nach Osten und Süden wandte und in einem weiten Bogen in südöstlicher Richtung, an den Ausläufern der Anden entlang, bis an einen Fluss zog, vermutlich den Napo, den die Spanier später unter dem Namen La Canela kannten, den Zimt-Fluss. Auf dem Marsch durch dieses unwirtliche Terrain mussten er und seine Männer Hunger und große Not ertragen, fanden aber nur wenige Hinweise auf künftigen Profit. Die Zimtbäume waren enttäuschend klein und weit verstreut. »Das Land und das Produkt können bei dem Versuch, Geschäfte zu machen, Ihrer Majestät nicht dienen oder nützen; Zimt gibt es nämlich nur in kleinen Mengen, und der Handel würde sich kaum lohnen.«

Die ganze Zeit vertraute Pizarro auf Informationen, die er den Einheimischen abgenötigt hatte. Diese gaben ihm – erschreckt durch seine Brutalität und im Bewusstsein, dass man sie foltern würde, falls sie nicht zur Zusammenarbeit bereit wären – falsche Auskünfte. Gonzalo Pizarro war sicherlich ein zäher Bursche. Verärgert darüber, dass die Indianer ihm nicht sagten, was er hören wollte, ließ er sie foltern – manchmal ließ er sie bei lebendigem Leib auf hölzernen Gestellen verbrennen, manchmal lebendigen Leibes von den Hunden zerfleischen. Darunter waren auch einige Frauen, wie Cieza de León voller Entsetzen vermerkt.

Schließlich erreichte die Expedition einen breiten Fluss in einer Landschaft, wo »sich viele Wälder und zerklüftete Berge in alle Himmelsrichtungen erstreckten«. Wie ich vermute, war dies ein Teilstück des oberen Río Napo, unterhalb von Tena, wo der eisblau glitzernde Fluss an Kies- und Sandstränden entlangfließt, überall – nur flussabwärts nicht – eingerahmt von majestätischen, bewaldeten Bergen. Dieser wundervolle Platz liegt unterhalb der Stelle, die heute als »Tor des Napo« bekannt ist.

Hier, auf einem ebenen Sandstrand, hielt sie ein plötzliches Ansteigen des Flusses eine Nacht im Lager fest, und das Wasser riss einen Teil ihres Gepäcks mit sich fort. Gonzalo Pizarro war jetzt in sehr schlechter Verfassung und, wie Cieza de León feststellt, völlig deprimiert. In einer sehr persönlich gehaltenen Passage, die nur von einem, der dabei war, stammen kann, erzählt er uns, dass Gonzalo Pizarro »sehr niedergeschlagen darüber war, dass er keine fruchtbare, reiche Provinz finden konnte …, und oft beklagte, die Expedition überhaupt unternommen zu haben. Doch vor seinen Männern hielt er dies geheim und ermutigte sie im Gegenteil, so gut er konnte«. Nachdem die Situation im Kreise der erfahrenen Hauptleute diskutiert worden war, fragte man die Soldaten nach ihrer Meinung. Diese waren mit ihren Offizieren der Ansicht, den eingeschlagenen Weg zu verlassen und sich wieder der Hauptarmee im Tal von Sumaco anzuschließen.

Tatsächlich aber ließen sie das Hauptheer links liegen und marschierten direkt nach Norden, bis sie einen großen Fluss erreichten. Dies war der Río Coca, an dem sie dann, auf der Suche nach einem geeigneten Übergang, flussabwärts zogen. Hier nahmen wir Pizarros Fährte wieder auf. Nachdem wir im Lkw über die Berge und hinunter zum Napo gefahren waren, ließen wir nun unser Fahrzeug stehen und folgten ihm mit Packtieren zu Fuß, hinunter zum Coca.

Wie es für ihn gewesen sein könnte, erfuhren wir selbst auf einem Ein-Tages-Marsch, als wir einen bewaldeten Berg hinabstiegen, um an den Coca zu gelangen. An einer Stelle im Dschungel, als wir auf einem schmalen, unbefestigten Pfad einen sehr steilen Abhang in einem Winkel von etwa 45° überquerten, sahen wir, dass eine mächtige Erdlawine den Wald durchbrochen und den Weg weggerissen hatte. Zurückgeblieben waren riesige, umgefallene Bäume in einem wilden Durcheinander von Wurzeln und Unterholz und Massen von rotem, regennassem Schlamm.

Wir wollten über das Erdlawinenfeld steigen, merkten dann aber, dass es besser sei, es unterhalb der abgerutschten Stelle zu versuchen und für die Packtiere mit der Machete einen Weg durch den unberührten Urwald zu schlagen. Nur um die Lawine zu umgehen, mussten wir zwei Stunden lang mit der Machete arbeiten. Zugegebenermaßen standen uns dafür nur vier Macheten zur Verfügung, doch man konnte sich leicht vorstellen, dass wir bei diesem Tempo pro Tag kaum mehr als eine oder zwei Meilen vorwärts kämen. Wir verstanden nun, warum Gonzalo Pizarro und seine Männer in so vielen Monaten so wenig geschafft hatten.

Gonzalo Pizarro war mit seiner Vorhut weitergezogen und suchte nach einer Stelle, wo sie den Fluss überqueren könnten. Seinen Spuren folgend, kamen wir zu zwei Orientierungspunkten, die in den spanischen Berichten erwähnt werden. Der erste war ein großer Wasserfall: »Das Tosen des in die Tiefe stürzenden Wassers war über mehrere Meilen hin zu hören.« Es ist ein herrlicher Anblick. Aus etwa 70 Meter Höhe fallen Wassermassen, spritzen nach allen Seiten und schäumen, unten angekommen, in einem Kessel brodelnder Gischt. Hier war, wie eine spätere Legende erzählt, das Gold des Inkas Atahuallpa versteckt, doch, nach Aussage unserer Wegführer, glauben die einheimischen Indianer heute, dass sich hinter dem Wasserfall das Tor zu einer anderen Welt befindet, ein Eingang in die Welt der Geister.

Gonzalo Pizarro zog weiter, noch immer auf der Suche nach einem gefahrlosen Übergang, und kam bald zu dem nahe gelegenen zweiten Orientierungspunkt: einer engen Schlucht, »kaum 7 Meter breit, und doch so tief bis zum Fluss abfallend wie die Wasserfälle«. (Dies war, wie wir herausfanden, wirklich so. Es geht erschreckend steil in einen schwindelerregenden Canyon hinunter.) Hier mussten sie einige Einheimische in die Flucht schlagen, bevor sie die Schlucht mit umgestürzten Bäumen überspannen und eine Holzbrücke bauen konnten. Erst dann schickte Gonzalo Pizarro Boten zurück ins Sumaco-Tal, um Orellana aufzufordern, ihn mit der Hauptarmee hier zu treffen, am rechten Fluss-Ufer, unterhalb der Schlucht San Rafael.

Nachdem sie den Fluss überwunden hatten, konnten sie nun in die Ebenen hinabsteigen, auf dem linken Ufer des Coca flussabwärts, überall vom Urwald umgeben. Es war schon spät im Jahr, und die Entbehrungen und der Hunger waren so schlimm gewesen, dass die meisten einheimischen Träger bereits gestorben waren. Man hat oft behauptet, die Menschen der Hochanden seien einfach nur deshalb umgekommen, weil sie in dem tropischen Flachland nicht hätten überleben können, doch medizinisch gesehen macht dies wenig Sinn. Zweifellos starben die Indianer infolge schlechter Behandlung: brutaler Druck, Hunger und wahrscheinlich europäische Krankheiten. In Quito waren sie mit Gewalt rekrutiert und vor Beginn der Expedition eingesperrt worden, Tag und Nacht aneinander gefesselt. Dann hatten sie viele

▸ »Wir hörten das Tosen aus zehn Meilen Entfernung.« Die San-Rafael-Fälle des Río Coca in Ecuador. Hier kam Gonzalo Pizarro bei seiner Fahrt flussabwärts vorbei.

▸▸ Das Innere des amazonischen Urwalds – hier ein Gemälde (Ausschnitt) von Tirzah Ravilious – hat die Fantasie der Europäer beschäftigt, seit Pizarro und Orellana 1542 hier zum ersten Mal eindrangen.

Monate mit den Europäern verbracht, bei denen Malaria, Pocken, Geschlechtskrankheiten und andere Krankheitserreger grassierten. Sie hatten kaum eine Chance.

Der Coca ist ein wunderschöner Fluss. Er windet sich in einem großen Bogen in östlicher und südlicher Richtung, während er sich

## IM SMARAGDWALD

durch die Schluchten fädelt und die Ausläufer der Anden hinabstürzt. Von den letzten Hügeln aus blickt man auf einen riesigen, flachen Horizont, grüne Wälder breiten sich aus wie ein Ozean und verschwimmen in weiter Ferne in einem blauen Dunst.

Selbst mit ihren begrenzten geografischen Kenntnissen verstanden die Spanier sofort, dass sich dieses Gebiet bis zum Atlantik erstreckte und dass es sich beim Coca, wie Cieza de León sich ausdrückt, um »einen Arm der Süßen See« (*Mar Dulce*, Amazonas) handelte. Doch was lag dazwischen? Und wie weit war es? Das wusste niemand, da sie nur wenige gute Instrumente hatten und keine Möglichkeiten, die geografische Länge zu berechnen. Die Sonne und die Sterne gaben ihnen grob die Richtung an, doch im Grunde genommen hatten sie kaum eine Ahnung, wo sie sich befanden.

In den folgenden zwei Wochen marschierten sie am linken Ufer des Coca flussabwärts. »Es ging weiter flussabwärts«, berichtet Gonzalo Pizarro, »durch dichten Urwald. Wir schlugen uns mit Äxten und Macheten einen Weg, und oft war es unmöglich, genug Platz für die Pferde zu schaffen.« Der Fluss wurde breiter, »ein herrlicher Fluss mit starker Strömung«, über 100 Meter breit, mit langen Sandbänken und einem glitzernden, funkelnden Strand voller weiß gewaschener Steine am nördlichen

Ufer, wo der Strom von den Bergen herabstürzt, sich über Stromschnellen ergießt, eisblau und kalt.

Heutzutage ist das Gelände spärlich besiedelt, es gibt nur ein paar vereinzelte, Runa und Ketschua sprechende Menschen. Den nachhaltigsten Eindruck hinterließ im ersten Abschnitt unserer Reise der prächtige grüne Urwald, der blaue Fluss und ein unermesslich weiter Himmel – ein blasses chinesisches Blau am Morgen, ein an Narzissen erinnerndes Gelb in der Nachmittagshitze, dazu hoch getürmte Haufenwolken in blendendem Weiß. Dies alles war für uns ungemein faszinierend, besonders beim ersten Tageslicht und in den frühen Morgenstunden, bevor sich die Sonne über den Baumkronen zeigte und die Hitze des Tages einsetzte. Doch für Gonzalo Pizarro war dieser Anblick keine Entschädigung. Während sie Buchten und Sümpfe durchquerten, wobei ihre Kleidung niemals trocken wurde, kamen sie nur quälend langsam voran. Und es gab noch immer keine Spur von El Dorado …

Anfang Oktober, sieben Monate nach ihrem Aufbruch von Quito, hatten sie allen Mut verloren. Das Wetter war zwar ein bisschen besser geworden (die beste Zeit ist hier, auch wenn es bisweilen regnet, zwischen Oktober und Dezember), doch mittlerweile waren fast alle von Pizarros 4000 eingeborenen Trägern tot, und viele seiner Männer waren zu krank, um den Marsch fortzusetzen. Es war Zeit, eine Entscheidung zu treffen. Sollte er umkehren oder weitermachen? Jetzt hatten sie die letzten Stromschnellen am oberen Coca hinter sich gelassen und der Fluss war »breit, sanft und sehr tief«. So machte er Halt, schlug auf einem hohen Felsen das Lager auf, geschützt vor einem plötzlichen Ansteigen des Flusses, und beschloss, ein Boot zu bauen.

Mit einem Boot würde er Werkzeuge und schwere Ausrüstung, die Kranken und Verwundeten transportieren können und die Indianer in ihren Kanus zurückschlagen, die jetzt immer wieder seinen Männern mit blitzartigen Überfällen zusetzten, indem sie vom Fluss, aus sicherer Entfernung, ihre Pfeile abschossen. Dies waren vermutlich die Vorfahren der Cofanes-Stämme, die einst überall an den Ausläufern der Anden beheimatet waren. Sie waren unerbittliche Gegner der Konquistadoren, ebenso wie der Goldsucher und Missionare. Jetzt gibt es nur noch ein paar Hundert von ihnen, nördlich von dort, am Río Aguarico. Doch das Volk hat sich im 21. Jahrhundert in ihrer Sprache, ihren Stoffen und Traditionen noch kleine Teile ihrer großartigen Kultur bewahrt.

So blieben die Spanier den Oktober über in ihrem auf jenem hohen Felsen gelegenen Lager, ernährten sich, um zu überleben, von Fisch, töteten und verzehrten ihre letzten Schweine und kranken Pferde und machten Ausfälle in den Dschungel, um in abseits gelegenen Eingeborenen-Siedlungen Früchte und Wurzeln zu erbeuten. Währenddessen machten sich Gonzalo Pizarros Zimmerleute daran, aus dem Urwaldholz eine Brigantine (oder Pinasse) zu bauen. Das Boot war etwa 8 Meter lang, knapp 3 Meter breit und hatte etwa 1 Meter Tiefgang. In ihm dürften 20 Männer bequem Platz gehabt haben, zur Not sogar noch mehr.

Sie nannten den Ort, wo es gebaut wurde, El Barco (›Das Boot‹), und glücklicherweise ist dieser Ort in einem Dokument aus den 70er-Jahren des 16. Jahrhunderts als Barco verzeichnet: »Der Ort, an dem Gonzalo Pizarro sein Boot baute.« Es handelt sich um das heutige San Sebastian, das dicht unterhalb einer Schlucht gelegen ist.

Dort fließt der Río Coca zwischen braunen Felsklippen durch eine sehr schmale Stelle, nur etwa zehn oder zwölf Meilen oberhalb des Zusammenflusses von Coca und Napo.

Als das Boot fertig war, nahm Gonzalo Pizarro 25 seiner kranken Männer an Bord, außerdem das schwere Gerät und die Werkzeuge. Das Boot wurde *San Pedro* getauft, und am 9. November 1541 setzten sie auf dem Coca die Segel.

## AUF DEM RÍO COCA FLUSSABWÄRTS

Wir benutzten indianische Werkzeuge für den Bau unseres Floßes im Stile der Indianer: Stämme aus Balsaholz, Nägel aus Hartholz und aus Rinde gefertigte Seile. Wir bewältigten alle Stromschnellen und fuhren die nächsten 50 Meilen weiter auf dem Wasser. Das Floß erwies sich als erstaunlich stabil und haltbar – und wir verbrachten drei schöne Tage auf dem Fluss; über uns ein türkisfarbener Himmel und hoch aufragender Urwald.

Jede Nacht schlugen wir am Ufer unser Lager auf und litten unter dem sintflutartigen Regen, der sich auf unsere Zelte ergoss und in jede Ritze drang. Gewaltige, über dem Wald zuckende Blitze näherten sich uns bedrohlich, während die Baumkronen im Regen schwankten. Dann nahmen die Blitze, auf ebenso mysteriöse Weise, eine andere Richtung und erleuchteten den Horizont in Richtung Kolumbien. In der Morgendämmerung klarte es auf, und in der Frühe segelten wir unter einem überhängenden, grünen Urwald entlang, trieben vorbei an großen Dämmen aus Kieselsteinen, die von dem Bruchholz umgefallener Bäume übersät waren.

Der Wald war nun gut über 30 Meter, manchmal sogar 60 Meter hoch; hier und da Tupfer leuchtend roten Laubwerks in allen Schattierungen von Zinnoberrot. Es gab hohe Palmen mit zerzausten Kronen, Rosenholz, Paranüssen, Orchideen, Gruppen von Baumfarnen und Haine von Röhricht mit stacheligen Blättern.

Auf unserer Fahrt den Coca flussabwärts sahen wir nur wenige Menschen, obwohl wir aufgrund der vereinzelten Bananen- und Yukka-Plantagen wussten, dass hier draußen Familien lebten – Ketschua sprechende Leute, die in allen Jahrhunderten, seit Peru von den Spaniern erobert worden war, über die Anden gegangen sind und sich hier niedergelassen haben. Manchmal konnten wir durch die Bäume ihre vereinzelten, auf Pfählen errichteten Häuser erkennen. Hin und wieder gingen wir an Land und besuchten die Leute, um Früchte zu essen, Chicha zu trinken und Neuigkeiten über die Welt draußen auszutauschen.

In Gonzalo Pizarros Tagen werden am Fluss wohl sehr viel mehr Menschen gelebt haben. Seit jener Zeit aber sind die Einheimischen durch Goldschürfer, Missionare und Soldaten von dort vertrieben worden, und wie wir feststellten, ist dies überall am Amazonas dieselbe traurige Wahrheit.

Vorausgesetzt, wir umsteuerten vorsichtig die riesigen Felsbrocken im Fluss, nahm unser Balsa-Floß die Stromschnellen ohne Probleme. Nachdem wir sie hinter uns gelassen hatten, verbreitete sich der untere Coca und wurde zu einem flachen, seichten Fluss, der etwa 75 Meter breit war und auf dem es sich leicht segeln ließ. Doch darf man nicht vergessen, dass Pizarro, als er den Coca hinunterfuhr, noch auf seine Männer Rücksicht zu nehmen hatte, die zu Fuß durch die Sümpfe und Einbuchtungen am Flussufer entlangzogen.

▲ Unser Balsa-Floß zwischen den Stromschnellen des Río Coca. Eine größere Version eines solchen Gefährts hätte Pizarro wohl bessere Dienste geleistet als seine mühsam zusammengebaute Brigantine.

Nach den spanischen Berichten legten sie zwischen dem 9. November, dem Tag, an dem sie lossegelten, und dem Tag, an dem sie ihr Weihnachtslager aufschlugen, 43 Tagesmärsche bzw. 50 Wegstunden zurück. Selbst wenn man damit die Geschwindigkeit des am Flussufer marschierenden Heeres überschätzt, müssten wir noch immer beinahe 150 Meilen für die Fahrt den Napo hinunter veranschlagen. Sie waren tief in Amazonien, als das Verhängnis seinen Lauf nahm.

Meines Erachtens geschah Folgendes: Vom Coca aus wandten sie sich zum Napo und marschierten Richtung Osten. Nach allen Himmelsrichtungen erstrecken sich riesige Urwälder. Im Süden, bis zum Río Curacay, liegt das Gebiet der Huarani, von denen viele noch immer den Kontakt mit den Europäern scheuen und die noch kürzlich ungeladene Eindringlinge umgebracht haben.

Als die Anden schon längst außer Sicht waren, machten sie schließlich Halt. Nach dem sechswöchigen Marsch durch endlose Wälder waren sie erschöpft, krank und völlig entmutigt. Sie wollten Weihnachten feiern. Natürlich hatten sie Priester dabei, und die regelmäßige Feier der christlichen Gottesdienste gehörte zu den Dingen, die alle spanischen Expeditionen prägten. Sie unterließen es fast nie, die wichtigsten Feste des christlichen Kalenders zu begehen und sonntags die Messe zu

feiern. Und sogar wenn sie unter Hunger litten, sparten sie etwas Kommunionwein und Brot für die Hostie auf. Ihren Berichten zufolge hat man den Eindruck, als sei dies ein Mittel gewesen, um ihr Leben zu strukturieren und um in einer völlig fremden Welt ihren Kampfgeist zu bewahren.

▲ Unsere Expedition auf dem Weg durch die Urwälder des Río Coca unterhalb des Vulkans Reventador. »Das Gelände war sehr schwierig«, schrieb Pizarro, »und wir mussten uns mit Macheten den Weg bahnen.«

Es war jedoch ein düsteres Weihnachtsfest, und (so lässt sich folgern) man murrte heftig über den Anführer. Am nächsten Tag, dem zweiten Weihnachtstag, spitzte sich die Lage zu. Man litt jetzt zunehmend unter Hunger. Da sie nicht in der Lage waren, im Urwald etwas Essbares aufzutreiben, waren die 200 bis 300 Männer zusammen mit ihren verbliebenen Marketendern wie ein Schwarm hungriger Heuschrecken. Trotz Gonzalo Pizarros berühmtem militärischem Sachverstand hatten sie in Kürze alle ihre Vorräte verbraucht und töteten und verzehrten nun ihre Hunde und Pferde. Und El Dorado war nirgends zu sehen.

Das Weihnachtsfest wurde sogar noch bedrückender durch die Informationen ihrer einheimischen Wegführer: Vor ihnen liege ein riesiges, unbewohntes Gebiet, wo man keinerlei Nahrung finden könne. Nun wurde Gonzalo Pizarros Alptraum Wirklichkeit. Was sollte er jetzt tun? In diesem Augenblick kommt der einäugige Francisco Orellana ins Spiel.

## DIE EXPEDITION
## TEILT SICH AUF

Orellanas Statue ist überall in Amazonien zu sehen – in Quito, in der Stadt Coca, in Peru, selbst in Leticia, an der kolumbianischen Grenze zu Brasilien. Doch wie er wirklich aussah, wissen wir nicht. Er war ein typischer Konquistador, um die 30, geboren in Trujillo (dort steht ebenfalls seine Statue), ein Verwandter der Pizarros. Er hatte an den Kämpfen um Lima im Jahre 1536 teilgenommen, besaß etwas Bildung und einige Führungsqualitäten, was sich im Folgenden zeigt. Orellana erbot sich, das Schiff zu übernehmen und flussabwärts zu fahren. Er wollte sich nach Nahrung umsehen und die Expedition retten. Dies war der Beginn eines der berühmtesten Dramen in der Geschichte der *Conquista*. Nach Gonzalo Pizarros Darstellung kam es zu folgendem Gespräch:

»Orellana sagte mir, er habe die Wegführer, die ich seiner Verantwortlichkeit unterstellt hatte, befragt, um sich besser über das jenseits liegende Land zu informieren (er hatte ja nichts weiter zu tun, da ich mich um alles Militärische kümmerte). Und er sagte mir, die Führer hätten ihm mitgeteilt, dass das unbewohnte Gebiet sehr groß sei und nichts Essbares zu finden sei bis zu der Stelle, wo ein weiterer großer Fluss mit dem zusammenfließe, den wir hinunterführen. Ab eben dieser Stelle, einen Tagesmarsch den anderen Strom flussaufwärts, gebe es aber Nahrung in Hülle und Fülle.«

Orellana erbot sich nun, die Brigantine zu übernehmen und mit Rudern und Segeln – d. h. in ordentlichem Tempo – weiterzufahren, um das vor ihnen liegende Land zu erkunden und zu sehen, ob es unbewohnte Gegenden mit Nahrungsmitteln gebe. Gonzalo Pizarro erklärte sich nach eigener Aussage einverstanden:

»Ich vertraute darauf, dass der Hauptmann Orellana sich so, wie er es ankündigte, verhalten werde; er war ja mein Leutnant. Ich antwortete ihm, dass mir der Plan gefalle und dass er dafür sorgen solle, in zwölf Tagen wieder zurück zu sein. Er solle sich keinesfalls weiter als bis zu der Stelle, wo die beiden Flüsse zusammenflössen, begeben, sondern Nahrung herbeischaffen und sich um nichts sonst kümmern. Er erwiderte, er werde unter keinen Umständen weiter fahren, als von mir angeordnet … Deshalb übergab ich ihm voller Vertrauen das Boot und 60 Mann Begleitung … Und so machte er sich auf den Weg.«

Orellanas Version, die von Pater Carjaval, dem Chronisten der Expedition, festgehalten wurde, weist nur leichte, aber sehr vielsagende Unterschiede auf. Man braucht kaum zwischen den Zeilen zu lesen, um in seiner Version viel explizite Kritik an Pizarros Führungsstil zu entdecken. Sie zeigt deutlich, dass der Leutnant bereits mit Gonzalo Pizarro unzufrieden war, ja dass es sogar ernsthaften Streit gab. »Es gab viele Männer, die anderer Meinung waren als Pizarro«, bemerkt Orellana, vor allem bei der Entscheidung, die Savannenlandschaft bei Popayan zu verlassen. Doch Gonzalo Pizarro hatte »darauf bestanden« (man beachte den Hinweis auf seine Starrköpfigkeit), ein sicheres Gelände aufzugeben und dem Fluss zu folgen. Dann war Orellana ein weiteres Mal nicht mit ihm einverstanden, diesmal mit seinem Entschluss, ein Boot zu bauen. Und »aus mehreren guten Gründen« wollte er lieber in die Savannen zurückkehren, wo ziemlich viele Menschen wohnten und es genug zu essen gab.

Doch wiederum wollte Gonzalo Pizarro »in keinen Vorschlag einwilligen, er wollte nur, dass die Arbeit am Boot anfangen solle« (wieder eine Anspielung auf seine Sturheit). Nun, nach 50 Wegstunden vergeblichen Marschierens, musste das Heer – eine Folge dieser Entscheidung – große Entbehrungen auf sich nehmen und hatte nichts mehr zu essen: »Deswegen waren alle Gefährten äußerst unzufrieden, und man redete davon, umzukehren und nicht weiterzuziehen.« Das hieß nichts anderes als Meuterei – falls wir Orellanas Darstellung Glauben schenken.

Zu diesem kritischen Zeitpunkt, sagt Pater Carjaval, ging alles in die Brüche:

»Da der Hauptmann Orellana merkte, was vor sich ging, und die schlimmen Entbehrungen sah, unter denen alle zu leiden hatten …, ging er zu Pizarro und sagte ihm, er werde flussabwärts fahren und, falls er Glück habe, ein unbewohntes Gebiet und Nahrungsmittel für alle ausfindig machen. Doch wenn er, Pizarro, den Eindruck habe, dass Orellana auf sich warten lasse, so möge er sich seinetwegen nicht sorgen, sondern mittlerweile umkehren und sich dorthin begeben, wo es etwas zu essen gebe. Dort solle er drei oder vier Tage auf Orellana warten oder so lange, wie es ihm angemessen scheine. Und falls Orellana nicht zurückkomme, solle er sich seinetwegen nicht beunruhigen. Daraufhin erklärte der besagte Gouverneur [Pizarro], er solle tun, was er für das Beste halte.«

Das ist ein Drama, eines Hollywood-Filmes würdig. Falls Gonzalo Pizarro diese letzten Worte – »Tue, was du für das Beste hältst« – wirklich gesagt hat, dann hatte er in diesem Augenblick seine Autorität als Anführer der Expedition klar und eindeutig verloren. Doch dass dies nicht der Fall war, verdeutlichen die folgenden Ereignisse. Wir werden die ganze Wahrheit niemals erfahren, da es sich bei beiden Versionen um nachträgliche einseitige Darstellungen der Ereignisse handelt.

Pater Carjaval versucht zu zeigen, dass Pizarro keine Führungskraft mehr besaß und durch eine Kette falscher Entscheidungen die Situation heraufbeschwor, die zur Trennung führte. Gonzalo Pizarro ist, wie man nicht zu betonen braucht, im Nachhinein bestrebt nachzuweisen, dass er alles unter Kontrolle hatte. Der Vorschlag Orellanas lief darauf hinaus, das Heer aufzuspalten, und gewiss hätte Pizarro niemals der von Pater Carjaval beschriebenen Vereinbarung zugestimmt. Er hätte Orellana niemals das Boot überlassen – mit unersetzlichen Kriegsmaterialien, mit Schießpulver, Hakenbüchsen, Armbrüsten und Werkzeugen – und dies allein auf Orellanas Versprechen hin, er werde zurückkommen. Hinter diesen Geschehnissen liegt mit Sicherheit ein Zusammenbruch seiner Autorität – und der Zusammenbruch einer Beziehung.

Am zweiten Weihnachtstag machte sich Orellana mit 57 Spaniern, zwei afrikanischen Sklaven, vier oder fünf Armbrüsten, drei Hakenbüchsen und einem Vorrat an Schießpulver, Ersatz-Munition und einigen Kanus, wie sie die Eingeborenen besaßen, auf den Weg. Gonzalo Pizarro war davon ausgegangen, er werde innerhalb von zehn oder zwölf Tagen zum Expeditionskorps zurückkehren. Doch sehr bald, innerhalb von drei Tagen, war es, wie Orellana mitteilt, aufgrund der schnellen Strömung des Flusses offenkundig, dass er unter keinen Umständen so rasch zurückkommen konnte, wie er es versprochen hatte. Wie es der Zufall will, hatte Orellana den Priester Pater Carjaval über die folgenden Ereignisse Tagebuch führen lassen (es handelt sich um einen der packendsten Augenzeugenberichte aus der Neuen Welt), und darin können wir die Rechtfertigung seines Entschlusses nachlesen:

▲ Eine Statue Francisco Orellanas in Quito. In allen Ländern am Amazonas gibt es Denkmäler, die ihm und seiner ungewöhnlichen Reise zu Ehren errichtet sind.

»Wir merkten schnell, dass eine Rückkehr unmöglich war. Wir sprachen über unsere Lage (in Anbetracht dessen, dass wir bereits fast verhungert waren) und entschieden uns zwischen zwei Übeln für das kleinere …; im Vertrauen, dass uns Gott retten werde, beschlossen wir, weiterzufahren und dem Fluss zu folgen: Wir würden entweder sterben oder sehen, was uns die Weiterfahrt brächte.«

Es scheint klar, dass Orellanas Gruppe von Anfang an besorgt war, ihre Unternehmungen könnten als Meuterei gewertet werden. Schließlich trafen sie sich zu einer Besprechung und ließen einen Schreiber ihre Aktionen und Entscheidungen zu Papier bringen, damit sie von den Mitgliedern ihrer »Armada« bestätigt würden. Eine erstaunliche Vielzahl von Dokumenten, die im Archiv für Westindien in Sevilla (Biblioteca Colombina) aufbewahrt werden, zeichnen diesen Prozess auf. Die wichtigsten sind von den meisten Expeditionsteilnehmern unterschrieben. Sie behaupten sogar, Orellana selbst habe aus Loyalität zu Gonzalo Pizarro vorgehabt, zurückzukehren, doch sei ihm dies wieder ausgeredet worden. Interessanterweise wissen wir jedoch aus anderen Quellen, dass es in Orellanas Mannschaft keine einheitliche Front gab. Nach dem Bericht des zeitgenössischen Historikers Ortiguera heißt es: »Alle diese Argumente sollten ihre Sache stützen, denn sie hätten mit der Brigantine leicht wieder flussaufwärts fahren können, jedenfalls nach den Informationen, die ich von einigen erhalten habe, die an dem Abenteuer teilgenommen haben und die angesehene und vertrauenswürdige Männer waren.«

Anschließend nennt Ortiguera fünf Zeugen, die ihm dies mitgeteilt hatten. Wir werden niemals wissen, ob der Hass auf Gonzalo Pizarro damals so groß war, dass Orellana beschloss, nicht zu ihm zurückzukehren. Gonzalo Pizarro erwartete allerdings Orellanas Rückkunft – und bezeichnete ihn später, noch bevor er von Orellanas Überleben erfahren hatte, als einen Erzverräter:

»So legte er gegenüber dem gesamten Expeditionskorps die größte Grausamkeit an den Tag, die treulose Männer jemals gezeigt haben. Er war sich bewusst, dass die Leute nichts zu essen hatten und in einem so riesigen, unbewohnten Gebiet zwischen so gewaltigen Flüssen festsaßen. Und trotzdem nahm er alle Hakenbüchsen, Armbrüste, Kriegsmaterialien und eisernen Werkzeuge der gesamten Expedition mit sich.«

## AUF DEM NAPO

Orellano war nun mit seinem Boot auf dem Napo, einem der wichtigsten Nebenflüsse des Amazonas, und fuhr auf seinen gewaltigen braunen Fluten durch eine riesige, grüne Wildnis in Richtung Osten. Den Horizont begrenzte ein mächtiger Urwald, der sich in alle Himmelsrichtungen erstreckte. In jenen ersten paar Tagen kamen sie durch die stille, verlassene Landschaft zwischen den Flüssen Yururi und Tiputini und erreichten dann die Mündung des Aguarico, wo sie ihr Lager aufschlugen und sich Schutzhütten bauten. Da die Einheimischen offen und sympathisch waren, beschloss Orellana, bei ihnen zu bleiben und seinen Männern eine Erholungspause zu gönnen. So ließen sich die Spanier in dem Indianerdorf nieder und ruhten sich dort einen Monat lang aus, vom 3. Januar bis zum 2. Februar. Sie aßen die einheimischen Speisen, die von den Frauen zubereitet wurden, und ihr Gesundheitszustand wurde langsam wieder besser. Jetzt wusste Orellana, dass sie für

ihre Rettung ihre Brigantine seetüchtig erhalten mussten, und, an die Zukunft denkend, nutzte er die Zeit, um eine Schmiede einzurichten und aus den zusätzlichen Hufeisen, die sie im Schiffsbauch mit transportiert hatten, Nägel aus Eisen herzustellen.

▲ Eine Fähre der Einheimischen auf dem Río Napo, einem Nebenfluss des Amazonas in der Nähe der nach Francisco Orellana benannten Ortschaft.

Nach seinen Bewohnern nannte Orellana diesen Ort Imara. Er lag – in einer Entfernung von zehn Segel-Tagen – oberhalb des Zusammenflusses mit dem Marañon und wahrscheinlich oberhalb des Zusammenflusses des Napo und des Curaray, des schönsten Flusses im Gebiet der Huarani.

Orellana war sich auch bewusst, dass ihr Überleben davon abhängen werde, ob sie mit den Eingeborenen reden könnten, und unternahm ernsthafte Anstrengungen, ihre Sprache zu lernen, indem er sich ein Notizbuch zulegte, in dem er ihre Äußerungen festhielt. »Außer Gott war es die Fähigkeit des Hauptmanns, die Sprachen der Einheimischen zu sprechen, was uns das Leben rettete«, bemerkt sein Chronist Pater Carjaval.

Doch in dieser Phase dachte Orellana noch wie ein Konquistador. Im Namen des spanischen Königs nahm er von dem Dorf Imara Besitz und hielt den Indianern einen Vortrag über das Christentum. »Wir erzählten ihnen, dass wir Christen seien, die nur einen einzigen Gott verehrten, und keine Bäume und Steine«, berichtet Pater Carjaval. Trotzdem begann der Spanier umzudenken, denn als Orellana die Leute von Imara verließ, war ihm klar, dass die »freundliche Behandlung der Indianer die angemessene Vorgehensweise war«. Die Menschen, die ihn diese Grundweisheit lehrten – Menschen, die ihm zu essen gaben und das Leben seiner Männer retteten –, waren vermutlich die Vorfahren der heute dort lebenden Menschen, der Huarani.

## DIE LEGENDE
## VON DEN AMAZONEN

Durch die Gastfreundschaft, die ihnen entgegengebracht wurde, hatten Orellana und seine Mannschaft wieder neue Kräfte gewonnen. Da sie jedoch fürchteten, ihren Gastgebern zur Last zu fallen, brachen sie am 2. Februar erneut auf. Sie wollten mit Hilfe von Freiwilligen und indianischen Wegführern eine Nachricht in das flussaufwärts gelegene Lager Gonzalo Pizarros schicken, verwarfen aber schließlich diese Idee als viel zu gefährlich. »Sie fürchteten alle den Tod, der ihnen bei diesem Versuch sicher vor Augen stand.« Schließlich waren sie 150 oder sogar 250 Wegstunden (über 500 Meilen) entfernt. Das war einfach zu weit. Es blieb ihnen nichts anderes übrig, als weiterzumarschieren, auf Gott zu vertrauen und zu sehen, welche Wunderdinge vor ihnen lagen.

Nach zehn Tagen kamen Orellana und seine Männer zu einem gigantischen Zusammenfluss, den er nach der Tagesheiligen des 12. Februar Santa Eulalia nannte. Hier vereinigten sich der Napo und der Marañon, und hier nahm der eigentliche Amazonas seinen Anfang.

Auf den Spuren Orellanas waren wir nun mitten in Peru angekommen, an einer Stelle, wo ein weiterer Ort nach dem Konquistadoren benannt ist, das entzückende Städtchen Francisco Orellana – eine dieser winzigen Stätten auf unserem Planeten, die irgendwie wirklich denkwürdig sind, obwohl sie, genau wie die Spanier es vermerkten, »von gewaltigen Moskito-Schwärmen heimgesucht werden«.

Der Fluss hat hier mit den Jahren seinen Lauf verändert, und der alte Kanal, an dem die Stadt liegt, ist heute nur noch ein flacher Nebenfluss. Die kleine Fähre kommt den Napo heruntergefahren und entlädt ihre Fahrgäste im goldenen Licht der Abenddämmerung am Rande der feuchten, grünen Wildnis. Es gibt einen sehr kleinen hölzernen Landesteg, ein paar Einbäume und ein altes Hausboot, von dem aus uns Kinder freundlich zuwinken. Von hier aus geht man eine halbe Stunde durch hohes Gras bis zu einer Anlegestelle für kleine Boote, die unterhalb eines riesigen Denkmals zu Ehren Orellanas liegt. Es wurde 1942 zum 400. Jahrestag seiner denkwürdigen Reise errichtet.

Nun ändert sich der Tenor des Reisetagebuchs ein wenig. Dies könnte auf eine nachträgliche Überarbeitung deuten, doch Pater Carjaval scheint bereits erkannt zu haben, dass sich die Fahrt in eine abenteuerliche Forschungsexpedition verwandelte. »Unsere Rettung ließ uns glauben, unserem Herrn Jesus Christus gefalle ein solches Wagnis, ins Unbekannte vorzustoßen; denn solch eine entdeckerische Meisterleistung hätte sonst viele Jahrhunderte lang nicht vollbracht werden können.«

In dieser Gegend hörte Orellana zum ersten Mal aufregende Geschichten von der Existenz eines wilden Stammes weiblicher Krieger, ähnlich den Amazonen aus der griechischen Mythologie. Dies war natürlich sogar in der Neuen Welt – ganz zu schweigen von der Alten Welt – eine bekannte Sage. Kolumbus hatte Ähnliches berichtet, und seither auch viele andere. Aber Orellanas Männer zweifelten nicht am Wahrheitsgehalt der Geschichte. Und flussabwärts, nach dem heutigen Belém zu, in Brasilien, trafen sie tatsächlich, wie Pater Carjaval uns versichert, auf diese außergewöhnlichen Kriegerinnen und kämpften mit ihnen. Bis zum heutigen Tage weiß niemand, ob es sie wirklich je gegeben hat, doch die Erzählung hat dem Fluss den Namen verliehen, den er noch immer trägt: Río Amazonas – Fluss der Amazonen.

Ich schloss Pater Carjavals Tagebuch und ging schlafen, wobei ich mir Orellana und seine Leute dort draußen auf dem Fluss vorstellte, wie in der samtweichen Nacht ihr Wachposten nach in den Fluss gefallenen Bäumen Ausschau hielt, die ihr Boot in 1000 Stücke hätten zertrümmern und sie auf der Stelle töten können. Sie hatten die Gastfreundschaft der Leute von Imara genossen und fühlten sich dadurch gestärkt. Nachdem sie ihr leck geschlagenes Boot repariert hatten, segelten sie weiter, ein winziges Schiffchen auf dem riesigen, dunklen Fluss. Sie sind nun still, einige schlafen, im Schiffsbauch aneinander gedrängt, und spüren auf ihren Gesichtern die angenehm kühle Brise, die mitten in der Nacht aufkommt. Wie Geister fahren sie an dem gewaltigen Zusammenfluss mit dem Maranon vorbei, der so breit ist, dass das gegenüberliegende Ufer nur als ferne, dunkle Linie am Horizont zu erkennen ist. Jetzt ist ihnen klar, dass sie, um zu überleben, irgendwie den Weg zum Meer finden müssen.

## DIE REISE GONZALO PIZARROS

An jenem zweiten Weihnachtstag war Orellana auf der breiten Fläche des Napo flussabwärts davongefahren. Mit ihm haben wir Gonzalo Pizarro, der jetzt im Wald ausgesetzt war, verlassen. Aber wo genau befand er sich? Und was geschah mit ihm? Dieser Teil der Geschichte ist nie an Ort und Stelle nachvollzogen worden, doch wir können eine plausible Vermutung anstellen. Orellana und Gonzalo Pizarro sagen, sie hätten von Barco aus 50 Wegstunden bzw. 43 Tagesmärsche zurückgelegt, bevor sie das Weihnachtslager erreichten und sich dort trennten. Diese Berechnung lässt auf eine Marschgeschwindigkeit von kaum mehr als einer Wegstunde schließen. Auf ihrem Weg durch dichten Urwald und über unzählige Buchten und Nebenflüsse schaffen sie also etwa drei Meilen pro Tag.

Selbst wenn das nur ungefähr stimmt, so kann man doch sagen, dass sich das Weihnachtslager irgendwo am mittleren Napo befunden haben muss. Zwar haben die Flüsse in Amazonien mit der Zeit ihren Lauf verändert, aber je näher sie an den Anden liegen, desto geringer ist die Wahrscheinlichkeit, dass dies der Fall ist, und der Napo verläuft heutzutage im Wesentlichen genauso wie auf frühen spanischen Landkarten. Das wird auch durch archäologische Ausgrabungen von indianischen Siedlungen bestätigt, die aus der Zeit zwischen dem 11. und 15. Jahrhundert stammen und an den Flussufern lagen.

Deswegen vermute ich, dass sich das Weihnachtslager ein Stück oberhalb des Zusammenflusses mit dem Río Tiputini befand, an der Stelle, wo eine Reihe einheimischer Siedlungsstätten aus der Zeit vor der Eroberung von archäologischen Kennern der Napo-Kultur entdeckt wurden. In einigen von ihnen – in Sinchi Chicta, Ocaya und San Vincente – hat man schöne Keramiken gefunden. Diese Stämme betrieben Fischfang und Ackerbau, wobei sie die Technik der Brandrodung benutzten, und lebten in kleinen Verbänden, wie sie noch heute im Inneren des Urwalds existieren.

Im Glauben, Orellana werde innerhalb von 14 Tagen zurückkommen, beschloss Gonzalo Pizarro, am Ufer weiterzuziehen. Da seine Soldaten in sehr schlechter Verfassung waren und am Lagerfeuer Unmutsäußerungen laut wurden, wäre Tatenlosigkeit zu diesem Zeitpunkt tödlich gewesen. Es war besser, weiterzumarschieren. So

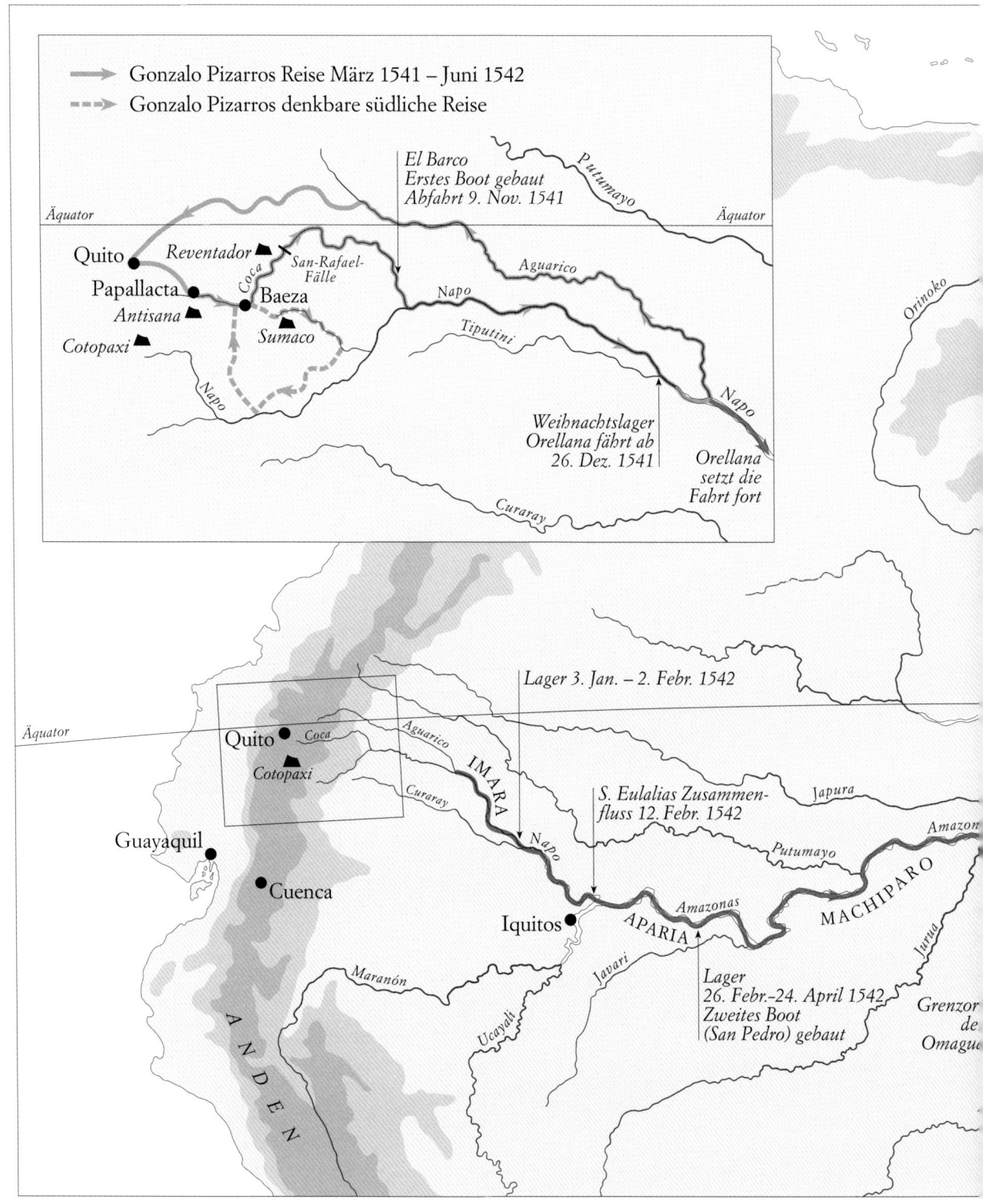

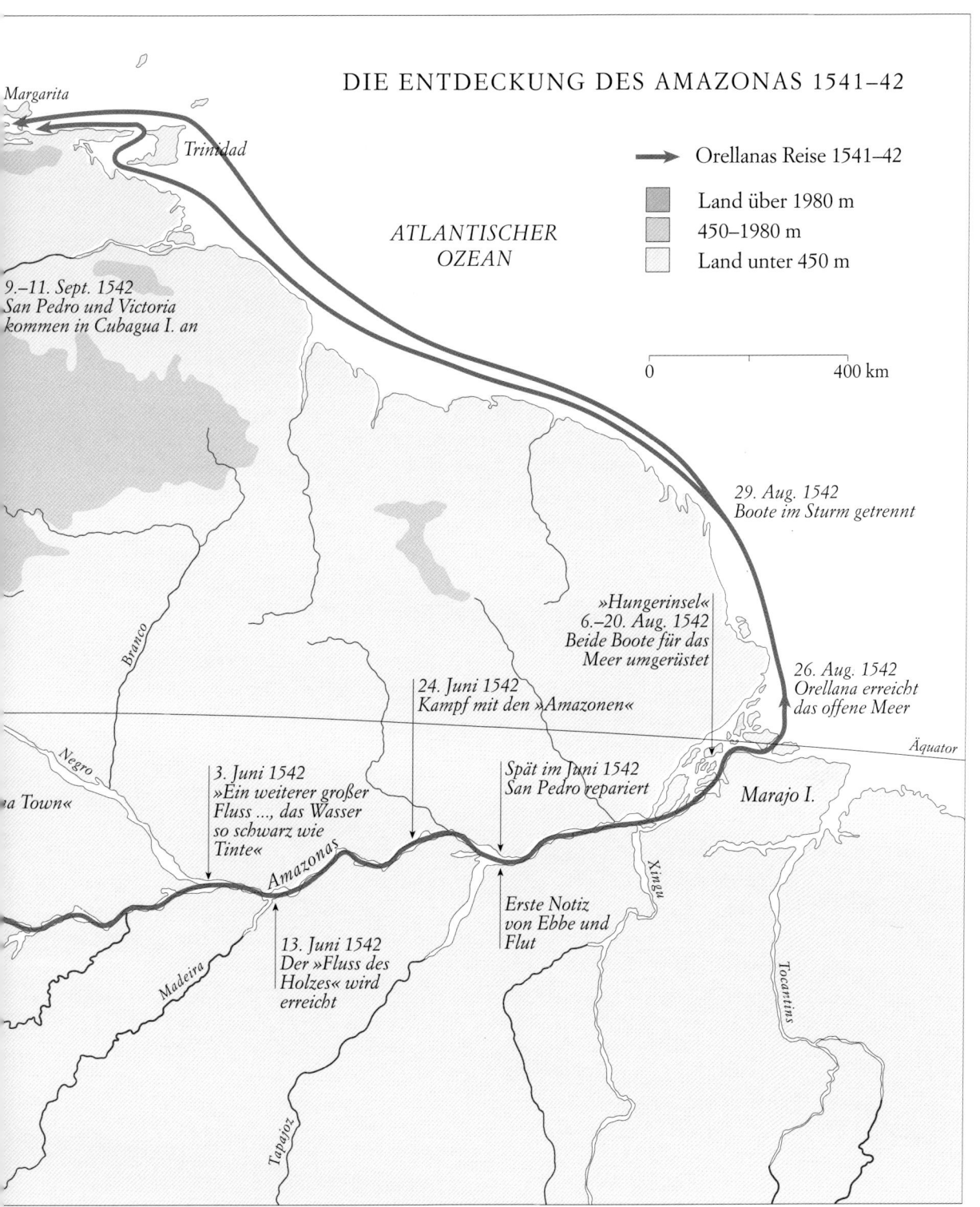

# DIE ENTDECKUNG DES AMAZONAS 1541–42

*Margarita*

*Trinidad*

*ATLANTISCHER
OZEAN*

→ Orellanas Reise 1541–42

Land über 1980 m
450–1980 m
Land unter 450 m

*9.–11. Sept. 1542
San Pedro und Victoria
kommen in Cubagua I. an*

0        400 km

*29. Aug. 1542
Boote im Sturm getrennt*

*»Hungerinsel«
6.–20. Aug. 1542
Beide Boote für das
Meer umgerüstet*

*24. Juni 1542
Kampf mit den »Amazonen«*

*26. Aug. 1542
Orellana erreicht
das offene Meer*

*Branco*

*Äquator*

*Negro*

*3. Juni 1542
»Ein weiterer großer
Fluss ..., das Wasser
so schwarz wie
Tinte«*

*Spät im Juni 1542
San Pedro repariert*

*Marajo I.*

*a Town«*

*Amazonas*

*Xingu*

*Erste Notiz
von Ebbe und
Flut*

*13. Juni 1542
Der »Fluss des
Holzes« wird
erreicht*

*Madeira*

*Tocantins*

*Tapajoz*

ließ er seine Leute mit den Pferden antreten – wahrscheinlich waren etwa 200 Mann übrig –, wählte die jüngsten und zähesten aus, damit sie mit den Macheten den Weg bahnten, und setzte den Marsch den Napo flussabwärts fort. Halb verhungert, erschöpft und vom ständigen Regen völlig durchnässt, mussten die Soldaten nach wenigen Tagen feststellen, dass ihnen der Weg durch einen großen Sumpf versperrt war.

In der Nähe gab es im Napo eine Insel, und ich nehme an, dass sie nun gerade kurz vor der Mündung des Río Tiputini waren, eines der bedeutendsten Nebenflüsse des mittleren Napo. Hier befindet sich heutzutage eine breite Insel, die ein gutes Stück über der Hochwasserlinie liegt. Dort gibt es eine kleine Siedlung (sie heißt ebenfalls Tiputini) und eine verlassene Urwaldlandebahn.

Siedlungen aus der Zeit vor der Eroberung sind in der Nachbarschaft ausgegraben worden, wobei wunderschöne Keramiken zum Vorschein kamen – darunter herrliche, mit Figuren geschmückte Graburnen und erlesene Teller, bemalt mit den Tieren des Urwalds. Die in Vergessenheit geratenen Völker, die diese hergestellt hatten, waren damals in großer Zahl am Napo entlang angesiedelt gewesen und hatten dort eine großartige lokale Kultur geschaffen. Gonzalo Pizarro berichtet, dieser Ort sei acht Tagesmärsche von einem sehr großen Fluss entfernt. Dies muss der Aguarico gewesen sein, von Tiputini aus etwa 30 Meilen flussabwärts. Wie ich vermute, schlugen sie dort ihr Lager auf, in einer gewaltigen Flussbiegung, wo dichter Urwald bis zu den Ufern wuchs und sich auf einer Seite eine große Sumpflandschaft erstreckte.

Gonzalo Pizarro wusste sich nun keinen Rat mehr und spielte mit dem Gedanken, ein neues Boot zu bauen. Aber der Bau des ersten war sehr zeitaufwendig gewesen – Holz musste gefällt, Holzkohle gebrannt, Nägel geschmiedet werden –, und das alles hätte die verzweifelten Männer, die vor Hunger kaum bei Sinnen waren, enorme Anstrengungen gekostet. Außerdem hatte Orellana die Werkzeuge und Ersatz-Hufeisen mitgenommen, die für die Herstellung der Nägel nötig gewesen wären. Was sie jedoch am dringendsten brauchten, war Nahrung.

Menschen, die sich im Wald auskennen, sind immer in der Lage, dort zu überleben, indem sie Regenwasser auffangen, essbare Kräuter sammeln und aus bestimmten Knospen Salz gewinnen. Daneben gibt es Früchte und Knollen, die man anbauen kann. Aber Gonzalo Pizarro, der nicht gewusst haben wird, was es im Urwald an Essbarem gibt, konnte solche Möglichkeiten nicht nutzen. Um nicht gezwungen zu sein, die noch verbliebenen Pferde und Hunde zu töten, ernährten sich seine Leute nun von Eidechsen, Schlangen und sonstigen Tieren, die sie fangen konnten. Schließlich, berichtet Gonzalo Pizarro, »mussten wir die kleinen Knospen einer Pflanze, ähnlich einer Weinrebe, essen«. Sie hatten nun den Punkt erreicht, an dem es kein Zurück mehr gab. Ohne Nahrung würden sie unausweichlich sterben.

Aus Furcht vor den Weißen waren die Einheimischen dieser Gegend aus ihren Dörfern in den Urwald geflohen. Doch dann erbeutete »wie durch ein Wunder« einer von Gonzalo Pizarros Stoßtrupps fünf Kanus, und mit diesen schickte Pizarro Mercadillo, einen Hauptmann, mit einem Dutzend Männern den Fluss hinunter. Sie sollten nach etwas Essbarem suchen und nach Orellana Ausschau halten. Ohne Nachricht und ohne Nahrung kehrten sie nach fast einer Woche müde und abgekämpft zurück. Es war ein harter Schlag.

Gonzalo Pizarro machte schließlich einen letzten Versuch und schickte einen neuen Trupp auf den Weg. Dieser stand unter der Leitung von Gonzalo Pineda, einem sehr erfahrenen Konquistadoren, der Ende der 30er-Jahre des 16. Jahrhunderts die erste Expedition von Quito aus über die Anden in das Land des Zimts angeführt hatte. Pineda war ihre letzte Hoffnung. Ihm wurde sehr deutlich gesagt, dass er Nahrung beschaffen müsse, andernfalls seien sie alle verloren.

Pineda paddelte flussabwärts, bis er die Mündung eines sehr großen Flusses erreichte, der heute unter dem Namen Aguarico bekannt ist, »der Goldführende«, da in seinem Sand Gold-Teilchen enthalten sind. Hier landete er und fand am Ufer die Stelle, wo Orellana sein Lager aufgeschlagen hatte. An den Bäumen waren Spuren von Einschlägen zu sehen, und es gab die Überreste behelfsmäßiger Schutzhütten. Hier hätte das Treffen stattfinden sollen. Pineda zählte sogleich zwei und zwei zusammen und ihm war klar, dass Orellana entweder tot oder weitergezogen war. Jedenfalls wusste er nun, dass sie nur noch auf sich selbst angewiesen waren.

»Sie erkannten, dass, da Orellana abgerückt war, keine Aussicht auf etwas Essbares bestand und es auch keine Möglichkeit gab, Nahrung zu finden. Dies stürzte sie in tiefste Verzweiflung, denn viele Tage lang hatten sie nichts anderes zu sich genommen als Palmsprossen und heruntergefallene Obstkerne.«

Pineda rechnete sich aus, dass Orellana den Hauptarm weiter flussabwärts marschiert sein musste und in erreichbarer Entfernung nirgends etwas Essbares gefunden hatte. Andernfalls wäre er schon längst damit zurückgekehrt. Daher beschloss Pineda, den Nebenfluss hinaufzufahren und dort nach Nahrung zu suchen, so wie es ihnen ihre einheimischen Wegführer nahe gelegt hatten. Auf diese Weise würden sie bei ihrer Rückkehr zum Napo außerdem die Strömung ausnutzen können. Sie fuhren also den Aguarico flussaufwärts, paddelten gegen die Strömung und hofften wider alle Erwartung, auf eine größere Eingeborenensiedlung zu stoßen.

Nach Pinedas späterer Einschätzung waren sie zehn Wegstunden (über 30 Meilen) flussaufwärts gefahren, bevor sich ihnen üppige Maniok-Plantagen zeigten. Sie gingen an Land, »fielen auf die Knie und dankten Gott«. Nachdem sie sich mit einer Mahlzeit gestärkt hatten, beluden sie ihre Kanus und segelten erneut flussabwärts bis zum Zusammenfluss mit dem Napo. Sodann paddelten sie langsam den Fluss wieder hinauf und erreichten Gonzalo Pizarros Lager. Mit offenem Jubel wurden sie dort von ihren mutlosen und halb verhungerten Kameraden empfangen, »die [mit Ausnahme Pizarros] alle die Hoffnung aufgegeben hatten, sie je wiederzusehen«.

Pinedas Expedition hatte – kaum vorstellbare – 27 Tage gedauert. Währenddessen war das Haupttheer am Sumpf im Lager geblieben. Gonzalo Pizarro berichtet:

»Wir hatten nichts zu essen als das Leder von den Sätteln und Steigbügeln. Wir schnitten es klein, kochten es und rösteten es in der Glut, dazu gab es Palmsprossen und heruntergefallene Obststiele sowie Schlangen und Kröten. Denn inzwischen hatten wir in dieser Wildnis bereits über 1000 Hunde und mehr als 100 Pferde verzehrt, und viele von uns waren krank, andere schwach, während wiederum andere dort buchstäblich verhungert waren.«

Die höllische Szene im Lager lässt sich kaum ausmalen: das nächtliche Heulen der ausgehungerten Hunde, das Stöhnen der Kranken, das Summen der Urwaldinsekten, der unablässige Regen und die Blitze, die bei Nacht in der Gegend um den Napo überall am Horizont zu sehen sind und die Dunkelheit für kurze Zeit erhellen. Und das alles wegen eines Hirngespinsts – El Dorado.

## HERZ DER FINSTERNIS – DIE RÜCKKEHR GONZALO PIZARROS

Nachdem sie gegessen hatten, rief Gonzalo Pizarro seine Truppen zum Appell, ließ die Kanus aneinander binden, durchquerte den Sumpf und marschierte in acht Tagen den Napo flussabwärts bis zum Zusammenfluss mit dem Aguarico. Dann folgte ein mühevolles Übersetzen über den Fluss zum gegenüberliegenden Ufer, wofür man eine Woche brauchte. Die Soldaten und die Tiere wurden in Kanus hinübergebracht, wobei einige Pferde ertranken. Nach einem zehntägigen Marsch den Aguarico flussaufwärts erreichten sie sodann die Maniok-Plantagen. Dort blieben sie über eine Woche lang im Lager und ruhten sich aus (»in gewisser Weise«, wie Gonzalo Pizarro lakonisch bemerkt). Wieder ist von Kontakten mit den Einheimischen keine Rede, doch die Plantagen gehörten wahrscheinlich den Vorfahren der Siona-Secoya-Völker, die ehedem das ganze Land flussabwärts besiedelten. Heute leben Nachkommen dieser Stämme weiter oben am Aguarico.

Wie wir wissen, war Gonzalo Pizarro ein äußerst einfallsreicher Anführer, aber inzwischen wird er sich wohl gefragt haben, warum in aller Welt er das reiche Peru verlassen hatte. Wir haben es hier mit einem Mann zu tun, der schon alles gesehen hatte. Er hatte die goldenen Kammern der Coriancha in Cuzco geschaut und war zur letzten Inka-Stadt in Vilcabamba gezogen. Diese Abenteuer reichten für mehr als ein Leben, doch das alles war jetzt ohne Bedeutung. Es ging nur noch ums reine Überleben. Unglücklicherweise waren die Ess-Orgien den halb verhungerten Männern sehr schlecht bekommen. Maniokwurzeln sind, wenn man sie nicht richtig zubereitet, giftig. Zwei Männer starben, weil sie zu viel davon gegessen hatten, und viele andere wurden so krank, dass sie vor Schmerzen in ihren angeschwollenen Bäuchen nicht mehr laufen konnten. Sogar die Kräftigsten waren krank und elend.

Nach neun qualvollen Tagen war es Gonzalo Pizarro klar, dass sie weiterziehen oder aber sterben müssten. Die Suche nach El Dorado war vergessen. Die Frage war jetzt nur, ob sie die Kraft hätten, ihren Weg fortzusetzen. In dieser völlig verzweifelten Lage bewies Gonzalo Pizarro seine Führungsqualitäten. Die Männer, die zum Laufen zu krank waren, wurden an den Sätteln der noch verbliebenen Pferde festgebunden, ihre Füße unter den Bäuchen der Pferde zusammengeschnürt. Und so ritten sie unter großen Schmerzen weiter, während ihre Gefährten zu Fuß gingen und einen Weg durch den Urwald schlugen.

Sie marschierten dann 40 Wegstunden (120 Meilen oder mehr), wobei sie auf dem ganzen Weg auf Spuren bebauten Landes stießen. (Wenn man die Windungen mit hinzunimmt, hat der Fluss von der Mündung in den Napo bis zu den Ausläufern der Anden eine Länge von ungefähr 300 Meilen.) Die Männer, die noch laufen und die harte Arbeit verrichten konnten, waren jetzt, da sie sich fast ebenso schlecht wie die anderen fühlten, mit ihren Nerven so am Ende, dass sie ihrem Ärger auf die Kranken Luft machten. Gonzalo Pizarro versuchte ihnen Mut zuzusprechen, marschierte mit der Nachhut, spornte die Nachzügler an und unterstützte die Kranken.

Nach acht Tagen erreichten sie einige verstreut liegende kleine Dörfer, die wahrscheinlich von den Secoyas, von denen heute noch 300 in Ecuador leben, bewohnt wurden. Überreste ihrer vorkolonialen Kulturen wurden bei Zancudo am Río Aguarico ausgegraben, und vielleicht hat Pizarro dort einen Halt eingelegt. Mittels Zeichensprache gaben ihm die Indianer zu verstehen, dass es in dem vor ihnen liegenden Gebiet keine Menschen gebe. Er hatte keine rechte Vorstellung, wohin er sich wenden sollte – der Fluss hat viel mehr Windungen als der Napo, aber im Wesentlichen fließt er in Richtung Nordwesten. Er wird sicherlich gewusst haben, dass er ihn schließlich zurück zu den Anden brächte. Sie rückten weiter, schickten den findigen Pineda mit zwei Kanus voraus, und Gonzalo Pizarro zog indessen zu Fuß weiter flussaufwärts.

Auf diesem nächsten Teilstück ihres Marsches legten sie nach ihren Schätzungen 56 Wegstunden, beinahe 200 Meilen, zurück – und in den Aufzeichnungen Cieza de Leóns kann man die abgrundtiefe Verzweiflung spüren, in die sie »dieser schlimmste Marsch, den es in Westindien je gegeben hat«, stürzte. Gonzalo Pizarro war jetzt selbst »sehr niedergeschlagen …, denn er wusste weder, in welchem Land er war, noch welche Richtung er einschlagen sollte, um Peru oder irgendein anderes Gebiet zu erreichen, in dem Christen lebten«. Der ständige Verzehr von Maniok machte weiterhin alle krank – sie litten an »Ausfluss« (Durchfall). Der Regen prasselte auf die zerlumpten Männer, und die meisten von ihnen waren barfuß, da ihr Schuhwerk schon längst zerschlissen oder aufgegessen war.

Die »herrliche Armada«, die sich auf die Suche nach El Dorado begeben hatte, hatte jetzt bloß noch den elementarsten Kampf auszufechten, den Kampf gegen den Tod selbst, bei dem der Mensch nur noch von seinem Überlebenswillen beherrscht wird. Am Schluss schnitten sie Fleischstücke aus den letzten noch verbliebenen Pferden und verschlossen ihre Wunden mit Lehm aus dem Fluss. Sie ließen die Pferde zur Ader und bereiteten sich in ihren Helmen aus dem Blut, aus Wildkräutern und Pfeffer eine Suppe. Gonzalo Pizarros Bericht zeigt seine furchtbare Wut:

»An diesem unbewohnten Abschnitt des Flusses wurden alle noch vorhandenen Pferde, mehr als 80, verzehrt. Viele Flüsse und Buchten von beträchtlicher Größe waren zu überqueren, und an manchen Tagen musste man bei diesem Marsch ein Dutzend oder noch mehr Brücken bauen, um zwei Wegstunden voranzukommen. Und es gab Tage, an denen wir durch kniehohes Wasser durch die Sümpfe wateten, manchmal reichte es auch bis zur Hüfte und sogar noch höher.«

Inzwischen fuhr Pinedas Truppe mit indianischen Paddlern weiter flussaufwärts. Schließlich sahen sie sich gezwungen, Halt zu machen, um indianische Attacken abzuwehren. Dieses Scharmützel muss in dem Gebiet der heutigen Cofanes stattgefunden haben, am Oberlauf des Aguarico, in der Nähe des Zusammenflusses mit dem Dureno. Die Cofanes, die einst um die Ausläufer der Anden und bis in den Urwald hinein in großer Zahl siedelten, hatten später unter den Goldschürfern und in jüngster Zeit unter den Ölsuchern erheblich zu leiden. Mit Hilfe ihrer Armbrüste und Schwerter schlugen die Spanier schließlich ihre Angreifer zurück. Pineda schnitt Kreuze in die Bäume, um den Ort des Geschehens zu markieren. Danach zogen sie weiter und ruderten die ganze Nacht hindurch, da es zu gefährlich war, Rast zu machen.

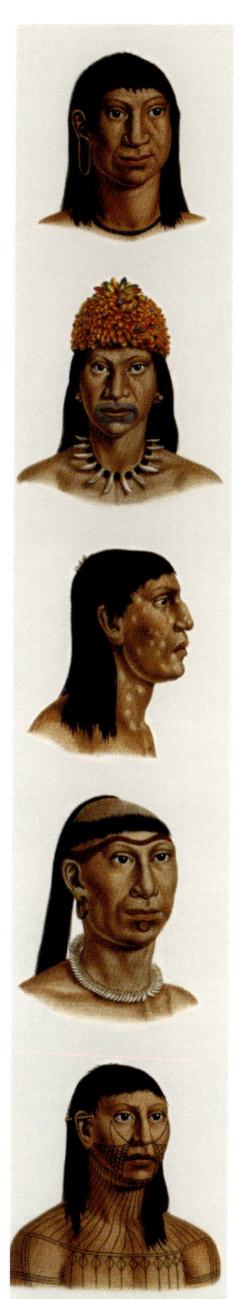

▲ Eingeborene Indianer am Napo. Darstellung eines Ethnographen des frühen 19. Jahrhunderts.

Als der Morgen dämmerte, blieb der Regen aus – endlich einmal war der Himmel hell und klar. Und weit in der Ferne, im Südwesten, erblickten Pineda und seine erschöpften Männer die schwachen blauen Umrisse »einer großen Bergkette«. Es waren die deutlich zu erkennenden Vulkane der »Cordillera von Quito«, wie Pineda später feststellte, »oder die Gegend bei Popayan und Cali«. Sie waren im Gebiet nördlich des Río Coca angelangt, wo der Aguarico von den Anden herunterkommt. Sie brachen erneut auf und erreichten bald die Wasserfälle, wo sie »zum ersten Mal nach 300 Wegstunden« (1000 Meilen) Steine zu Gesicht bekamen. Sie waren nicht weit von Lumbaqui entfernt, etwa 30 Meilen, bevor die Ausläufer der Anden zum Vulkan Reventador ansteigen.

Bevor sie den letzten Pass über die Anden überquerten, zeigte sich am nächtlichen Himmel ein Komet. Am nächsten Morgen erzählte Gonzalo Pizarro, im Traum habe ihn ein Drachen angegriffen und ihm das Herz aus dem Leibe gerissen. Jerónimo de Villegas, der im Heer als Traumdeuter anerkannt war, erklärte den Traum: Pizarro werde in Kürze vom Tod des Menschen erfahren, der ihm am nächsten stehe. Was das bedeutete, sollte Gonzalo Pizarro bald herausfinden.

Im Juni 1542, 16 Monate nach ihrem Aufbruch, taumelte die Armee über die Anden zurück. Die Männer waren abgemagert, halbnackte Skelette in Tierhäuten. Jeder besaß nur noch ein Schwert und einen Wanderstock, der ihm half, auf den Beinen zu bleiben. Es waren noch 80 Männer – mehr als doppelt so viele hatten Orellana beim Abschied zugewinkt. Es war ein Wunder, dass immerhin so viele diesen fürchterlichen Marsch überlebt hatten. Sie waren vielleicht bis an die Grenze dessen gegangen, was Menschen aushalten können, und sie waren noch am Leben.

Die Nachricht von ihrer Rückkehr eilte ihnen voraus, und die Bürger von Quito eilten aus der Stadt, liefen den steilen Abhang hinunter, wo sich die alte Straße, »der Weg der Konquistadoren« ins Tal windet, und brachten Suppe, Decken und Pferde. Doch Gonzalo Pizarro bewahrte bis zum bitteren Ende Haltung, lehnte es ab, ein Pferd zu besteigen, und legte den ganzen Weg bis zu den Toren Quitos zu Fuß zurück.

## DIE ERMORDUNG FRANCISCO PIZARROS

Für Gonzalo Pizarro war die Expedition eine Katastrophe: Sie hatte ein Vermögen gekostet, und die Hoffnungen, El Dorado zu finden, hatten sich zerschlagen. Doch da ihm in Peru noch die Reichtümer seiner Familie zur Verfügung standen, bedeutete das Desaster an sich noch nicht das Ende seiner Ambitionen. Möglicherweise verhängnisvoll war jedoch die Nachricht, die er bei seiner Ankunft erhielt. Ein anderer Anführer, Castro, hatte Quito eingenommen und sich selbst zum Gouverneur ausgerufen. Schlimmer noch: »Don Diego de Almagro und andere Personen hatten den Marquis, meinen Bruder, ermordet und von Peru Besitz ergriffen.«

Francisco Pizarro, der Eroberer Perus, war also tot. Die Deutung von Gonzalos Alptraum hatte sich als richtig erwiesen. Der Mann, der die Insel der Gorgo und Cajamarca überlebt hatte, war von Almagro getötet worden, dem Sohn seines früheren Freundes und wichtigsten Geschäftspartners, dem Mitbegründer der »Gesellschaft der Levante«, die von Panama aus die ersten Expeditionen organisiert hatte.

Almagros Vater hatte bei der Eroberung Perus auf der Seite Pizarros gekämpft, doch Francisco Pizarro hatte sich mit ihm überworfen, ließ ihn schließlich festnehmen und hinrichten. Wie eine im 16. Jahrhundert spielende Version von *Der Pate* hatte sich die Geschichte in einen komplizierten Rachefeldzug verwandelt, der nun auf die nächste Generation übergriff. Das einzigartige Imperium der Pizarros in der Neuen Welt, in dem es Beziehungen gab zwischen ihren Besitzungen in der Estremadura und ihren Bankiers in Deutschland und Italien einerseits und den Silberminen Boliviens und ihren *encomiendas* in den Anden von Ecuador bis nach Chile andererseits, war nun vom Untergang bedroht.

In Quito gönnte Gonzalo seinem schmerzenden Körper eine Erholungspause und versuchte, seine zerrüttete Gesundheit wiederherzustellen. Aber im Geist plante er bereits die Rückgewinnung Perus, das der Familie als Lehen gehört hatte, »im Namen des Königs«. Und in der Tat gelang es ihm, den königlichen Anordnungen zum Trotz, Peru in Kürze wieder an sich zu reißen und dort zu herrschen, bis er gestürzt und in Cuzco von seinen Feinden enthauptet wurde. Er war souverän und grausam, lüstern und rücksichtslos und doch nach übereinstimmender Meinung der bedeutendste und charismatischste aller Soldaten. Über sein Abenteuer am Amazonas schrieb sein Zeitgenosse Cieza de León:

»Keine andere Rasse oder Nation hat so entschlossen wie sie solche Strapazen, solch lange Hungerperioden überstanden oder solche Entfernungen zurückgelegt. Und die Expeditionsteilnehmer haben ganz sicher enorme Entbehrungen ertragen, denn diese Erkundungs- und Eroberungsreise Gonzalo Pizarros war, wie ich sagen muss, die beschwerlichste Expedition, die in Westindien je unternommen wurde. Dabei nahmen die Spanier Not, Hunger und Qualen auf sich, was wahrlich die Tugenden ihrer Nation auf eine harte Probe stellte.«

## ORELLANA SEGELT WEITER

Während sich Gonzalo Pizarro durch die Sümpfe kämpfte, segelten Orellana und seine 50 Männer weiter auf der *San Pedro*. Sie befanden sich jetzt auf dem Hauptarm des Amazonas und trieben in östlicher Richtung durch eine riesige Wasserwildnis. Selbst heutzutage zeigt sie sich aus der Luft als verwirrendes Labyrinth. Die Satellitenbilder, die von Flugzeugpiloten verwendet werden, sind hier von keinerlei Nutzen, da das Land so eben und der Fluss so flach ist, dass er ständig seine Ufer abträgt und seinen Lauf verändert. Der Dschungel erstreckt sich in alle Himmelsrichtungen. Mächtige Flussarme, groß wie Ströme, führen nirgendwo hin; riesige Nebenflüsse, Bruchholz des Urwalds mit sich führend, münden in den Hauptstrom; Inseln aus Strandgut wirbeln vorbei; neue Seen blinken in der tief stehenden Sonne; mächtige Überschwemmungen hinterlassen im grünen Urwald lange braune Narben.

Die Natur kennt hier keine Fesseln. Gelegentlich sieht man winzige Lichtungen mit Häusern, die in kleinen Maniok- und Bananenplantagen auf Pfählen errichtet sind, und hin und wieder ein Boot, gleich einer Wasserfliege, ein winzig kleiner Punkt auf einem mächtigen schokoladenbraunen Fluss. So müssen sich Orellana und seine Männer gefühlt haben. Sie brauchtes nur dem Hauptlauf des Flusses zu folgen und sich – teils voller Bewunderung, teils voller Schrecken – die Szenerie anzuschauen.

Auf der ganzen Fahrt durch das Gebiet des heutigen Peru reagierten die Einheimischen freundlich auf diese Fremdlinge aus einer anderen Welt. Nachdem er Mitte Februar 1542 den Zusammenfluss zwischen dem Napo und dem Marañon passiert hatte, befand sich Orellana jetzt auf dem Marañon – einer unermesslichen, gläsernen Wasserstraße, die sich manchmal bis zum Horizont erstreckte; große Inseln versperrten den Blick auf beide Ufer. So ruhig der Fluss manchmal auch erscheinen mag, er ist doch stets gefährlich. Umgefallene Bäume rauschen vorbei wie schwimmende Rammböcke, und mitunter, wenn sie sich im Flussbett verfangen, werden sie zu tödlichen Hindernissen, die ein Boot im Nu zerschmettern können.

Durch seine Gespräche mit den Eingeborenen fand Orellana heraus, dass er durch die Ländereien eines größeren indianischen Gemeinwesens fuhr, eines Zusammenschlusses von Stämmen namens Aparia. Da sie freundlich waren, konnten die Spanier in diesem Gebiet, gleich unterhalb von Iquitos, für zwei Monate einen Halt einlegen.

Die Aparia-Indianer betrieben, wie sich herausstellte, Handel über große Entfernungen hinweg und konnten Orellana nützliche Informationen für die Fahrt flussabwärts geben. Ihr Land, so teilten sie ihm mit, erstreckte sich 80 Wegstunden (250 Meilen oder mehr) flussabwärts bis zu einem Königreich mit Namen Machiparo. Dessen Einwohner waren den Aparia-Indianern feindlich gesinnt, und es galt als sicher, dass sie die Spanier angreifen würden. Wie wenn dies noch nicht beunruhigend genug gewesen wäre, so gab es jenseits von Machiparo einen noch größeren Stammesverbund, Omagua geheißen. Diese Nachricht erklärt zweifellos, wieso Orellana den Befehl erteilte, die *San Pedro* zu reparieren und umzurüsten und noch ein neues, größeres Schiff zu bauen. Wenn sie nur auf der *San Pedro* weiterführen, einem offenen Boot mit niedrigem Freibord, begleitet von kleinen Kanus, hätten sie kaum eine Chance, ernsthafte Angriffe abzuwehren.

Die Aparianer, die von ihren seltsamen Besuchern anscheinend sehr beeindruckt waren, versorgten sie mit Holz für Rumpf und Masten, Schlingpflanzen für die Takelage, Gummi und wilder Baumwolle für das Kalfatern. Aus peruanischen Decken stellten Orellanas Männer Segel her, und auf dem Schiff schützte eine kleine Hütte aus Palmblättern die Kranken vor der Sonne und den wertvollen Schießpulver-Vorrat vor dem Regen. Dieser zweite längere Aufenthalt auf der Reise dauerte 57 Tage, vom 26. Februar bis zum 24. April. Währenddessen versorgten die Frauen der Aparianer Orellana und seine Leute mit einer großen Fülle an einheimischer Nahrung: Fisch, Süßwasserschildkröten und Tieren aus dem Urwald, die nach Art der Einheimischen mit scharfen Paprikaschoten zubereitet wurden.

Von Anfang an wurde das größere Schiff als seetüchtiges Gefährt gebaut. Seine Länge über der Wasserlinie betrug 19 »Goas« bzw. gut 7 Meter, es war aber ziemlich breit, und seine neun Ruderbänke konnten 18 Ruderer aufnehmen. Es bekam, ganz optimistisch, den Namen *Victoria*. Als alles fertig war, ließ Orellana seine Kanus zurück, machte seinen Gastgebern Geschenke, darunter ein spanisches Schwert für den König von Aparia, und segelte schließlich am 24. April mit beiden Schiffen los.

Unsere Reise hatte uns mit kleinen Booten zu der Ortschaft Francisco Orellana gebracht. Dann fuhren wir auf einer kleinen eindeckigen Fähre durch eine ruhige opalfarbene Dämmerung nach Iquitos. Von dort aus sollten wir – der Amazonas ist jetzt eine bei Tag und Nacht viel befahrene große Wasserstraße – mit einem weniger ungewöhnlichen Gefährt weiterreisen können. Iquitos ist, wie man erstaunt feststellt, 2000 Meilen vom Meer entfernt und trotzdem die Endstation für Hochsee-Schiffe. In diesem Hafen steht einem eine große Vielfalt von Schiffen zur Verfügung, um hinunter nach Brasilien oder den Río Marañon aufwärts ins Landesinnere Perus zu fahren.

Während ich dort auf den Pontons stand, fragte ich mich, wie viel Handel über große Entfernungen hinweg in der vorkolonialen Welt bestanden haben mag zu einer Zeit, als am Fluss angesiedelte Stammesverbände von der Existenz aller anderen Kenntnis hatten, obwohl halb Amazonien zwischen ihnen lag. Dann erinnerte ich mich, wie Orellana überrascht war, als er am Unterlauf des Amazonas »peruanisches Damwild« (Lamas) zu Gesicht bekam. Wie waren die Tiere dorthin gekommen, wenn nicht durch Handel? Man kann sich leicht vorstellen, dass – seit vor 11 000 Jahren die ersten Menschen in die dortigen Urwälder zogen – der Fluss stets Möglichkeiten der Kontaktaufnahme geboten hatte. Erst nach der Ankunft der Europäer waren die eingeborenen Völker durch Krieg, Ausbeutung und Krankheit von dort vertrieben worden.

Was hier im Amazonasgebiet seit Orellanas Zeit geschah, ist ein Holocaust – und einer, über den fast überhaupt nicht berichtet wurde. Heutzutage gelten diese Ge-

# DIE REISE NACH BRASILIEN

▼ Blick von Iquitos über den alten Verlauf des Amazonas. In dieser Gegend verbrachte Orellana zwei Monate mit den Aparia-Indianern.

sellschaften als primitiv, doch es wäre zutreffender, sie als Gesellschaften zu bezeichnen, die einen Holocaust hinter sich haben – und ein Teil der Tragik, die in Orellanas Schilderungen zum Ausdruck kommt, liegt darin, dass er diese Völker vor ihrem Untergang erlebt hatte.

Wir folgten Orellana von Iquitos bis zur brasilianischen Grenze auf der schönen *Natalia Carolina*, einem kleinen Dampfer mit offenem Deck, der Passagiere, Vorräte und Vieh flussabwärts bringt und die kleinen Häfen des Marañon – Pevas, Pablo de Loreto, Caballococha – versorgt. Und für mich ließ die Reise auf Orellanas Spuren die Geschichte der dazwischen liegenden fünf Jahrhunderte vorüberziehen.

Während jener Nächte, die wir auf der *Natalia Carolina* fuhren, erleuchtete unser Suchscheinwerfer den Fluss, unsere Hängematten schaukelten auf dem offenen Deck neben etwa 100 Mitpassagieren. In der Nacht glitten große Flöße vorbei wie Inseln – schemenhafte Gebilde, die Vieh, Holz und landwirtschaftliche Produkte transportierten, plötzlich auftauchten und dann aus dem Kegel unseres Leuchtfeuers wieder verschwanden.

Bei ihrem Anblick konnte man sich leicht vorstellen, wie die Spanier auf ihrem unsicheren Boot durch die Nacht fuhren und es nicht wagten, an Land zu gehen. »Welche Entbehrungen, welche körperliche Strapazen, welch außergewöhnliche Gefahren mussten wir auf uns nehmen«, schrieb Pater Carjaval. Sie befanden sich nun auf dem Territorium von Machiparo – einem Land von 200 bis 300 Meilen Länge, dicht bevölkert, zwischen den Siedlungen kaum ein Stück freies Land. Die größte von ihnen war laut Pater Carjaval riesig – die Häuser erstreckten sich über 18 Meilen. Auf diesem Wegstück waren sie heftigen Attacken ausgesetzt. Die Indianer zeigten offen ihre Feindschaft, und Pater Carjaval verlor bei einem Angriff ein Auge (»und seitdem bereitete mir diese Verwundung qualvolle Schmerzen«).

Drei Tage und drei Nächte mussten sie sich, ohne schlafen zu können, verteidigen. Orellana aber stellte sich jeder Herausforderung mit Einfallsreichtum und kühler Beherrschung. Er, der nach Meinung seiner Kritiker »viel zu gutherzig« war, hatte die am Fluss gesprochene Sprache gelernt, er verstand es, die Zeichen zu lesen und die Furcht zu überwinden – möglicherweise vor allem seine eigene.

## EIN VERGESSENES REICH AM AMAZONAS

Am 12. Mai 1542 passierte Orellana die Grenze zwischen den Reichen Machiparo und Omagua, und er beschreibt einen offiziellen Übergang, der ganz wie ein moderner Grenzort aussah. »Am Eingang in dieses Land gab es auf einer Anhöhe ein Dorf mit einer Garnison – eine Zollstation des Königreichs Omagua.« Jetzt war er am Ende seiner Nervenkraft. Orellana hatte einen Präventivangriff gestartet und musste sich seinen Weg erkämpfen. Merkwürdig genug: Die heutige Grenze zwischen Peru und Brasilien verläuft genau an dieser Stelle – vielleicht erinnert sie an noch viel ältere territoriale Grenzlinien.

Im weiteren Verlauf ihrer Reise bekamen die Spanier in den Dörfern jetzt wunderschöne Keramiken zu sehen. Einen Ort tauften sie Pueblo de la Loza, »China Town« oder »Porzellanstadt«: Sie nannten ihn so wegen seiner schönen Töpferwaren, zu denen auch etwa 450 Liter fassende Vorratsgefäße von märchenhafter Qualität und

Kunstfertigkeit gehörten und die es mit den besten Keramiken Spaniens aufnehmen konnten. Sie beschreiben auch einen regelrechten religiösen Kult: In einem Schrein gab es Götzenbilder aus Palmblättern mit Silberscheiben an Armen und Beinen.

Hier fand Orellana eine breite Straße, die ins Landesinnere führte, und er ging dort ein wenig auf Entdeckungsreise. Doch es rieb die Nerven zu sehr auf, sich allzu weit von den ihnen Sicherheit gewährleistenden Schiffen *San Pedro* und der *Victoria* zu entfernen. Und so waren sie bald wieder auf dem Fluss, der nun so breit war, dass sie immer nur ein Ufer sehen konnten.

Mehrere 100 Meilen reisten die Spanier durch das Gebiet des Stammesverbundes der Omagua-Indianer. Und je länger sie unterwegs waren, desto mehr erschloss sich ihnen das Ausmaß des Landes und des Flusses – eines Flusses, der von Nebenflüssen gespeist wurde, die ihrerseits viel breiter waren, als sie es sich vorher hatten vorstellen können. Am 29. Mai kamen sie an einen weiteren riesigen Fluss, einen rechten Nebenfluss des Amazonas, den Río Juruá. Nach ihren Schätzungen waren sie jetzt deutlich über 1000 Meilen von ihrem ursprünglichen Lager bei den Imara-Indianern entfernt.

Überall am Fluss sahen sie Straßen, die ins Landesinnere führten, und nach ihrem Bericht muss dieser ganze Teil des mittleren Amazonasgebiets dicht besiedelt gewesen sein. Die einheimische indianische Bevölkerung ist verschwunden. Von einem Volk, das 1542 auf drei oder vier Millionen geschätzt wurde, sind heutzutage noch 240 000 Menschen übrig geblieben, und man muss sich sehr weit vom Fluss entfernen und ins Hinterland begeben, um sie zu finden – die letzten Nachfahren der ursprünglich hier lebenden Menschen.

»Samstags, einen Tag vor dem Heiligen Dreifaltigkeitsfest [sagt Orellanas Tagebuch], erblickten wir zu unserer Linken die Mündung eines weiteren großen Flusses, das Wasser so schwarz wie Tinte. Deshalb nannten wir ihn den Río Negro … Die Strömung war so groß und stark, dass er in dem anderen Fluss auf einer Strecke von 60 Meilen einen langen schwarzen Streifen bildet, und das Wasser dieses Flusses mischt sich nicht mit dem des anderen.«

Es war der 3. Juni 1542. Das schwarze sedimentreiche Wasser dieses Flusses, eines der bemerkenswertesten Naturschauspiele, hebt sich von den braunen Fluten des Amazonas ab. Und noch immer heißt der Fluss Negro.

## ZUM MEER

Anfang Juni fuhr Orellana auf dem Hauptarm des Stromes weiter flussabwärts, vom Zusammenfluss mit dem Negro aus in östlicher Richtung. Unter Berücksichtigung der Biegungen und Windungen des Flusses hatten sie nach ihren Schätzungen etwa 1000 Wegstunden (über 3000 Meilen) von El Barco aus zurückgelegt (eine verzeihliche Überschätzung).

Am 13. Juni gelangte Orellana an die Mündung eines weiteren riesigen Stromes. Wegen der gewaltigen Inseln aus Treibholz, die ständig an ihnen vorbeizogen, gab er ihm den Namen Madeira, Fluss des Holzes. Danach kamen sie in eine gemäßigtere Gegend, wo sich die Landschaft zu ändern begann. Sie verließen den unendlichen Dschungel, der sich ihnen bislang stets gezeigt hatte. Zu

▸ Umseitig: Bei der unter einem ungünstigen Stern stehenden Rückkehr zu »seinem« Fluss konnte Orellana seinen Weg in den Hauptarm nicht finden … und war unrettbar verloren. Das Luftbild von einem Teil der Amazonasmündung zeigt den Grund.

ihrer Linken erstreckten sich jetzt sanfte Höhen, dann Berge und rötliche Klippen. Dieses Gebiet – 50 Meilen jenseits des Madeira – liegt noch immer 500 Meilen vom Meer entfernt, doch jetzt ahnten sie zum ersten Mal die Anwesenheit von Europäern. Die Einheimischen dort teilten ihnen mit, sie hätten von weißhäutigen Menschen gehört, die im Hinterland lebten – und das könnte so gewesen sein. Vielleicht handelte es sich um Überlebende der Expedition von Diego Ordaz, der das Mündungsgebiet des Amazonas zehn Jahre zuvor erkundet und eines seiner Schiffe verloren hatte. An Bord hatten sich sehr viele Menschen befunden, darunter auch Frauen.

Am Unterlauf des Amazonas lagen zahllose Dörfer, deren Bewohner Mais, Maniok und Zuckerrohr anbauten. Diese Völker waren über die Verwüstungen, welche die Europäer an der Küste angerichtet hatten, informiert, und Orellanas Leute mussten auf ihrem ganzen Weg kämpfen – manchmal führten sie alptraumartige Schlachten gegen vergiftete Pfeile. Eine dieser Schlachten fand am 24. Juni statt, und jeder hatte allen Grund, sie nicht zu vergessen. Sie wurden von Einheimischen angegriffen, unter denen auch ein Dutzend weißhäutiger Frauen mit geflochtenem Haar waren, Spezialistinnen im Gebrauch langer Bögen und mit Kupferspitzen versehener Pfeile. Es handelte sich um wirkliche Amazonen, wenn wir dem Tagebuch der Expedition glauben dürfen.

Die Spanier waren sehr mitgenommen, als sie in der Nähe des Río Tapajoz ihr Lager aufschlugen. Sie wollten die *San Pedro* reparieren und die gepanzerten Schiffsseiten höher machen, um sich vor den Pfeilen besser zu schützen. Sie ernährten sich jetzt von Reihern, Leguanen, Affen, Faultieren und Fischen. Und hier bemerkten sie zum ersten Mal das Aufkommen von Ebbe und Flut, obwohl sie erstaunlicherweise noch immer 300 Meilen vom Meer entfernt waren. Ihre Hoffnungen stiegen, und sie setzten ihren Weg fort. Dann erblickten sie am linken Ufer eine Reihe blauer Berge mit abgeflachten Spitzen. Es war die Serra de Almeirim, die sich etwa 270 Meter über dem Fluss erhebt und sich über 90 Meilen an seinem Nordufer entlangzieht.

Jetzt hatten sie jedes Gefühl für die von ihnen überwundene Entfernung verloren. Nach ihren Schätzungen hatten sie seit ihrer Trennung von Gonzalo Pizarro 1600 Wegstunden (um die 5000 Meilen) zurückgelegt. Schließlich kamen sie in das Insel-Labyrinth in der Amazonas-Mündung. Jetzt war das Meer nahe, und sie mussten sich Gedanken darüber machen, was sie tun sollten, wenn sie es erreicht hätten. Sie mochten ja den ganzen Weg flussabwärts bewältigt haben – aber wie würden sie wieder nach Hause kommen?

## DIE HUNGERINSEL

Orellana sah nun ihre Überlebenschancen darin, die nächst gelegenen spanischen Siedlungen auf den Inseln Cubagua und Margarita bei Trinidad in der Karibik zu erreichen – d. h., es stand ihnen eine beängstigende Fahrt über 1200 Meilen auf offener See bevor. Ihre erste Aufgabe bestand somit darin, die *San Pedro*, die sehr gelitten hatte, völlig umzubauen und mit neuen Planken zu versehen.

In einer provisorischen, mit Holzkohle betriebenen Schmiede stellten sie deswegen aus übrig gebliebenen Metallteilen neue Eisennägel her. Man kann sich über

ihren Erfindungsreichtum nur immer wieder wundern. Sie brauchten 18 Tage, um das Schiff frisch zu beplanken, neue Metallbeschläge anzufertigen und sie zu montieren. Mit Fett und Stofffetzen dichteten sie auch selbst alles ab und arbeiteten bis nach Sonnenuntergang, während die Glühwürmchen auf den Sandbänken leuchteten und der Duft von den Bäumen herüberwehte.

Es war Anfang August, und da sie das Meer in der Nähe wussten, suchten sie eine Stelle, um die größere Brigantine auf den Strand zu ziehen. An der Küste einer großen Insel fanden sie einen Platz, wo sie die *Victoria* aus dem Wasser holen konnten. Beide Schiffe mussten für die lange Seereise völlig neu aufgetakelt werden, um gegen die schweren Stürme gewappnet zu sein, mit denen sie zu rechnen hatten.

Mit diesen Arbeiten waren sie zwischen dem 6. und 20. August beschäftigt. Für die Takelage nahmen sie Kletterpflanzen und Seile aus Palmfasern. Sie stellten richtige Masten, Segel, Steuerruder und Sparren her. Sie entfernten die Verkleidung, die zum Schutz gegen die Pfeile gedient hatte, dielten die Decks und dichteten alles ab. Sie fertigten aus Hartholz behelfsmäßige Anker und versahen sie mit Steinen und Metallspitzen. Zwei Bilgenpumpen wurden aus Teilen eines hohlen Baumstamms gebaut, deren Tauchkolben mit Fett und altem Leder abgedichtet. Während dieser 14 Tage litten sie schreckliche Not: Sie ernährten sich nur von essbaren Schnecken und den rötlichen Krabben, die von der Flut angespült werden. Sie nannten diesen Ort Hungerinsel.

So rüsteten sie sich für die Hochseefahrt, ohne wirklich zu wissen, wie sie sie erfolgreich bestehen könnten. Wie Pater Carjaval sagte:

»Ich will vieles andere, was uns fehlte, gar nicht erwähnen, wie z. B. Lotsen, Seeleute und Kompass, die notwendig sind; denn außer uns gibt es niemanden mit gesundem Menschenverstand, der es wagen würde, auf das offene Meer hinauszufahren, ohne über all das oben Genannte zu verfügen. Uns dagegen wurde diese lange, uns kreuz und quer durchs Land führende Reise vom Zufall auferlegt, und wir haben sie nicht aus freien Stücken unternommen.«

Schließlich brachen sie am 26. August 1542, einem Samstag, auf, ## DIE HEIMREISE
wahrscheinlich von einer Stelle des Flusses aus, die nördlich der großen Insel Marajó gelegen ist. Nach einer Fahrt von acht Monaten flussabwärts erreichten Orellana und seine Leute endlich das offene Meer. Ihre Abenteuer waren jedoch noch nicht beendet. Nun lag eine Seereise von 1200 Meilen in selbstgebauten Booten vor ihnen. Nach drei Tagen kam schlechtes Wetter auf, und in schwerer See verloren sich die Schiffe aus den Augen. Jede Mannschaft glaubte von der anderen, sie sei umgekommen.

In Wirklichkeit wurde die *San Pedro* weit ins Meer hinausgetrieben, umsegelte Trinidad und traf am 9. September in Cubagua ein. Sie waren einerseits erleichtert, dass sie sich gerettet hatten, andererseits jedoch trauerten sie über den Verlust des anderen Bootes – sie hatten so vieles zusammen durchgemacht. Aber am 11. September erreichten Orellana und die *Victoria* mit Mühe und Not den Hafen von Neu-Cadiz. Sie waren hinter Trinidad in den Golf von Paria hinausgetrieben worden. 47 Mitglieder der ursprünglichen Besatzung waren noch am Leben.

»Die Freude, welche die einen beim Anblick der anderen empfanden, war so groß, dass ich sie nicht beschreiben kann; denn sie hielten uns für verloren, und wir dachten dasselbe von ihnen.« Es war »weniger eine Reise«, sagte einer von ihnen, »als vielmehr ein Wunder«.

NACHWIRKUNGEN   So endete »ein Experiment, das unabsichtlich unternommen wurde, das sich jedoch als so ungewöhnlich entpuppte, dass es eine der größten Erfahrungen darstellt, die Menschen je gemacht haben«. Dies sagte Oviedo, der mit zahlreichen Überlebenden gesprochen hatte. Aber seltsamerweise wurde Orellana bei seiner Rückkehr nach Spanien keineswegs als Held gefeiert. Zunächst einmal gab es Leute, die den Nutzen seiner Entdeckungen bezweifelten. Die Fluss-Mündung lag auf portugiesischem Territorium – d. h. auf der falschen Seite der Grenzlinie, die der Papst im Vertrag von Tordesillas festgelegt hatte. Was sollte also die Entdeckung des großen Flusses für Spanien bringen?

Außerdem stand Orellana immer noch die Auseinandersetzung mit Gonzalo Pizarro bevor, und dieser verfügte über weit gespannte, einflussreiche Beziehungen. In Pizarros Augen war Orellana derjenige, der seinen Vorgesetzten dem Schicksal überlassen und ihn am großen Fluss dem Tode preisgegeben hatte, »der schlimmste Verräter, den es je gab«.

▼ Das gesamte geografische Wissen nach Orellanas abenteuerlichen Reise. Ausschnitt aus einer Weltkarte von 1584, auf der der Fluss erscheint und das Land der Amazonen deutlich markiert ist.

Noch bevor er die Nachricht vom Überleben Orellanas erhielt, zweifelte Gonzalo Pizarro nicht daran, dass dieser ihn im Stich gelassen hatte. Orellana hatte Ende August den Amazonas verlassen und den Atlantik erreicht, wobei seine Schiffe erstaunlich schnell, in wenig mehr als zwei Wochen, und zwar spätestens am 11. September, in Cubagua landeten. Aber Gonzalo Pizarro hatte seinen Bericht für den König (auf den wir uns hier in unserer Darstellung stützen) am 3. September 1542 im ecuadorianischen Cuenca abgeschickt. Orellana war zu diesem Zeitpunkt noch auf hoher See. Er kann also nicht gewusst haben, dass Orellana mit dem Leben davongekommen war.

Während der nächsten paar Monate erreichte die Nachricht von Orellanas Überleben Spanien und gelangte außerdem von Cubagua aus nach Panama und bis nach Peru. Vor Jahresende wusste Gonzalo Pizarro sicher, dass Orellana noch am Leben war. Doch trotz seines außerordentlichen Zorns über Orellana hatte er an Wichtigeres zu denken – er zerbrach sich den Kopf darüber, wie er Peru zurückgewinnen könne. Schließlich war es doch seine Familie gewesen, sein Bruder Francisco, der aus eigener Kraft und auf eigene Kosten Peru für die spanische Krone erschlossen hatte.

Gonzalo Pizarro marschierte in Peru ein und vertrieb im Oktober 1544 den ersten königlichen Vizekönig. Der

Bürgerkrieg fand sein Ende erst im Oktober 1547, als er den Vizekönig besiegte und tötete. Doch Pizarro seinerseits wurde 1548
gestürzt und von seinen Feinden hingerichtet.

Seither gibt es nur wenige, die für Gonzalo Pizarro große Sympathien empfinden, aber am Amazonas erinnert man sich noch an
ihn, ebenso wie an Orellana, mit dem sein Name immer verbunden
sein wird. Allerdings schneidet Orellana deutlich besser ab. Tatsächlich trug der Fluss eine Zeit lang sogar Orellanas Namen – bis
der Mythos von den kriegerischen Frauen die eher prosaischen Fakten der Reise, die
der Hauptmann Orellana unternommen hatte, in den Schatten stellte und der Strom
nach den Amazonen benannt wurde. Und so heißt er noch heute Amazonas.

▲ Tapuya-Indianer, ein Volk im
nordöstlichen Brasilien: Sie gehörten zu den
Stämmen, die Orellana nahe der
Flussmündung im Sommer 1542 angriffen.
Sie waren sich damals durchaus darüber
im Klaren, was die Ankunft des weißen
Mannes bedeutete. Das Gemälde stammt
aus dem 17. Jahrhundert.

## ORELLANAS SCHICKSAL

So kehrte Orellana heim nach Trujillo in das Haus, das noch heute
in der Tauben-Straße steht, nicht weit von der Kirche Santa Maria,
in der seine Nachbarn, die Pizarros, den Gottesdienst besuchten
und ihre letzte Ruhestätte fanden. Man geht durch ein mittelalterliches Tor, durch die
Eingangshalle mit ihrem mit Ritterskulpturen geschmückten Kamin und kommt dann
in den Garten. Von der Terrasse aus hat man einen wunderschönen Blick nach Westen
über die Wachtürme der Stadt. An der Gartenmauer rankt ein alter Weinstock, es gibt
Rosen und duftende Gardenien, einen Orangenbaum und eine Zypresse – und unter
der alten Dattelpalme einen römischen Stein. Wie gut muss es sich angefühlt haben,
wieder zu Hause zu sein.

Doch trotz allem, was er durchgemacht hatte (und nachdem er seinen guten Ruf
wieder hergestellt hatte), kehrte Orellana drei Jahre später zu seinem Fluss zurück,
diesmal in der Begleitung seiner Frau Ana, einem jungen Mädchen aus wohlhaben-
der Familie, die er vor dem Aufbruch zu seiner letzten Reise geheiratet hatte. Weshalb

ging er zurück? Hielten ihn die Spanier nicht für einen Helden? In einer Stadt wie Trujillo reichten Ausdauer und Überleben vielleicht nicht aus. Man musste ein Konquistador sein – nicht bloß ein Entdecker, sondern ein Eroberer.

Orellanas zweite Amazonas-Expedition war so vom Unglück verfolgt wie die erste durch Mut und Können gekennzeichnet war. Noch bevor er Sevilla verließ, konnte man raunen hören, Orellana sei keine Führerpersönlichkeit. Er verstehe es nicht, eine solche Expedition zu organisieren und sei nicht wirklich in der Lage, seine Befehle durchzusetzen. Als Reaktion auf all diese Gerüchte setzte die Regierungsbehörde für Westindien einen Spion auf ihn an. Dieser berichtete von einer chaotischen Verwaltung und bezeichnete ihn in einer denkwürdigen Formulierung als »viel zu gutherzig«.

Schließlich segelte Orellana in Richtung kanarische Inseln. Er verfügte über 400 Mann Besatzung und die vom König gewährte Berechtigung, Gouverneur von Amazonien zu werden. An der Küste Brasiliens ereilte ihn die Katastrophe. Eines seiner Schiffe erlitt Schiffbruch, andere liefen auf Grund. Um sich zu retten, mussten die halb verhungerten Überlebenden schließlich Tag und Nacht die Schiffe auspumpen. Orellana hatte gehofft, sie zu dem Hauptarm zurückdirigieren zu können, den er passiert hatte, nachdem er das Gebiet der Amazonen, die reichen, fruchtbaren Ländereien am unteren Flusslauf, verlassen hatte. Doch – Ironie des Schicksals – er konnte nun, da er aus einer anderen Richtung kam, seinen Fluss nicht wiederfinden.

Nach monatelangen Irrfahrten war er in dem Gewirr unzähliger Inseln und Flussarme in der Strommündung »hoffnungslos verloren« und »fern jeder Aussicht, dass die Welt je wieder etwas von uns hörte«. Die meisten Expeditionsteilnehmer blieben für immer verschollen, und auch Orellana fand dort, verlassen und einsam, den Tod. Die uns vorliegende Geschichte geht auf Überlebende zurück, die Orellanas junger Frau auf der venezolanischen Insel Margarita begegnet sind:

»Sie war es, die uns erzählte, dass es ihrem Mann nicht gelungen sei, den Hauptarm des Flusses zu finden. Daher und vor allem auch, weil er krank gewesen sei, habe er beschlossen, spanisches Gebiet aufzusuchen. Und während er nach Nahrung gesucht habe, hätten die Indianer 17 seiner Männer mit Pfeilen erschossen. Aus Kummer darüber und infolge seiner Erkrankung sei Orellana dann irgendwo am Fluss gestorben.«

Vielleicht ist es ganz angemessen, dass Orellana anonym irgendwo unter hohen Bäumen am Ufer des Flusses begraben liegt, der für einige Zeit seinen Namen trug.

## DIE BEDEUTUNG VON ORELLANAS REISE

Jahre später erinnerte sich Orellanas Witwe Ana de Ayala an das alptraumhafte Scheitern der Expedition. Sie erwähnte vor allem den ständigen »heftigen Regen« und fügte als Erklärung für den spanischen Hof hinzu, dass es »in diesem Land sehr oft starke Regenfälle« gebe. In dieser Wiederholung fühlt man, wie eine alte Wunde schmerzt – die Erinnerung daran, wie sintflutartiger Regen auf die Baumkronen prasselt, wie der Fluss so wild rauscht, dass Land, Himmel und Wasser sich in ein einziges gleichförmiges Braun verwandeln, wie die Kleidung so nass wird, dass sie nie mehr zu trocknen scheint. Dann fährt sie fort:

»Alle hatten furchtbar gelitten: sie hungerten und waren krank … Wir kamen an den Punkt, an dem wir alle Pferde und Hunde verzehrt hatten, und elf Monate lang irrten wir wie Verlorene im Gebiet des besagten Flusses umher. In dieser Zeit waren die meisten Teilnehmer der Expedition gestorben …, darunter auch mein Mann.«

Was war also die Triebfeder für Orellanas Rückkehr? War es der Mythos von El Dorado mit seinem Versprechen unermesslichen Reichtums? Welches Verständnis hatte er schließlich von der Welt seiner Reisen? Mit diesen Fragen suchen wir nach dem Sinn dieser Geschichten. In Mexiko hat man sich 400 Jahre lang auf dem Gebiet der Kunst und Literatur, des Films und des Theaters mit Cortés auseinandergesetzt. In Peru bringen jedes Jahr noch immer Nachfahren der Indianer das Treffen zwischen dem Inka Atahuallpa und Francisco Pizarro in volkstümlichen Stücken auf die Bühne – und berühren dabei sacht die Narbe, die unter der Oberfläche noch immer schmerzt. Cabeza de Vacas Reise ist ein Sinnbild für unsere Reaktion auf »den Anderen« geworden. Was hat also Orellanas Reise zu bedeuten?

Orellanas Reise galt immer als ein Epos der Erkundung fremder Länder und als ein Triumph des unbezwingbaren menschlichen Willens. Aber nun, 500 Jahre danach, ist seine Odyssee zu einer symbolischen Reise geworden und als solche belastet: Sie steht für den Eintritt eines weißen europäischen Konquistadoren in die ursprüngliche Wildnis der Imagination, in das weite grüne Herzland der letzten nackten, unbehausten Menschen.

Mithilfe von Pater Carjavals Tagebuch beobachten wir wie im Traum den ersten Akt der Tragödie des Naturmenschen. Er wird in all seinen mythischen Facetten dargestellt: von ganz wild bis ganz freundlich, vom Kannibalen bis zur Amazone und bis zum Bewohner eines amerikanisch-indianischen Gartens Eden. Für beide Seiten sind alle Interpretationen zutreffend, für die Kolonisatoren ebenso wie für die Eingeborenen. Schauplatz des Theaterstücks ist die ungezähmte Natur. Es geht um die Zerstörung der ursprünglichen Natur und die endgültige Ausrottung der ersten Menschen.

Der Holocaust der Amazonasbewohner nähert sich seinem Ende, und die Naturkatastrophe geht ihrem Höhepunkt entgegen – das gibt vielleicht Orellanas Reise des Jahres 1542 ihre besondere imaginative Kraft. Der einäugige Hauptmann ist ein alter Seemann, ein Ahab, der statt auf dem Pazifik im smaragdgrünen Urwald kämpft. Wir würden ihn gern als unser Gewissen betrachten und Gonzalo Pizarro als sein destruktives Alter Ego, doch unsere Quellen erlauben keine solch tröstlichen Lösungen. Orellana, so ist zu vermuten, war und blieb – ein Konquistador.

Und doch gab es etwas, das ihn zurücklockte. Vielleicht merkte er am Ende, dass er in den Gegenden, die er bereist hatte, dass er in den vor Fruchtbarkeit strotzenden Wäldern und bei den Menschen, mit denen er gelebt und deren Sprachen er gelernt hatte, letztlich doch El Dorado ein Stück näher gekommen war?

# 6
# CABEZA DE VACAS ABENTEUER

Die Geschichten der Eroberung, die in diesem Buch von Cortés, den Pizarros und Orellana erzählt werden, legen Zeugnis ab von Heldentum und Ausdauer, aber auch von unermesslicher Gier und unglaublicher Brutalität. Diese letzte Geschichte der *Conquista* handelt zwar ebenfalls von einer denkwürdigen Reise, ist aber doch von ganz anderer Art. Das gilt auch für ihren Protagonisten Cabeza de Vaca.

Der Geschichte Cabeza de Vacas wurde im 16. Jahrhundert wenig Beachtung geschenkt, obwohl sein Buch *Relacion* (später im 18. Jahrhundert von einem Herausgeber in *Naufragios*, »Schiffbrüche«, umbenannt) von zahlreichen berühmten Schriftstellern und Polemikern gelesen wurde. Heute jedoch ist sein Bericht zu einer Parabel geworden. Als frühestes großes literarisches Werk über Amerika ist es auch für die Völker der Südstaaten der USA und Nordmexikos der erste historische Text. Es ist eine Erzählung mit der ganzen Kraft eines Mythos – *Der Sturm* und *König Lear* in einem –, die Geschichte einer Wiedergutmachung, in welcher der Konquistador zu einem »nackten, unbehausten Menschen« wird, der etwas Neues über sich selbst und »den Andern« herausfindet. Vor allem ist es einfach eine ungewöhnliche Geschichte.

*Erschöpft und in Tränen aufgelöst schlief ich ein und hörte eine Stimme, die voller Mitleid zu mir sprach: »Du Narr, der du zögerst, deinem Gott, dem Gott aller Menschen, zu glauben und ihm zu dienen. Hat er für dich nicht genau so viel getan wie für Moses oder seinen Diener David?*

*Er gab dir Westindien, ein so reiches Land …, und zu allen Schranken, welche die Ozeane mit so mächtigen Ketten versperrten, gab er dir den Schlüssel …«*

Christoph Kolumbus, Brief an den König und die Königin von Spanien, 7. Juli 1503

## AUF DER UNGLÜCKSINSEL

November 1528: Eine breite, flache Küste, gepeitscht von Stürmen und Graupelschauern; eine hohe, tintenschwarze Wolkenbank verdunkelt das erste Licht des Tages. Die See ist grau und bitterkalt. In der Dünung versucht eine Gruppe schiffbrüchiger Seeleute ihr Boot wieder flott zu machen – durchnässte, frierende, nackte Männer ohne jede Kraft, kaum imstande, sich auf den Beinen zu halten. Sie haben bereits eine furchtbare Fahrt hinter sich, sie haben die ganze Strecke von Florida bis hierher in offenen Booten zurückgelegt. Noch wissen sie nicht, dass die meisten Mitglieder ihrer Expedition ertrunken sind. Von 300 Mann werden am Ende nur noch vier am Leben sein.

In diesem Augenblick sind die wenigen Überlebenden so gut wie tot, und ihre Landung hier ist ihre letzte Hoffnung. Die Nacht hindurch hörten sie das Tosen der

◂ Die Begegnung mit »dem Andern«. Europäer in Florida im 16. Jahrhundert.

Brandung, und als sie ein Senkblei ins Wasser ließen, maßen sie eine Tiefe von 7 Faden. Nach ihren Schätzungen waren sie etwa 5 bis 6 Meilen vom Land entfernt, aber da sie es nicht wagten, in der Dunkelheit an Land zu gehen, blieben sie die ganze Nacht auf See, betäubt von Hunger, vor Kälte zitternd, kaum in der Lage, ihre Ruder festzuhalten. Und so klammerten sie sich zäh an das letzte bisschen Leben und warteten auf den Anbruch des Tages.

Als es hell wurde, näherten sie sich dem Ufer, doch ihr Boot kenterte in der stürmischen Brandung. Als Schiffbrüchige an eine trostlose Küste verschlagen, die nie zuvor ein Europäer betreten hatte, waren sie kurz davor, alle Hoffnung aufzugeben. Doch am Morgen erschienen menschliche Wesen, indianische Inselbewohner, die sich ihrer erbarmten. Obwohl sie zu den ärmsten Menschen in ganz Amerika gehörten – sie ernährten sich von Wurzeln, Austern und Fischen –, machten die Indianer ein Feuer und teilten ihre Nahrung mit den Schiffbrüchigen. Nachdem sie wieder zu Kräften gekommen waren, versuchten die gestrandeten Männer weiterzufahren:

»Wir waren in einem so kläglichen Zustand, dass uns jede Anstrengung zu viel war. Dennoch ließen wir ein Boot zu Wasser und befanden uns zwei Armbrust-Schüsse vom Ufer entfernt, als eine riesige Welle daherkam und uns alle bis auf die Haut durchnässte. Da wir nackt waren und es so bitterkalt war, konnten wir die Ruder nicht festhalten. Eine zweite Welle brachte das Boot zum Kentern. Drei Männer klammerten sich daran, um sich zu retten, aber das Gegenteil trat ein; sie gingen unter und ertranken … Wir übrigen kamen mit dem Leben davon, so nackt wie am Tage unserer Geburt, und verloren all unser Hab und Gut, das uns, obwohl es nicht viel war, in diesem Augenblick alles bedeutete. Es war inzwischen November, es war furchtbar kalt, und wir waren in einer solchen Verfassung, dass man ohne Weiteres unsere Rippen hätte zählen können. Wir sahen aus wie der leibhaftige Tod … Und der Nordwind kam auf, und wir waren dem Sterben näher als dem Leben … Doch als wir in der Glut unseres Feuers herumstocherten, gelang es uns, die Funken neu zu entfachen und ein großes Feuer zu machen, und jeder vergoss viele Tränen und beklagte seine eigene Notlage und die seiner Gefährten. Und in der Stunde der Abenddämmerung kamen die Indianer, um nach uns zu schauen …, und als sie gewahr wurden, welch Unglück über uns gekommen war, und die Größe unseres Elends und unserer Not sahen, setzten sie sich zu uns und begannen vor Kummer und Mitleid mit uns zu weinen … Und als diese unzivilisierten und wilden Männer – fast noch Tiere – Mitleid mit uns zeigten, wurden ich und andere meiner Gefährten noch viel trauriger, und wir erfassten das ganze Ausmaß unseres Unglücks.«

Es ist der Beginn einer Parabel und der Anfang einer Odyssee, die acht Jahre später an der Pazifikküste ihr Ende fand. Der Erzähler ist Alvar Nuñez Cabeza de Vaca, ein spanischer Konquistador. Hintergrund der geschilderten Szene ist wahrscheinlich die vor der texanischen Küste gelegene Insel Galveston (»wir nannten sie Unglücksinsel«).

Als sie in jenem Herbst von Florida aus nach Süden segelten, waren sie von den rund um den Golf tobenden Stürmen und starken Strömungen weiter zur texanischen Küste getrieben worden. Aber zu dieser Jahreszeit können Nordwinde ohne Vorwarnung vom Land her aufkommen – Novemberstürme, die allen alten Seebären an der

windigen Atlantikküste der Insel bekannt sind (bei ihnen heißen sie »Blue Westers«). Plötzlich türmen Orkane ihre wilden Gewitterwolken über dem Golf von Mexiko auf und donnern mit unvorhersehbarer Stärke den Strand entlang. Diesen Naturgewalten fielen die Überlebenden von Cabeza de Vacas Expedition zum Opfer.

Selbst jetzt, an einem düsteren Novembertag, braucht man wenig Fantasie, um sich die Szene vorzustellen. Die Spielsalons sind geschlossen, die Fähre zum Festland wird vom Regen gepeitscht, die Brandung schwappt hoch zu den alten Wellenbrechern und schlägt gegen die alten Stützen der Molen. Auf dem breiten Sandstrand mühen sich die Surfer bei jedem Wetter mit ihren Brettern ab und erinnern uns an die Spanier, die vor so vielen Jahren an Land wankten.

Wenn man an den regennassen Golfplätzen und den mit verwitterten Schindeln verkleideten Ferienhäusern vorbei im Zentrum der Insel angekommen ist, sieht man heute noch zwei kleine vom Sturm geschüttelte Eichenhaine. Sie stellen einen jener wunderbar genauen topographischen Anhaltspunkte dar, auf die wir in diesen Geschichten so oft stoßen. Denn diese Waldstücke wurden vor 200 Jahren auf den frühesten Landkarten der Insel verzeichnet – eines davon befindet sich an einem einsamen Platz namens Ekhert's Bayou. Hier haben Archäologen spärliche Überreste des Indianerlagers gefunden, in dem sich die Spanier aufgehalten haben müssen. Und dort war einer von Cabeza de Vacas Freunden auf eine hohe Eiche geklettert, um festzustellen, dass sie tatsächlich auf einer Insel gelandet waren.

Wir befinden uns hier am Rande der Vereinigten Staaten, und auf dieser Reise werden wir um die Welt des modernen Amerika einen Bogen machen, ihre Wolkenkratzer und Einkaufszentren außer Acht lassen, uns von dem, was in der geordneten heutigen Wirklichkeit üblich ist, entfernen und eine physisch und geistig ältere Welt betreten, eine Welt, die Cabeza de Vaca als Erster erblickte.

## DIE EXPEDITION NACH FLORIDA

Die Expedition hatte damit begonnen, dass man ein Jahr zuvor, im April 1528, in Florida Land gesichtet hatte. Es ist eine Geschichte geprägt von Gier, Überheblichkeit und Inkompetenz. Ihr Anführer Pánfilo de Narváez war der einäugige Konquistador, der acht Jahre zuvor von Cortés in Zempoala überlistet worden war (vgl. S. 69). Narváez hatte sich von seiner Demütigung erholt und erwirkte schließlich die Genehmigung, Florida (so wurde damals der gesamte Südosten der heutigen USA bezeichnet) im Auftrag des Königs zu erkunden. Er hoffte, eine weitere Kultur zu entdecken, eine weitere Gold- und Silberquelle, die so reich wäre wie Mexiko oder Peru. In jenem Frühjahr landete er mit 400 Konquistadoren an der Küste bei Tampa Bay.

Von Beginn an hatte Cabeza de Vaca – er war der Schatzmeister oder Buchhalter der Streitkräfte – andere Vorstellungen als Narváez, und die Expedition geriet durch das Versagen der Führung in ernsthafte Gefahr. Nach einem Streit teilte Narvaez das Heer und führte etwa 300 Mann die Halbinsel hinauf, Richtung Norden. Er marschierte parallel zur Küste Floridas, aber etwas weiter im Inland. Die Landschaft ist rau, sehr sumpfig und wird von Giftschlangen und Moskitos heimgesucht. Man kam nur langsam und unter großen Schwierigkeiten voran, und Narváez verfehlte das Treffen mit dem Rest seiner Soldaten. Diese segelten die Küste hinauf und fuhren,

▲ Die Westküste Floridas. Die Spanier hofften, in den unwirtlichen Mangrovensümpfen ebenso reiche Schatzvorkommen zu finden wie in Peru.

da sie ihn schließlich für verschollen hielten, zurück nach Kuba.

Während des drückenden Sommers in Florida zogen sie von Tampa Bay ins nördliche Florida, in die Nähe der heutigen Stadt Tallahassee. Dort hat man die Überreste eines großen spanischen Lagers ausgegraben. Sie waren jetzt völlig deprimiert und infolge von Krankheiten körperlich am Ende. Narváez kam bei Pensacola Bay hinunter ans Meer. Hier beschloss er, fünf Boote zu bauen und zu versuchen, Mexiko zu erreichen.

Nach schrecklichen Leiden ließen Narváez' Männer Ende September ihre unsicheren Boote zu Wasser und fuhren gen Süden, doch sie besaßen keine Karten, keine Instrumente und auch kein Mittel, gegen die von der Küste des Mississippi wehenden Nordwinde anzukommen. Infolge schlechten Wetters und starker Strömungen wurden die fünf Schiffe getrennt, und die meisten der 300 – darunter auch Narváez – blieben für immer verschollen. Weniger als 100 Überlebende wurden an die texanische Küste gespült, auf die Insel des Unglücks.

Nach Cabeza de Vacas Angaben war die Insel fünf Wegstunden lang und eine halbe Wegstunde breit, d. h. 15 bis 20 Meilen lang und fast 2 Meilen breit. Das entspricht genau Galveston Island. Hier verbrachte Cabeza de Vaca seinen ersten Winter. Von den Überlebenden, die in zwei oder drei Gruppen überwinterten, waren bald nur noch 15 Mann übrig. Eine Gruppe lebte am Strand, doch das Wetter war so schlecht, dass sie bald verhungerten. »Und die fünf Christen, die auf dem Strand kampierten«, schreibt Cabeza de Vaca, »gerieten in solche Not, dass sie einander aufaßen, bis nur noch einer übrig war. Und dieser eine überlebte auch bloß deswegen, weil es niemanden mehr gab, der ihn schlachten konnte.«

## DIE MENSCHEN DER INSEL

Dies ist eine jener seltenen Stellen in den spanischen Berichten, wo Kannibalismus offen zugegeben wird. Cabeza de Vaca – ganz wichtig – erzählt uns auch, dass »die Indianer darüber äußerst entrüstet und so empört waren, dass sie, wären sie Augenzeugen gewesen, sicherlich die Männer getötet hätten und der Rest von uns in Todesgefahr geschwebt wäre.« Die Indianer würden lieber verhungern als sich an einem Mitmenschen zu vergreifen.

Diese Erzählung ist typisch für Cabeza de Vacas fast romanhafte Erzähltechnik. Hier sind die konventionellen Rollen umgekehrt – und das indianische Wertesystem darf das europäische kommentieren. Der erste Punkt war jedoch, wie am Anfang dieses Kapitels ausgeführt, der entscheidende: »Die Barbaren zeigten mir gegenüber Mitgefühl« – die Barbaren hatten sich seiner erbarmt. Dies war Cabeza de Vacas erste Lektion über »den Andern«.

So ließ er sich nieder und lebte unter (für einen Europäer) extrem widrigen Bedingungen in einer Gemeinschaft oder Sippe von 400 bis 500 Personen. En passant erzählt er uns eine Menge über sie, z. B. über ihre Bestattungsriten (die Trauerzeit dauerte ein Jahr; gewöhnliche Leute wurden begraben, nur die Schamanen verbrannt), über ihre Hochzeitsbräuche und ihre Grundsätze in der Kindererziehung. Insbesondere über die Ehe hat er viel zu sagen, und man fragt sich, ob er mit einer Indianerin verheiratet war, dies aber mit Rücksicht auf seine spanische Leserschaft lieber unterschlug.

Die Indianer, so sein Bericht, betrieben eine Wirtschaftsform mit wechselnden Weideplätzen. Von Oktober bis Ende Februar lebten sie auf der Insel. Zu dieser Zeit herrscht schlechtes Wetter, doch an der Küste ist dies die Austernsaison, und obwohl sie unter den Stürmen zu leiden hatten, konnten sie hier den Winter besser überleben als im kargen Inland. Die Menschen, sagt er, waren »hochgewachsen und gutaussehend« und konnten mit Pfeil und Bogen sehr gut umgehen. Und: »Es sind die Frauen, die die harte Arbeit verrichten.« (Auf seiner ganzen Reise beobachtet er sorgfältig die Arbeit, die Sitten und die Erscheinung der Frauen – vielleicht ein weiterer Hinweis auf seine intime Kenntnis der Indianerinnen.)

Cabeza de Vaca teilte das Leben der Indianer und lernte wichtige Dinge über ihre Überzeugungen und Verhaltensweisen:

»Von allen Menschen auf der Erde lieben sie ihre Kinder am meisten und behandeln sie am besten. Und wenn ein Kind stirbt, weinen die Eltern, Verwandten und der ganze Stamm über diesen Verlust und ihre Klage dauert ein Jahr.«

Wer waren sie? Heutzutage gibt es weder an der texanischen Küste noch irgendwo in der Nähe amerikanische Ureinwohner. Dennoch kennen wir ihren Namen. Es waren Karankawa, ein Volk, das im späten 18. und frühen 19. Jahrhundert zum letzten Mal erwähnt wird. Dann waren sie infolge von Krankheiten und Misshandlung endgültig ausgestorben. Es gibt keine Überlebenden mehr, doch im späten 19. Jahrhundert konnte eine alte Dame aus Galveston, eine Halbblut-Karankawa, eine Wortliste der Sprache der Karankawa aufstellen (manche Wörter stimmen mit denen überein, die Cabeza de Vaca uns nennt) – eine kleine Verbindung bis fast in unsere Zeit.

1992 wurde im Zuge von Wohnbauprogrammen ein Friedhof der Karankawa auf der Insel entdeckt. Die Ausgrabung ihrer Gräber und eines in der Nähe befindlichen Lagers haben uns schließlich ermöglicht, etwas über ihre verlorene Geschichte herauszufinden – nicht nur dank Cabeza de Vacas Text, sondern auch auf Grund ihrer persönlichen Hinterlassenschaften.

Archäologen der Universität von Texas fanden die Siedlung bei einer Örtlichkeit namens Mitchell Ridge. Sie lag auf einem niedrigen Kamm, nur 4 Meter über Meereshöhe, und war seit etwa 800 v. Chr. zeitweise intensiv genutzt worden. Interessanterweise befand sich einer der alten Eichenhaine, die im frühen 19. Jahrhundert erwähnt werden, in der Nähe des Lagers bei Oak Bayou, und vielleicht kletterte Cabeza de Vacas Kamerad hier auf den Baum, um sich ein Bild von der Insel zu machen.

Das Lager, in dem Cabeza de Vaca lebte, lag in der Nähe der geschützten Salzlagune auf der zum Landesinneren gelegenen Seite der Insel, bei der kleinen Bucht Ekhert's Bayou. Die Menschen führten hier ein sehr primitives Dasein, sie jagten, erlegten Damwild, fischten und sammelten Austern. Cabeza de Vaca erwähnt, dass sie auch die nussartigen Knollen eines robusten Schilfrohrs ernteten, das im Wasser wurzelte: »Sie aßen einige nussähnliche Wurzeln, manche waren größer, manche kleiner; diese wurden mit großen Mühen unter Wasser gesammelt.« (Sie heißen dort »Sumpfkartoffeln«, was nicht besonders appetitanregend klingt, doch sie liefern Proteine und schmecken nicht schlecht. Allerdings können ihre scharfen Spitzen, wie sich Cabeza de Vaca deutlich erinnerte, die Hände schlimm verletzen, wenn man im Wasser nach ihnen sucht.)

So machte sich Cabeza de Vaca daran, die Sprache der Karankawa zu lernen, ließ sich nun, getrennt von all seinen Gefährten, nieder und teilte den Alltag seiner Adoptivsippe, die aus Jägern und Sammlern bestand. Im Oktober, während der Austernsaison, zogen sie auf die Insel und verbrachten dort in einfachen, mit Schilfmatten gedeckten Hütten den Winter. Ende Februar fuhren sie in Kanus über die Lagune und begaben sich ins Landesinnere, um Beeren und Nüsse zu sammeln und der Jagd nachzugehen.

Ihre Grabbeigaben zeigen uns bis ins Detail sämtliche persönlichen Dinge ihrer Kultur: Glasperlen, Halsketten aus Muschelperlen, eine Pfeife aus Vogelknochen, Kiesel-Rasseln, Armbänder aus Trompetenmuscheln, Haifischzähne – all dies war

hoch geschätzt. Auf solch niedriger Stufe stand die Kultur, in der Cabeza de Vaca nun lebte. Das Dasein der Karankawa unterschied sich vollkommen von der höfischen Pracht in Cuzco oder Tenochtitlán und war für einen christlichen Edelmann aus Spanien fast unverständlich primitiv. Doch sie waren, wie er betont, »sehr großzügige Menschen und alles, was sie hatten, teilten sie mit anderen«.

Was Cabeza de Vaca von seinen Abenteuern erzählt und was er auslässt, macht seinen Text zu einem großen Rätsel. Dennoch erlaubt er uns einen genauen Blick in zumindest einen Bereich. Auf dieser

## DIE SPANIER WERDEN ZU HEILERN

Insel versuchten die Indianer zum ersten Mal, »uns zu Medizinmännern oder Heilern zu machen«. Dies ist einer der aufregenden Augenblicke auf seiner inneren Reise, der wesentlich dazu beitrug, dass Cabeza de Vaca die Dinge nach Art der Indianer zu sehen lernte, obwohl er sie offenbar in christlichem Sinne deutete, als er seine denkwürdige Geschichte acht Jahre später in einem Buch niederschrieb:

»Auf jener Insel wollten sie uns zu Medizinmännern machen, ohne uns zu prüfen oder nach unserer Legitimation zu fragen. Sie behandeln Krankheiten nämlich, indem sie den Kranken anblasen, und mit dem Blasen und mithilfe ihrer Hände nehmen sie ihm die Krankheit. Und sie befahlen uns, dasselbe zu tun und uns ein wenig nützlich zu machen. Wir lachten darüber, bezeichneten es als Witz und sagten, wir wüssten nicht, wie man heile. Und deswegen gaben sie uns nichts mehr zu essen, bis wir taten, was sie von uns verlangten. Als er unseren Widerstand sah, sagte ein Indianer zu mir, ich wüsste nicht, wovon ich spräche, wenn ich meinte, dieses Wissen werde mir nichts nützen – denn [so sagte er weiter] Steine und anderes, was auf den Feldern wachse, hätten bestimmte Fähigkeiten, und wenn man einen heißen Stein nehme und mit ihm über den Bauch streiche, könne er Schmerzen beseitigen. Und wir, die wir ihnen überlegen seien, besäßen gewiss größere Fähigkeiten und mehr Macht.«

Das ist in dieser Begegnung mit dem Andern natürlich ein außergewöhnlicher Moment. Wie bei jenen ersten Kontakten an der Küste Perus (vgl. S. 119) werden auch in diesem Gespräch die 500 Jahre, die uns trennen, einfach ausradiert: »Schließlich standen wir unter solchem Druck, dass wir es tun mussten, ohne zu befürchten, uns deshalb lächerlich zu machen.« (Man darf nicht vergessen, dass sich Cabeza de Vaca hier viele Jahre später gegenüber seinen Lesern in Spanien entschuldigt.)

Im Folgenden beschreibt er die indianischen Heilmethoden, dazu nicht nur ihre Riten, sondern auch ihre praktischen medizinischen Eingriffe, z. B. Operationen (mit einem geschärften Knochen oder einer Muschelklinge) und einfache Formen der Kauterisation (Gewebszerstörung) mittels Feuer. »Das habe ich mit guten Erfolgen selbst auch versucht«, fügt er hinzu. Er fährt fort:

»Wir machten unsere Behandlungen, indem wir das Kreuz über ihnen schlugen, sie anbliesen und ein Pater Noster und ein Ave Maria sprachen. Und dann beteten wir inbrünstig zu Gott unserem Herrn, er möge ihnen Gesundheit schenken und sie dazu bringen, gut zu uns zu sein. Und Gott unser Herr fügte es in seiner Gnade, dass – sobald wir dies getan hatten – alle, für die wir gebetet hatten, den anderen sagten, sie seien wohlauf und gesund.«

Dies sind die Themen, die in Cabeza de Vacas Odyssee zur Sprache kommen. Die armen Karankawa auf der Insel des Unglücks liefern uns einen Kompass für die Entschlüsselung des Berichts – der Reise, die Cabeza de Vaca unternahm, um »dem Andern« zu begegnen und sein Wesen zu verstehen. Solche Geschichten über Heilungen kommen in seinen Darlegungen zu oft vor, als dass sie nicht glaubwürdig wären – in der Tat werden sie, wie wir noch sehen werden, von vier oder fünf voneinander völlig unabhängigen Zeugenaussagen bestätigt, die von den Indianern im Laufe der nächsten 20 Jahre gegenüber anderen spanischen Expeditionen abgegeben wurden. Es ist also keine Frage, dass diese Heilungen wirklich vorkamen. Ihre Bedeutung liegt gewiss in der Psychologie des Heilens – und im Bereich des Glaubens. Soweit wir wissen, blieb Cabeza de Vaca während seines Aufenthaltes an der texanischen Küste Christ – jedenfalls legt er es so dar. Was die Indianer betraf, so machte die Unterscheidung zwischen der Welt der Geister und der Welt der wahrnehmbaren Realität freilich keinen Sinn. Für sie – und für noch viele amerikanische Nachfahren heute – ist die verborgene Welt greifbar und kann ohne weiteres in der gegenwärtigen aufbrechen. Für sie *ist* das spirituelle Leben Leben, und alles in der bewussten Welt ist dadurch bedingt. Für sie war es ganz natürlich, dass eine empfängliche Person wie Cabeza de Vaca fähig sei zu heilen, und daher forderten sie ihn dazu auf.

Anfangs sagt der Spanier, er wisse nicht, wie es gehe, und bedient sich wie ein echter Gläubiger seiner christlichen Gebetstechniken. Es war der Beginn einer langen, seltsamen und fruchtbaren Vermischung von christlicher und eingeborener Religion in diesen Teilen der Welt. Die Geschichte ist also außergewöhnlich, aber sie ist weder unnatürlich noch unglaubwürdig. Und es ist bemerkenswert, dass Cabeza de Vaca ganz am Ende seines Berichts, als er sich in der Ruhe Spaniens an diese Geschehnisse erinnert, diejenigen zu kritisieren scheint, die über indianische »Götzenverehrung« schrieben, und schlicht feststellt: »In all diesen Tausenden von Wegstunden, die ich zurücklegte, sah ich niemals Götzenverehrung. Denn bei den Indianern gibt es sie nicht.« Es ist eine der erstaunlichsten Äußerungen, die ein Europäer in der gesamten Epoche der Entdeckungen je machte.

Cabeza de Vaca beherrschte jetzt die Sprache der Karankawa und begann sich damit abzufinden, unter den Indianern zu leben, weit entfernt von der christlichen Welt. In der ersten Zeit wurde er als Sklave gehalten, der für seine Gastgeber arbeiten musste. Im Frühling sammelte er an der Küste Vogeleier. Manchmal fuhr er aufs Festland, um Wild oder Büffel zu erlegen, und verwendete ihre Häute für Kleidung. Schließlich jedoch konnte er das harte Leben der Karankawa nicht länger aushalten. Er nutzte sein Wissen über ihre Beziehungen zu anderen Stämmen, um die Insel zu verlassen, und begab sich tiefer ins Landesinnere, wo ihn die Menschen freundlicher behandelten. In den nächsten paar Jahren lebte er unter Coahuiltekanern, indianischen Halbnomaden, trieb Handel für sie und tauschte mit dem Volk an der Küste Seemuscheln und Korallen.

## IM LANDESINNEREN

Diese sommerlichen Reisen führten ihn nach eigenen Angaben 100 bis 150 Meilen ins Landesinnere, auf alten Pfaden, die im Norden bis nach Austin gehen, einem alten indianischen Knotenpunkt am Colorado River. In

all dieser Zeit arbeitete und lebte er wie ein Indianer, doch in seinem Buch vermeidet er es sorgfältig, irgendwelche Beziehungen mit einheimischen Frauen zu erwähnen. Natürlich wäre er nicht der erste Europäer gewesen, der sich eine Indianerin zur Frau nahm. Der Konquistador Guerrero z. B. heiratete in Yucatán eine Maya und ging niemals wieder zu den Spaniern zurück, selbst als er die Möglichkeit hatte. Doch das Besondere bei Cabeza de Vaca ist, dass er einen Bericht über sein Leben mit den Indianern schrieb.

Cabeza de Vacas Reise ins Landesinnere muss ihn an Houston vorbei in Richtung San Antonio geführt haben und am Fluss San Antonio entlang, wo die Spanier später, im 18. Jahrhundert, an malerischen Stellen des Tales zahlreiche Missionsstationen errichteten. Hier war die indianische Kultur ansässig, die er am besten kennen lernte.

In seinem Text erwähnt er viele Völker, die hier im Hinterland lebten. Die wichtigsten waren die Coahuiltekaner, und über sie wusste er so gut Bescheid, dass er bei ihnen zehn verschiedene Stämme unterscheiden konnte. Diese Menschen lebten weit verstreut zwischen der texanischen Küste, dem Brazos und dem Río Grande. Im Sommer begaben sie sich tief ins Landesinnere und sammelten Kakteen und Früchte, die in der Umgebung der dortigen Flusstäler in großen Mengen zu finden waren. Sie lebten am äußersten Rand des Existenzminimums, jagten gemeinsam Reptilien und Insekten, gelegentlich auch größere Tiere. Sie waren unglaublich abgehärtet und gingen trotz des rauen Klimas völlig nackt einher.

Cabeza de Vaca beschreibt viele ihrer Sitten, darunter auch ihre Verwendung der Mesquite-Bohne und die Zubereitung von Halluzinogenen aus dem Peyote-Kaktus anlässlich ihrer Feierlichkeiten. Sie waren archaische, halbnomadische Clans, eine patriarchale Kultur, und kannten sich im Ackerbau und in der Herstellung von Töpferwaren wenig aus. Sie besaßen nur einfache Werkzeuge und Küchengeräte. Wenn sie unterwegs waren, nahmen sie ihre Hütten, zu Matten zusammengerollt, auf dem Rücken mit.

Ebenso wie die Karankawa verschwanden die Coahuiltekaner vor dem Ende des 18. Jahrhunderts, und sie gelten heute oft als ausgestorben. Doch auf unserer Fahrt von Galveston in Richtung Norden zum Fluss San Antonio trafen wir hier und da auf Indianer, die sich noch immer als Coahuiltekaner bezeichnen. Eines Abends kamen wir zur Missionsstation San Juan, die an einer wunderschönen Stelle im Flusstal errichtet ist. Dort war man gerade dabei, die Gebeine der seit langem toten Missionsarbeiter, coahuiltekanischer Indianer, umzubetten. An jenem Abend wurde, als die Sonne unterging, ein gemeinsames Essen gekocht, und man entzündete Feuer in den Arbeiterhütten, in denen die Männer die ganze Nacht hindurch singen sollten. Im Tipi war, neben den sorgsam eingehüllten Knochen, mit Asche ein Altar ausgelegt. Noch immer hielt man lose Verbindungen mit den Vorfahren aufrecht, die Cabeza de Vaca so gut gekannt hatte.

## DER MARSCH ZUM PAZIFIK

Nachdem Cabeza de Vaca fünf Jahre lang kreuz und quer in Texas unterwegs gewesen war, hatte er, der nun bei seinen coahuiltekanischen Freunden lebte, wahrscheinlich die Hoffnung aufgegeben, in seine Welt zurückzukehren. Er hatte gelernt, was es bedeutete, »der Andere« zu sein.

Dann, an einem Tag im Frühling, erfuhr er zu seinem Erstaunen, dass drei andere Männer dem Unwetter entronnen waren und etwas weiter unten an der Küste lebten. Sie trafen sich: Dorantes, Castillo, der Sohn des Arztes, und Estévanico, ein einfallsreicher Farbiger – ein Mohr aus Marokko. Jeder von ihnen war etwas Besonderes. Vor allem Estévanico, der sogar schon vor der Expedition »den Andern« verkörperte. Ein Schwarzer in der spanischen Gesellschaft wusste, was das bedeutete.

Diese Begegnung muss Cabeza de Vaca sehr beunruhigt haben – er hatte allein überlebt, abgeschnitten von allen Kontakten mit der Außenwelt und von allem, was ihm in seinem aktiven Leben und seiner Gedankenwelt vertraut war. Vielleicht hatte er sogar aufgehört, auf Spanisch zu denken. (Als Sotos Expedition etwa fünf Jahre später Ortiz begegnete, einem fünften Überlebenden dieser Expedition, soll er einige Tage gebraucht haben, bevor er wieder sprechen konnte. Zuerst seien ihm, so erzählten sie, immer wieder indianische Wörter dazwischen gekommen. Er hatte sein Spanisch buchstäblich vergessen.) Möglicherweise hatten Cabeza de Vaca und seine Freunde dasselbe Problem, doch nachdem sie sich einmal getroffen hatten, beschlossen sie, die »Heimreise« zu versuchen, d. h. sich nach Mexiko durchzuschlagen.

Ihr erstes Ziel war Pánuco, ein Ort, der, wie sie wussten, im Süden lag, an der Küste des Golfs von Mexiko (Pánuco war 1526 von Cortés gegründet worden). So trennten sie sich von ihren indianischen Freunden und begannen den langen Marsch an der texanischen Küste entlang nach Süden. Welche Route sie einschlugen, ist jetzt seit über einem Jahrhundert umstritten, insbesondere bei texanischen Nationalisten (sie hätten es gerne, dass sie möglichst lange durch Texas zogen). Doch auf welchem Weg diese erste Erkundung des Inneren des Landes, das die Vereinigten Staaten werden sollte, und der erste Marsch an den Pazifik erfolgte, ist vor kurzem klarer geworden. Als wir uns daran machten, ihren Spuren zu folgen, hofften wir, zu noch mehr Klarheit beitragen zu können.

Sie marschierten parallel zur Küste, an den Lagunen von Matagorda Bay und Corpus Christi entlang, wo sie riesige Feigenkakteen zu Gesicht bekamen, hoch wie ein Pferd. Dann bogen sie ab ins Inland, hinunter zum Río Grande. Nach Cabeza de Vacas Angaben war der Fluss dort, wo sie übersetzten, so breit wie die Brücke über den Guadalquivir bei Sevilla (über 300 Meter zu ihrer Zeit). Cabeza de Vaca und seine Freunde gingen also nicht, wie behauptet wurde, im oberen Texas, wo er schmal ist, über den Río Grande, sondern weiter flussabwärts, nicht weit vom Meer entfernt.

Nachdem sie den Río Grande hinter sich gelassen hatten, durchquerten sie die Flussebene auf dem alten indianischen Pfad, der durch Cerralvo führt, wo sich ein Jahrhundert später die einheimische Bevölkerung noch immer an ihre Heilungserfolge erinnerte. Dann zeichnete sich vor ihnen, wie Cabeza de Vaca schreibt, ein großes Bergmassiv ab. Dies war die Sierra Madre, deren wild gezackte Gipfel bis zu 4000 Meter Höhe ansteigen, direkt aus der Ebene von Monterrey. In der noch blauen Luft des frühen Morgens bietet sich ein überwältigender Blick: eine gewaltige Mauer für alle, die aus Texas und dem amerikanischen Südosten kommen und zu den gebirgigen Hochländern Nordmexikos unterwegs sind.

Hier kann man nicht weiter geradeaus gehen, sondern muss sich entweder nach Süden zum Meer wenden oder nach Norden ins Landesinnere. Es war nahelie-

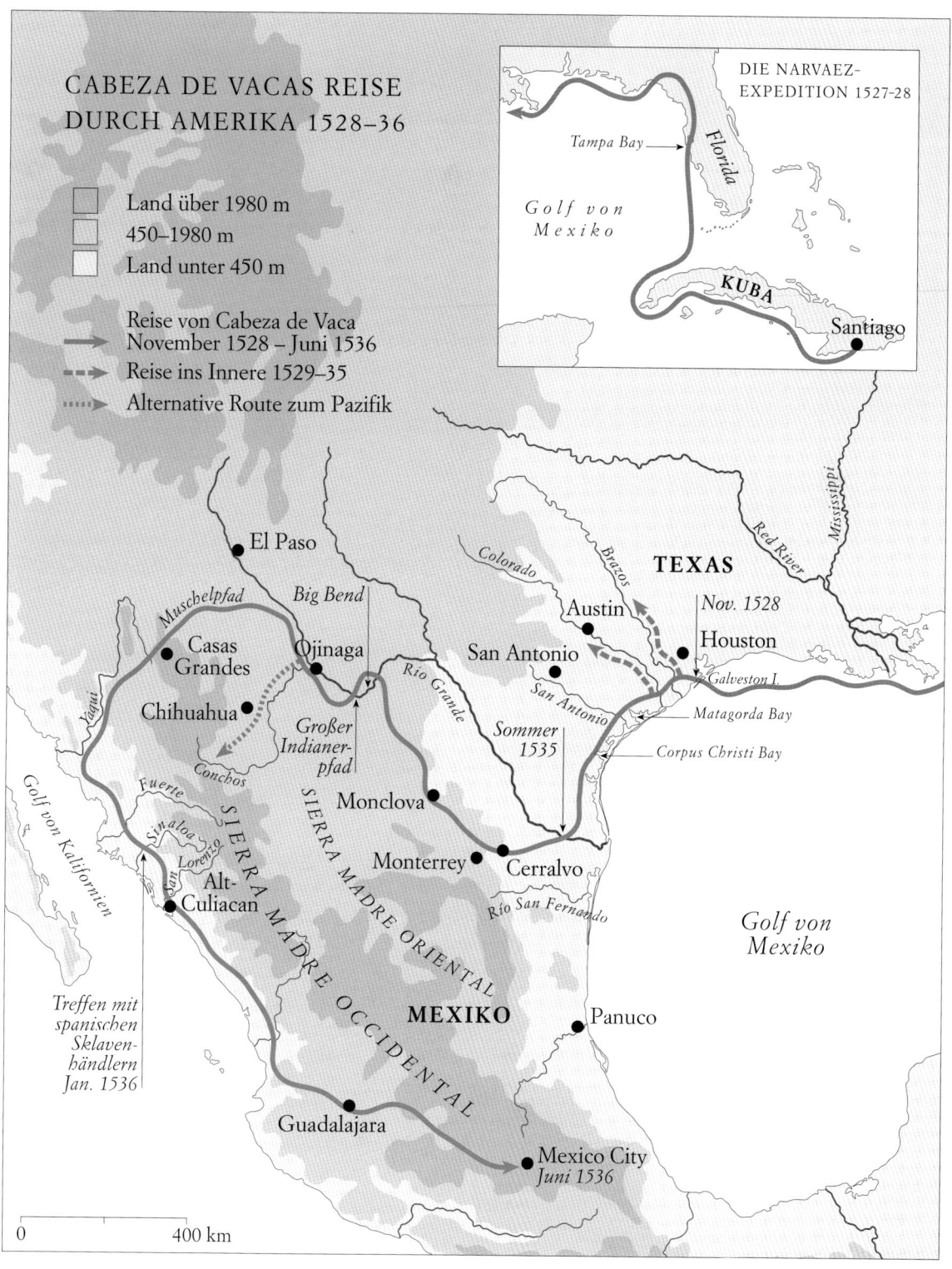

CABEZA DE VACAS REISE
DURCH AMERIKA 1528–36

Land über 1980 m
450–1980 m
Land unter 450 m

Reise von Cabeza de Vaca
November 1528 – Juni 1536
Reise ins Innere 1529–35
Alternative Route zum Pazifik

DIE NARVAEZ-
EXPEDITION 1527-28

Tampa Bay
Florida
Golf von Mexiko
KUBA
Santiago

El Paso
Muschelpfad
Big Bend
Casas Grandes
Ojinaga
Chihuahua
Großer Indianerpfad
Conchos
Colorado
Brazos
TEXAS
Nov. 1528
Austin
San Antonio
Houston
Galveston I.
Rio Grande
San Antonio
Matagorda Bay
Sommer 1535
Corpus Christi Bay
Red River
Mississippi

Yaqui
Fuerte
Sinaloa
Lorenzo
Alt-Culiacan
Monclova
Monterrey
Cerralvo
Rio San Fernando
SIERRA MADRE ORIENTAL
SIERRA MADRE OCCIDENTAL

Golf von Kalifornien

Golf von Mexiko

Treffen mit
spanischen
Sklaven-
händlern
Jan. 1536

MEXIKO

Panuco

Guadalajara

Mexico City
Juni 1536

0        400 km

▲ Die gezackte Bergkette der Sierra Madre. Durch dieses Gebiet zogen Cabeza de Vaca und seine Freunde im Sommer 1535.

gend, den Küstenweg zu nehmen, doch einheimische Indianer rieten Cabeza de Vaca entschieden davon ab. Die Stämme, die zwischen ihnen und den nächstgelegenen spanischen Gebieten lebten, seien den Weißen gegenüber so feindlich eingestellt, dass sie mit dem sicheren Tod zu rechnen hätten. Diese Information reichte der kleinen Gruppe, und sie wandten sich nach Norden, in den Windschatten der Berge. Sie wollten den Pazifik erreichen und nach Mexico City zurückkehren. Allerdings wussten sie nicht, dass ihnen eine Reise von 2000 Meilen bevorstand.

## »FINDE DEN BERG DES EISENS«

Ihre Route war lange Zeit ein Geheimnis, doch da man bei Cerralvo auf ihre Spuren gestoßen ist, waren Cabeza de Vaca und seine Freunde jetzt offensichtlich in Mexiko. Sie müssen in den wilden, herrlichen Wüstengebieten des nördlichen Mexiko nach Big Bend gezogen sein. Und Tag für Tag waren sie von Einheimischen umringt. Diese wollten mit jenen seltsamen

Menschen reisen, die so mächtiges *mana* (d. h. außerordentliche Kräfte) besaßen, die die Sprachen der indianischen Eingeborenen beherrschten, jede Mühsal ertrugen und anscheinend magische Heilungen vornehmen konnten.

Für den nächsten Abschnitt der Reise gibt uns Cabeza de Vaca erneut Hinweise, die sich an Ort und Stelle genau überprüfen lassen. Als wir ihm durch das nördliche Mexiko folgten, wurden wir immer aufgeregter, je näher wir seinen Spuren kamen.

Als sie an der nördlich von Monterrey gelegenen Bergkette entlangzogen, kamen sie in ein Dorf, in dem sie Glocken aus Kupfer sahen. Dieses Metall, so sagte man ihnen, war weiter im Norden zu finden – und obwohl das nächste Kupfervorkommen angeblich in New Mexico anzutreffen ist, erfuhren wir von einheimischen Bergbauingenieuren, dass es tatsächlich in der Nähe Kupfer gebe. Cabeza de Vaca erzählt:

»Am folgenden Tag überquerten wir einen Berg [Sierra], der sieben Wegstunden lang war und dessen Gestein aus Eisenschlacke bestand. Und am Abend erreichten wir eine an einem wunderschönen Fluss gelegene größere Siedlung. Die Bewohner, ihre Kinder auf dem Rücken, kamen uns auf dem Pfad entgegen … – Sie gaben uns viele kleine Beutel mit *margaxita* und *alcohol molido*, womit sie ihre Gesichter zu bemalen pflegten. Sie schenkten uns viele Perlen und Kleidung aus Leder [Büffelleder] und überhäuften uns alle mit ihren Habseligkeiten. – Sie ernährten sich von Kakteen [wahrscheinlich der Gattung Nopal] und Pinienkernen. In jenem Land gibt es kleine Pinien, deren Zapfen die Größe von kleinen Eiern haben. Doch die Pinienkerne schmecken besser als die kastilischen, denn sie haben sehr dünne Schalen. Wenn sie noch grün sind, mahlen sie sie, formen sie zu Bällchen und essen sie dann. Und wenn die Pinienkerne trocken sind, zermahlen sie sie zusammen mit den Schalen und essen sie als Pulver.«

Es war Don Olsen in Austin, der mir weitere Hinweise für dieses Teilstück der Reise gab. Von Beruf Astronom und Physiker, ist Don von Cabeza de Vacas Geschichte besessen und hat die Primärquellen sorgfältig studiert. Dabei ist er z. B. auf das aufregende Faktum gestoßen, dass zwar alle modernen Ausgaben von Cabeza de Vaca *margarita* (Muskovit oder Perle) abdrucken, in der Edition von 1555 aber klar und deutlich *margaxita* steht, was ganz etwas anderes ist, nämlich Eisenpyrit (»Katzengold«). Olsen stellte mir die folgende Rätselaufgabe, ähnlich den Anweisungen, die im griechischen Mythos Perseus von den Nymphen gegeben werden:

»Cabeza de Vaca überquert den großen Fluss und wendet sich bei den Bergen ins Landesinnere. Begib dich also nach Nordwesten. Gehe an dem sieben Wegstunden langen Gebirge entlang. Am Ende dieser Sierra solltest du, am Ufer des ›wunderschönen Flusses‹, den Berg finden, wo das Gestein aus Eisenschlacke besteht. Dann enthält Cabeza de Vacas Text drei sehr wichtige Hinweise: Suche nach Pinienkernen mit hauchdünner Schale. Finde den Stein, der wie Katzengold schimmert. Ermittle die Herkunft des schwarzen Pulvers, mit dem die Indianerinnen ihre Augenlider schminken. Alles ist an ein und derselben Stelle: Mach sie ausfindig – und du hast den Weg, den er bis zum Zusammenfluss der Flüsse und dann weiter in Richtung Sonnenuntergang eingeschlagen hat.«

Von Monterrey aus fuhren wir mit einem Lkw durch das entzückende kleine spanische Bergbau-Städtchen Mina. Bald erhob sich zu unserer Linken die Sierra Gloria

– ein riesiger Bergrücken von 20 Meilen Länge. Dies ist der sieben Wegstunden lange Gebirgszug, an dem sie an einem einzigen Tag entlangzogen. Es handelt sich um ein Wüstengebiet, bestanden mit Buschwerk, Dornensträuchern und Kakteen, auch noch spät im Jahr sengend heiß, selbst wenn die Spanier dort Wasserquellen gefunden haben sollten.

Am frühen Abend erreichten wir den nördlichen Teil der Sierra und begaben uns in eine seitlich gelegene Schlucht. Wir suchten nach den Nuss-Pinien, die es angeblich in der Umgebung von Monclova gab, obwohl sie nur in den 70er-Jahren des 20. Jahrhunderts identifiziert und wissenschaftlich erfasst worden waren. Ein einheimischer Führer brachte uns in die einsame Schlucht El Chilpitin im Inneren der Sierra Gloria. Im letzten Tageslicht zogen wir ein schönes verstecktes Tal hinauf. Hier sammeln sich die Monarchen (eine Schmetterlingsart) während ihres Oktoberzugs.

Am Ende des Pfades zeigten uns einheimische Ziegenhirten den weiteren Weg. Sie kannten die Pinien und kauten die reifen Kerne noch immer. Wir kletterten einen Abhang hinunter, der mit Buschwerk, hartschaligen Pinien und Nopal-Kakteen bewachsen war. Im offenen Gelände oder an den Hauptstraßen gibt es keine weichschaligen Pinien mehr, so sagte man uns, sondern nur noch in abgeschiedenen Canyons.

Wir stiegen in ein tief eingegrabenes Flussbett, das sich unterhalb eines Kliffs von Kieselsteinen erstreckte, welche die Winterstürme reingewaschen hatten. Schließlich fanden wir die Nuss-Pinien. Sie wuchsen in dem Bett des Sturzbachs, im goldenen Abendlicht leuchteten ihre Zweige in strahlendem Grün. Ihre Zeit war vorbei, doch die letzten Zapfen hingen noch, ihre Kerne waren getrocknet, aber essbar – samt der Schalen. Wir hatten sie gefunden. Als wir durch das Buschwerk die Schlucht in Richtung Monclova verließen, deutete unser Führer auf ein kuppelförmiges Bergmassiv, das sich schwarz am Horizont abzeichnete und die Lichter von Monclova verdeckte: »Dies ist der Mercado – der Eisenberg«, sagte er.

Kurz nach Tagesanbruch kletterte wir den Berg hinauf, der sich 1000 Meter über der Ebene erhebt. Bereits im späten 16. Jahrhundert bemühten sich hier spanische Kolonisten um Schürfkonzessionen. Nach Aussagen der Bergbau-Ingenieure gibt es in der Nähe Kupfervorkommen (vermutlich stammte von dort das Metall, das die Indianer für die Glocke einschmolzen, welche die Spanier sahen). Auf den Abhängen erblickten wir zwischen den Haufen von Eisenschlacke den Glanz von Eisenpyrit, das von Cabeza de Vaca sehr genau beschriebene Katzengold.

Doch was war das Alkoholpulver – *alcohol molido* –, mit dem die Indianerinnen ihre Augenlider schminkten? Ein noch immer offenes Rätsel. Alkohol ist ein arabisches Wort, das in zeitgenössischen spanischen und englischen Lexika als »khol« bezeichnet wird, ein schwarzer Puder, »wie ihn Frauen für ihre Augen benutzen«. In einem Wörterbuch aus dem Jahre 1617 wird er mit Stibnit (Antimonerz) gleichgesetzt oder vielleicht auch Bleisulfid. Doch unweit des Berges fanden wir auf einem Hügel namens Real Viejo einen Klumpen Manganerz, dessen bröckelige Oberfläche die Hände schwärzte. Mangan findet sich auch als sehr weiches rußartiges Pulver, und gewiss muss Cabeza de Vaca dieses gemeint haben. Er sah das Erz nur als Pulver, von dem er natürlich annahm, es sei der *alcohol molido*, Antimon oder Bleisulfid, den er auf den Augen der Spanierinnen gesehen hatte. Das Rätsel war gelöst.

Mit Don Olsens Hilfe hatten wir Cabeza de Vacas Route, nach der so lange gesucht worden war, ausfindig gemacht. Er war an der Sierra Gloria entlanggezogen, durch Monclova, und hatte an dem herrlichen Fluss dort, der jetzt durch Industriemüll verschmutzt ist, einen Halt eingelegt. Ohne jeden Zweifel hatten wir den Weg gefunden, den Cabeza de Vaca und seine Freunde gegangen waren.

## DURCH DIE NÖRDLICHE WÜSTE: DER GROSSE KOMANTSCHENPFAD

Die Funde bei Monclova gaben uns den nächsten Abschnitt der Reise vor. Cabeza de Vaca marschierte in nordwestlicher Richtung auf der alten Route nach Big Bend – der Großen Schleife (vgl. die Landkarte S. 241). Er durchquerte also keineswegs Texas, sondern hielt sich an alte Indianerpfade südlich des Río Grande auf mexikanischer Seite. Allmählich fügt sich alles zusammen und macht Sinn.

Die Hauptroute kommt aus der Gegend von Monclova, führt südlich von Big Bend durch die kleine Stadt San Carlos weiter bis zum Zusammenfluss des Río Grande und des Conchos bei Ojinaga (dort sind Cabeza de Vaca und seine Freunde bestimmt gewesen). Der Weg ist auf verschiedenen militärischen Landkarten der USA aus dem 19. Jahrhundert deutlich markiert und geht sicherlich auf prähistorische Zeiten zurück, wie wir aus archäologischen Untersuchungen wissen.

Ebenfalls aus dieser Zeit stammt die interessante Route nach Mexiko hinunter. Sie kreuzt den Río Grande bei Lajitas. Militärische Landkarten der Vereinigten Staaten aus der Mitte des 19. Jahrhunderts bezeichnen sie als »Indianerpfad« bzw. »Großen Komantschenpfad«, und die Stelle, wo er den Río Grande überquert, heißt »Große Indianerfurt«. Auf unserer Reise auf Cabeza de Vacas Spuren sah es für uns so aus, als habe er seit alters bestehende Wege benutzt. Insbesondere der eine schien gut zu seinen Angaben zu passen, und wir beschlossen, ihn von der US-amerikanischen Seite aus bis hinunter nach San Carlos zu erforschen. Dort wollten wir einen Lastwagen besteigen und bis nach Ojinaga fahren.

Cabeza de Vaca hat allem Anschein nach einen breiten Fluss in der Gegend von Big Bend mehrere Male überquert. Das war wahrscheinlich der Río Grande, und dann hätte er den »Großen Komantschenpfad« begangen. Die einzig bequeme Art, seinen Spuren zu folgen, war nun die zu Pferde. Daher reduzierten wir unsere Ausrüstung und reisten mit leichtem Gepäck. Mit drei Packpferden, Schlafsäcken, etwas Proviant und einem Butangas-Kocher machten wir uns auf den Weg. Dieser Ritt sollte einer der geschichtsträchtigsten und aufregendsten von all unseren Reisen werden.

Kurz nach Tagesanbruch sattelten wir auf und trieben die Pferde durch das brusthohe Wasser des Río Grande. Dann ging es auf der andere Seite die sandigen Hänge hinauf nach Mexiko. Die Große Indianerfurt war ein idyllischer, stiller Fleck, umrahmt von orangefarbenen Kliffs. Begleitet wurden wir von dem Archäologen Bob Malouf. Er trug einen ausladenden Cowboy-Hut und sprach ein sympathisches breites Texanisch. Bob ist Spezialist für die prähistorischen Völker dieses riesigen Grenzlandes und hat sich besonders mit ihren alten Routen beschäftigt, von denen viele etliche Tausende von Jahren in die vorgeschichtliche Zeit zurückreichen.

Auf unserem damaligen Ritt sahen wir in etwa die Landschaft, die auch Cabeza de Vaca vor Augen hatte: Tief ausgehöhlte Schluchten schimmerten in der Morgen-

Der Río Grande bei Big Bend. Auf der rechten Seite liegt Texas.

▸▸ Wir durchquerten den Fluss unweit einer Stelle, die auf Landkarten des 19. Jahrhunderts als die »Große Indianerfurt« auf dem »Großen Komantschenpfad« markiert ist. Diese Route, die Cabeza de Vaca 1535 möglicherweise nahm, gibt es wahrscheinlich schon Tausende von Jahren.

dämmerung rosa, in der Tageshitze terracottafarben und ockergelb und färbten sich bei Sonnenuntergang in sanfte Rot-, Purpur- und Pinktöne. Wir ritten unterhalb riesiger Klippen, vorbei an alten Wasserlöchern. Diese Pfade wurden nicht nur in den Indianerkriegen des 19. Jahrhunderts und von den Konquistadoren benutzt, sondern bereits in prähistorischer Zeit – und Cabeza de Vacas indianische Wegführer werden sie bestens gekannt haben.

Ihre Nahrung war, wie Cabeza de Vaca schreibt, äußerst spartanisch – in diesen wilden Gegenden ernährten sich einige der Nomadenvölker, wenn es sonst nichts gab, von Insekten, und Bob Malouf bestätigt das: Man hat menschliche Exkremente untersucht, die von prähistorischen Lagerstätten an dieser Route stammen. Am Weg sahen wir natürliche Wasserlöcher, im Winter noch bis zum Rand gefüllt. Ganz in der Nähe fanden wir Höhlen mit bildlichen Darstellungen. Manche von ihnen waren uralt, wie wir es aus dem Abfall der alten Müllhalden erkennen konnten, die sich manchmal 3 bis 5 Meter tief am Hang unterhalb des Höhleneingangs hinziehen.

An einem Ort waren die in roten Farben gehaltenen Darstellungen von Menschen und Tieren so deutlich zu erkennen wie am Tage ihrer Entstehung. Sie liefern bemer-

kenswerte Einsichten in das Leben der damals hier ansässigen Einwohner, in die Welt, die die vier Konquistadoren als erste Fremdlinge erblickten. Bemerkenswert war auch die geschichtsträchtige Landschaft, vor allem bei Sonnenuntergang – die verwitterten, pfirsichfarben leuchtetenden Kliffs, die schwarzen Felsblöcke, die kreuz und quer über den orangefarbenen Geröllhalden verstreut waren, und die langen, braunen Zacken der Bergketten am Horizont. Und still war es, abgesehen vom Heulen der Kojoten. Die klaren Linien auf den rötlichen Wandzeichnungen, die noch die Fingerabdrücke der Künstler zeigten, hinterließen in uns das unheimliche Gefühl, die Ureinwohner dieser Gegend seien eben noch hier gewesen.

Ein anderer Aspekt, den wir angesichts des Textes von Cabeza de Vaca zu bedenken hatten, war die Schamanenkultur der beiden amerikanischen Kontinente. Wir hatten ihre Präsenz in den peruanischen Anden, im Amazonasgebiet von Ecuador und jetzt wieder hier in den Bildzeichen gespürt. Die Identifizierung der Indianervölker mit der Lebenskraft der Tiere und der kreatürlichen Welt, ihr Gebrauch von Peyote (einer aus Kaktusblüten gewonnenen meskalinhaltigen Droge) war sicher etwas, das den frühen Kulturen der beiden amerikanischen Kontinente gemeinsam war. Cabeza de Vaca äußerte sich über einige dieser Fragen, ließ aber wie gewöhnlich vieles ungesagt.

In der amerikanischen Lebenspraxis gab es vor der Ankunft der christlichen Weißen diesen Schamanenkult, der letzten Endes seine Wurzeln in Asien haben muss. Das bewusste Streben nach halluzinatorischen Erfahrungen ist wahrscheinlich so alt wie der *Homo sapiens* selbst – eine der typisch menschlichen Erfahrungen. Bei den Coahuiltekanern war nach Cabeza de Vaca die Meskalinbohne die teuerste Droge, und man nahm sie, wie in allen dieser Kulturen üblich, bei allen Festlichkeiten und Tänzen. Beim Betrachten der herrlichen Wände der jetzt verlassenen Höhle konnten wir im flackernden Licht des Feuers die in beiden amerikanischen Kontinenten tief verwurzelte Kultur noch immer fühlen.

Unser erstes Nachtlager schlugen wir an einer besonders schönen Stelle auf. Es war eine hohe Terrasse über einer weiten Ebene mit einem herrlichen Blick nach Osten – der Richtung, aus der Cabeza de Vaca gekommen war. Dort, an den auf Monclova zulaufenden Bergketten, konnte man deutlich den großen Einschnitt ausmachen, den der Fluss Santa Elena in die Felsen gegraben hatte. Hinter unserer Lagerstätte ragten steile braune Klippen auf. Darunter hatte man eine liebliche Quelle zu einem Teich aufgestaut, der unter dem Dach einer riesigen Pappel im letzten Tageslicht smaragdgrün schimmerte.

Auf der flachen Terrasse, auf der wir unsere Schlafsäcke ausbreiteten, befanden sich zwei Häuser aus unbehauenem Stein, ein Vorratslager und ein Kuhstall. Jetzt war alles verlassen. Bis vor 20 Jahren hatte hier noch eine Bauernfamilie gewohnt, die dann in die nächstgelegene Stadt umgezogen war. Dicht dabei gab es einen Pferch aus Bruchsteinen und im Fels zwei Formationen von Schleiflöchern aus prähistorischer Zeit. Bob Malouf vertrat die Ansicht, dieser Ort sei, so unglaublich es sich auch anhören mochte, seit 5000 oder 6000 Jahren immer mal wieder bewohnt gewesen.

Die ebene Fläche vor den Häusern war durch eine Bruchsteinmauer abgestützt, und dort übernachteten wir auf Schichten von Asche- und Schutthalden, die noch aus prähistorischen Zeiten stammten. Und zur Vervollständigung dieser geschichtsträchtigen Landschaft gab es als Krönung, ein paar hundert Meter westlich der Terrasse, einen steilen, pyramidenförmigen Berg mit einer *capilla* auf seiner Spitze. Dabei handelt es sich um einen winzigen quadratischen Schrein, wie er in der Tradition der Einheimischen Tausende von Jahren der Götterverehrung diente – ein Vorläufer der riesigen Pyramiden der klassischen mittelamerikanischen Kultur.

Es war ein wunderbares Gefühl, unter freiem Himmel an einem Ort zu schlafen, an dem schon so lange in der Geschichte der amerikanischen Kontinente Menschen gelebt hatten, einfache halbnomadische Hirten. Solche Menschen waren Cabeza de Vaca begegnet und hatten ihn auf seiner denkwürdigen Reise begleitet. Und falls es des Beweises bedürfte, zeigt dies auch, dass der »Große Komantschenpfad«, den die Offiziere des US-Abwehrdienstes in der letzten Phase seines Bestehens in der Mitte des 19. Jahrhunderts beschreiben, kein anderer war als der alte Verbindungsweg zwischen Mexiko und der texanischen Ebene. Soweit wir wissen, wurde er schon vor über 12 000 Jahren von den ersten Migranten auf ihrem Weg nach Südamerika beschritten.

Zwei Tage später verließen wir San Carlos und begaben uns auf einem Feldweg durch trockene, mit Gestrüpp bestandene Berge in Richtung Nordwesten. Das ist die alte Route vom Meer durch das Gebiet von Monclova. Sie führte uns über einen Ort, der noch immer El Puerto (›Das Tor‹) heißt. Von dort aus hat man einen fantastischen Blick auf die Peguis-Kette und die Ebene des Conchos. Dieser mündet bei Ojinaga in den Río Grande. Diese hübsche Grenzstadt liegt auf mexikanischer Seite und wurde im 18. Jahrhundert vom spanischen Vizekönig mit dem Bau einer Festung geehrt.

Hier in Ojinaga stoßen wir zum zweiten Mal auf deutliche Spuren von Cabeza de Vaca seit seinem Aufbruch aus Texas. Im Dezember 1582 kam die von dem Konquistador Espejo geführte Expedition durch diese Gegend. Sie war auf der Suche nach den sieben legendären Städten von Cibola, den geheimnisumwitterten »Gold-Städten«. Stattdessen fanden sie hier an der Mündung des Conchos in den Río Grande fünf armselige Pueblos (dieselbe Zahl, die von Cabeza de Vaca genannt wird). Mittels Zeichensprache teilten die Indianer Espejo mit, dass 30 Jahre zuvor vier Männer bei ihnen gewesen seien – drei Spanier und ein Schwarzer. Und wieder erfasst uns das alte Thema: Sie hatten die Kranken geheilt und sogar die Toten auferweckt.

Heute ist dieser Kreuzungspunkt eine ruhige Ortschaft, im Schatten von Bäumen zwischen hohen Deichen gelegen. Aber der Fluss hat mit der Zeit seinen Lauf verändert. Im 16. Jahrhundert lag an der Flussmündung die Altstadt – Lehmziegel- und Betonhäuser mit Wellblechdächern, eine alte Kirche mit einer Säulenvorhalle, die noch immer auf einem steilen Hügel steht. Die örtliche Legende berichtet, Cabeza de Vaca habe auf einem nahe gelegenen Berg ein Holzkreuz errichtet, und die Einheimischen zeigen einem noch die Stelle. Wie dem auch sei, hier hat Cabeza de Vaca mit Sicherheit einmal gestanden. Es gibt hier noch immer Heiler (*curanderos*), die weiterhin, wie seit Cabeza de Vacas Tagen, spanische und indianische Rituale vermischen. Einer von ihnen erzählte mir, Cabeza de Vaca und seine Freunde seien die ersten *curanderos* gewesen. Sie hätten christliche und einheimische Vorstellungen miteinander verbunden und damit die erste Brücke zum »Andern« geschlagen.

Die Indianer hier sagten, Cabeza de Vaca und seine Freunde hätten Tote auferweckt. Und die ortsansässige *curandera*, eine starke, charismatische Frau, erzählte mir, wobei ihr bei der Erinnerung Tränen die Wangen hinunterliefen, ihre eigene Laufbahn als Schamanin habe genau so begonnen: »Ich war noch ein Kind – jeder hielt die betreffende Person für tot, und es sah auch ganz so aus. Aber ich hatte plötzlich das übermächtige Gefühl, sie sei noch am Leben – im Bann dieser gewaltigen Empfindungen sprach ich es aus.«

Tatsächlich gibt es, wie Cabeza de Vaca betont, in ihrem Glauben oder Tun nichts Unnatürliches oder Gottloses. Solche Dinge liegen im Bereich der natürlichen Erfahrung des Menschen. Er erfuhr das, als er persönlich damit in Berührung kam. In gewissem Sinne, könnte man sagen, sind die Menschen, die dieses weite Grenzland bewohnen, noch immer sein Volk. Sie sind weder Nordamerikaner noch Mexikaner und leben zwischen den beiden Kulturen und den beiden Gedankenwelten, von der die eine auf die besitzorientierte individualistische Welt Europas und der USA Bezug nimmt, während die andere auf die uralte Lebenserfahrung der eingeborenen Völker

ZUR MÜNDUNG
DES CONCHOS IN DEN
RÍO GRANDE

▸ Cabeza de Vaca als
Heiler auf einem
Wandgemälde in der
Stadthalle von Ojinaga.
Das Bild erinnert an
seinen Aufenthalt am
Zusammenfluss des
Conchos und des Río
Grande im Sommer
1535.

Amerikas zurückgreift. Und diese Begegnung nahm ihren Anfang, als Cabeza de Vaca vor so langer Zeit durch dieses weite Gebiet zog und an dieser Grenzlinie, an dieser Bruchstelle entlangwanderte.

## DIE REISE ZUR SÜDSEE

Doch welche Route nahm er? Dass über dieses Teilstück der Reise Ungewissheit herrscht, liegt, so muss man sagen, allein an Cabeza de Vaca. In seinem Buch schreibt er nämlich, er und seine Freunde seien »17 Tage lang flussaufwärts« gezogen. Nach diesen 17 Tagen hätten sie dann den Fluss überquert und seien weitere 17 Tage nach Westen marschiert. Aber gingen sie in dersel-

ben Richtung wie auf der ersten flussaufwärts führenden Etappe oder schlugen sie eine andere ein? Und welchen Fluss meint er, wenn er sagt, sie seien, bevor sie abbogen, »flussaufwärts« gezogen? Man hat immer angenommen, er habe vom Río Grande gesprochen, doch es könnte genauso gut der Conchos gewesen sein. Laut Espejo war im 16. Jahrhundert der Río Grande an dieser Stelle ungefähr so breit wie der Guadalquivir in Sevilla (d. h. etwa 120 Meter), der Conchos hingegen hatte mehr als die doppelte Breite (410 Meter).

Wenn er also sagt, »wir folgten dem Fluss«, könnte er den breiteren der beiden Flüsse gemeint haben, den Conchos. Leider ist dies nicht mehr zu klären. Der Text könnte hier entstellt sein, die Einzelheiten sich in der Erinnerung verfälscht haben (es ist überhaupt ein Wunder, dass sich Cabeza de Vaca nach so langer Zeit noch an so vieles erinnerte, zumal er kein Schreibzeug bei sich hatte, um seine Erfahrungen festzuhalten). Wie dem auch sei, beide Routen enden letztlich am Pazifik. Die eine verläuft direkt am Conchos flussaufwärts, genau in Richtung Westen. Die andere führt den Río Grande hinauf nach El Paso, biegt dann durch einen natürlichen Einschnitt im Norden der Sierra de Alcaparra nach Westen und endet in der nördlichen Ebene von Chihuahua bei Ranchera Lucero. Diese zweite Route würde gut zu seinem »17-tägigen Marsch flussaufwärts« passen, bevor er sich nach Westen wandte.

Man mag sich mit dem Wissen begnügen, dass Cabeza de Vaca und seine Männer durch Nordmexiko weiterzogen und überall als Heiler begrüßt wurden. Mittlerweile waren sie, berichtet unser Held, wie die Eingeborenen gegen Schmerzen so abgehärtet, dass sie keine Erschöpfung fühlten.

Wenn man diesen wenig bekannten Teil Mexikos durchquert, kommt man durch atemberaubend schöne Landschaften. Wir verließen die Junta, und zogen in westlicher Richtung das Tal des Conchos hinauf, vorbei an Pappeln, Weiden und Walnussbäumen, bis zum Zusammenfluss mit dem Arroyo Frio, dort, wo der Conchos von Süden kommt. Von hier ab muss Cabeza de Vaca (falls er denn hier entlangkam) die Pfade der Einheimischen benutzt haben. Händler werden ihn durch das mexikanische Becken, durch das nördliche Chihuahua geführt haben, bis er den Fuß der Sierra Madre Occidental erreichte. Diese dürfte er dann bestiegen haben, um zu der »Hochebene zwischen zwei großen Bergketten« zu gelangen, die nun unter dem Namen Babicora-Ebene bekannt ist. Dort stehen in den tieferen Regionen Eichen, Wacholder und Agaven und auf den Höhen Pinienwälder, die, als wir im Dezember hier vorbeikamen, unter einem blassblauen Winterhimmel verschneit dalagen.

## AUF DEM MUSCHELPFAD

Cabeza de Vaca verließ die Ebene und folgte einem wohlbekannten alten Weg hinunter zum Pazifik, dem Muschelpfad. Seit vorgeschichtlichen Zeiten hatte es zwischen den Pueblos von Neu-Mexiko und Arizona sowie den Kulturen Mittelamerikas Handelsbeziehungen gegeben: Man tauschte Muscheln aus dem Pazifik, Türkise, Papageienfedern und anderen begehrten Schmuck. (Cabeza de Vaca selbst erwähnt den Handel mit Federn, roten und weißen Spondylus-Muscheln und »Korallen aus der Südsee«.)

Nur ein paar Generationen vor Cabeza de Vacas Tagen war eine riesige Stadt bei Casas Grandes das Zentrum des Muschelhandels, und Archäologen haben 1,5 Tonnen

Muscheln gefunden, die noch immer in den dortigen Speichern eingelagert waren. An manchen Stellen stehen noch immer die 7 Meter hohen massiven Lehmziegelbauten der Stadt. Sie gehören zu den bemerkenswertesten Überresten in diesen Grenzgebieten. Die weichen braunen Linien der Mauern, die von den scharfen Schlagschatten der Vorsprünge und Torbögen durchschnitten werden, verleihen der Szene einen ungeheuer abstrakten Charakter. Im winterlichen Licht der Abenddämmerung leuchtet der Ort in seiner ganzen Schönheit.

Damals lag Casas Grandes schon zum größten Teil in Trümmern, und vielleicht gab es dort nur noch ein kleines Dorf. Jedenfalls erwähnt er es nicht – es sei denn, es handelte sich um eines der Dörfer »mit solide gebauten Häusern«, das in seiner Beschreibung dieser Gegend vorkommt. Vermutlich ist er südlich von Casas Grandes entlanggezogen. Einheimische Führer wiesen ihm auf dem Muschelpfad die letzten 300 Meilen zum Golf von Kalifornien den Weg. Denn obwohl die Stadt im 15. Jahrhundert verlassen war, existierte die Route weiterhin. Sie führte durch das hübsche Hochland, »das zwischen gewaltigen Bergen liegt«, wie Cabeza de Vaca sagte, und hinunter in die von schönen Bergketten eingerahmten herrlichen Täler. Dort gibt es Walnussbäume, Pinien, wilden Wein, Rotwild, Hasen und Kaninchen in Hülle und Fülle.

Hier, südlich der Babicora-Ebene, entdecken wir zum dritten Mal seit der Überquerung des Río Grande einen deutlichen Hinweis auf Cabeza de Vacas Anwesenheit, und zwar einen, der merkwürdigerweise in vielen modernen Abhandlungen außer Acht gelassen wurde. 1565 gelangte eine spanische Expedition unter Führung des Konquistadoren Ibarra in den Norden Mexikos und kreuzte den alten Muschelpfad. Irgendwo hier in der Nähe trafen sie auf eine Gruppe von 300 Einheimischen, die ihnen voller Aufregung von Cabeza de Vacas Besuch erzählten. Sie berichteten, »Don Alvar« habe ihnen geholfen, eine Anzahl ihrer Landsleute aus Feindeshand zu befreien. Sie seien Sonnenanbeter, sagten sie, fuhren dann aber fort:

»Diese Männer [Cabeza de Vaca] hatten den Wolken den Befehl gegeben, auf ihr Land zu regnen. Sie hatten die Kranken geheilt und die Toten auferweckt … Sie [die Eingeborenen] flehten uns [d. h. Ibarra] immer wieder an, wir sollten sie berühren und segnen, so wie Alvar Nuñez Cabeza de Vaca es getan hatte.«

Wieder ist ausdrücklich von Heilungen die Rede – inzwischen eine Konstante in Cabeza de Vacas Geschichte. Wohin er auch ging, stets folgten ihm Hunderte von Indianern, und immer wenn er und seine Freunde Gebete verrichteten oder Menschen heilten, wurde dies von Ort zu Ort verbreitet. Er hinterließ mit seinen Heilungen einen solch überwältigenden Eindruck, dass man sich in schriftlichen Zeugnissen an diese Großtaten noch bis ins frühe 17. Jahrhundert erinnerte und an so entfernten Orten wie Monterrey und dem östlichen Texas davon sprach, wobei das letztgenannte Gebiet weit von der Gegend entfernt liegt, in der die Heilungen tatsächlich stattfanden.

Unterhalb von Casas Grandes durchquert man eine Reihe schöner Landstriche mit Pappeln und großen Pinien- und Eichenhainen. Von der Ebene aus zogen wir nach Süden und stiegen zwischen braunen Höhenzügen einen über 2300 Meter hohen Pass hinauf. Die Straße schlängelte sich durch Pinienwälder. Auf den Abhängen dort lag zwischen den Bäumen und tief in den Senken Schnee. Dann gelangten wir oben auf

eine Hochebene mit weiten Grasflächen, die nun nach dem heißen Sommer gelbbraun verbrannt waren. Hier und da standen noch ein paar vereinzelte Pinien auf den kahlen Bergrücken.

Wie fühlten sich Cabeza de Vaca und seine Freunde mittlerweile? In meiner Vorstellung sind sie sonnengebräunt, bärtig, halbnackt und erbärmlich mager. Sie hatten sich sechs Sprachen angeeignet und noch genügend andere schnell so gelernt, dass sie gut zurechtkamen. Soweit sie konnten, wickelten sie sich in Tierhäute, um sich gegen die Kälte zu schützen. Schuhwerk besaßen sie natürlich nicht (sie mussten schon seit langem auf allen Komfort, den sie aus Europa kannten, verzichten).

Wir, die wir uns auf ihren Spuren per Bus, Lkw, Zug, zu Pferde und manchmal zu Fuß fortbewegten, hatten es dagegen leicht. Doch zuweilen, wenn wir unter freiem Himmel übernachteten oder einen Tag lang über die Ebene jenseits des Peguis-Canyon wanderten, hatten wir eine schwache Ahnung, wie ihre Reise gewesen sein muss. Natürlich ist der moderne Leser von ihrer physischen und mentalen Zähigkeit und Widerstandskraft beeindruckt, von ihrer Fähigkeit, extreme Entbehrungen auszuhalten – »abgehärtet gegen Schmerzen« waren sie zu »nackten, unbehausten Menschen« geworden, wie Shakespeare es ein paar Generationen später formulieren sollte. Aber mit ihrem Überleben hat es vielleicht noch mehr auf sich.

Während dieser fünf Jahre an der texanischen Küste hatte Cabeza de Vaca vermutlich die Hoffnung aufgegeben, Europa je wiederzusehen. Auf einem riesigen unerforschten Kontinent gestrandet, nahm er sein Schicksal ergeben an und erschuf sich neu als einfaches menschliches Wesen. Erst als er im letzten Jahr an der Küste seinen alten Freunden begegnete, sehnte er sich wieder nach der Rückkehr in seine alte Welt. In der Zwischenzeit lernte er zu leben wie die Indianer. Er schaffte den Übergang, dachte und sprach wie sie. Während jener Zeit entdeckte er, wie man sich als »der Andere« fühlt.

## AUF DEM WEG ZUM MEER

Während ihrer Reise im Hochland war das Wetter herbstlich, aber in den Bergen müssen sie den Eindruck gehabt haben, es sei Winter. Er und seine Freunde zogen nach Norden zum Copper Canyon, durch Tres Ríos vermutlich und dann beim Río Yaqui hinunter zum Pazifik – über 300 Meilen, und noch immer ein anstrengender Marsch durch bewaldetes Bergland. Auf diesem Weg zum Meer berichtet uns Cabeza de Vaca im Einzelnen über die Kultur der Indianer: über ihre festen Häuser aus Erde und Lehmziegel, ihre schönen Stoffe und ihre Landwirtschaft (sie bauten Mais und Bohnen an). Die Menschen dieser Gegend schenkten ihm Muscheln, Perlen, Türkise, die sie im Norden eingetauscht hatten, und fünf geschliffene Smaragde, die man zu Spitzen von Kultpfeilen verarbeitet hatte, die bei Tänzen benutzt wurden. Wie immer interessierte er sich besonders für die Frauen:

»Die Frauen waren sittsamer gekleidet als in jeder anderen westindischen Gegend, die wir kannten. Sie tragen knielange Kittel, darüber Blusen mit kurzen Ärmeln und bis zum Boden gehende Röcke aus verziertem Hirschleder. Und sie seifen sich mit einer Art Wurzel ein, die sie ganz sauber wäscht; sie sind sehr gepflegt. Vorn ist die Kleidung offen und mit Lederriemen verschnürt. Außerdem tragen sie Schuhe.«

◄◄ Casas Grandes
(S. 254, oben),
die spektakulärsten
Überreste der größten
Eingeborenenstadt im
mexikanischen
Grenzland. Als im
Winter 1535 Cabeza de
Vaca und seine Freunde
auf dem Muschelpfad
unterwegs waren,
war Casas Grandes
bereits verlassen.
Die Landschaft westlich
des Peguis-Canyon
(S. 254, unten).
»Wir waren immer
sicher, dass wir, wenn
wir gen Westen gingen,
den richtigen Weg
einschlügen.«

◄ Unterwegs
mit den Tarahumara,
den Menschen,
»die richtig gehen«.

Warum Cabeza es für angebracht hielt, so detailliert auf die Bekleidung der Frauen einzugehen, ist nicht klar. Möglicherweise wollte er seiner Leserschaft zu verstehen geben, dass die Indianer zwar keine Christen, aber trotzdem imstande waren, sich körperlich *und* moralisch so sauber zu halten, wie es den persönlichen Wertvorstellungen seiner Leser entsprach. Diese interessanten Beobachtungen passen übrigens sehr gut auf die Frauen eines größeren Indianerstammes, der heute noch existiert – der Tarahumara. Die Beschreibung trifft nicht nur für ihre einzelnen Kleidungsstücke zu, sondern auch für ihr ausgeprägtes Bestreben, sich sauber zu halten. Um sie zu treffen, verließen wir Cabeza de Vacas Route und machten einen Umweg nach Süden, wo seit dem 18. Jahrhundert die überlebenden Ureinwohner Amerikas in der Weite der zerklüfteten Landschaft um den Copper Canyon ihre Zuflucht genommen hatten. Und nun, zu Beginn des 3. Jahrtausends, leben sie dort noch immer.

Die Tarahumara sind die zweitgrößte noch existierende Gemeinschaft amerikanischer Ureinwohner: 50 000 oder 60 000 Menschen. Einige von ihnen leben im Landesinneren weiterhin in Höhlen und hatten noch nie Kontakt zur Außenwelt. Auf der vorletzten Etappe unserer Reise kamen wir durch einen Zipfel ihres Gebietes. Wir reisten mit Männern und Frauen aus diesem Stamm, und die Frauen erzählten uns mehr oder weniger dieselbe Geschichte, die auch Cabeza de Vaca gehört hatte. Sie legen großen Wert darauf, abends ihre Kleidung zu waschen (sie hatten Sachen zum Wechseln dabei) und benutzen dazu noch immer eine Wurzel als Seife, genau wie der Spanier es beschrieben hat.

Wir wanderten zu Fuß durch ihr Land, wobei unsere Ausrüstung von Maultieren transportiert wurde. Es ist eine raue Landschaft, in der pro Jahr weniger als 50 cm³ Regen fällt, also praktisch eine Wüste. Wieder fanden wir alte Behausungen mit Bildzeichen. An einen Ort erinnere ich mich besonders gut. Beim Anbruch der Abenddämmerung stiegen wir etwa 700 Meter auf einem schmalen, steilen Pfad in einen gewaltigen Canyon hinunter. Der Weg führte uns, vorbei an riesigen Pinien, zu einer über dem Flussbett gelegenen Terrasse. Auf der anderen Seite ragten Klippen empor, unter ihnen strömte der Fluss. Vor einer Höhle schlugen wir unser Lager auf, und der Rauch stieg von unserem Feuer nach oben und kräuselte sich um den Höhleneingang. Hier im Hochland war die Winternacht sehr kühl, doch in der Höhle war es warm. Draußen unter dem kalten Sternenhimmel entfaltete sich der mächtige Zauber der Natur, von dem die Stadtmenschen schon lange nichts mehr wissen.

Die Bezeichnung Rurimari – so nennen sich die Tarahumara selbst – bedeutet nicht, wie man gewöhnlich übersetzt, »Läufer« oder »diejenigen, die schnell laufen«, sondern »diejenigen, die gut oder richtig gehen«. Diese Bezeichnung hat einen moralischen Unterton. Gut zu gehen bedeutet, in allen Bereichen des Leben gut zu gehen – sich ganz bewusst zu sein, die Konsequenzen seines Handelns zu bedenken und die volle Verantwortung für all sein Tun zu übernehmen. Es versteht sich von selbst, dass so wie für viele amerikanische Ureinwohner auch für die Tarahumara die meisten unserer Kategorien schlicht unverständlich sind und andererseits viele der ihrigen sich für uns nicht übersetzen lassen. Für die Tarahumara sind diejenigen, die in die Stadt gehen, »Menschen, die sich im Irrtum befinden«. Es ist nämlich dumm, der westlichen Konsumgesellschaft angehören zu wollen. Es bedeutet, in einem Zustand der Betäubung umherzugehen, nichts zu verstehen, auf seine eigenen Besitz fixiert zu sein, Dinge zu haben und ihnen Namen zu geben, sexbesessen zu sein – kurzum, nicht Herr seines eigenen Schicksals zu sein. Und wer könnte dem widersprechen?

Cabeza de Vacas außergewöhnliche Odyssee erreichte zu Beginn des Jahres 1536 ihren Höhepunkt. Er und seine Freunde waren im Dezember aus den Bergen in das flache Land am Pazifik gelangt.

## DIE BEGEGNUNG AM FLUSS

Während der Weihnachtsfeiertage warteten sie am Yaqui auf das Sinken des Winterhochwassers. Dann wandten sie sich nach Süden, wobei sie sich durchschnittlich etwa 30 Meilen vom Meer entfernt hielten. Diese Route entlang der Küste war indes von spanischen Expeditionen schon von Mexiko aus erkundet worden, und bald stießen Cabeza de Vaca und seine Freunde auf beunruhigende Zeichen, die auf die Anwesenheit von Europäern hindeuteten. Zerstörung und Entvölkerung waren offensichtlich. Die Einheimischen lebten in Angst und Schrecken. Cabeza de Vaca und seine Gefährten sollten ihrem früheren Ich wiederbegegnen.

Als sie schließlich die schöne Landschaft am Río Fuerte erreichten, befanden sie sich in menschenleerem Gebiet. Bald erfuhren sie von der Anwesenheit spanischer Sklavenhändler. Ende Januar oder Anfang Februar kamen sie an den Río Sinaloa, und nachdem sie gehört hatten, dass bewaffnete spanische Soldaten in der Nähe seien, zogen sie ins Landesinnere, um sie zu suchen. Kurz nach Tagesanbruch erblickten vier elegant gekleidete Konquistadoren eine Gruppe seltsamer Gestalten – einen spindeldürren, wettergegerbten Mann mit Bart und europäischen Gesichtszügen, umringt von einer großen Schar Indianer. Diese Begegnung ist eine der denkwürdigsten in der spanischen Eroberungsliteratur, ja sogar in der gesamten Literatur.

»Bei Tagesanbruch stießen wir auf vier berittene Christen. Als sie meinen seltsamen Aufzug sahen und bemerkten, dass ich mich in Begleitung von Indianern befand, waren sie höchst erstaunt. Sie starrten mich eine ganze Weile an. Ihre Überraschung war so groß, dass sie keine Worte fanden, um mich irgendetwas zu fragen. Ich ergriff als Erster das Wort und bat sie, mich zu ihrem Anführer zu bringen.«

So fanden sich also die Sklavenjäger, fern von ihren Landsleuten und mitten in einem wilden, unbekannten Land, plötzlich mit einem bärtigen, halbnackten Spanier konfrontiert, der von einem Afrikaner und elf Indianern begleitet wurde. Dieser teilte ihnen mit, sie hätten einen Schiffbruch überlebt, der sich vor acht Jahren in fast 2000 Meilen Entfernung ereignet habe. Bemerkenswerterweise haben wir auch von der Gegenseite einen kurzen Bericht, in dem Pater Antonio Tello knapp, aber exakt den Ort des Geschehens angibt: »Cabeza de Vaca, Estévanico und elf Indianer trafen Kapitän Lázaro de Cárdenas und drei Berittene in Los Ojuelos am Río Petatlán, eine Tagesreise von Tzinaba entfernt.« (Der Río Petatlán ist vielleicht der heutige Sinaloa.)

Cabeza de Vaca eilte zurück zu Dorantes, Castillo und den mehreren hundert Indianern, die sie auf ihrem Weg begleitet hatten. Dann trafen sie an den Flussufern auf Diego de Alcarez, den Anführer der spanischen Sklavenhändler. Nach einer verlegenen Pause bat ihn Cabeza de Vaca um eine offizielle Erklärung, die das Jahr, den

Monat und den Tag ihrer Begegnung und die näheren Umstände seines Kommens bescheinigen sollte. »Und sie kamen der Bitte nach.« Versuchte er, die Realität in den Griff zu bekommen (etwa so wie Hamlet beim Anblick des Geistes ausrief: »Schreibtafel her! Ich muss mir's niederschreiben«)?

Cabeza de Vaca machte sich auch Sorgen um seine Rechtslage. In seinem Bericht gibt es Hinweise darauf, dass er fürchtete, die Sklavenhändler würden ihn umbringen, da er sofort für die Indianer Partei ergriff und die Spanier zu überreden versuchte, sich nicht länger an den Einheimischen zu vergreifen. In diesem Moment waren die Nerven bis zum Zerreißen gespannt. Die Gefahr, in der sie sich befanden, wird in dem sich anschließenden denkwürdigen Gespräch deutlich. Zwischen den Zeilen entdeckt man unterschwellige Animositäten. »Es kam zu zahlreichen heftigen Auseinandersetzungen mit den Christen«, als Cabeza de Vaca zu seinem Entsetzen feststellte, dass man plante, die vielen hundert Indianer, die ihn begleitet hatten, zu Sklaven zu machen. Die Sklavenhändler forderten ihre Auslieferung, so als handele es sich um Vieh.

Als die Spannungen wuchsen, erklärten die Spanier den Indianern, die vier Schiffbrüchigen seien völlig unbedeutend, Menschen ihrer Rasse, »die lange verschollen waren; sie seien Pechvögel und Feiglinge. *Sie* hingegen seien die wahren Herren, denen die Indianer zu dienen und zu gehorchen hätten«. Die Indianer wei-

gerten sich jedoch zu glauben, dass Cabeza de Vaca und seine Freunde derselben Rasse und derselben Schöpfung angehörten wie die Sklavenjäger. Cabeza de Vaca fährt fort und schreibt in einer der großartigen Passagen der amerikanischen Literatur:

▲ Der Río Fuerte an der Pazifikküste. Hier sah Cabeza de Vaca zum ersten Mal Zeichen, die auf die Anwesenheit von Spaniern deuteten. »Es machte uns überaus traurig zu sehen, wie fruchtbar das Land war und wie wunderschön, voller Quellen und Flüsse, und feststellen zu müssen, dass alle Ortschaften verlassen und niedergebrannt waren.«

»Sie [die Indianer] bezichtigten die Christen der Lüge. Denn wir seien aus dem Osten gekommen, die anderen aus dem Westen. Wir heilten die Kranken, die Anderen brachten die Gesunden um. Wir gingen nackt einher, während die Anderen, in feinen Kleidern und bewaffnet, auf Pferden ritten. Und wir verlangten nichts und verschenkten alles, was wir besaßen. Die Anderen aber hätten anscheinend nur das Ziel, so viel wie möglich zu stehlen und niemals irgend jemandem etwas zu geben. Dies war die Antwort, die die Indianer den Christen gaben.«

Es ist wieder einer dieser bemerkenswerten geschichtlichen Augenblicke, in dem sich der Sinn eines Textes aus alter Zeit für uns erschließt, in dem Menschen, die vorher stumm waren, plötzlich eine Stimme bekommen. Unter der Oberfläche des Textes kann man einige faszinierende Dinge beobachten. Zuerst spricht Cabeza de Vaca von den Indianern in der dritten Person und von sich selbst und seinen Gefährten in der ersten. Die Sklavenjäger hingegen sind »die Anderen« oder »die Christen«, aber nicht

»die Spanier«. Was hat das zu bedeuten? Er berichtet aus der Sicht der Indianer, doch obwohl sein Text Einfachheit vortäuscht, bedient er sich an dieser Stelle fast der Erzähltechnik eines Romanciers.

Möglicherweise wählte er seine Worte mit Bedacht. Cabeza de Vaca leugnet natürlich nicht, sowohl Spanier als auch Christ zu sein, aber in diesem geheimnisvollen Moment werden alle Konventionen des Zeitalters der Eroberung außer Kraft gesetzt und scheinen sich aufzulösen. Zwar betont er an anderen Stellen seines Buches ausdrücklich, dass er seinen christlichen Glauben nicht aufgegeben habe, aber sagte er nicht trotzdem, er sei etwas anders als die Christen? War das ironisch gemeint? Oder forderte er seine Leser auf, die Christen mit den Augen eines Außenstehenden zu betrachten?

Vielleicht fühlte er sich in diesem Augenblick letztlich weder als Christ noch als Heide. Jedenfalls schreibt Cabeza de Vaca: »Wir ließen die Indianer niemals in dem Glauben, dass wir derselben Rasse angehörten wie die Spanier.« Es ist wahrhaftig ein außerordentlicher Augenblick – ein äußerst gefährlicher Augenblick, der für ihn und seine Freunde tödlich hätte enden können. Doch aus irgendeinem Grund brachten ihn die Sklavenhändler doch nicht um, und er kam mit dem Leben davon.

Nachdem er Alcarez das Versprechen abgerungen hatte, die Indianer in Ruhe zu lassen, überredete Cabeza de Vaca seine indianischen Gefährten, nach Hause zurückzukehren. Später brach Alcarez sein Wort.

Der traurige Abschied von seinen indianischen Freunden, von denen einige sehr lange bei ihm gewesen waren, muss für ihn sehr schmerzlich gewesen sein. Doch Cabeza de Vaca und seine Freunde hatten jetzt beschlossen, in ihre eigene Welt zurückzukehren und die Grenze zwischen »dem Anderen« und denjenigen, die sie acht Jahre zuvor gewesen waren, wieder zu überschreiten.

Sie wussten, dass es in einer Entfernung von gut acht Wegstunden – etwa 100 Meilen – eine spanische Stadt gab. San Miguel Culiacan war ein paar Jahre vorher von Nuño de Guzmán an der Mündung des Río San Lorenzo in den Pazifik gegründet worden. Sie beschlossen, sich dorthin zu begeben. Inzwischen hatte sich die unglaubliche Kunde von ihrem Überleben wie ein Lauffeuer unter den spanischen Siedlern an der Küste verbreitet, und als der Bürgermeister von Culiacan davon erfuhr, machte er sich eilig auf und brachte ihnen Nahrung und Kleidung, »in einem friedlichen besiedelten Tal, acht Wegstunden vor der Stadt«.

In seinem Buch nennt Cabeza de Vaca diesen freundlichen Mann bei seinem Namen: Melchior Díaz, »der Gott für die Wunder dankte, die sie gewirkt hatten«. Es war typisch für Cabeza de Vaca, dass er sich an den Mann erinnerte, der freundlich zu ihm war, und andererseits vergaß, das wichtige Datum und die näheren Umstände zu erwähnen, die Alcarez auf seine Bitte hin niedergeschrieben hatte. (Er hat auch das Einzige, was er besaß, vergessen mitzunehmen – ausgerechnet das Eine, was er als Erinnerung an seine Abenteuer gerne behalten hätte: die fünf Pfeilspitzen aus Smaragd.)

»So legten wir zu Lande und zu Wasser etwa 2000 Wegstunden zurück [6000 bis 7000 Meilen – die gesamten Reisen zu Wasser und zu Lande von Kuba durch Florida und weiter – die tatsächlich zurückgelegte Strecke betrug 2500 Meilen], außerdem

waren wir noch weitere zehn Monate nach unserer Rettung unterwegs. Wir zogen ständig durch das Land, *doch nirgends sahen wir Opfer oder Götzendienst.*«

Cabeza de Vacas ungewöhnliche Schlussbemerkung will, wie bereits gesagt, nichts anderes heißen, als dass die amerikanischen Ureinwohner keine Götzendiener waren. Dies zeigt mit wünschenswerter Klarheit, dass er der Ansicht war, alle religiöse Erfahrung habe einen gemeinsamen Kern. Er schließt seine Ausführungen mit einer erstaunlichen Schätzung: »Wir haben auf unserer Reise von einem Ozean zum anderen immer sorgfältige Berechnungen angestellt: Das eine Ende des Kontinents ist an der breitesten Stelle vom anderen Ende ungefähr 200 Wegstunden entfernt« (620 Meilen ist unglaublich genau geschätzt; tatsächlich sind es von einer Küste zur anderen 650 Meilen Luftlinie).

Die Reisenden blieben den ganzen Februar, März und April in Culiacan und versuchten wahrscheinlich, sich vorsichtig an das alte Leben zu gewöhnen, obwohl sie anscheinend während dieser ganzen Zeit noch immer ihre Indianerkleidung trugen und auf dem Boden schliefen. Dann brachen sie am 15. Mai nach Compostela auf, wo »der Gouverneur uns freundlich empfing und uns Kleidung aus seinen eigenen Beständen gab, die ich aber lange Zeit nicht tragen konnte; auch waren wir nicht in der Lage anderswo zu schlafen als auf der Erde«. Im Juni erreichten sie schließlich Mexiko-Stadt, wo sie vom Vizekönig persönlich begrüßt wurden – es war niemand anderes als Hernán Cortés. Ihm erzählten sie ihre ganze Geschichte. Vielleicht kam Cabeza de Vaca dabei auf die Idee, dies alles zu Papier zu bringen.

1537 verließ Cabeza de Vaca Veracruz, verbrachte den Winter in Kuba und landete schließlich im August 1538 in Lissabon. Von dort machte er sich auf den Rückweg nach Spanien. Seine Geschichte wurde zuerst 1542 in einer sehr fehlerhaften, von ihm nicht durchgesehenen Ausgabe veröffentlicht. (Mittlerweile war er bereits wieder in die Neue Welt zurückgekehrt.) Die revidierte Ausgabe kam 1555 heraus, doch sind nur wenige Exemplare erhalten. Heute ist sein Buch ein Bestseller.

## INTERPRETATIONEN: SCHIFFBRÜCHE UND VERWANDLUNGEN

In Cabeza de Vacas Geschichte geht es anders als bei Cortés und Pizarro nicht um den Untergang einer Kultur, und es ist auch kein Entdeckungsepos à la Orellana. Es ist eine kleine Geschichte von vier Männern in einem riesigen Kontinent, in einem Jahrhundert, das Millionen von Menschen den Tod brachte. Es ist eine kleine Geschichte, aber natürlich auch eine große. Seit jeher hat man nach ihrer Bedeutung gefragt. Das Geheimnis um Cabeza de Vacas Route hat nicht nur eine ganz eigene Literatur hervorgebracht, sondern seine Geschichte gab auch die Anregung zu Romanen, Erzählungen und Filmen.

Der Moment, in dem Cabeza de Vaca auf die Spanier schaut und sich selbst sieht, wie er vor acht Jahren war – ein spanischer Konquistador –, der Moment, als er die Rechte der Indianer verteidigt und dabei sein eigenes Leben riskiert – Augenblicke, die mit den zahlreichen außergewöhnlichen Heilungsgeschichten unmittelbar zu tun haben –, in all diesen Ereignissen weist diese erstaunliche Geschichte über ihre Zeit hinaus. Genau wie in der besten fiktionalen Literatur geht es um einen Prozess der Reifung, des geistigen Wachstums und der spirituellen Veränderung. Ihre Bedeutung

▲ Ein Mythos entsteht: Cabeza de Vaca als heroischer Pionier. Ausschnitt aus einem nicht mehr erhaltenen Gemälde des Amerikaners Frederic Remington.

für uns liegt darin, dass wir sie nicht nur lesen können als die Geschichte eines Mannes, der innerlich wächst, sondern auch als die Veränderung kultureller Gegebenheiten. Nach unserem heutigen Verständnis empfinden noch nicht entwickelte, intolerante Gesellschaften (oder Menschen) »den Andern« als bedrohlich, fremd, verschieden. Den Andern zu sehen als Spiegelbild der eigenen Person, für den Andern Verantwortung zu übernehmen und mit ihm (oder ihr) zu fühlen, diesen Moment der aufkommenden Solidarität bezeichnet der französische Philosoph Emmanuel Lévinas als »die Geburt der Ethik in der Geschichte«. Für Cabeza de Vaca kam dieser Augenblick auf der Insel Galveston, in jenem ersten Winter an einer sturmgepeitschten Küste, als sich – er war halb tot und ohne Hoffnung, seine Freunde ertrunken – die Karankawa seiner erbarmten und seinetwegen weinten.

Die Tragödien des 16. Jahrhunderts sind für uns heute umso schmerzlicher, als wir überall ihre Auswirkungen erleben: Wenn wir auf dem Friedhof der jetzt ausgestorbenen Karankawa stehen, wenn wir die Gebeine der Coahuiltekaner umbetten oder wenn wir mit den Tarahumara in ihren Höhlen unser Nachtlager aufschlagen. Die Reise Cabeza de Vacas hat noch eine zusätzliche Bedeutung bekommen durch all das, was seither passiert ist, und weil wir erst jetzt die Langzeitfolgen der Taten der Konquistadoren sehen können, die sich überall auf der Welt auswirken. Seine Geschichte beeindruckt uns nun in besonderer Weise; denn als innere Reise beschreibt sie die Reise, die wir alle, sei es als Menschen oder als Gesellschaften, machen müssen, wenn wir uns für wirklich zivilisierte Lebewesen halten wollen.

## NACHLESE: PARAGUAY UND TOD

Sah Cabeza de Vaca das auch so? Sein späteres Leben nimmt einen merkwürdigen und problematischen Verlauf. Sein Bericht wurde, wie schon erwähnt, veröffentlicht, fand aber keine große Verbreitung. Von manchen wurde er zitiert als eine Art Abenteuerbuch à la *Robinson Crusoe* und von anderen als Sachbuch, in dem man sich über die Neue Welt, das Innere Nordamerikas und vor allem »Florida« unterrichten konnte. Der Bericht wurde von Las Casas gelesen, von Garcilaso Inca, von Oviedo (der den Autor interviewte) und von dem Historiker Gómara, Cortés' Sekretär. Hernando de Soto sprach mit Cabeza de Vaca über Florida, bevor er zu seiner eigenen verhängnisvollen, drei Jahre dauernden Expedition aufbrach – seine Invasion führte schließlich dazu, dass die einheimischen Völker des amerikanischen Südwestens durch Krankheiten und Krieg dezimiert wurden. Und bei der Unterwerfung des Landes unter die spanische Krone nutzte de Soto die Informationen, die Cabeza de Vaca über das zu erobernde Gebiet

geliefert hatte. Dank ihrer erhielt er die Genehmigung, Ländereien, halb so groß wie Europa, zu erobern und auszurauben.

Cabeza de Vaca gab de Soto merkwürdig widersprüchliche Informationen, wollte aber nicht mit ihm reisen – dennoch schlossen sich zwei seiner Vettern gegen seinen Rat der Expedition an. Allerdings stellte er sich nicht gegen den Trend – er bezweifelte nie das Recht der Europäer, die Neue Welt zu beherrschen. Was er wollte, war eine milde Herrschaft.

Erstaunlicherweise konnte er nach allem, was er durchgemacht hatte, ähnlich wie Orellana, nicht schnell genug wieder nach Westindien fahren. Von 1537 bis 1540 lebte er in Spanien, plante eine neue Expedition, hoffte, Gouverneur eines großen Gebiets der Neuen Welt zu werden und auf seine Weise die Herrschaft auszuüben. Im März 1540 erhielt er schließlich von Kaiser Karl V. die Genehmigung für ein weiteres amerikanisches Abenteuer. Diesmal begab er sich, da de Soto ihn aus Nordamerika hinausgeekelt hatte, in den Süden, nach Paraguay.

Im November 1540 segelte er mit drei Schiffen an den Rio Plate, bekleidet mit dem bedeutenden Rang eines *adelantado* bzw. Gouverneurs. Inzwischen war die Kolonisierung dort zu einem Gerangel um Beute und zu opportunistischer Ausbeutung entartet, wobei es zu heftigen Auseinandersetzungen zwischen Einheimischen und Siedlern kam. Für die spanische Krone muss Cabeza de Vaca der richtige Mann gewesen sein, doch die finanziellen Interessen und die gegen ihn gerichteten Kräfte waren sehr stark, und so ist es nicht verwunderlich, dass die Eignung seiner Person rasch in Frage gestellt wurde.

Um ihre Interessen zu wahren, versuchten mächtige Familien Paraguays seine Abreise zu verhindern und ihm seinen Titel zu nehmen. Als er sich auf den Weg machte, war er bereits hoch verschuldet. Er, jetzt knapp 50-jährig, hatte in jeder Hinsicht über seine Mittel gelebt – finanziell, physisch und vielleicht auch psychisch.

Die Fahrt dauerte vier Monate. Am 29. März 1541 landete er in Paraguay und marschierte 500 Meilen über Land nach Asunción. Die Reise war an sich schon bemerkenswert – er war der Erste, der die grandiosen Landschaften zu Gesicht bekam, auch die Wasserfälle des Río Iguaçu. Dort erfuhr er, dass sein Vorgänger im Amt des Gouverneurs ermordet worden war.

Sobald er seinen neuen Posten angetreten hatte, versuchte Cabeza de Vaca die Missstände in der Behandlung der Indianer abzustellen, die Siedler wieder zu disziplinieren, die Ordnung wiederherzustellen und die der spanischen Krone geschuldeten Steuern einzutreiben. All dies – und vor allem seine Ablehnung der Sklaverei – zog ihm die Feindschaft der Siedler zu, die sich umgehend gegen ihn organisierten.

Zeitgenössische Augenzeugenberichte lassen vermuten, dass Cabeza de Vaca schlicht der falsche Mann am falschen Ort gewesen war, dass die Fähigkeiten, die er auf seiner denkwürdige Reise bewiesen hatte, nicht dazu angetan waren, in Paraguay schwierige Verwaltungsprobleme zu lösen. Darüber hinaus – und vielleicht ist das überraschend – zeigte er sich doch noch für das Märchen, reich werden zu können, empfänglich, das so viele seiner Zeitgenossen in die Neue Welt trieb. Verführt von Legenden, die sich um Gold und versunkene Schätze rankten, führte er eine Expedition in unbekanntes Terrain. Sie rief viel Unmut hervor und ruinierte seine Gesund-

heit. 1544 wurde er von den rebellischen Siedlern abgesetzt, gefangen genommen und schließlich, im August 1545, nach Spanien zurückgebracht. Gedemütigt kehrte er heim.

Doch es kam zu weiteren Katastrophen. Im Frühjahr 1546 wurde er von seinen Feinden des Raubes und der Unterschlagung angeklagt, die sogar noch eine lange Reihe von Amtsvergehen anführten, sowohl gegenüber den Spaniern als auch gegenüber den Indianern. Weitaus schlimmer: Er wurde nun von den Schulden erdrückt, die er zur Ausrüstung seiner Expedition aufgenommen hatte. Ein Spanier, der ihn in Asunción getroffen hatte, sagt, er habe »in jenen Reichen nicht einen Real besessen«. Und Cabeza de Vaca gestand, dass »er arm war, verloren und bankrott, er ebenso wie seine Verwandten«.

Seine Feinde setzten ihm jetzt mit einer Serie von Prozessen zu. Im März 1546 wurde vom Rat Westindiens ein Haftbefehl gegen ihn erlassen. Obwohl er gegen eine Bürgschaft in einer Unterkunft in Madrid leben konnte, wurde er fünf Jahre lang von dem Prozess verfolgt. In dieser Zeit war seine Freiheit beschnitten, und er verbrachte alle seine Stunden damit, verzweifelt und besessen Dokumente zu sammeln, um seine Sache zu vertreten, wobei er sich ständig viel zu sehr mit dem befasste, was er durchgemacht hatte. Damals war er, wie Leute berichten, die ihn trafen, »verarmt und vorzeitig gealtert«, und diejenigen, die ihn vor Gericht sahen, bestätigten, dass er eine traurige Figur abgab: »Erschöpft und von der Armut gebeugt, führt er weiterhin gegen seine Rivalen Prozesse, und es ist in hohem Maße mitleiderregend, ihm zuzuhören und zu erfahren, was er in Westindien durchlitten hat«.

Schließlich verkündete im März 1551 der Rat Westindiens in Valladolid das Urteil. Cabeza de Vaca wurden die Titel entzogen, und unter Androhung der Todesstrafe war es ihm untersagt, nach Westindien zurückzukehren. Er wurde verurteilt, nach Algerien ins Exil zu gehen und dort Zwangsarbeit zu leisten. Seine Kläger in Paraguay konnten jetzt Schadenersatz verlangen. Die Gründe für all das sind noch immer unklar: Seine gesetzlichen Vertreter durften niemals die Unterlagen mit den gegen ihn vorgebrachten Behauptungen einsehen, und anscheinend sind von diesen Unterlagen keine mehr erhalten.

Cabeza de Vaca legte gegen das Urteil Einspruch ein und verwies auf seine Zahlungsunfähigkeit. Die Strafe der Verbannung wurde schließlich aufgehoben, doch blieb ihm eine Rückkehr in die Neue Welt weiterhin verboten. Allem Anschein nach fühlte sich Cabeza de Vaca in jener Zeit dazu veranlasst, seine eigene Sicht des Falles niederzuschreiben. Er wollte den früheren Bericht über seine Abenteuer überarbeiten und die Geschichte seiner unglückseligen Zeit in Paraguay hinzufügen. Seine Schriften, die 1555 in Valladolid, wo er in Armut lebte, veröffentlicht wurden, gaben ihm nun zum letzten Mal Gelegenheit, sich vor den Augen der Nachwelt zu rechtfertigen.

Cabeza de Vaca war in einem Netz aus Betrug und Manipulation gefangen, das Leute, die ihn hassten, geknüpft hatten. Vielleicht hatte ihn das, was er in seinen acht Jahren in der Wildnis über das Leben gelernt hatte, nicht besonders gut befähigt, im Wilden Westen von Asunción zu regieren. Das Unglück, das er erlebt hatte, die Selbsterkenntnis, die er in den Phasen tiefster Verzweiflung gewonnen hatte, die Isolation und die körperliche Not, die er durchlitten hatte, und die inneren Ent-

deckungen, die er gemacht und in seinem Buch zur Sprache gebracht hatte – all dies passte zweifellos schlecht zu den auf Äußerlichkeiten gerichteten Wünschen seiner Zeit.

Nachdem seine Karriere ruiniert war, ließ ihn auch seine Gesundheit, die in den mit den Indianern verbrachten Jahren so robust gewesen war, im Stich. Angesichts seiner ernsthaften Erkrankung reagierte der König im September 1556 auf seine Petition und gewährte ihm eine kleine Rente, um ihm in seiner Armut zu helfen und die Möglichkeit zu geben, medizinische Hilfe zu suchen. Irgendwann in den folgenden zwei oder drei Jahren starb er in Valladolid, »als sehr armer Edelmann«.

## LETZE GEDANKEN IN VALLADOLID

Ich schreibe dies in einem Raum über dem Hof von San Gregorio Valladolid – hier hat die große Debatte über die Menschenrechte der eingeborenen Völker stattgefunden – und schaue über die Dächer der alten Stadt, in der Cabeza de Vaca seine letzten Lebensjahre verbrachte und in der er starb. Man kann aus Cabeza de Vacas außergewöhnlicher Odyssee keine bequemen Schlüsse ziehen. Und viele Fragen harren noch der Antwort, vor allem auch die Gründe für seinen Ruin, die in seiner Persönlichkeit verborgen sein mögen, doch auch in dem Berg von Gerichtsunterlagen ausfindig zu machen sein könnten, die im Westindien-Archiv noch zu sichten wären.

Sein wichtigstes Denkmal ist jedoch sein kleines Buch. In seiner jetzigen Form ist es ein fragmentarischer Diskurs, die Erinnerung an acht Jahre, festgehalten auf wenigen Seiten (die Paperback-Ausgabe auf meinem Schreibtisch hat 127 Seiten). Es ist ein schmales Buch verglichen z. B. mit den Werken Cieza de Leóns oder anderer seiner Zeitgenossen. Vielleicht wollte sein Verleger die Kosten für ein umfangreicheres Buch nicht tragen und kürzte den Text. Vielleicht hat Cabeza de Vaca aber auch nicht mehr geschrieben.

Doch aus unserer jetzigen Sicht handelt es sich um eine jener Schriften, die zahlreiche Denkanstöße gibt, die wichtig bleibt und in den Köpfen nachfolgender Generationen an Bedeutung zunimmt. Bezeichnenderweise hat sie vielleicht gerade in unserer heutigen Zeit ihre Leserschaft gefunden.

Als er in Armut starb, hätte sich Cabeza de Vaca niemals träumen lassen, dass sein Bericht eines Tages als einer der wichtigsten Texte über die Entdeckung der Neuen Welt gelten würde, und nicht nur als ein herausragendes ethnographisches Buch. Es ist außerdem die Darstellung einer inneren Reise, einer geistigen Odyssee, die heutzutage zu den berühmtesten Reiseberichten und zu der sich mit esoterischen Fragen befassenden Literatur gezählt wird.

Das Buch gehört außerdem zu den wenigen historischen Texten, die sich mit jenem großen philosophischen Problem der Moderne befassen, einem Problem, das in unserer eigenen Zeit, die von Orientierungslosigkeit, Besitzstreben und Hass geprägt ist, noch immer relevant ist. Dieses Problem zeigt sich in so vielen Teilen unserer Welt, in Tschetschenien und im Kosovo, in Ruanda und in Sierra Leone, in Palästina und in Kaschmir: die Begegnung mit »dem Andern«.

# EPILOG

# »DIE GANZE WELT IST MENSCHLICH«

Das Feuer ist niedergebrannt. Draußen vor dem Zelt wölbt sich das Sternenzelt über der Ebene der Geister tief in den Dschungeln von Vilcabamba. Nach dem Regen ist der Himmel klar, und jetzt zeigt sich das Kreuz des Südens mit seinen beiden Trabanten, die bei den Inkas »die Augen des Lamas« hießen. Und die Sternschnuppen! Unsere Reise ist zu Ende. Wir sind auf Flößen den Amazonas hinuntergefahren, mit Packtieren durch die Urwälder Ecuadors getreckt, wir haben bitterkalte Nächte auf den Gletschern der Hochanden verbracht und auf dem »Großen Komantschenpfad« gesehen, wie die Sonne am Horizont versank wie flüssiges Gold. Auf unserer Reise suchten wir nach Spuren dieser bedeutsamen Begegnung zweier Welten, die Adam Smith und Karl Marx als »das folgenreichste Ereignis in der Geschichte« bezeichneten (damit befinden sie sich im Einklang mit den Zeitgenossen, die schon damals wussten, dass sie Zeugen einmaliger Ereignisse waren).

Dieses Buch hat aus der Vielzahl der Geschichten, die sich in jenen Jahren zwischen Feuerland und den Wüsten Neu-Mexikos ereignet haben, vier herausgegriffen. Es war die Aufsehen erregendste Epoche der Expansion, die es in der Geschichte der Menschheit je gegeben hat. Innerhalb weniger Jahre eröffnete sich auf den amerikanischen Kontinenten und am Pazifik eine Welt, die, wie Cieza de León es formulierte, »größer war als alles, was man bis dahin kannte«.

Die Folgen sind für uns noch immer spürbar. Die *Conquista* hat die Welt erschlossen und eine Globalisierung in Gang gesetzt, die nicht nur kommerziell, sondern auch ideologisch und philosophisch geprägt war. So wie die physikalischen Landkarten neu gezeichnet wurden, so wurden auch die geistigen Horizonte neu abgesteckt. Zum ersten Mal in der Geschichte sprechen Menschen von *einer* Welt, deren Völker denselben Naturgesetzen und denselben historischen Prozessen unterworfen sind. Und in

*Ich sage es noch einmal: Ich stand da und dachte bei diesem Anblick, auf dieser Erde würden niemals mehr Länder wie diese entdeckt werden. Doch alle Wunder, die sich mir damals boten, sind nun vernichtet und zerstört; kein Stein steht mehr auf dem anderen.*

BERNAL DÍAZ DEL CASTILLO, *Die Eroberung des neuen Spanien*, um 1565

## EINE WELT – EINE MENSCHHEIT

◂◂ Das verlorene Paradies: Anhand des Untergangs der Neuen Welt lässt sich beispielhaft nachvollziehen, wie es in der Moderne zur Zerstörung der Natur und zur Auslöschung traditioneller Kulturen kommen konnte.

diesem Licht betrachtet, stürzte die spanische Eroberung der beiden amerikanischen Kontinente die Konquistadoren, den spanischen Königshof und die Europäer allgemein in ein großes moralisches Dilemma. War die Eroberung der Neuen Welt in irgendeiner Hinsicht gerecht? Besaßen die Indianer Menschenrechte? Sollten sie zum Christentum bekehrt werden – und wenn ja, wie? Mit Gewalt? Durch Krieg? Und wie könnte ein solcher Krieg gerecht sein? Waren Menschenopfer und Kannibalismus ein Beweis ihrer moralischen Verderbtheit oder aber ihres primitiven Entwicklungsstandes? Oder waren die Indianer doch den Europäern gleichwertige Menschen? Die Auseinandersetzung über diese Fragen führten die Menschen des 16. Jahrhunderts zu den ersten Versuchen, eine Konzeption der Menschenrechte zu entwickeln.

Schon 1511 fragte der Dominikanerbruder Antonio de Montesino in Hispaniola seine Siedlergemeinde in einer Predigt: »Sind diese Indianer keine Menschen? Sind sie keine vernunftbegabten Wesen? Müsst ihr sie nicht lieben wie euch selbst?« Andere vertraten das genaue Gegenteil: Die Indianer seien »von Natur aus Sklaven«. Höher entwickelte Völker dürften gegen die Eingeborenen Krieg führen. Sie seien sogar verpflichtet, solchen Barbaren, die Götzendienst und Menschenopfer praktizierten, die Erleuchtung zu bringen.

Während der 30er-, 40er- und 50er-Jahre des 16. Jahrhunderts überschütteten politische Theoretiker und Theologen den spanischen König mit Ratschlägen hinsichtlich seiner Kolonialpolitik. Die Verwaltung des Reiches in Übersee, vor allem, wenn sie in den Händen so skrupelloser Opportunisten wie den Pizarros lag, wurde zum Gegenstand eines erbittert geführten Propagandakriegs zwischen denen, die die Machtübernahme der Europäer in der Neuen Welt rechtfertigten, und denen, die sich für den Schutz der Eingeborenenrechte einsetzten. In einer Reihe öffentlicher Vorträge stellte der Theologe Francisco de Vitoria zwei einfache Fragen in den Mittelpunkt der Debatte: »Hatten die amerikanischen Eingeborenen echte politische Staatsgebilde mit rechtmäßigen Herrschern? Gab es bei ihnen vor Ankunft der Spanier Privateigentum?« Beide Fragen bejahte er.

Die amerikanischen Ureinwohner – sowohl die in der Karibik und in Brasilien entdeckten Stammesgesellschaften als auch die hoch entwickelten Gemeinwesen in Mexiko und Peru – besaßen in ihren öffentlichen und privaten Angelegenheiten wirkliche Amtsgewalt. Daher waren die Spanier nicht befugt, die einheimischen Herrscher zu stürzen oder die Menschen dort zu enteignen. Aus diesen einfachen philosophischen Prämissen folgte zwingend, dass sie Menschen waren und dieselben Rechte wie die Europäer besaßen.

Vitoria bestritt den Spaniern auch das Recht, gegen die einheimischen Völker Krieg zu führen, um sie zur Annahme des Christentums zu zwingen. In dieser Hinsicht, so sagte er, hätten alle Menschen das gleiche Recht und die gleiche Befähigung, ihre eigenen Staatswesen zu gründen und zu verwalten, seien sie nun Christen oder nicht.

Dieselben Gedanken wie Vitoria vertrat auch der Dominikaner Bartolomé de Las Casas, dessen berühmtestes Werk *Sehr kurzer Bericht über die Verwüstung Westindiens*, 1542 verfasst, dem späteren König Philipp II. gewidmet war. Mit seinem Buch wollte Las Casas die spanische Krone über die wirklichen Vorgänge auf den amerikanischen Kontinenten unterrichten, und seine Berichterstattung mit Informationen aus erster Hand ist ebenso erschütternd wie moderne Reportagen über die Tragödien in Ruanda oder Kambodscha. Als Reaktion auf diese scharfe Kritik versuchte die spanische Krone, mithilfe von Gesetzen mächtige Siedler wie z. B. die Pizarros, die sich ihr eigenes Recht schufen, in Schranken zu halten. Aber natürlich waren solche Gesetze schlichtweg nicht durchsetzbar. Die Uhr ließ sich nicht zurückdrehen. In Peru probten die Kolonisten den Aufstand. In Mexiko überredete der Vizekönig den königlichen Bevollmächtigten, die Verkündung der neuen Gesetze aufzuschieben, solange man sie nicht erneut beraten hätte. Überall regte sich Widerstand seitens der örtlichen Beamten, Landbesitzer und Geistlichen. Sie hatten alles auf eine Karte gesetzt, ein Vermögen gemacht und waren nicht bereit, darauf zu verzichten. In dieser kritischen Situation versammelten sich die engsten Berater des Königs, der Rat der Vierzehn, in Valladolid, um über die wichtigsten Probleme zu sprechen. Es war ein in der Geschichte einmaliger Augenblick.

## WAS IST MENSCHLICH?

König Karl. V. tat nun etwas, was noch kein Monarch vor ihm getan hatte. Er gab den Befehl, mit Wirkung des 16. April 1550 sämtliche spanischen Eroberungszüge auf den amerikanischen Kontinenten einzustellen, bis das anstehende Problem von den besten Theologen, den Kennern des kanonischen Rechts und den Juristen gründlich diskutiert worden sei. So geschah es, dass die beiden großen Widersacher, Las Casas und der Philosoph Sepulveda, von Mitte August 1550 an einen Monat lang in Valladolid vor dem Rat der Vierzehn ihre Kontroverse austrugen – allerdings nicht von Angesicht zu Angesicht. Doch hinter den Bergen von Beweismaterial verbarg sich eine einfache Frage: Was ist ein Mensch?

Der jetzt 76-jährige Las Casas hatte die Gräuel des Völkermords in der Neuen Welt unmittelbar miterlebt. Sein Gegner, Juan Gines de Sepulveda, war ein bedeutender Theologe und Humanist, hatte aber die Neue Welt nie betreten. Für Sepulveda zeichnete sich die spanische Kultur ganz wesentlich aus durch »Klugheit, Intelligenz, Großherzigkeit, Mäßigkeit, Menschlichkeit« – und die christliche Religion. Die Gesellschaften der Ureinwohner hielt er für kulturlos, und daher waren sie für ihn praktisch keine Menschen. Wie er vor dem Rat des Königs ausführte:

»Macht nicht den Fehler zu glauben, die Indianer hätten vor Ankunft der Spanier in einer idyllischen Welt gelebt. Im Gegenteil, sie führten ständig heftige Kriege gegeneinander, und die Besiegten wurden Opfer ihres Kannibalismus. Gibt es alles in allem einen überzeugenderen Beweis für die Überlegenheit einer Gruppe von Menschen gegenüber einer anderen, was Intelligenz, Geist und Tapferkeit betrifft, und für die Tatsache, dass solche Menschen von Natur aus Sklaven sind? Zwar legen einige ein gewisses handwerkliches Geschick an den Tag, doch das ist kein Beweis für menschliche Intelligenz, denn wir wissen, dass Tiere, Vögel und Spinnen Dinge zustande bringen, die kein Mensch, mag er sich auch noch so bemühen, vollständig nachahmen kann … – So lässt sich abschließend sagen: Diese niederen Wesen sind von ihrem Charakter und ihren Sitten her barbarisch, unzivilisiert und unmenschlich, und das waren sie schon vor Ankunft der Spanier. Und damit habe ich noch nichts über ihre gottlose Religion gesagt und die frevlerischen Opfer, mit denen sie den

▶ »Es war weder ein Sieg noch eine Niederlage«, lautet die Inschrift auf dem modernen Denkmal am Schauplatz der letzten Schlacht um Mexico City im Jahre 1512. »Es war die schmerzliche Geburtsstunde des Mestizenvolkes, des heutigen Mexiko.« Darstellung einer Mischehe im Mexiko des 18. Jahrhunderts.

Teufel als ihren Gott verehren, im Glauben, sie könnten ihm nichts Schöneres darbringen als Menschenherzen… Wie kann man daran zweifeln, dass diese so unzivilisierten und barbarischen Völker, die so lasterhaft und so verworfen sind, mit Recht von einer Nation unterworfen wurden, die auf der höchsten Stufe der Menschlichkeit steht und sich in jeder Art von Tugend auszeichnet?«

## »ES GIBT NUR EINE MENSCHHEIT«

Las Casas legte ein gewaltiges Dossier vor, das er wie ein Journalist in jahrzehntelanger Arbeit auf den amerikanischen Kontinenten erstellt hatte – eine äußerst heftige Widerlegung von Sepulvedas Behauptung, die Leute, die in König Karls Namen gehandelt hatten, seien human und edel gewesen. Sein Hauptargument beruhte jedoch auf der Überzeugung, die Welt sei in der Tat ungeteilt, alle Menschen seien gleich und hätten die Möglichkeit, sich selbst zu verwirklichen und Tugend zu erlangen: »Jedes Volk auf Erden, sei es auch noch so primitiv, unzivilisiert und barbarisch, wild oder brutal, kann auf den rechten Weg gebracht werden – vorausgesetzt, man tut es auf angemessene und menschenwürdige Weise – nämlich mit Liebe, Sanftmut und Freundlichkeit.«

Dann kam seine größte Stunde:

»Denn alle Völker der Erde sind Menschen. Und es gibt nur eine Definition des Menschen, gleichgültig ob als Kollektiv oder als Einzelperson: Er ist ein vernunftbegabtes Wesen. Alle Menschen besitzen Verstand und Willen, denn sie sind als Gottes Ebenbild geschaffen. Alle haben von Natur aus die Fähigkeit, sich Wissen anzueignen und das Gelernte anzuwenden – alle freuen sich über das Gute und verabscheuen das Böse. Alle Menschen sind gleich geschaffen. Niemand wird als Erleuchteter geboren. Daraus folgt, dass wir alle uns zunächst einmal von denen leiten und helfen lassen müssen, die vor uns geboren wurden. Und die wilden Völker der Erde kann man mit dem unbestellten Boden vergleichen, der leicht Unkraut und nutzlose Dornen hervorbringt, aber solch natürliche Kräfte birgt, dass er gesunde und nützliche Früchte trägt, wenn wir ihn bearbeiten und pflegen. Es gibt also nur eine Menschheit.«

Dies war eine sehr noble Erklärung. Doch obwohl Las Casas aus der Debatte als Sieger hervorging, erstickte die Realität der Macht die Stimme der Moral und des christlichen Gewissens. Das Verbot, weitere Eroberungszüge zu unternehmen, wurde schließlich wieder aufgehoben. Wie wir alle aus unseren Erfahrungen mit der Welt nur allzu gut wissen, trägt die Realpolitik immer den Sieg über eine moralisch begründete Außenpolitik davon.

## ANSICHTEN DER BESIEGTEN

Während die Konquistadoren untereinander über die Rechtmäßigkeit ihrer Taten diskutierten, fanden sich die Besiegten rasch mit der in ihren Augen neu geordneten Welt ab. »Wir hatten gedacht, wir seien die ganze Welt«, sagte der Inka Titu Cusi, »denn bis zu dieser Zeit wussten wir von keiner anderen«. Für Titu Cusi und die anderen indianischen Kommentatoren, auf die wir uns in dieser Geschichte berufen, hatte das Aufeinandertreffen der beiden Welten ihren eigenen Kosmos völlig auf den Kopf gestellt. Einige, die wie z. B. Garcilosa Inca dieser Begegnung ihre Existenz verdankten, akzeptierten, dass

die Spanier sie zivilisieren wollten. Andere wie Guaman Poma verloren durch die Un-
gerechtigkeiten der spanischen Herrschaft ihre Illusionen und schlugen einen ganz
anderen Ton an, wobei sie sich der spanischen Menschenrechtsdebatte durchaus bewusst waren:

»Wir wussten nichts von der übrigen Welt, bis wir von euch unterworfen wurden«, schrieb Guaman Poma an den spanischen König. »Doch *offensichtlich sind
unsere Rechte verletzt worden* … Peru gehört uns, nicht den Spaniern, so wie Afrika
den Afrikanern und Asien den Asiaten gehören sollte.«

In seinem außergewöhnlichen, 1200 Seiten umfassenden Werk wandte sich Guaman Poma – wie Las Casas auch – direkt an den spanischen König. In seinen historischen, anthropologischen und sozialpolitischen Ausführungen zeichnet er vielleicht das eindrucksvollste Bild der Besiegten, das uns aus dem 16. Jahrhundert überliefert ist:

»Obwohl die Inkas ursprünglich Barbaren waren und wenn auch ihr Herrscher-
haus auf eine Frau zurückging, Mama Huaco Coya, hat sich ihre Dynastie über eine
sehr lange Zeitspanne entwickelt … Unsere Indianer sollte man nicht als ein rückständiges Volk ansehen, das sich einer stärkeren Macht kampflos beugte. Ihre
Majestät mögen sich vorstellen, Sie seien in Ihrem eigenen Land ein Indianer und
würden wie ein Pferd beladen oder mit Stockschlägen vorwärts getrieben. Malen Sie
sich aus, man bezeichne Sie als dreckigen Hund oder Schwein. Stellen Sie sich vor,
man nähme Ihnen ohne jegliche juristische Grundlage Ihre Frau und Ihr Eigentum.
Was würden Sie und Ihre spanischen Landsleute unter solchen Umständen tun?
Meines Erachtens würden Sie Ihre Peiniger bei lebendigem Leibe auffressen …
Folglich sind nicht die spanischen Verwaltungsbeamten und Unternehmer die rechtmäßigen Besitzer Perus. Sowohl nach menschlichem als auch nach göttlichem Recht
gehört das Land uns Indianern. Mit Ausnahme Ihrer Majestät sind die Spanier nur
fremde Siedler. Es ist unser Land, weil Gott es uns geschenkt hat. Wir sind die wahren Herren.«

Am 1. Januar 1613 reiste Guaman Poma im Alter von etwa 80 Jahren mit seinem
kostbaren fertigen Manuskript nach Lima. »Begleitet wurde ich von meinem Sohn,
meinem Pferd Guido und meinen beiden Hunden Amigo und Lautaro. Wir wanderten
in tiefem Schnee und bei strenger Kälte durch die Berge«. Er hoffte noch immer, sein
Manuskript werde auf irgendeine Weise den König erreichen. In einem erstaunlich
prophetischen Schlusswort teilt uns Guaman Poma seine Vorstellungen von einer
erneuerten Welt mit: eine künftige Welt als Staatengemeinschaft, in der, so wie der
Inka das Land der Vier Viertel regiert hatte, der spanische König eine Art internatio-
naler Inka sein würde. Er wäre ein Quell der Gerechtigkeit, ein nomineller Verwalter
der Erde, deren Vier Viertel jetzt Amerika, Europa, Afrika und Asien wären, wobei
jeder Teil seinen eigenen Herrscher hätte mit dem spanischen König als *primus inter
pares*. So würde schließlich Pachacuti, die auf dem Kopf stehende Welt, wieder auf
die Füße gestellt.

Überflüssig zu erwähnen, dass König Philipp III. das Werk nie gelesen hat.

Für Bernardino de Sahagún, den bedeutenden Kämpfer für die aztekische Kultur, der in den 70er-Jahren des 16. Jahrhunderts auf sein Leben in Mexiko zurückblickte, nahm der Untergang der amerikanischen Kontinente einen anderen historischen Verlauf, obwohl seine Sicht nicht weniger prophetisch ist als die Guaman Pomas. »Als die Spanier in dieses Land kamen, das die Neue Welt heißen würde«, schrieb Sahagún, »lebten dort unzählige Völker«. Jetzt jedoch »sind alle Nationen von den Kanarischen Inseln bis nach Mexiko durch Krankheiten ausgerottet ....«. Bei der Betrachtung dieser Tragödie erinnerte sich Pater Sahagún an die Prophezeiung eines Dominikanermönchs: Am Ende werde kein Indianer mehr am Leben sein, »die Siedler werden sich vermehren und die Neue Welt bevölkern, sodass nach dem Untergang von Generationen von Indianern das Land gänzlich von den Neuankömmlingen besiedelt sein wird«.

Nun, am 500. Jahrestag der *Conquista*, hat sich die Prophezeiung fast vollständig erfüllt. Jetzt gibt es nur noch wenige Ureinwohner in der Neuen Welt, die noch nie dem weißen Mann begegnet sind. Nur wenige leben weiterhin im Urzustand, ohne Kenntnis der modernen Welten von New York und London. Und nur ein paar mehr, wie z. B. die Huarani oder Tarahumara, die wir auf unserer Reise trafen, verweigern, obwohl sie etwas von der Welt draußen gehört haben, noch immer den Kontakt und weisen die Gaben zurück, die ihnen von Cortés, Pizarro und deren Nachfolgern gebracht wurden.

## »DAS ENDE DER VÖLKER«

▲ Ein indianischer Jedermann – einer, der für die Millionen von Opfern steht. »Es gibt nur eine Menschheit«, sagte Bartolomé de Las Casas.

## »DER LETZTE KONQUISTADOR«

Meine Begegnung mit Stuart fand nach unserer Reise statt. Mütterlicherseits der Nachfahre eines Konquistadors, hat er dunkle Augen, eine hohe Stirn und die aristokratische Haltung eines spanischen *hidalgo*. An einem trüben Wintertag machten wir einen Spaziergang durch die alten Straßen von Trujillo. Wir standen vor dem prächtigen Haus der Pizarros, dem Anwesen von Neureichen; an der Fassade Skulpturen von Inkas mit Ketten um den Hals, dazu die markanten Gesichter der Pizarro-Brüder und das Bild der Doña Francisca, Franciscos Tochter, einer Halbblut-Inka. Wir gruselten uns vor den Geistern in dem leeren Haus Orellanas und sahen auf den Hügeln von Medellín die verfallene Festung, in der sich Cortés niedergelassen hatte. Stuarts Vorfahre, Mansio Serra de Leguizamon, war einer dieser Konquistadoren.

Mansio ging als Jugendlicher nach Peru, erlebte den Tod Atahuallpas und kämpfte in den Schlachten um Lima gegen Mancos Generäle. Mit seinem Schwert aus Toledo-Stahl tötete er Inkas in den Festungswällen von Sacsahuaman und folgte Gonzalo Pizarro nach Vilcabamba. Doch seine Abenteuer waren damit noch nicht zu

Ende. Mansio überlebte Gefangenschaft und Folter in den Bürgerkriegen. Er nahm sich eine Inka-Prinzessin zur Geliebten, zog dann aber die Spieltische von Lima ihrer Gesellschaft vor. Und den letzten ruhmreichen Augenblick erlebte er, als er als alter Mann mit dem Vizekönig nach Vilcabamba zurückkehrte und Zeuge der Zerstörung der letzten Inka-Zuflucht wurde. Am 18. September 1589 in Cuzco, im Alter von 78 Jahren, wandte sich Mansio auf seinem Sterbebett in dem folgenden denkwürdigen Testament an König Philipp II. (hier in Stuarts Übersetzung):

»Um meines Seelenfriedens willen möchte ich zu Beginn meines Testaments betonen, dass ich schon lange den Wunsch hatte, mit Ihrer katholischen Majestät König Philipp, unserem Herrn, zu sprechen, da ich weiß, dass er ein treuer Katholik und überzeugter Christ ist. Im Namen der Krone habe ich nämlich an der Entdeckung, Eroberung und Besiedlung dieser Königreiche teilgenommen. Wir entthronten ihre Herren, die Inkas, die diese ihre ureigenen Länder regierten. Und ich möchte Ihre allerkatholischste Majestät wissen lassen, dass wir diese Reiche in einem so guten Zustand vorfanden, dass es dort keinen Dieb oder Übeltäter gab, auch keine Ehebrecherin; es gab bei ihnen keine gefallenen Frauen, und die Menschen waren auch nicht unmoralisch, sondern gingen zufrieden und anständig ihrer Arbeit nach. Alle Dinge, von den kleinsten bis zu den größten, hatten ihren Platz und ihre Ordnung. Und die Untertanen fürchteten die Inkas, gehorchten ihnen und respektierten sie und ihre Gouverneure als sehr fähige und erfahrene Herrscher. – Ich möchte Ihrer Majestät deutlich machen, dass ich diese Erklärung abgebe, um mein Gewissen zu entlasten und weil ich mir meiner Mitschuld bewusst bin. Denn durch unser übles Vorgehen haben wir eine Herrschaft zerstört, die von diesen Eingeborenen geschätzt wurde. Sie waren so frei von Verbrechen und Habgier, sowohl die Männer als auch die Frauen, dass sie Gold oder Silber im Werte von 100 000 Pesos offen in ihren Häusern liegen lassen konnten ... Als sie dann entdeckten, dass wir Diebe waren und ihre Frauen und Töchter zur Sünde zwingen wollten, verachteten sie uns. Doch jetzt hat sich infolge des schlechten Beispiels, das wir ihnen in allem gegeben haben, die Situation so drastisch verändert – eine Beleidigung Gottes –, dass diese Eingeborenen, die nichts Böses taten, sich zu Menschen entwickelt haben, die zum Guten nicht mehr in der Lage sind. Dies muss Ihrer Majestät Gewissen ebenso belasten wie das meinige, der ich einer der ersten Konquistadoren und Entdecker bin. Und diesem Missstand muss abgeholfen werden. – Ich mache Ihre Majestät darauf aufmerksam, dass ich nichts anderes mehr tun kann, um dieses Unrecht zu lindern, als es in Worten auszudrücken, mit denen ich Gott um Verzeihung bitte. Denn dazu fühle ich mich getrieben, bin ich doch von den Konquistadoren der letzte Überlebende.«

# Literaturhinweise

An den breit gefächerten wissenschaftlichen Studien, die sich mit der Eroberung der Neuen Welt befassen, sind viele Disziplinen beteiligt. Diese kurze Bibliographie soll den interessierten Leser lediglich in die Materie einführen. Der Schwerpunkt liegt auf der erzählenden Geschichtsschreibung und Lesbarkeit.

Zunächst eine breit angelegte Darstellung: R. Wright, *Stolen Continents* (1992, ²2000; dt.: *Geraubtes Land*, 1992), ist ein *tour de force* und ergänzt seinen wunderbaren Reisebericht *Time among the Maya* (1989). Eine Übersicht über die Langzeitfolgen der Begegnung der beiden Welten: A. Crosby, *The Colombian Exchange: Biological and Cultural Consequences of 1492* (1972) und *Ecological Imperialism* (1986; dt.: *Die Früchte des weißen Mannes*, 1991). Zur Rolle der Pflanzen und Tiere aus der Neuen Welt: R. Solokov, *Why We Eat What We Eat* (1991); H. Hobhouse, *Seeds of Change* (1986, erw. Neuaufl. 1999; dt.: *Fünf Pflanzen verändern die Welt*, 1987, erw. unter dem Titel *Sechs Pflanzen verändern die Welt*, ⁴2001). Zu den Auswirkungen von Krankheiten: N. D. Cook, *Born to Die* (1998). Nützliche Übersichten über die Quellen und Nachschlagewerke: R. Schlesinger, *In the Wake of Columbus* (1996), und L. De Vorsey, *Keys to the Encounter: A Library of Congress Resource Guide for the Study of the Age of Discovery* (1992). Zur ausführlichen Orientierung: J. H. Elliott, *The Old World and the New* (1970; dt.: *Die Neue in der Alten Welt*, 1992) und *Spain and Its World 1500–1700* (1989). Zu den verschiedenen Sichtweisen: F. Chiapelli (Hrsg.), *First Images of America* (1976); K. J. Andrien (Hrsg.), *The Human Tradition in Colonial Latin America* (2002). Zum Konzept »des Anderen«: T. Todorov, *La Conquête de l'Amérique. La question de l'autre* (1982; dt.: *Die Eroberung Amerikas*, 1985); S. Greenblatt, *Marvelous Possessions* (1991; dt.: *Wunderbare Besitztümer*, 1994); A. Pagden, *The Fall of Natural Man* (1982) und *European Encounters with the New World* (1993; dt.: *Das erfundene Amerika*, 1996). Weitere Werke über europäische Konzeptionen der Neuen Welt und ihrer Völker bei Roger Schlesinger (s. o.). Deutschsprachige Standardwerke: E. Seler, *Gesammelte Abhandlungen zur amerikanischen Sprach- und Altertumskunde* (5 Bde., 1902–23); H.-D. Disselhoff, *Geschichte der altamerikanischen Kulturen* (²1967); W. Krickeberg [u. a.], *Die Religionen des alten Amerika* (1961); G. Lanczkowski, *Die Religionen der Azteken, Maya und Inka* (1989); U. Köhler (Hrsg.), *Altamerikanistik. Eine Einführung in die Hochkulturen Mittel- und Südamerikas* (1990). Hörbuch: M. Wessel, *Die Konquistadoren. Der Untergang der Inka- und Aztekenreiche* (2002).

Eine sehr nützliche Text-Anthologie: B. Keen (Hrsg.), *Latin American Civilization* (1986, ⁷2000). Karten, sowohl physikalische als auch mentale: *Cartografia Historica del Encuentro de Dos Mundos* (1992). Zu Mexiko: B. Mundy, *The Mapping of New Spain* (1996). Zur Archäologie: W. Haberland, *Amerikanische Archäologie. Geschichte, Theorie, Kulturentwicklung* (1991). Schließlich noch ein wunderschöner Kunstband: J. A. Levenson (Hrsg.), *Circa 1492: Art in the Age of Exploration* (1991).

»Beiträge zur Völker- und Sprachenkunde, Archäologie und Anthropologie des indianischen Amerika« bringt die Zeitschrift *Indiana*, hrsg. von G. Kutscher u. a. (1973 ff.), mit umfangreichen Beiheften.

**Kapitel 1 und 2: Mexiko**

Überblicke: Am aktuellsten und zuverlässigsten ist H. Thomas, *The Conquest of Mexico* (1993; dt.: *Die Eroberung Mexikos*, 2000); S. Gruzinski, *La Colonisation de l'imaginaire* (1988) beschäftigt sich mit der Darstellung der historischen Ereignisse. Zu den Azteken: R. F. Townsend, *The Aztecs* (1992); A. Eggebrecht (Hrsg.), *Glanz und Untergang des alten Mexiko. Die Azteken und ihre Vorläufer* (2 Bde., 1986). Eine sehr empfehlenswerte, bewegende Schilderung der aztekischen Gesellschaft: I. Clendinnen, *Aztecs* (1991); in ihrem höchst lohnenden Artikel »Fierce and Unnatural Cruelty« in S. Greenblatt (Hrsg.), *New World Encounters* (1993), setzt sie sich knapp mit der Eroberung Mexikos auseinander; ich habe dankbar auf ihre Ideen zurückgegriffen, besonders in Kapitel 2. Zu sich wandelnden Beurteilungen der Azteken: B. Keen, *The Aztec Image in Western Thought* (1971). Zur schwierigen Frage, ob die Spanier für Götter gehalten wurden: D. Carrasco, *Quetzalcoatl and the Irony of Empire* (Ausg. von 1992). Cortés: C. Hartau, *Hernando Cortes* (1994); B. Bennassar, *Cortez der Konquistador* (2002). Zur Reiseroute: Sehr differenziert: J. G. Lacroix, *The Itinerary of Hernán Cortés* (1973). Herrliches Bildmaterial: J. P. O'Neill (Hrsg.), *Mexico: Splendors of Thirty Centuries* (Vorwort von Octa-vio Paz, 1990); S. Gruzinski, *Painting the Conquest* (1992). Ein hervorragender Führer: J. Collis / D. M. Jones, *Blue Guide Mexico* (1997). Zu den Zapoteken: U. Thiemer-Sachse, *Die Zapoteken. Indianische Lebensweise und Kultur zur Zeit der spanischen Eroberung* (1995).

Wie immer liest man am besten die primären Quellen, die hier ungewöhnlich ergiebig sind: Hernán Cortés, *Cartas de relación de la conquista de Mejico* (dt.: *Die Eroberung Mexikos. 3 Berichte von Hernán Cortés an Kaiser Karl V.*, hrsg. von C. Litterscheid, 1980); Bernal Díaz del Castillo, *Historia verdadera de la conquista de la Nueva España* (dt.: *Wahrhafte Geschichte der Entdeckung und Eroberung von Mexiko*, hrsg. von G. A. Narciß, 1981; neu hrsg. von E. Bartsch, 1996); P. de Fuentes (Hrsg.), *The Conquistadors* (Nachdr. 1993), enthält mehrere kürzere Texte, vor allem von Juan Díaz, Andres de Tapia, Francisco de Aguliar und den anonymen Konquistadoren, dazu Briefe von Alvarado und *Chronicle of Garcia del Pilar*; den Bericht von Cortés' Kaplan, Francisco López de Gómara, *Historia general de las Indias y Vida de Hernán Cortés* (1979).

Aus Sicht der Gegenseite: Bernardino de Sahagúns monumentales Werk *Historia general de las cosas de Nueva España* (dt. Ausw.: *Aus der Welt der Azteken*, 1989). Weitere deutsche Teilausgaben: *Einige Kapitel aus dem Geschichtswerk des Fray Bernardino de Sahagun* (1927), *Wahrsagerei, Himmelskunde und Kalender der alten Azteken* (1950), *Gliederung des alt-aztekischen Volks in Familie, Stand und Beruf* (1952), *Das Herz auf dem Opferstein. Aztekentexte* (1962). Vgl. dazu auch *Flower and Song: Poems of the Aztec Peoples* (übers. von E. Kissam und M. Schmidt, 1977). Sahagúns problematische Überarbeitung von Bd. 12, *Conquest of the New Spain: 1585 revision* (hrsg. von H. F. Cline und S. L. Cline, 1989); L. N. D'Olwer, *Fray Bernardino de Sahagun* (1952), ehrt den Verfasser eines der bedeutendsten historiographischen Werke. G. Vollmer (Hrsg.), *Geschichte der Azteken. Codex Aubin und verwandte Texte* (übers. von W. Lehmann, 1981).

Die moderne mexikanische Literatur hat ebenfalls sehr reiches Material hervorgebracht, das sich am Rande mit der Eroberung befasst; Einführungen: O. Paz, *El laberinto de la soledad* (1950; dt.: *Das Labyrinth der Einsamkeit*, 1974); C. Fuentes, *Nuevo tiempo mexicano* (1994). Dt. Literatur: L. Perutz, *Die dritte Kugel* (1915). Und schließlich eine lohnende Darstellung des Malinche-Mythos: S. M. Cypess, *La Malinche in Mexican Literature* (1991); vgl. auch C. Wurm, *Doña Marina, la Malinche* (1996) sowie B. Dröscher / C. Rincón (Hrsg.), *La Malinche* (2001).

Wichtige zeitgenössische Texte, darunter Francisco de Xerez, M. de Astete über die Reise nach Pachacamac, Hernando Pizarro und der Bericht von der Verteilung von Atahuallpas Gold finden sich in *Reports on the Discovery of Peru* (in engl. Übers. von C. Markham, 1872); Augenzeugenberichte von Celso Gargia, Gaspar de Carvajal und Samuel Fritz versammeln E. Grün und E. Bartsch, *Die Entdeckung von Peru. Die Eroberung des Inkareiches durch Pizarro und andere Conquistadoren* (Neuaufl. 1996; Hörbuch 2002). Pedro Pizarro, *Relación del descubrimiento y conquista de los reinos del Perú* (1571, 1979); Sarmiento de Gamboa (der Konquistador, der Königin Elisabeth I. traf, vgl. S. 183), *Historia de los Incas* (1988); Augustín Zárate, *Historia del descubrimiento y conquista del Peru* (1555; dt.: *Die Entdeckung und Eroberung Perus*, 1923); Garcilaso de la Vega Inca, *Commentarios reales de los Incas* (1609; 1985); Bernabe Cobo, *Historia del Nuevo Mundo* (1653; *Obras*, 1964); Juan de Betanzos, *Suma y narración de los Incas* (1557, 1987); [Anonym], *Relación del sitio del Cuzco y principio de las guerras civiles del Perú* (1553; dt.: *Kampf um die Inkastadt Cuzco*, 2001); Piedro de Cieza de Leóns wunderbare Schrift *La crónica del Perú* (1553–54, 1984; dt. Ausw.: *Auf den Königsstraßen der Inkas*, 1971); Teil 3 der *Conquista*, kürzlich wiederentdeckt, liegt vor in einer englischen Übersetzung von Noble David Cook (1999). Vgl. auch W. Wurster, »Cuzco in zwei Welten. Hauptstadt der Inka und spanische Kolonialstadt« (in: *Antike Welt* 2, 2000).

Zu den von Halbblut-Inkas verfassten Quellentexten gehören Santa Cruz Pachacuti, *Relación de antigüedades deste reyno del Piru* (1993) und Titu Cusi, *Instrucción* (1992), hrsg. von L. R. de Hurtado; englischsprachige Teilübersetzungen in *New Iberian World: A Documentary History of the Discovery and Settlement of Latin America*, Bd. 4, hrsg. von J. H. Parry und R. C. Keith; außerdem R. Wright, *Stolen Continents* (1992).

Die Herausgeber von Guaman Poma (*El primer nueva coronica: buen gobierno*, 1585/1615) sind J. V. Murra, R. Adorno und J. Urioste (3 Bde., 1987); zudem gibt es eine Ausgabe und Übersetzung von C. Dilke, *Letter to a King* (1978). Zu Guaman Pomas Werk: R. Adorno, *Chronista y Principe* (²1989), *Guaman Poma: Writing and Resistence in Colonial Peru* (1986; ²2000) und *Guaman Poma and his illustrated chronicle from colonial Peru* (2001); außerdem V. Cox, *La tiranía de las horas* (1997), M. López-Baralt, *Guamán Poma, autor y artista* (1993), M. del Pilar Pérez Cantó, *El buen gobierno de don Felipe Guamán Poma de Ayala* (1996).

Die modernen Studien werden angeführt von J. Hemming, *The Conquest of the Incas* (Ausg. von 1993), eine breit angelegte Studie mit einer umfangreichen Bibliographie; ein älterer Klassiker: W. H. Prescott, *History of the Conquest of Peru* (3 Bde., 1847; dt.: *Die Eroberung Perus*, 1848, Neubearb. 1975). R. Varon, *Francisco Pizarro and His Brothers* (1997), entschlüsselt die Verästelungen der Pizarro-Mafia; M. Rostworowski, *Historía del Tahuantinsuyu* (1988). Zu noch bestehenden Kulten: M. Sallnow, *Pilgrims of the Andes* (1987). Zum Herrschertum: S. Niles, *The Shape of Inca History* (1999). Zu heiligen Landschaften: Der Klassiker ist R. T. Zuidema, *The Ceque System of Cusco* (1962); vgl. auch B. S. Bauer, *The Sacred Landscape of the Inca* (1998) und J. Reinhards kurze, aber sehr ergiebige Schrift *The Sacred Center* (1991). Ein noch immer nützlicher Text über Quipu ist L. L. Locke, *The Ancient Quipu* (1923). Zum Straßennetz: J. Hyslop, *The Inca Road System* (1984). Zur Architektur der Inkas: Das wundervolle, mit Fotos und Karten ausgestattete Werk von J. Hemming und E. Rannay, *Monuments of the Incas* (1982), sollte neu aufgelegt werden.

Studien über Einzelpersonen: Francisco Pizarro: J. A. Busto Duthurburu, *Francisco Pizarro* (rev. Fassung 1978); der Autor ist die anerkannte Autorität; noch nicht übersetzt ist sein unschätzbares biographisches Lexikon der Konquistadoren in Peru (*Diccionario histórico biográfico de los conquistadores del Peru*, 1986). Weitere Biographien: Sarmiento de Gamboa: S. Clissold, *Conquistador* (1954); Mansio Serra de Leguizamon: S. Stirling, *The Last Conquistador* (1999). Ihm verdanke ich die Übersetzung S. 274.

Kapitel 5:
Amazonien/
Orellana

Alle Orellana betreffenden Dokumente, dazu der Brief Pizarros, wichtige Auszüge aus Oviedo, Erklärungen von Teilnehmern und das Tagebuch Carvajals, ferner die Geschichte von Orellanas späteren Expedition mit Testimonien (und sogar solchen Kuriositäten wie Auszügen aus *La trilogía de los Pizarros*, einem Werk des Dramatikers Tirso de Molina aus dem 17. Jahrhundert) finden sich in dem höchst klugen und wertvollen Buch von J. Toribio Medin, *The Discovery of the Amazon* (1934; Nachdr. Paperback 1988); es fehlt allerdings der auf Augenzeugen beruhende bemerkenswerte Bericht Cieza de Leóns (*The War of Chupas*, übers. von C. Markham, *Hakluyt Society* 42, 1918). Eine nützliche Textsammlung ist J. M. Cohen, *Journeys down the Amazon* (1975); J. Hemming, *The Search for El Dorado* (1978), mit wertvoller Biographie, ist besonders empfehlenswert für die Expeditionen nach Venezuela und Kolumbien, die vor der gemeinsamen Expedition Pizarros und Orellanas stattfanden.

Die wichtige, umfangreiche Sammlung von Gonzalo de Oviedo, *Historia general y natural de las Indias* (1535–47) liegt in einer spanischen Ausgabe von 1992 vor.

Zu Orellana: Ein kurzer Bericht ist B. Bernhard, *Pizarro, Orellana and the Exploration of the Amazon* (1991); J. A. Busto Duthurburu, *Francisco de Orellana* (1965). G. Miller, *Orellana* (1954) ist eine einfühlsame Darstellung der Geschichte, die sich eng an die Quellen hält. Zu einem späteren Konquistadoren am Amazonas: S. Minto, *Aguirre* (1993).

Zur umfassenderen Geschichte Amazoniens und der Vernichtung seiner Völker gibt es zwei vorzügliche Bearbeitungen des riesigen Quellenmaterials: J. Hemming, *Red Gold: The Conquest of the Brazilian Indians* (1978) und *Amazon Frontier: The Defeat of the Brazilian Indians* (1987).

Besonders nützlich auf unserer Reise: M. Cabodeville, *Coca la region y sus historias* (1996) und *Culturas de ayer y hoy en el Rio Napo* (mit englischem Text; 1998). Zum »Gold-See« in Kolumbien (See Guatavita – der Ursprung der Legende) vgl. W. Bray, *The Gold of El Dorado* (1978; dt.: *El Dorado, der Traum vom Gold*, 1979). In der modernen Literatur: V. S. Naipaul, *The Loss of El Dorado: A History* (1969; dt.: *Abschied von Eldorado*, 2001). Von den zahlreichen Filmen, die die Geschichten Orellanas und Aguirres zusammenfassen, ist wegen der atmosphärischen Dichte Werner Herzogs *Aguirre, der Zorn Gottes* (1972) unbedingt sehenswert.

Kapitel 6:
Cabeza de Vaca

Es gibt mehrere englische Übersetzungen von *Los Naufragios*, denen meist die Ausgabe von 1555 zugrunde liegt. Empfehlenswert: *Castaways* (hrsg. und übers. von E. Pupo-Walker, 1993); eine neue verlässliche Edition der Fassung von 1542 soll demnächst von R. Adorno erscheinen. Eine Biographie in Romanform: M. Bishop, *The Odyssey of Cabeza de Vaca* (1933). Zu Estévanico: J. U. Terrel, *Estevanico the Black* (1968). Über die Reise und die Archäologie der amerikanischen Ureinwohner, denen die Spanier in Florida und im Südwesten begegneten, haben Wissenschaftler, die sich mit der späteren Expedition de Sotos befassten, wertvolle Informationen zusammengetragen: C. Hudson, *Knights of Spain, Warriors of the Sun* (1997); P. Galloway, *The Hernando de Soto Expedition* (1997); J. T. Milanich / C. Hudson, *Hernando de Soto and the Indians of Florida* (1993); L. A. Clayton / V. J. Knight / E. Moore, *The De Soto Chronicles* (2 Bde., 1993). Über die einheimischen Stämme an der texanischen Küste liegen sehr viele Spezialarbeiten vor; daher will ich mich auf das für die Reiseroute Relevante beschränken: Das Standardwerk ist J. R. Swanton, *The Indians of the Southeastern United Staates* (Nachdr. 1969). Lohnend auch D. Chipman, »In Search of Cabeza de Vaca's Route Across Texas« (in: *The Southwestern Historical Quarterly* 91, 1987). Desgleichen A. Kriegers Zusammenfassung seiner wichtigen, aber nicht veröffentlichten Dissertation *The Tra-*

*vels of Alvar Nunez Cabeza de Vaca* (in *Homenaje a Pablo Martinez del Rio*, 1984). Zum Einfluss der Spanier: A. F. Ramenofsky, *Vectors of Death: The Archaeology of European Contact* (1987); R. S. Weddle, »Spanish Exploration on the Texas Coast 1519–1800« (in *The Bulletin of the Texas Archaeological Society* 63, 1992).

Zu Las Casas und dem Problem der Menschenrechte und der *Conquista*: Ein hilfreicher Einstieg ist B. de Las Casas, *Brevísima relación de la destrucción de las Indias occidentales* (1542; dt.: *Kurzgefaßter Bericht von der Verwüstung der westindischen Länder*, hrsg. von H. M. Enzensberger, 1966); eine vierbändige Werkauswahl (hrsg. von M. Delgado) erschien 1994–97. Zu Vitoria: *Los principios del derecho público en Francisco de Vitoria* (dt. Ausw.: Die Grundsätze des Staats- und Völkerrechts, 1947); Francisco de Vitoria, *Über die staatliche Gewalt / De potestate civili* (1992). L. Hanke, *Aristotle and the American Indians* (1959), *The Spanish Struggle for Justice in the Conquest of America* (1949) und *All Mankind Is One* (1974); J. Friede / B. Keen (Hrsg.), *Bartolomé de Las Casas in History* (1971). M. Gillner, *Bartolomé de Las Casas und die Eroberung des indianischen Kontinents* (1997); vgl. auch das Kapitel »Sevilla – Bartolomé de Las Casas« in K. Held, *Treffpunkt Platon* (³2001). R. Schneider, *Las Casas vor Karl V. Szenen aus der Konquistadorenzeit* (1938).

*Epilog*

Mein besonderer Dank gilt den Übersetzern, deren Texte ich in meinem Buch übernommen habe. Dabei wurde auf folgende Übersetzungen zurückgegriffen: Für Zitate aus dem Florentiner Codex: Anderson und Dibble; Cortés' Briefe: Anthony Pagden; Guaman Poma: Christopher Dilke; Cieza de León: Clements Markham und Noble David Cook; Cabeza de Vaca: Enrique Pupo-Walker. Ihnen allen bin ich zu großem Dank verpflichtet. Die deutschen Übersetzungen folgen den englischen Versionen.

*Zu den Übersetzungen*

# Danksagung

Dieses Buch ist das Ergebnis einer Reihe von Filmen für den Sender PBS in den USA und die BBC in Großbritannien (deutsche Fassung: NDR-Fernsehen); daher habe ich sehr viel mehr Dankesschulden abzutragen, als es auf den ersten Blick erscheinen mag. Die Herstellung eines Films ist Teamarbeit, und das wird nie so deutlich, wie wenn man sich in fast 6000 Metern Höhe auf einen Gletscher hinaufkämpft, auf einem Floß den Amazonas hinunterfährt oder bei einem Gewaltmarsch durch den peruanischen Dschungel nicht weiterkommt. Das Resultat ist nicht nur die Leistung des Filmteams, sondern auch der Helfer vor Ort, der Unterstützung am Standort und aller Menschen zu Hause.

Zuerst möchte ich David Wallace danken, der bei den Filmen wie gewohnt mit Professionalität, Einfühlungsvermögen und Umsicht die Regie führte; der Produzentin Rebecca Dobbs, die niemals die Nerven verlor (selbst dann nicht, als sie uns aus den Augen verloren hatte!); Sally Thomas, Barbara Bouman, Kevin Rowan, John Cranmer und Chloe Sayer für ihre Hilfe bei unserem Aufbruch. Ein weiteres Mal war Peter Harvey unser Kameramann (und nach all den Jahren ist es noch immer ein großes Vergnügen, seine ersten Kopien zu betrachten). Für den Ton sorgten Judy Headman, Chris Duncan-Brown und Neil Lacock. Howard Davidson komponierte die unvergessliche Filmmusik. Chris Lysaght verrichtete die Herkules-Arbeit, die Filme fertigzustellen, und Gerry Branigan hatte die schwierige Aufgabe, nach der Hälfte der Zeit diese Arbeit zu übernehmen – er hat sie wunderbar gemeistert. Dank auch an Lawrence Rees für seine fundierte, stets hilfreiche Kritik.

Filme hängen von den Mitarbeitern vor Ort ab, und wir hatten das Glück, mit einigen der besten zusammenarbeiten zu können. Um mit Peru zu beginnen: Deborah McLauchlan organisierte unsere dortigen langwierigen Dreharbeiten mit ungewöhnlich guter Laune, Ausdauer und Gewissenhaftigkeit. Für die Zeit, die wir unterwegs waren, gilt mein spezieller Dank Don Juvenal Cobos und der gesamten Familie Cobos in Huancacalle; sie führten uns nach Espíritu Pampa; Dank auch an Raoul und Porphyrio, unsere Köche und Gehilfen; Carlos Infante, der während der Tage im Urwald ein großartiger Begleiter war, danke ich für seine meisterhaften Übersetzungen ins Ketschua; Barry Walker für die Regelung unserer Angelegenheiten in Cuzco; Vince Lee für seinen guten Rat beim Trecking; Pepe Valdivia, unserem Fahrer; Ingenieur Abraham Mayta Salcedo für seine Erinnerungen an Pumamarca; Jorge Flores Ochoa, der uns in Cuzco großzügig seine Zeit und sein enormes Wissen zur Verfügung stellte; Julia und Theo Chambi; Don Miguel H. Milla; Peter Frost; Wolfgang Schuler; Gonzalo Pizarro; Wendy Weeks und ihrer Familie für unvergessliche Tage in L'Albergo in Ollantaytambo – einem der herrlichsten Plätze, den man sich denken kann; Hieronymo und seinen Freunden aus Mawallani, die uns bei der Besteigung des Quoyllur Riti so freundlich zur Seite standen; Juan de Dios Garcia; Arturo Cervantes dafür, dass er uns das moderne Brauchtum von Pachacamac zeigte; Dank auch an das Personal des

Miramar Ischia, in dem wir uns in Lima wie zu Hause fühlten; ich danke INC Peru und der peruanischen Eisenbahngesellschaft, die uns freundlicherweise spezielle Einrichtungen zur Verfügung stellte. Unter den Wissenschaftlern bin ich Efrain Trellis, Rafael Varon und Professor Maria Rostworowski zu besonderem Dank verpflichtet; Ricardo Espinosa dafür, dass er uns seine profunden Kenntnisse über das Straßennetz der Inkas hat zukommen lassen; Juan Ossio für unser unvergessliches Treffen in Kopenhagen, bei dem wir das Manuskript Guaman Pomas einsahen; und Dr. John Hemming für die Diskussionen zu Beginn unseres Unternehmens.

In Mexiko geht mein Dank an Wiggie und Chris Andrews und ihre Familien, ebenso an Michel Antochiw in Yucatán; Ray Sinatra und Anders Ehrnberg danke ich für ihre heroischen Anstrengungen bei unseren zweiten Dreharbeiten – sie ließen sich von den Unwettern, die unsere Ausrüstung ruinierten, unsere Zelte unter Wasser und unser Begleitfahrzeug außer Gefecht setzten, nicht aus der Fassung bringen und legten weiterhin Energie, Engagement und gute Laune an den Tag. Dank auch an Eduardo Matos Moctezuma; Felipe Solis; INAH; das Museum von Mexico City; Veracruz Film Board; Virginia Sinatra; Anastasio Ec; Dr. Arellano Pina; Juan Alvarado in Villa Rica; Armando Chan; Olivia Priego; Geney Torruco; und an Felix Alvarado von den Mexico City Condores, der uns über die Stadt flog; Admiral Miguel Carlos Carranza Castillo; Marta Turok; Margo Glantz; Soledad Ruiz; Amaro Izaguere und Luisa Cordova Colorado in Xico; Dank an unseren Fahrer Arturo Espinosa; und den Dichter Natalio Hernandez für all seine Hilfe und Zeit und für die ergreifende Lesung seiner eigenen Gedichte und der alten Náhuatl-Klagen.

In Ecuador, in Quito, kümmerte sich Stephanie Stevens im Café Cultura um uns, in dem wir uns wie zu Hause fühlten, und ebnete uns den Weg für unsere Expeditionen; Gyneer Coronel und sein Team machten unsere Zeit am Coca und Napo unvergesslich; Alberto Vazquez-Figueroa, Ivan Cruz und Michel de Cabodeville unterstützten uns mit höchst wertvoller Hilfe und gutem Rat; John Collee sei Dank, dass er sich frei nahm, um uns am Coca und Napo medizinisch zu betreuen, und für seine stets angenehme Gesellschaft; Enrique Mora und Ariruma Kowi in Quito; Martin Burgoyne gab uns einen großartigen Hinweis; Luis Garcia in Coca; Nelson Tapui und Familie; Pater Joaquin Garcia in Iquitos; ich danke Edith Huani Inuma, Luis, Julio Chang und Familie und allen in Francisco Orellana, jenem wunderhübschen Ort. In Brasilien bedanke ich mich bei Bob Nadkarni, Terese Aubreton, Manoel Moura Tukano und Dr. Joao Ferraz vom Nationalen Institut der Amazonas-Forschung.

In den USA geht mein Dank zuerst an unseren Kollegen Leo Eaton für eine sehr anregende Erkundungsfahrt ins unbekannte Texas; an Nadia Voukitchevitch, die in Florida alles für uns organisierte; an Captain Ken Nelson und sein Team und die US-Küstenwacht; Häuptling Sonnie Billie für eine denkwürdige Nacht, in der er uns von den Traditionen der Semniole erzählte; und an Sumpfeule dafür, dass er mich in den Sumpf führte. In Galveston danke ich Bob Moore und seinen Freunden von der Universität von Texas; Sammy Ray dafür, dass er mir zeigte, wie man von Austern und »Sumpfkartoffeln« leben kann; und Wendy Wilson, die sich so gut um uns kümmerte; in San Juan Pater Balty, Ted Herrera, Isaac Cardenas und Ramon Vasquez. In Texas schulde ich besonderen Dank Don und Marilyn Olson und ihrem Team an der

Universität von Austin; sie inspirierten und leiteten unsere Reise nach Nord-Mexiko auf der Grundlage ihrer umfangreichen Forschungsergebnisse, die sie uns großzügig zur Verfügung stellten. Freundlicherweise besorgte mir Don auch ein Exemplar von Alex Kriegers Dissertation über Cabeza de Vacas Reiseroute; ihnen allen gilt mein tief empfundener Dank. Connie Todd von der Southwest Texas State University ermöglichte es uns, die wertvolle Ausgabe von 1555 einzusehen; Ezquiel Aguero und Brooks Anderson brachten uns an den »Berg des Eisens« in Monclova; in Big Bend organisierten Lico und Linda Walker unseren Treck in die Wüste Nordmexikos und waren wundervolle Gefährten; Bob Malouf, von der Universität von Alpine, Texas, begleitete uns auf dem »Großen Komantschenpfad« nach San Carlos und verhalf uns zu äußerst aufschlussreichen Erkenntnissen; Enrique Madrid ließ uns an seinem Wissen und seiner Weisheit teilhaben; Bryant Holman danke ich für seine große Hilfe und Begeisterung in La Junta (und darüber hinaus); der Gemeinde und dem Bürgermeister Victor Sotelas in Ojinaga; und unserem sehr hilfreichen und kenntnisreichen Fahrer Bacho Lopez; Skip McWilliams für unseren wunderschönen Aufenthalt im Copper Canyon; und der Tarahumara-Gemeinschaft, die uns erlaubte, eine kurze Zeit in ihrer Welt zu leben, obwohl wir nicht mehr wissen, wie man »gut geht«.

In Kopenhagen geht mein Dank an das Personal der Königlichen Bücherei, die mir Einblick in das Manuskript Guaman Pomas gewährte. In Spanien danke ich Anthony Garton für guten Rat und hergestellte Kontakte; Carmen de Salas dafür, dass sie ihr Haus in Trujillo unserem Filmteam zur Verfügung stellte; Condesa Aline de Quintimilla dafür, dass sie uns Pascualete für einen Tag auslieh; und Suzy Polart, Trujillos wandelndes Lexikon über Francisco Pizarro! Dank schulde ich auch Stuart Stirling für eine unvergessliche Fahrt in die Estremadura und dafür, dass er mich mit seinem Vorfahren Mansio Serra de Leguizamon (vgl. S. 273) bekannt machte.

Gleichfalls danke ich Chris Weller, Sheila Ableman, Shirley Patton, Martha Caute, Barbara Nash, Linda Blakemore, Deirdre O'Day und Miriam Hyman dafür, dass sie dieses Buch in Rekordzeit fertiggestellt haben; Lavinia Trevor und Jim Cochrane; und Kevin Smith, der mir mehr schenkte als nur Millers packendes Buch über Orellana.

Bei PBS brachte Kathy Quattrone den Ball ins Rollen; John Wilson und Sandy Heberer griffen ihn auf; Leo Eaton und Wendy Wolf waren, wie gewohnt, Felsen in der Brandung; Frances Lee und das Personal der Canning House Library waren stets hilfreich; und David Drew stellte uns sein Expertenwissen großzügig zur Verfügung und machte uns ein besonderes Geschenk – wir durften Bücher ausleihen.

Ganz zum Schluss danke ich meiner Familie, die meine lange Abwesenheit mit großer Nachsicht und liebevoller Zuneigung ertragen hat: Ich kann gar nicht in Worte kleiden, wie sehr ich ihnen zu Dank verpflichtet bin. Doch enden könnte ich vielleicht mit einem verspäteten Dank an Professor George Huxley, der mich vor 20 Jahren auf die Las Casas-Sepulveda-Debatte hinwies, als ich gerade über eine Sendung über Troia nachdachte: »Das sollten Sie eines Tages machen, das wäre großes Fernsehen!« Ich hoffe, es ist mir gelungen. Jedenfalls war es eine äußerst spannende Arbeit, und ich hoffe, dass etwas von dieser Begeisterung auf diesen Seiten zum Ausdruck gekommen ist.

# Register

Die kursiv gesetzten Zahlen verweisen auf die Abbildungen.

## Abbildungsnachweis

BBC Worldwide dankt den folgenden Personen und Institutionen für die Bereitstellung und die Abdruckgenehmigung des Bildmaterials. Obwohl größte Sorgfalt auf die Ermittlung der Rechteinhaber verwendet wurde, bittet der Verlag, etwaige Fehler oder Versäumnisse zu entschuldigen.

1 Biblioteca Medicea-Laurenziana, Florenz / Bridgeman Art Library   2 Musée des Beaux Arts, Marseilles / Giraudon / Bridgeman Art Library   3 Maya Vision   6 Biblioteca Nacional, Madrid / Bridgeman Art Library   7 Maya Vision   8 The Art Archive   9 Mary Evans Picture Library   10 Maya Vision   14 Museum für Völkerkunde, Wien © Erich Lessing / Art Resource, New York   18 Staatliches Kupferstichkabinett, Dresden / AKG London   19 The British Library / The Art Archive   23 Maya Vision   27 o. Academia de San Fernando, Madrid / AKG London   27 u. Museo de America, Madrid / Bridgeman Art Library   30 Maya Vision   31 Biblioteca Nacional, Madrid / Bridgeman Art Library   32, 35 Biblioteca Medicea-Laurenziana, Florenz / Bridgeman Art Library   39 Museo degli Argenti, Florenz / Bridgeman Art Library   42 Biblioteca Nazionale, Florenz / SCALA   43 National Museum of Anthropology, Mexico / Werner Forman Archive   46 Biblioteca Medicea-Laurenziana, Florenz / Bridgeman Art Library   47 Museo de America, Madrid / AKG London   50, 51 o./u. Maya Vision   54 Museo de America, Madrid / AKG London   55 Museo de America, Madrid / Bridgeman Art Library   58–59 Schalkwijk / Art Resource, New York   66 Biblioteca Medicea-Laurenziana, Florenz / The Art Archive   67 British Embassy, Mexico City/ Bridgeman Art Library   70 Biblioteca Nacional, Madrid / Giraudon / Art Resource   71 South African National Gallery, Kapstadt / Bridgeman Art Library   74 The Art Archive   75 Museo de America, Madrid / Bridgeman Art Library   78 National Museum of Anthropology, Mexico City / Werner Forman Archive   81 Biblioteca Medicea-Laurenziana, Florenz / AKG London   83 AKG London   87 The Art Archive / Mireille Vautier   90 Maya Vision   91 The Art Archive / Private Collection   94 Bibliothèque Nationale, Paris   95 Maya Vision   98 The Art Archive / Private Collection   102 Museo Nacional de Historia, Castillo de Chapultepec, Mexico City / Giraudon / Art Resource   103 Biblioteca Medicea-Laurenziana, Florenz / Bridgeman Art Library   105 Maya Vision   106 The Art Archive   110 The Hispanic Society of America, New York   111 AKG London   115 Museo de la Casa de la Moneda, Potosi © Gilles Mermet / AKG   118 South American Pictures © Kathy Jarvis   130–131, 131 o. Maya Vision   134 Pedro de Osma Museum, Lima / The Art Archive   135 Christie's Images / Bridgeman Art Library   139 o. Maya Vision   139 u., 142 Bruning Museum, Lambayeque, Peru / The Art Archive   144 Maya Vision   146 Robert Harding Picture Library © Christopher Rennie   147 The British Library / AKG London   150 o./u., 151 Maya Vision   154 Photosearchers Inc., New York © François Gohier   157 Aus: Felipe Guaman Poma de Ayala, Nueva Corónica y Buen Gobierno, Institut d'Ethnographie, Musée de l'Homme, Palais de Chaillot, Paris, S. 398   158–159 © Loren McIntyre   162 Photosearchers Inc., New York © N. H. (Dan) Cheatham   163, 166 o./u., 170–171, 174 o./u., 175, 178, 182, 183 Maya Vision   186 Museo de America, Madrid / Bridgeman Art Library   190 The Art Archive   191 South American Pictures © Tony Morrison   194 Staatliches Kupferstichkabinett, Dresden / AKG London   198 Maya Vision   199 Towner Art Gallery, Eastbourne / Bridgeman Art Library   202, 203, 205, 207 Maya Vision   215 Bridgeman Art Library / Private Collection   219 Maya Vision   222–223 Magnum © Bruno Barbey   226 Maya Vision   227 National Museet, Kopenhagen / Bridgeman Art Library   230 AKG London   233 arxiu fotogràfic, Institut Amattler d'Art Hispanic, Barcelona   234 Maya Vision   242 Bruce Coleman Inc., New York © M.P.L. Fogden   246 Bruce Coleman Inc., New York © Drew Thate   247, 250, 254 o./u., 255, 258, 259 Maya Vision   262 © The British Library   266 Musée des Beaux Arts, Marseilles / Giraudon / Bridgeman Art Library   270 Museo de America, Madrid © Joseph Martin / AKG London   273 AKG London.